뉴미디어
뉴커뮤니케이션

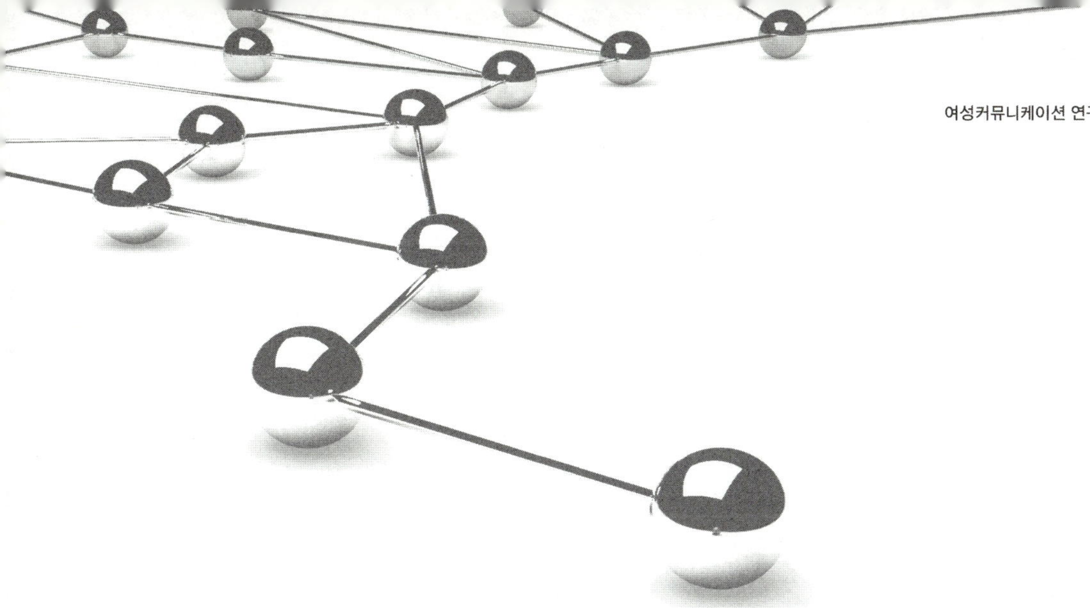

여성커뮤니케이션 연구총서 12

뉴미디어 뉴커뮤니케이션

조수선 이숙정 이미나 정회경 정인숙 김숙 김유정 김미경 장윤재 최은경 양정애 박주연 지음

이화출판

책머리에

'뉴미디어'라는 용어가 우리 사회에 등장한 것은 어언 20여 년 전으로, 1990년대 시작된 케이블 TV가 마치 뉴미디어의 총아로 이해되었던 시절이 있었다. 그 후 DMB, 인터넷, SNS 등의 미디어와 서비스가 등장할 때마다 매번 새로운 뉴미디어가 되었고 현재 모바일 커뮤니케이션과 실감미디어로까지 그 기술적 발전과 미디어의 변화는 계속 진행되고 있다.

『뉴미디어, 뉴커뮤니케이션』의 기획 의도는 과거와 달리 빠르게 변화하고 있는 미디어 이론과 현장을 일목요연하게 파악하고 논의하고자 하는 것이다. 뉴미디어는 상대적인 개념이다. 새로운 미디어는 지속적으로 등장하고 그 이용은 일상적이 되거나 때로는 도태되기도 한다. 뉴미디어는 비단 새로운 기술과의 조합뿐만 아니라 과거의 지배적인 커뮤니케이션 방식과 패러다임의 전환을 불러온다. 이러한 시각에서 뉴커뮤니케이션이란 뉴미디어로 인해 필연적으로 나타나는 새로운 커뮤니케이션 이론과 구성 요소, 사회경제적 변화, 이용자 문화 및 정치 · 윤리적 쟁점을 포괄하는 개념이다. 뉴미디어와 뉴미디어가 수반하는 커뮤니케이션에 대한 정리와 해석은 그동안의 미디어 이론과 비교하고 접목 또는 차별하기 위한 종합적 시각이 필요함에도 불구하고 아직까지 연구자별로, 분야별로 개별적으로 진행되어왔기에 그 혼란이 가중되어왔다. 지금껏 국내에서 출판된 뉴미디어 개론서들의 경우, 과거의 매스 미디어 개론서에 뉴미디어 관련 장을 한두 장 추가하고 제목을 바꾸는 사례가 주를 이루어 실제로 뉴미디어 관련 내용을 전체적으로 다루고 있는 경우는 거의 없다고 할 수 있다. 한편 최근 들어 뉴미디어와 관련해 특정 주제—예를 들어 저작권, 네트워크 분석, SNS, 비판 등등—를 다루고 있는 서적의 증가는 반갑지만, 좁은 영역에서 깊이 들어가다 보니 전반적인 뉴미디어 관련 이슈와 현안들을 파악하기에는 어려움이 따른다. 따라서 강의실과 현장에서 적용할 수 있는 뉴미디어 분야에 대한 이론을 아우르는 동시에, 새로운 개념과 사례들을 정리·종합하여 하나의 길잡이가 될 수 있는 책을 구성해보고자 하였다.

올해 초 첫 번째 기획회의에서 몇 가지 주요 주제가 결정되었고 이어 저자 공모가 있었다. 많은 분들이 기꺼이 참여 의사를 밝혀주었고 곧 각 주제별 전문 저자가 선정되었다. 거의 모든 저자들이 3번의 공식적인 중간 회의에 참여하여 책의 구성과 각 장의 내용에 대해 열띤 논쟁과 토론을 가졌으며 그밖에도 학회와 공부 모임에서 마주칠 때마다 수시로 회의를 거쳤다. 또한 초고가 완성된 후에도 모든 저자들은 함께 각 부로 나뉘어 교차 검토와 전체적 검토를 해나갔고, 각 장의 뉴미디어 관련 주요 개념의 일관성을 유지하고 혹시라도 있을 수 있는 내용의 모순성을 제거하기 위한 수고를 아끼지 않았다. 이러한 과정은 매 단계별로 힘들게 완성되어 나갔지만, 모든 저자들이 같은 마음으로 적극 참여해준 덕분에 또 다른 의미에서 진지하고 즐거운 학문적 경험과 우정을 공유할 수 있었다.

이 책은 4개의 장으로 이루어진 총 3부로 나누어져 있다. 1부 「미디어, 풍경과 성찰」에서는 미디어 이론의 틀 안에서 뉴미디어의 위치, 네트워크 사회학적 접근, 심리학적 분석을 시도하는 데 필요한 주요 이론적 시각과 개념들을 고찰한다. 이와 더불어 상대적으로 새로운 컴퓨터와 인간관계라는 연구 영역에 대해 살펴보고자 했다.

1장은 기존의 미디어와 뉴미디어 사이의 간극을 이어주는 역할을 하는 장으로서, 미디어 이론의 확장과 새로운 미디어 이론의 필요성 측면을 다루고 있다. 뉴미디어의 기술적 특성과 더불어 커뮤니케이션 연구 영역에서 일어나는 융합과 관련해 그 구성 요소와 개념에 대한 변화를 설명하면서 기존 커뮤니케이션과 뉴미디어의 관계, 뉴미디어 연구 영역에서 다루어지는 기본적인 개념과 틀을 소개하고 있다.

2장에서는 네트워크 관점에서 뉴미디어와 사회의 관계를 조망한다. 네트워크는 뉴미디어의 기술적 특성일 뿐 아니라 사회적 특징이라는 점에서 네트워크 사회가 도래한 역사적 배경, 네트워크의 다중적 의미(통신망, 사회적 연결망, 조직 구성 원리, 인지적 구조), 기술적 의미로서의 네트워크와 사회적 의미로서의 네트워크가 만나 탄생된 네트워크화된 공중의 사회적 관계와 집단지성을 통한 지식 공동체 구축 과정을 고찰하고 있다.

3장은 커뮤니케이션 테크놀로지의 발전으로 나타나는 특징적인 커뮤니케이션 현상과 이를 이해하기 위한 심리학적 분석을 학습하는 데 목적을 두고 있다. 뉴미디어 사용의 지각 과정과 '나'에 대한 개념, 타인과의 관계 형성에 대한 문제를 제기하고 있으며, 온라인 그룹의 그룹 내/그룹 간의 소통 방식과 뉴미디어 이용자의 심리적 효능감과 지능에 관해 다루고 있다.

4장은 HCI(Human-Computer-Interaction) 분야에 대한 커뮤니케이션 관점의 설명이다. 기술과 교류하는 사람들의 경험, 상호작용을 통해 발생하는 다양한 가치를 논의하기 위해, 사용자 경험(UX), 실감 기술, 사물인터넷, 혁신 등을 다루었다. 뉴미디어 기술이 가져오는 삶의 변화, 사람들이 원하는 가치와 경험을 중심으로 주요 개념과 사례, 의미를 제시하고 있다.

2부 「뉴미디어, 구조와 관찰」에서는 미디어 산업과 플레이어들, 콘텐츠 소비, 소셜 미디어, 이용자 문화에 대해 현장에서 변화되고 있는 실질적 내용과 그 의미가 무엇인지를 시장과 사회문화적 맥락 속에서 조명하고자 했다.

5장은 미디어 산업의 구조, 행위, 성과를 비롯한 미디어 현상을 산업론적 관점에서 설명하고 있다. 산업론적 관점은 미디어 현상을 생산과 소비라는 미디어의 시장적 측면에서 살펴보는 것이고, 미디어 시장 내에서 거래되는 콘텐츠를 미디어 상품의 관점에서 이해하는 것이다. 미디어 생태계의 C-P-N-D 구조와 이에 영향을 미치는 요인을 다루었으며, 미디어 기업들의 다양한 전략적 행위들을 설명하였고, 마지막으로 미디어 산업의 수익원에 대해 분석하고 있다.

6장에서는 미디어 기술의 발전으로 '개인'들이 자유롭게 미디어를 선택할 수 있게 되면서 콘텐츠 소비 방식에 어떠한 변화가 생겼는지 알아보고 있다. 뉴미디어 채택 관련 이론, 다미디어 시대의 미디어 소비 패턴을 이야기하는 상대적 불변 이론과 시간 재할당 가설, 전통적 시청 행위의 변형 형태로 나타난 몰아보기, 사회적 시청, 뉴미디어 시대의 시청률 측정에 대한 논의를 중심으로 하고 있다.

7장은 이용자들 간 연결에 따른 공유와 유대를 쌓는 소셜 미디어에 관한 내용이다. 소셜 미디어가 다양한 인간관계를 경험하고 상대방과 교류하고 싶다는 인간의 기본적인 욕구를 충실하게 맞춰주는 서비스로 인정받고 있다는 측면에서 그 영향력이 확대되는 방식을 설명하고 있다. 또한 소셜 미디어가 일상화됨에 따라 사회, 정치, 경제적인 영역에 미치는 영향을 고찰하고 있다.

8장은 컨버전스 문화가 미디어의 기능적 통합이 아니라 소비자 개인들의 사회적 상호작용으로 만들어진다는 점에 초점을 맞추고 있다. 컨버전스 문화를 이끌어가는 주요 요인은 이용자이다. 이들이 만들어내는 문화가 개방과 공유와 참여를 통해 어떠한 컨버전스 혁신을 일으키는지를 살펴보고 있다.

3부 「뉴미디어, 참여와 격차」에서는 뉴미디어로 주요한 쟁점이 되는 시민 참여와 관련된 정치적 문제, 알 권리, 사생활 보호, 저작권 등을 포함한 윤리 문제, 디지털 격차와 리터러시에 대한 내용을 다루면서 그 대안을 모색하고자 했다.

9장에서는 인터넷의 발전과 시민의 정치 참여에 관한 논의하고 있다. 인터넷 확산 초기에 제시된 대안적 공론장 관련 논의와 다양한 온라인 정치 모델을 소개하고 그 후 웹 2.0 및 소셜 미디어의 등장으로 참여가 일상화되고 연성화되면서 시민의 정치 참여에 어떤 변화가 일어났는지, 향후 인터넷의 발전이 정치 참여에 다시 어떤 변화를 가져올지 전망하고 있다.

10장은 디지털 윤리와 관련 법제를 기본적으로 다루면서 디지털 사회에서 예상되는 포괄적이면서도 윤리적 현안들이 무엇인가를 논의하고 있다. 예컨대 뉴미디어 이용자와 창조적 활동을 하는 주체의 윤리적 책임과 필요성에 대한 논의가 부재하다는 것을 진지하게 반성하면서, 디지털 기술과 인간, 우리 사회가 상호 공존하며 극복하고 해결해야 할 윤리적 논쟁, 의식의 개선은 무엇인지에 대한 설명을 시도하고 있다.

11장에서는 디지털 격차 개념이 탄생하게 된 역사적 배경 및 그 개념의 진화 과정, 이 현상을 바라보는 대립되는 관점들을 소개하고 있다. 나아가 다차원적 · 단계적 · 다층위적 개념으로서의 디지털 격차의 의미를 체계적으로 검토함으로써, 개념에 대한 정확한 이해를 돕는 한편 이를 바탕으로 디지털 소외자 문제를 심도 있게 논의하고 있다.

12장에서는 디지털 미디어를 활용하는 능력이 중요하다는 측면에서 디지털 리터러시에 관한 다양한 개념을 논의하고, 디지털 리터러시를 이해하기 위한 미디어 교육의 사례를 제시하고 있다. 아울러 컨버전스 환경의 디지털 리터러시를 전망하고, 특히 청소년을 대상으로 하는 다중적인 미디어 교육에 대한 내용을 제안하고 있다.

끊임없이 변화하고 있는 미디어 환경과 현상을 한 시점에서 정리한다는 것은 사실상 불가능하다. 그럼에도 우리가 조우하는 뉴미디어 상황과 커뮤니케이션 학문의 현실을 파악하고자 하는 노력은 필요했으며, 전문가와 학자로서의 시각으로 이를 정리, 전달하고자 한 점은 이 책의 한계이자 의의이기도 하다. 대부분의 기술과 관련된 서적들이 그러하듯이 시간이 지나면서 책의 내용이 퇴색되지 않을까 하는 우려도 제기되었다. 이러한 우려를 최소화하기 위하여 책의 구성과 내용을 되도록 이론적 개념과 논리의 틀을 중심으로 객관적으로 풀어나가고자 했다. 또한 대학 강의에서 원활하게 활용될 수 있도록 각 장에 주요 개념을 뽑아 정리하였으며 '생각해볼 문제'를 첨부하였다. 특히 뉴미디어와 관련해 긍정적인 시각과 부정적인 시각의 균형을 이루고자 하는 대학의 전공 및 비전공 학부생들과 일반 독자들에게 도움이 되길 바란다.

마지막으로 참여해주신 모든 저자들에게 다시 한 번 감사를 드리며 이제까지의 그 어떤 집필진보다 성실했다는 점을 기억하고 알리고 싶다. 그중 이 책이 만들어지는 과정에서 처음부터 끝까지 진행을 맡아온 이미나 교수님께 특별한 감사를 전한다. 그녀의 활력과 배려는 때로 지치기도 했던 우리를 다잡아주었다. 또한 이화여자대학교출판문화원 김훈순 원장님을 비롯해 한국여성커뮤니케이션학회 정인숙 회장님과 집행부에 진심으로 감사를 드린다. 이 책의 필요성에 대한 정인숙 회장님의 굳건한 신념과 추진력은 우리에게 정말 큰 힘이 되었다. 끝으로 이 책이 나오기까지 물심양면으로 후원해주신 홈초이스의 최정우 대표님께 심심한 감사의 말씀을 드린다.

저자들을 대표하여, 조수선

차례

1부

뉴미디어, 풍경과 성찰

1 미디어 이론의 재적용과 확장

조수선(대진대학교 신문방송학과)

이 장은 뉴미디어를 공부하는 학생들에게 하나의 출발점으로서 가장 기초적인 지식과 개념을 전달하고자 크게 3가지로 나누어 설명하고 있다. 첫째, 정보화 사회의 등장과 미디어의 관계, 뉴미디어의 기술적 특성 등을 살펴보고 둘째, 미디어 이론에서의 커뮤니케이션 모델과 더불어 개인 간 그리고 매스 커뮤니케이션 시스템의 융합에 의한 구성 요소에 대한 개념의 변화에 대해 설명하고 있다. 셋째, 매스 커뮤니케이션과 뉴미디어의 관계, 그리고 뉴미디어를 분석하는 동시대적 개념과 틀을 소개하고 있다.

정보화 사회와 뉴미디어

뉴미디어의 등장은 사회적 변동, 특히 '정보화 사회'[1]로 진입하는 과정과 연관이 있다. 다니엘 벨(Bell)은 일찍이 탈공업화 시대를 예견하고 직업 분포의 변천과 관련 기술적 지식이 사회의 중심이 되면서 근본적인 사회구조가 변화하고 있음을 설명하였다. 이와 같은 맥락에서 매크럽(Machlup)은 정보화 사회의 기본 단위로서 정보 상품과 서비스를 생산하는 조직(기업, 기관 등)과 개인(개인과 가구)을 제시했고, 포랫(Porat)은 정보 상품과 정보 서비스 관련 생산, 처리, 교환, 분배 등의 모든 행위(활동)가 시장의 중심이 되는 사회적 변화가 도래하고 있음을 설명하였다. 이를 바탕으로 한 국가 생산량의 25~30% 이상이 기본 단위에 포함된다면, 그 사회는 정보화 사회로 진입하기 시작했다고 보고 있다(Beniger, 1986). 정보화 사회로 진입하기 위해서는 소위 '정보화 고속도로'가 되는 기술적 하부 구조로서 인터넷이 가장 중심적인 역할을 한다. 인터넷의 시작은 초기의 패킷 교환망 기술을 통해 미국 각지에 분산되어 있는 연구소와 대학교의 컴퓨터를 연결하여 자원을 공유하고 소통을 원활하게 하기 위해 개발된 유선망인 미 국방성의 ARPANET(The Advanced Research Project Agency Network)이다. 이후 1993년 웹브라우저의 발명으로 월드와이드웹 2.0의 등장은 일반인들의 참여를 용이하게 했으며 수많은 사업 및 개인 사이트의 공존을 가능하게 하였다. 이와 더불어 기존의 아날로그 신호가 아닌 디지털 신호 방식에 의해 더 많은 정보가 더 빠르게 전달할 수 있게 됨으로써 뉴미디어는 전통적 미디어의 기능을 더 향상시키거나 융합한 기능을 수행하는 멀티미디어의 형태로 발전하고 있다. 인터넷은 '유선'의 네트워크라는 개념이 존재하지만 WCDMA(Wideband Code Division Multiple Access: 광대역 부호 분할 다중 접속), 와이브로(WiBro), LTE(Long Term Evolution) 등의 기술이 발전되고 모바일 커뮤니케이션을 일상적으로 이용하게 되면서 '유무선'을 모두 포

1 '정보화 사회'라는 용어는 1960년 중반 일본어 '조호카 사카이(情報化 社會)'에서 유래되었다고 프랑스 정부가 주관한 텔레마띠끄 보고서를 집필한 사이먼 노라(Simon Nora)와 알렌 밍크(Alain Minc)에 의해 소개된 바 있다.

함하는 개념이 되었다.

현재 지구상의 모든 정보는 디지털화되어가고 그 속도는 매우 빠르게 진행되고 있다. 전 세계가 효율적으로 커뮤니케이션하는 정보의 전체 보관 용량을 채우는 데 1986년에 2.2일이 걸렸다면, 2007년에는 거의 8주가 걸렸다(Hilbert, 2012). 이는 지구가 갖고 있는 주파수 대역을 통해 전달되고 전달받는 모든 정보의 용량이 그만큼 늘어났다는 것이다. 반면 정보의 용량은 늘어났지만 주파수 대역과 정보를 물리적으로 저장할 수 있는 공간은 제한되어 있다. 따라서 정보의 용량을 압축하고 빠르게 유통할 수 있는 디지털 기술과 시스템을 갖추어나갔기 때문이다. 최근에는 디지털화된 미디어 콘텐츠가 클라우드에 보관, 유통되면서 클라우드 기반의 오픈 미디어 플랫폼 형식으로 진화되고 있다.

뉴미디어의 기술적 특성과 발전

전통 미디어와 뉴미디어를 분류하는 기준으로 전통 미디어가 어떻게 뉴미디어로 변화하는가에 초점을 맞추어 비교해볼 수 있다. 지상파 TV는 전형적인 전통 미디어이다. 이 지상파 TV는 케이블 TV로 그리고 현재 뉴미디어라 할 수 있는 디지털 TV나 IPTV, 더 나아가 스마트 TV로 진화하였다. 신문은 팩스나 비디오텍스를 거쳐 인터넷 신문으로, 책과 잡지는 CD 형태를 거쳐 현재의 전자책으로 진화하였다. 편지는 음성사서함을 거쳐 이메일로, 전화는 제1세대 아날로그 핸드폰에서 지금의 광대역 핸드폰 또는 스마트폰으로 진화하였다. 거꾸로 설명하자면 스마트폰의 등장은 유선전화와 아날로그 핸드폰이 있었기에 가능하였다. 이러한 미디어의 전사(prehistory)와 더불어 뉴미디어는 서로 다른 기술적 모태를 갖고 개별적으로 존재해왔던 신문, 통신, 방송 등 미디어 간의 경계를 기술의 진화로 모호하게 함과 동시에 융합을 불러온다. 미디어 융합이란 정보의 디지털화를 전제로 하며 이러한 결과로 등장한 뉴미디어는 다음과 같은 기술적 특성을 갖는다.

상호작용성

상호작용성이란 뉴미디어의 가장 대표적인 기술적 속성이라 할 수 있다. 매스 커뮤니케이션 시스템보다는 높은 상호작용이 가능하지만 개인 간 커뮤니케이션과 비교하면 낮은 상호작용으로 평가되기도 한다. 상호작용성의 개념은 이론적으로는 이용자가 지각하는 정도에 따라 변화하는 심리학적 개념이지만 기술적 속성으로는 송신자와 수신자 사이의 상호 소통을 증진시킬 수 있는 네트워킹, 스트리밍, 데이터 압축 등을 기반으로 하는 양방향 기술을 의미한다. 그러나 기술적으로 완벽한 상호작용이 제공된다 하더라도 이용자가 그 기술에 대해 친근하지 않다면 상호작용적이라고 지각하지 않는다는 것이다. 예를 들어, 가장 최신의 상호작용성 기술인 가상현실을 제공하는 미디어라 해도 이용자들이 이를 이용하거나 조작하는 데 어려움을 느낀다면, 이메일보다도 상호작용성이 낮은 미디어로 지각될 수 있다(Sundar, 2004). 또한 송신자와 수신자 사이의 상호작용성뿐만 아니라 컴퓨터를 비롯한 기계와 인간과의 상호작용성 역시 중요한 영역이 되어가고 있다.

비동시성과 동시성

동시성은 개인 간 면대면 커뮤니케이션을, 비동시성은 매스 커뮤니케이션 시스템을 대표하는 속성이다. 그러나 뉴미디어 기술은 매개되는 개인 간 커뮤니케이션이 되는 컴퓨터 매개 커뮤니케이션(Computer Mediated Communication; CMC)상에서 비동시성을 동시성으로 변화시키기도 하고,

동시적이자 비동시적인 이용을 모두 가능하게 한다. 뉴미디어 기술이 매개되는 TV의 경우(예를 들어 IPTV가 제공하는 '다시보기'), 과거 TV의 동시성을 비동시성으로 변화시키고 또한 동시적이자 비동시적인 TV 이용을 함께 발생시키기도 한다.

이동성과 확장성

이동성(Mobility)은 언제, 어디서든, 네트워크 및 단말기에 장애 없이 즉, 미디어에 대한 접근 장애 없이 휴대가 가능한 속성을 의미한다. 양방향 데이터방송 콘텐츠의 예를 든다면, 내부에서는 IPTV 혹은 디지털 케이블 TV 기반의 콘텐츠를 이용하고, 외부에서는 DMB의 데이터방송 채널 영역 혹은 WiBro, HSDPA(High-Speed Downlink Packet Access) 등의 네트워크를 통하여 가정 내에서 이용하였던 콘텐츠를 외부에서도 자유롭게 이용할 수 있는 연속성을 제공하는 것이다. 확장성(Scalability)은 이동성과 연결되는 속성으로 뉴미디어의 이용에서 어느 하나의 플랫폼 환경이 아닌, 각각의 플랫폼과 단말기 환경에 맞춰 다른 어플리케이션이나 시스템과 상호 연결 또는 호환 가능한 기술을 의미한다.

이러한 컴퓨터와 인터넷 산업의 발전으로 인한 뉴미디어의 기술적 속성은 그동안의 서로 다른 산업 영역에서 발전해온 미디어들을 하나로 수렴, 융합하는 결과를 가져오면서 각 영역의 경계를 무너뜨리고 있다. 기술의 궁극적인 융합 측면으로 본다면 모든 기술의 융합은 가까운 미래에 하나의 미디어로 모든 정보를 선택하고 이용하는 것을 가능하게 할 것이다. 이와 더불어 미디어 산업적 영역 간 융합도 병행되어 진행되고 있다('그림 1' 참조).

모바일 미디어의 증가로 기존의 인터넷을 통한 융합이라기보다 이제는

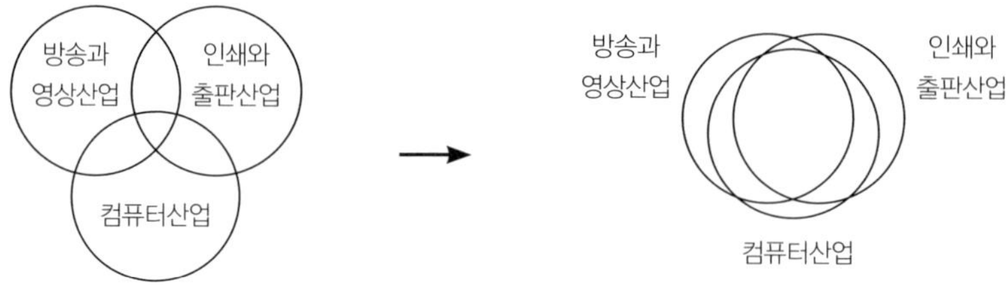

그림 1. MIT 미디어랩의 미디어 융합도

무선 모바일을 통한 융합이 진행된다고 할 수 있다. 그렇다면 위의 미디어 산업 융합도에 또 하나의 산업 영역으로서 모바일을 포함시킬 것인가에 대한 문제도 가까운 미래에는 고려해봐야 할 것이다.[2] 전자책의 예를 들어보면, 전자책은 전자책 단말기나 인터넷을 통해 읽는 방식을 말하고 책이지만 더 이상 인쇄매체 영역에 속하지 않는다는 것을 의미한다. 아마존의 킨들(kindle)에 이어 애플의 경우 아이북(iBook)을 통해 자사 단말기용 전자책 콘텐츠 제공을 시작했고 앱 스토어를 통한 전자책 이외의 다양한 콘텐츠를 제공함으로써 종이책과 모바일의 융합을 꾀하고 있다.

방송 영역에서 가장 새로운 미디어로 등장한 것은 기존의 IPTV에서 더 진화한 형태의 스마트 TV이다. 스마트 TV는 또 하나의 새로운 미디어라는 의미보다는 기술적으로 다른 전달 형태인 개방형 플랫폼을 갖추고 있는 TV의 등장으로 볼 수 있다. 개방형 플랫폼은 모바일 형태의 TV 앱을 기반으로 한다는 뜻이다. 모바일 미디어를 통해 지상파 혹은 DMB의 일방향적 시청이 아닌, 무선 인터넷을 통한 양방향 콘텐츠가 가능하다. 최근의 스마트 TV의 기술적 진화는 3D(Dimension), UHD(Ultra High Dimension)를 넘어 홀로그램(hologram), 웨어러블 디스플레이(wearable display) 등을 통해 소위 '체감형 실감미디어' 단계로 진입을 준비 중이다.

---

2 모바일 산업의 영역은 아직까지는 컴퓨터와 인터넷 산업 영역 안에 '무선'으로 분류되어 있다고 볼 수 있다.

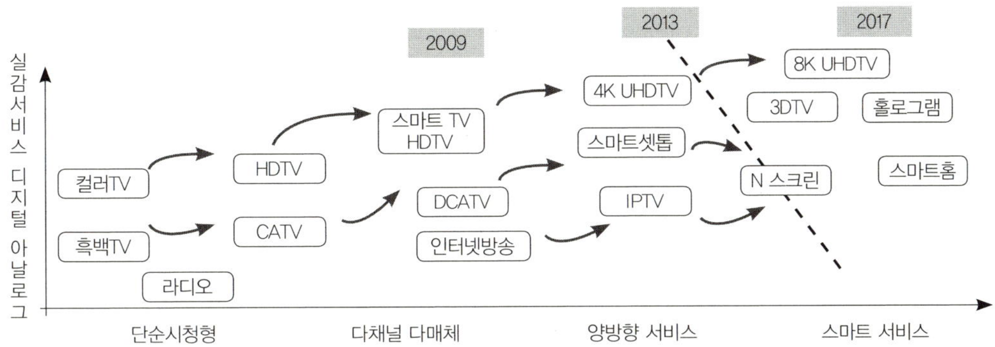

그림 2. 방송영상 서비스의 진화

* 출처: 미래부(2013)

전통적인 커뮤니케이션 모델

라스웰의 모델

뉴미디어와 관련하여 기존 커뮤니케이션 모델에 대한 이해 방식 역시 어느 정도의 변화가 필요하다. 커뮤니케이션 연구에서 가장 전통적인 라스웰(Lasswell)의 모델은 '누가, 무엇을, 어떻게(채널), 누구에게'가 주요 틀을 이룬다. 다시 말해 정보원, 메시지, 채널, 수신자의 4가지 구성 요소를 갖고 있다. '누가'는 정보원 또는 정보의 통제가 된다. 미디어 또는 송신자 및 정보원이 될 수 있다. '무엇을'은 메시지는 개인 간 언어적 메시지와 미디어가 생산하는 각종 콘텐츠가 해당된다. 커뮤니케이션 채널은 정보원의 메시지를 수신자에 전달하는 또는 매개하는 공기(음성언어 전달)나 미디어 자체가 된다. 라스웰의 모델은 대표적인 선형적 모델로서 송신자와 수신자 간의 상호작용성을 설명할 수 없으며 송신자와 수신자의 역할 교환을 설명할 수 없다. 뉴미디어 시대에서 라스웰의 모델에는 송신자와 수신자의 상호작용성을 적용해야 하며 채널에는 무한한 다양성과 플랫폼이라는 개념이

그림 3. 라스웰의 커뮤니케이션 모델

더해져야 할 것이다.

쉐논과 위버의 모델

쉐논과 위버(Shannon & Weaver)의 모델은 커뮤니케이션 기술에 초점을 맞추어 전파의 전달 과정(신호 전송)을 기본으로 만든 것이다. 정보원과 목적지가 양 끝에 자리하고 정보원이 송신기에 메시지를 전달하면 송신기에서는 이 메시지를 전파 신호로 바꾸어 수신기에 전달, 수신기에서는 이 전파 신호를 메시지로 변환 또는 해독하여 목적지에 전달하는 일방향적 선형적 모델이다. 라스웰과 같은 상호작용을 고려하고 있지 않다는 점에서는 공통점이 존재하나, 전파 신호와 잡음의 개념을 부각시킨 보다 정교한 모델이라 할 수 있다. 현 시점에서 전파 신호는 디지털 신호로 확장, 적용될 수 있으며 잡음은 메시지의 용량에 비해 전달망의 유선 또는 무선 대역폭이 협소할 때 발생하는 기술적 장벽으로 인한 비효과적인 메시지 획득의 원인이 되는 요소가 된다. 잡음이 발생하면 메시지에 대한 수신은 물론이고 해석이 불가능해진다. 예를 들어, 광대역망이 갖추어지지 않은 상태에서 광대역용 신호나 용량의 메시지를 보내 잡음이 발생하게 될 때, 수신자는 송신자의 메시지를 전달받는 데 어려움을 겪게 된다.

슈람의 모델

슈람(Schramm)의 모델은 매스 커뮤니케이션의 측면보다는 면대면의 측면을 강조하여 개발되었다. 쉐논과 위버의 영향을 받아 신호라는 개념을

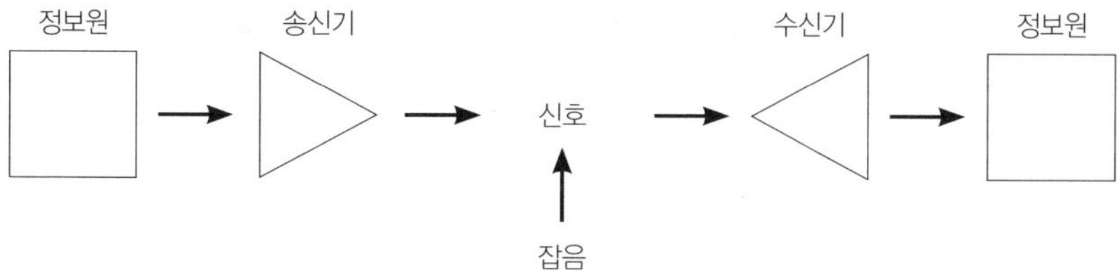

그림 4. 쉐논과 위버의 모델

작용하고 있지만 송신기와 수신기라는 미디어 하드웨어의 개념이 아닌, 기호화자와 해독자가 등장한다. 신호는 의미의 공유가 있어야만 해독이 되며 각 기호화자와 해독자는 메시지를 공유하며 상호 교환할 수 있다. 이 모델은 뉴미디어의 매개적 역할을 설명하고 있지는 못한다. 그러나 송신자이자 수신자, 메시지 생산자(기호화자)이자 소비자(해독자)의 역할을 동시에 수행할 수 있는 상호작용성을 설명할 수 있다는 점에서, 뉴미디어 커뮤니케이션을 설명하는 데 기여할 수 있는 비선형적 모델의 초기 형태가 될 수 있다.

선형 모델에서는 송신자가 수신자에게 전달되는 미디어 메시지와 전달 과정을 통제할 수 있다. 예를 들어, 지상파 방송의 9시 뉴스는 방송국 자체

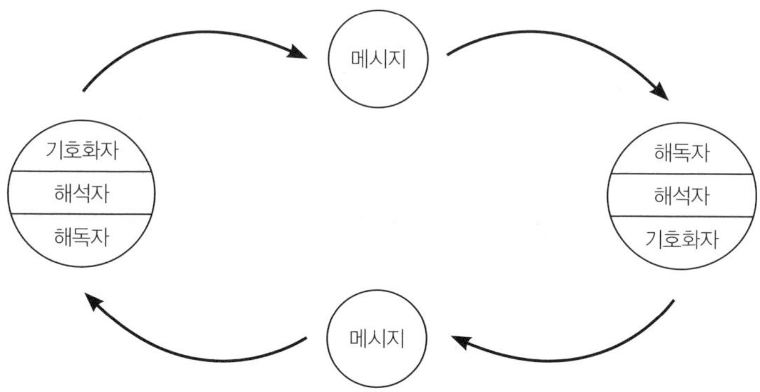

그림 5. 슈람의 모델

* 출처: Severin, W. J. & Tankard J. W. (2001). p. 97 재인용

에서 무엇을 뉴스로 내보낼 것인가에 대해 게이트키핑을 통해 선정하고 제작하며 지정된 시간에 수신자에게 전달한다. 이를 제시간에 맞춰 시청하는 수신자는 능동성이나 선택의 기회가 배제된다. 그러나 비선형 모델에서는 송신자로서 방송국은 단지 제작자 또는 생산자일 뿐이고 시청자로부터 피드백을 받는 수신자가 될 수도 있다. 9시 뉴스 전체가 한 덩어리로 전달될 수도 있지만 쪼개져서 전달될 수도 있다. 이러한 전달 방식이 가능한 것은 각각의 뉴스를 각각 전달할 수 있는 기능을 갖는 포털이나 SNS 미디어로 구성되는 플랫폼들이 존재하기 때문이다. 이 플랫폼에는 각종 뉴스를 생산하는 송신자가 몰려 있고 이중에서 수용자는 자신이 필요한 것, 원하는 것을 원하는 시간, 원하는 장소에서 소비할 수 있다.

커뮤니케이션 영역의 융합과 동시 이용

매스 커뮤니케이션은 주로 선형적, 일대다, 불특정 다수인을 상대로 하는 커뮤니케이션으로 정의된다. 반면 개인 간 커뮤니케이션은 다소 적은 인원이 참여하는 가운데 목적을 가진 메시지를 직접적으로 특정한 두 명 또는 그 이상의 개인끼리 양방향으로 교환하는 것으로 정의된다. 뉴미디어의 주요한 특성으로 부각하는 상호작용성은 매스 미디어보다 현저히 상호작용적이라 할 수 있지만, 개인 간 커뮤니케이션인 면대면 상황이나 전화보다는 덜 상호작용적일 수 있다. 이러한 개념적 차이는 매스 커뮤니케이션과 개인 간 커뮤니케이션 영역의 학문적 전통 차이에 의해 고립되어 발생되었다고 할 수 있다. 따라서 이에 대한 반성이 대두되었고 뉴미디어의 등장은 본격적으로 두 영역을 하나로 합쳐서 봐야 한다는 휴리스틱(Heuristic) 연구의 필요성을 제기하였다.

매스와 개인 간 커뮤니케이션은 완전히 분리되는 개념은 아니다. 과거에도 편지와 전화 같은 매개된 개인 간 커뮤니케이션 미디어(mediated interpersonal media)가 존재했으며 뉴미디어의 등장으로 인해 이메일, 채팅 등 더 많은 이용이 발생하게 되었다. 또한 매스적 개인 간 미디어(mass personal media)는 확성기, 낙서 등이 그 예가 되며 SNS 미디어(페이스북 포스팅)의 등장으로 그 영역은 확장되고 있다.

- 매개된 개인 간 미디어①(mediated interpersonal media)
  : 편지, 메모, 전화, 이메일, 채팅, 메신저 등
- 매스적 개인 간 미디어②(mass personal media)
  : 확성기, 대자보, 낙서, SNS 미디어(예; 페이스북 포스팅) 등

올드미디어와 뉴미디어의 융합은 기술적 융합을 넘어 이로 인한 개인 간, 매스적, 뉴미디어 커뮤니케이션의 동시 이용 현상도 불러오고 있다. 미디어의 기술적 융합은 영화를 극장이나 지상파 TV가 아닌 컴퓨터나 인터넷 사이트에서 이용하는 방식을 가능케 했으나 각 미디어의 동시적 이용 현상도 나타난다. 온라인 신문을 보면서 뉴스 기사에 대해 친구와 메신저로 통해 채팅하거나 개인 블로그에 포스팅하기 등은 매스 미디어와 개인간 미디어 채널이 융합한 인터넷을 통한 동시적 이용이다. 또한 2가지 서로 다른 미디어 하드웨어를 각각 따로 동시 이용하기도 한다. TV 시청 중 다른 매체를 동시에 이용하는 동기는 습관적인 이유, '채팅/메신저 이용, 다양한 정보 검색 등을 하기 위한 수동적인 행태와 능동적 행태가 함께 나타난다. 특히 TV 시청자의 SNS 이용은 방송 프로그램의 내용과 관련된 것이 많다. 이동성과 휴대성이 용이할

① **매개된 개인 간 미디어**
편지, 메모, 전화, 이메일, 채팅, 메신저 등 일대일 개인 간 커뮤니케이션이 일어나는 과정에 이를 매개하는 미디어.

② **매스적 개인 간 미디어**
확성기, 대자보, 낙서, Mail, SNS 미디어(페이스북 포스팅) 등 개인간 커뮤니케이션이기는 하지만 개인과 다수의 커뮤니케이션 과정에서 이를 매개하는 미디어.

수록 동시 이용이 늘어난다고 볼 수 있다. 스마트폰의 보급은 검색을 활용한 시청, SNS와 메신저를 통해 지인과 연계된 '네트워크 시청'으로 TV 시청 방식의 전환이 일어나게 하고 있다(정용찬, 2014).[3]

정보원으로서 송신자와 수신자의 역할

커뮤니케이션 모델에서 송신자는 화자이자 정보원이고 수신자는 청자가 되며 정보의 추구자 또는 정보 수용자가 되지만, 뉴미디어 시대에는 더 이상 이들의 역할이 제한되어 발생하지 않는다. 특히 정보원은 과거의 매스미디어 기관이 아니라 수신자들 중 한 개인이 될 수도 있다. 또한 매스미디어와 개인 둘 다 동시에 정보를 송신하기도 한다. 수신자 입장에서 매스미디어가 원하는 정보를 즉시 전달하지 않는다면 그 이슈를 잘 아는 전문가나 동료에게 해당 정보를 추구하게 된다. 특히 인터넷이나 소셜 네트워크 서비스(Social Network Service; SNS)상에서 전문가나 동료들에 대한 접근성은 신속하고 용이하다. 정보원에 대한 접근성의 확장은 신뢰도와 연결된다. 커뮤니케이션 모델에서 정보원과 밀접한 관계가 있는 변인인 신뢰도는 정보원의 특성을 구성하고 있는 오프라인에서의 조직 규모, 전통 등으로 결정되었다. 그러나 뉴미디어의 등장은 이러한 정보원에 대한 신뢰도를 인지하는 방식에 변화를 가져왔다.

전통적인 매스미디어 조직의 뉴스 앵커는 뉴스 수용자들로부터 게이트키

3 국내 방송위원회가 주관한 '2013 방송매체 이용행태 조사'에서 응답자들은 TV 시청 중 타 매체 동시 이용자(N=3,082명)의 64.2%가 인터넷을 이용한 경험이 있고, TV 시청 중 컴퓨터 또는 스마트 기기를 통해 인터넷을 이용한 경험자 중 89.2%가 TV 시청을 하면서 SNS, 문자/메신저, 정보 검색을 한 경험이 있다. SNS, 문자/메신저, 정보 검색을 하는 기기로는 스마트폰이 97.6%로 가장 많았으며, PC/노트북은 23.7%, 태블릿PC는 5.1%로 나타났다.

퍼로서 뉴스 정보원으로 인지된다. 온라인상에서는 뉴스를 모아놓은 섹션을 제공하는 포털 사이트가 게이트키퍼로 나타나는데, 이 경우 인간의 개입이 없는 기계적 알고리즘에 의한 미디어 기술을 뉴스 정보원으로 여길 수 있는가에 대한 의문이 제기된다. 개인은 전통적인 미디어 정보원처럼 마치 컴퓨터가 동기와 의도를 갖고 콘텐츠를 제작하고 선택한다고 여기므로, 개인 간 커뮤니케이션 원칙을 인간과 컴퓨터 간 상호작용에 적용한다.[4] 그러나 사실상 컴퓨터 또는 포털 사이트는 뉴스를 모아놓을 뿐 저널리즘적 판단을 할 수 있는 것은 아니다. 어떤 사건에 대해 A라는 신문이 작성한 뉴스 기사가 포털 사이트에 올려져 노출되는 경우, 포털 사이트에 올려진 A신문의 기사는 적어도 두 개의 정보원을 갖게 된다. 또한 이 기사가 개인 블로그나 각종 SNS 미디어 등에 '퍼가기' 등의 기능을 통해 전달되어 노출되는 경우에는 다수의 정보원을 갖게 되는 것이다. 이때, 각 정보원이 갖고 있는 신뢰도가 어떻게 인지되는가의 문제는 커뮤니케이션 연구에서 매우 중요하다. 뉴스 포털 사이트는 가까운 거리의 정보원(proximity source)이 되고 A신문은 먼 거리의 정보원(distal source)이 된다. 이 경우, 높은 관여도의 뉴스 수용자들은 가까운 정보원과 먼 정보원, 둘 다의 신뢰도를 고려한다. 하지만 낮은 관여도의 뉴스 수용자들은 가까운 정보원 즉, 포털 사이트의 신뢰도에 의해 영향을 받는다. 과거의 전통적 정보원인 매스미디어의 신뢰도보다는 가까운 정보원, 즉 포털 사이트의 신뢰도가 더 광범위하게 뉴스 수용자들에 영향을 미친다고 할 수 있다(Kang et al., 2011).

과거 기관의 홈페이지, 개인의 블로그 등은 해당 기관이나 개인에 의해 통제 또는 관리되므로 역동성을 발휘한다고는 할 수 없었다. 그러나 SNS 미디어의 등장과 그중 페이스북의 대중화는 친구 또는 타인의 홈페이지를

---

4 이러한 시각은 커뮤니케이션 기술에 대한 사회적 책임(SRCT: Social Responses to Communication Technologies) 패러다임에 의해 제기되었다.

협동 제작하는 효과를 불러온다. 이 경우 송신자와 수신자는 같은 단계에 있으며 그 경계 역시 모호해진다. 선다와 나스(Sundar & Nass, 2001)에 의하면 뉴스 수용자는 포털 사이트의 뉴스보다 친구가 선택한 뉴스를 더 선호하고 질이 높은 것으로 인지한다고 한다. 그밖에도 뉴스가 아닌 다른 정보들, 쇼핑, 건강, 취미도 마찬가지 현상이 대두된다. 온라인상에서 이용자가 제시하는 추천 시스템에 의존하는 것은 이미 상식적인 전략이 되었으며 이는 같은 이용자, 즉 정보원 간의 신뢰도에 의한 결과라 할 수 있다(Walther et al., 2010).

뉴미디어는 메시지에 대한 통제와 제작, 선택과 전달을 과거 수신자 역할을 담당하던 개인이 할 수 있게 한다. 정보원이 증가함에 따라 정보 선택의 폭이 넓어진 수신자의 수와 범위는 분화되며, 결과적으로 매우 다양하고 개인화된 수신자가 보편화되고 있다. 이러한 분화된 수용자 개인의 특정한 동기는 자신이 원하는 목적에 부합하는 정보를 미디어로부터 검색하거나 추출하게 되고 그 결과, 선택적 노출이 일어나는 새로운 제한효과의 패러다임이 대두되기도 한다. 또한 수용자 개인의 선택적 자아제시(selective self-presentation) 현상도 나타난다. 이는 자신에 관해 보여주고 싶은 것 또는 타인에 의해 이상적으로 보여질 만한 것만 선택해서 일종의 조작과 꾸밈을 통해 제시하는 현상으로, 자신의 메시지에 대한 자신의 통제와 검열을 시행한 결과이다.

매스 커뮤니케이션과 미디어 커뮤니케이션

뉴미디어의 등장은 미디어 환경의 변화를 가져오게 함으로써 학문적 영역에서 매스 커뮤니케이션의 종말 태제에 관해 필연적 숙고를 불러일으켰다. 과거의 '신문방송'학과라는 명칭을 현재 '미디어 커뮤니케이션'학과로 바꾸고 있는 국내 대학이 증가하고 있는 것도 이러한 연유이다. 샤피와 매츠거(Chaffee & Metzger, 2001)는 매스 커뮤니케이션 종말 태제를 논하면서 매스 커뮤니케이션과 미디어 커뮤니케이션의 차이를 논한 바 있다. 매스 커뮤니케이션의 채널은 소수인 반면, 미디어 커뮤니케이션의 채널은 다수이다. 수용자에 대한 개념은 통일된 수백만의 수용자가 하나의 집단을 형성하고 메시지를 소비하고 있는 것이 아니라, 분화된 채 존재하는 수백만 개의 집단으로 바뀐다. 이 수백만 개의 집단 속에 흩어져 있는 수용자들은 원한다면 그들 자신의 메시지를 각각 제작할 수도 있다. 메시지의 전달과 배포를 통제하는 것은 송신자가 아니라 이용자이다. 메시지 전송의 방향성은 일방향적 커뮤니케이션에서 양방향적이고 상호작용적인 교환이 된다. 따라서 연구의 중심은 미디어 내용 분석이나 효과에서 인터페이스 디자인, 정보 추구 영역으로 이동한다.

사람들이 정보를 쉽고 효과적으로 배치할 수 있는 환경에서는 미디어를 이용하는 동기가 각성(arousal) 욕구에서 특정한 필요에 의한 만족으로 바뀐다. 동기는 자아 개념과 맞물려 설명된다. 매스 커뮤니케이션에서 자아 개념은 텔레비전 속 스타들처럼 매력적인 타인과 자신의 동일시 과정을 통해 형성되지만 미디어 커뮤니케이션에서는 자기실현(self actualization)으로 발전된다. 자기실현은 우리의 개인적인 관심과 아이디어를 나눌 수 있는 사람들과 연결하는 실제적 능력에 좌우된다.

매스 커뮤니케이션 환경에서는 법이나 윤리에 의해 규제하지만 미디어 커뮤니케이션 환경에서는 기계적 장치나 모니터링에 의해 사회적 규제의 틀이 마련된다. 매스 커뮤니케이션을 통한 학습은 사회적 모방에 의한 학습이지만 미디어 커뮤니케이션을 통한 학습은 상호작용성이 증대되는 가운데 발생하는 경험에 의한 학습이 일어난다. 물론 경험에 의한 학습이라

표 1. 매스와 미디어 커뮤니케이션의 차이

	매스 커뮤니케이션	미디어 커뮤니케이션
채널	소수	다수
수용자	단일	다양
통제	송신자	이용자
전송	일방향, 특정 시간대	상호적, 어디서나 편리한 때
연구 패러다임	내용분석, 수용자에 미치는 효과	인터페이스 디자인, 정보추구
대표적 형태	텔레비전	게임, 웹사이트
동기	각성(arousal)	필요에 의한 만족(satisfaction)
자아 개념(ego concept)	동일시(identification)	자기실현(self actualization)
사회 통제	법, 윤리, 공중교육	기계적 장치, 모니터링
학습	사회적 모방	경험

* 출처: Chaffee & Metzger(2001), p. 373 부분 수정

는 것은 실제 경험이라기보다는 사이버상에서 할 수 있는 일종의 매개되거나 가상적 경험을 통하는 것이지만 실제로 체험하는 형식을 갖춘다는 점을 고려하면 기존의 매스 커뮤니케이션에서 콘텐츠를 통해 이루어지던 일방적 학습과는 차이가 있다.

한편 매스 커뮤니케이션 현상을 분석하기 위한 이론이 무의미한가에 대한 의문이 제기된다. 매스 커뮤니케이션 이론의 그 태생적 한계는 분명히 존재한다. 그러나 예를 들어, 제한효과 패러다임의 대표적인 이론인 선택적 노출 이론은 다시 그 의미가 재조명되고 있으며 몇몇 이론들은 기본 가정을 바꾸기도 한다. 의제설정 이론③(Agenda Setting Theory)은 미디어가 사람들로 하여금 무엇이 중요한가에 대해 생각하게 한다는 것을 가장 기본적인 가정으로 설정한다. 그러나 이러한 가정은 먼저 사람들이 미디어에게 그들이 생

③ 의제설정 이론
미디어에서 양적으로 많이 제공되는 의제가 공중이 생각하는 의제의 중요도와 관련이 있다는 이론.

각하기를 원하는 이슈가 무엇인지를 말하는 것으로 변화 할 수 있다. 반면 매스 미디어 뿐만 아니라 각종 크고 작은 미디어들에 의해 오히려 과거보다 더 거대한 미디어 의제나 담론 형성을 용이하게 하고 있기도 하다. 침묵의 나선 이론[4](Spiral of Silence Theory)이 가정하고 있는 미디어의 특성인 누적성, 편재성, 일치성은 뉴미디어 시대에도 지속될 수 있다. 왜냐하면 유통되는 모든 미디어 메시지가 파편화되거나 개인적인 것만은 아니며 때로는 다양한 미디어에 혼재되어 나타나 하나의 거대한 미디어 담론을 형성하기도 하기 때문이다. 배양 이론[5](Cultivation Theory) 역시 매스 커뮤니케이션 상황에서와 마찬가지로 인터넷상의 증오 집단이나 파워 집단의 메시지에 의해 배양 효과가 일어날 가능성이 충분히 존재한다. 매스 커뮤니케이션은 죽지 않았다. 올림픽이나 월드컵, 그외 매스 커뮤니케이션 상황이나 이벤트는 항시 발생하지는 않지만 여전히 존재하며, 인터넷상의 수용자 역시 점점 더 수백만의 거대한 집단으로 형성될 수 있는 기회는 열려 있기 때문이다(Chaffee & Metzger, 2001). 매스 커뮤니케이션은 분명 더 이상 뉴미디어 시대를 지배적으로 설명하는 개념은 아니고 계속 수정되겠지만, 미디어 커뮤니케이션이라는 큰 틀 안에서 커뮤니케이션 상황의 하나로서, 그리고 미디어 커뮤니케이션 유형의 하나로서 지속적으로 존재할 것이다.

④ 침묵의 나선 이론
미디어에서 지배적으로 나타나는 의견에 대해 반대의 의견을 갖고 있는 사람들은 자신의 의견을 공개적으로 표명하지 않고 '침묵하는 다수'로 존재하게 된다는 이론.

⑤ 배양 이론
미디어에 많이 노출된 개인은 미디어에서 보여주는 현실을 실제 현실로 믿게 된다는 현상을 설명하는 이론.

모놀로그와 시선공유

전통적인 인간 커뮤니케이션에서는 커뮤니케이션이란 송신자와 수신자의 대화 또는 관계, 즉 관계적 발전을 위한 대화(dialogue)가 발생한다고 가정한다. 그리고 이 가정은 송신자인 매스미디어와 수신자인 개인이나 집단으로 바뀌어 매스 커뮤니케이션 모델이 되어왔다. 그러나 미디어 커뮤니케이션이란 엄격하게 말하자면, 인간과 인간 간에 일어나는 상호적 대화나 작용이 아니라 사물과 인간 간에 일어나는 커뮤니케이션이다. 뉴미디어의 대표적인 인지적 특성인 사회적 존재감(social presence)은 커뮤니케이션을 하는 상대방이 기계로 매개되어 있으나 마치 옆에 있는 것처럼 느낄 수 있다는 점이다. 사실상 다이얼로그가 아닌 모놀로그(monologue)인 것이다. CMC상에서 매개된 개인은 친구, 지인, 동료, 또는 모르는 사람, 즉 나와 아무런 관계가 형성되지 않은 사람일수도 있다. 실재가 없는 사람, 컴퓨터가 그 가상적 역할을 수행하는 '사람'을 일반적인 누군가로 여긴다. 미디어 커뮤니케이션의 상황에서는 준사회적 작용⑥(social interaction)으로서 개인은 미디어가 제공하는 콘텐츠에 등장하는 사람과 상호작용하거나, 미디어 그 자체와 상호작용하는 것으로 받아들인다. 전자와 후자 모두 가상의 만남, 가상의 상호작용이라고 할 수 있으나 사람들은 이를 구분하지 않고 실제로 상호작용하는 것으로 여긴다. 누구나 매일 TV를 통해 보는 앵커에게 불만을 토로하거나 칭찬해본 경험이 있을 것이다. 게임 역시 게임 캐릭터를 실제로 여기거나 캐릭터와 자신을 구분하지 못하는 현상이 일어나기도 한다. 또한 TV나 스마트폰을 마치 친구처럼 느껴본 경험도 생소한 것은 아니다. 예를 들어 아무도 없는 집에 혼자 있는 상황에서 누군가 곁에 있다고 느끼고 싶을 때 TV를 켜기도 한다. 이렇게 미디어를 일상생활의 한 부분으로 또는 곁에서 같이 소통하는 상대로 느끼는 것을 커뮤니케이션 기술에 대한 사회적 반응으로서 미디어 방정식⑦(media equation)이라는 개념으로 설명되기도 한다. 실재하는 개인과의 다이얼로그적 커뮤니케이션이 발생하지 않아도 커뮤니케이션이 가능하다는 것

⑥ 준사회적 작용
상대방과의 실제적인 상호작용이 없음에도 불구하고 상대방과 소통한다고 인지하는 경우.

⑦ 미디어 방정식
미디어가 우리의 실제 생활과 매우 밀접하게 연관되어 있으므로 미디어를 이용하는 개인은 미디어를 하나의 '개인'으로 인지하고 상호작용 하는 것처럼 여기는 현상.

이다.

커뮤니케이션은 타자가 있어야 발생하는 개념이기는 하지만 나와 타자가 함께 관심을 기울이는 공동의 지향성을 가지게 됨으로써 나와 타자 간에 직접적인 대화나 상호작용이 없이도, 동일한 사물이나 사태에 대해 시선을 공유하게 된다. 시선을 공유한다는 것은 나와 타자가 공동관심자(co-attender)가 된다는 뜻이다. 미디어 수용자들은 다른 말로 시선을 공유하는 공동관심자들이다. 미디어의 콘텐츠나 정보를 추구하는 행위는 공동관심자들 간의 시선공유⑧(joint attention)를 추구하는 행위가 되며 이를 제3자에게로 확장시키고자 하는 동기에서 비롯된다고 할 수 있다. 즉, 시선공유가 일어난다는 것은 커뮤니케이션이 발생한 것으로 이해된다(김선호, 2013).

⑧ 시선공유
나와 타자 간에 직접적인 대화나 상호작용이 없이, 동일한 사물이나 사태에 대해 시선을 공유하게 됨으로써 발생하게 되는 커뮤니케이션.

이를 뉴미디어 현상에 적용하자면 다음과 같다. 뉴미디어는 수용자 즉, 공동관심자 집단을 소규모화하고 파편화시키는 경향이 있다. 수많은 정보와 채널의 제공은 시선공유하면서 자발적이고 선택적인 노출 현상을 가속화시켜 온라인상에서 집단극화를 야기하기도 한다. 반면, 시선공유를 증폭시키기도 한다. 인터넷 뉴스의 클릭 수, 트위터의 리트윗, 페이스북의 '좋아요' 등의 행위는 시선공유 행위에 더 많은 개인들이 참여할 수 있다는 점을 시사하고 있다. 또한 이러한 시선공유에 대한 욕구는 자신의 선유경향(orientation)에 따른 콘텐츠나 정보 선택이 아닌 지인이나 타인이 추천하는 콘텐츠나 정보를 선택하게 함으로써 선택적 노출의 효과를 감소시킬 수 있다.[5] 선택적 노출의 감소는 시선공유의 효과를 증대시키며 이는 곧 뉴미디어 시대에도 거대 다수에 의한 담론이 가능한 매스적 커뮤니케이션 발생의

5 선택적 노출의 효과는 상대적으로 이해해야 한다. 앞서 샤피와 매츠거의 경우, 과거 매스 커뮤니케이션의 대효과와 비교할 때 미디어의 효과는 감소하므로 수용자의 분화에 의한 선택적 노출이 커질 것으로 논의하고 있으나, 그 방향성이 다르게 나타나기도 한다. 여기서는 이미 분화된 수용자가 있고 자신이 관계맺고 있는 개인들에 의해 제공되는 정보에 의해 선택적 노출이 감소되는 것으로 보고 있다.

기회를 제공한다. 이러한 시선공유의 개념은 개인 간 그리고 매스 커뮤니케이션 사이의 '커뮤니케이션'에 대한 학문적 괴리감을 통합시키는 기제로 발전될 것이다.

재매개

볼터와 그루신(Bolter & Grusin, 1999)에 의해 제기된 재매개(remediation)의 개념은 뉴미디어가 어느 날 갑자기 나타난 미디어가 아니라 소위 '올드미디어'의 연장선상에 존재하며 완전히 배타적인 기술의 진화가 아니라는 가정에서 출발한다. 재매개의 논리는 적어도 선형원근법이 시도된 르네상스 시대의 회화까지 거슬러 올라가는 미디어의 계보를 제공한다. 광의의 재매개는 특정 미디어의 기술과 표현 양식을 자신에게 적용하여 발전시켜 나아가는 미디어의 능력이다.

재매개의 원리는 크게 투명성의 비매개⑨(transparent immediacy)와 하이퍼매개⑩(hypermediacy)로 나누어진다. 투명성의 비매개란 미디어가 제공하는 시각적 양식에 몰입되어 이용자 자신이 미디어에 의해 매개되어 콘텐츠를 접한다는 생각을 할 수 없게 만든다는 논리이다. 투명성의 비매개 논리는 미디어가 보여주는 시각적 사실성을 담보로 하고 있지는 않다. 물론 얼마나 실재를 재현하느냐 하는 정도도 투명성을 구성하는 차원이나 실재와 얼마나 객관적으로 동일한가를 떠나 이용자들이 얼마나 실재와 동일하다고 인지하는 정도로 파악한다. 예를 들어, 온라인 강의에서 실제 교수의 얼굴이 보이는 경우도 투명성의 비매개 논리가 적용될 수 있으나, 해당 교수의 실

⑨ **투명성의 재매개**
이용자 자신이 미디어에 의해 매개되어 있다는 상황을 인지하지 않은 채 미디어가 제공하는 시각적 양식과 콘텐츠에 몰입하게 한다는 개념.

⑩ **하이퍼매개**
하이퍼매개는 여러 가지 내용이 한꺼번에 또는 병렬로 등장하는 방식과 관련되는 개념. 대표적인 예로 클릭 몇 번으로 수많은 창이 동시에 떠 있는 인터페이스의 구조를 지니는 인터넷 웹을 들 수 있다.

제 얼굴이 아닌 캐리커처인 경우라도 학생들이 교수로 인지한다면 투명성의 비매개가 일어난다고 할 수 있으며 이는 시대적, 문화적으로 형성된다. 하이퍼매개는 시각적 표현이 일어나는 공간을 분절화하면서 재조립하고 동시에 분절화된 모든 것을 함께 존재시키거나 현재의 시각 공간을 다른 것으로 대체—예를 들어, 윈도우 전체의 작동 방식—시키는 다중성과 이중성을 특징으로 지닌다(이재현, 2013).

재매개는 미디어 기술과 이 기술이 기초가 되어 제공되는 시각성, 다시 말해 미디어가 보여주는 시각적 표현이나 미디어 이용자의 시각적 경험에 초점을 맞추고 있다. 볼터와 그루신은 텔레비전을 영화, 사진, 컴퓨터상의 사진적 사실주의 구현에서 상대적으로 열등한 미디어로 규정하고 있다. 그러나 텔레비전 시청은 사실적이고 비매개적이다. TV 프로그램 콘텐츠의 형식은 재매개의 원리에 의해 구분될 수 있다. 드라마, 토크쇼 등 실재 삶의 재현을 추구하는 경우 투명성이 담보되는 비매개의 양식이라 할 수 있다. 비매개란 TV를 보는 동안 우리는 TV라는 미디어를 의식하지 않고 해당 프로그램이 제공하는 현실에 몰입한다. 하이퍼매개성은 여러 가지 내용이 한꺼번에 또는 병렬로 등장하는 뉴스, 스포츠 프로그램, 코미디 등이 속한다고 할 수 있다. 웹의 경우, 클릭 몇 번으로 수많은 창이 동시에 떠 있는 인터페이스의 구조를 갖고 있다. 그러나 클릭 이전에는 하나의 창을 통한 콘텐츠나 표상, 정보는 원전을 비매개하고 있다고 볼 수 있다. 브리태니커 백과사전의 인쇄 버전을 웹 버전으로 제작한 경우, 각 페이지의 내용은 비매개이지만 페이지가 펼쳐지는 형식은 하이퍼매개가 되는 것이다.

한편 재매개의 개념은 모든 미디어가 다른 미디어의 속성을 자신의 방식이나 장점으로 바꾸어 받아들임으로써 보다 발전된 형태로 나타나는 현상을 설명하는 데도 적용된다. 보이는 라디오는 가장 대표적인 재매개 논리를 설명해줄 수 있는 미디어이다. 보이는 라디오는 TV처럼 프로그램 진행

상황을 볼 수 있으며 인터넷상으로 진행자와 채팅을 통해 실시간으로 프로그램에 참여할 수 있다. 보이는 라디오는 듣는 라디오의 진화된 형태이지만 TV와 인터넷을 비매개하였으며 이러한 라디오, TV, 인터넷의 기능이 동시에 등장하고 경험할 수 있다는 점에서 하이퍼매개의 형식을 갖추고 있다. 온라인 신문은 종이 신문과 인터넷을 재매개한 형태이며 한 걸음 더 나아가 동영상을 제공한다면 TV를 재매개하고 있다. 다시 말해, 온라인 신문은 종이 신문과 TV의 비매개성을 빌려온 것이며 인터넷을 하이퍼매개하고 있으며 이 3가지 미디어가 동시에 가능하다는 점에서 하이퍼매개하고 있다고 할 수 있다.

미디어 모포시스

미디어 모포시스⑪(Media morphosis)란 커뮤니케이션 시스템상의 모든 미디어는 미디어가 처해 있는 정치적 압력과 사회적 변화, 기술적 혁신과 경쟁에 의해 변형이 야기된다는 현상을 말한다. 피들러(Fidler, 1997)는 미디어의 변화 역사를 관찰하면서 새로운 미디어는 없으며 모든 미디어는 인간 커뮤니케이션 시스템의 변형에 의한 결과라는 점을 주장한다. 따라서 뉴미디어를 이해하고 더 나아가 뉴미디어의 미래를 예측 · 전망하기 위해서는 미디어에 대한 역사적, 사회적 맥락이 부재한 시각으로 그저 새로운 기술의 혁명으로 보는 것을 자제해야 한다는 것이다.

변형이 일어나는 과정과 논리를 설명하기 위해 우선 면대면, 방송, 문서의 기본적인 미디어 영역의 특성을 비교해보는 것이 중요하다. 흐름과 통제라는 측면에서 비교해볼 때,

⑪ 미디어 모포시스
새로운 미디어는 올드미디어의 사회적 · 기술적 변형에 의해 나타나는 것이라 설명하고 앞으로의 미디어 진화와 미래를 예측하기 위한 원리의 토대가 되는 개념으로서, 특히 모든 미디어는 같이 진화하고 존재한다는 것을 강조한다.

개인 간 커뮤니케이션으로서 면대면과 매스미디어의 영역으로서 방송과 문서는 쌍방향과 일방향, 비매개적과 매개적이라는 전형적인 특성의 대비가 나타난다. 그러나 프리젠테이션과 포맷이라는 측면에서 면대면과 문서는 비선형적이자 선형적이라는 측면에서 유사하며, 방송은 순서적으로 내용을 표현하는 선형적 방식으로만 제시한다는 점에서 전자들과 차이가 있다. 수용과 억제라는 측면에서 면대면은 동시적, 상호작용적, 동적이다. 방송은 즉시적, 수동적, 장소 고정적 특성을 갖는다. 문서는 심사숙고적, 능동적, 휴대 가능하다는 점이 가장 전형적인 특성으로 이해된다. 이러한 각 시스템의 전형적인 특성들에 기술적인 변형이 일어나는 경우, 뉴미디어의 특성은 각 시스템의 융합에 의한 결과로 나타난다. 면대면은 모든 CMC의 특성이 가능하고 방송은 비선형적이고 휴대 가능하며 문서는 쌍방향적인 특성을 가질 수 있게 되는 것이다. 융합은 미디어 변화 과정에서 언제나 필수적이며 이를 가속화시킨 것은 바로 컴퓨터 네트워크의 발전이라 설명할 수 있다. 이러한 설명은 유명한 MIT 미디어 랩의 미디어 융합 구조도와 구분된다('그림 1' 참조). MIT 랩의 다이어그램은 방송과 영상산업, 인쇄와 출판산업, 컴퓨터산업 간의 교집합이 커질수록 각 산업 간 대표 미디어는 멀티미디어 형태를 갖추게 된다는 것을 보여준다. 그러나 이는 산업 간의 합병으로 설명할 수는 있지만 올드미디어를 뉴미디어가 대체한다는 오해를 불러일으키기 쉽다.

피들러에 의해 제시된 미디어의 미래를 예측하기 위해 알아야 할 미디어 모포시스의 원리는 공진과 공존(coevolution & coexistence), 변형(metamorphosis), 전파(propagation), 생존(survival), 기회와 필요(opportunity & need), 확산의 지연(delayed adoption)이다. 공진과 공존은 커뮤니케이션 미디어가 복잡한 시스템 내부에서 확장, 적응하기 위해 진화하고 공존하면서 서로가 서로에게 영향을 주고받으며 진화하고 존재한다는 뜻이다. 변형은 새로운 미디어가 어느 날 갑자기 나타나는 것이 아니라 기존의 미디어가 점진적으로 변형한 결과에 의해 나타나는 것을 말한다. 또한 새로운 형태의 미디어에 의해 기존의 미디어가 사라진다기보다는 이 역시 뉴미디어와 공존하면서 그 시스템에서 진화하거나 적응하려고 하는 것이다. 전파의 원리는 미디어가 널리 전파되고 확산되는 것이다. 뉴미디어는 기존의 미디어의 특성을 유전적으로 물려받는다. 뉴미디어의 전파는 구어, 문어, 디지털 언어가 커뮤니케이션 코드가 되어 이러한 특성을 확산시키는 것이다. 생존은 미디어 기업뿐만 아니라 해당 미디어 그 자체도 변화하는 환경 속에서 적응하도록 강제되며, 그렇지 못한 경우 역사에서 사라지는 미디어가 된다는 것을 설명한다. 기회와 필요는 뉴미디어가 혁신적인 기술이라는 이유만으로 채택되지 않으며, 그 기술을 필요로 하는 사회, 정치, 경제적 동기가 존재해야만 확산이 가능하다는 뜻이다. 마지막으로 확산의 지연은 뉴미디어와 그 기술의 상업적 성공이 단시간에 이루어지기보다는 최소한의 시간(20~30년 정도로 한 세대에 걸친 시간)이 필요하다는 것이다. 따라서 뉴미디어 자체를 단지 올드미디어와 구분되는 이분법적인 시각으로 보는 것을 지양하고 미디어의 전체적인 역사와 시스템 안에서의 결과물로 인식한다면, 현재의 뉴미디어를 통해 미래의 뉴미디어에 대한 성찰이 가능할 것이다.

생각해볼 문제

1. 전통적인 커뮤니케이션 모델에 뉴미디어를 적용하여 커뮤니케이션 모델을 발전시키는 데 필요한 구성 요소와 각 구성 요소 간 영향과 방향성에 대해 정리해보자.

2. 정보원으로서 포털 사이트에 대한 신뢰도를 구성하고 있는 차원은 무엇이 될 수 있는지 파악해보자.

3. 뉴미디어 시대에서 커뮤니케이션의 제한 효과와 거대 효과 사례를 모아서 비교해보자.

4. 개인, 기계 및 사물과의 상호작용을 기준으로 커뮤니케이션의 유형을 분류해보자.

5. 현재 뉴미디어의 대표적인 플랫폼인 유튜브, 페이스북, 구글로 채널 사업자들이 몰리는 가운데, 이러한 거대 플랫폼 사업자들에 의한 미디어 변형은 어떤 방식으로 일어날 것인가에 대해 전망해보자.

2 네트워크 사회, 네트워크화된 공중, 집단지성

이숙정(중앙대학교 미디어커뮤니케이션학부)

뉴미디어에서 '뉴'는 상대적이다. 라디오에 비해 텔레비전은 뉴미디어였고, 지상파 텔레비전에 비해 케이블방송은 뉴미디어였다. 뉴미디어에서 '뉴'는 이념적이다. 새로운 것은 좋은 것이라는 의미와 새로운 기술에 의해 사회가 발전한다는 의미를 은연중에 내포하고 있다. 기술적 특성으로, 올드 미디어와 뉴미디어 간의 차이의 핵심은 디지털이다. 뉴미디어는 디지털 방식으로 정보를 저장하고 전송하는 매체이다. 뉴미디어에서는 텍스트, 숫자, 그림, 비디오, 사운드 등 다양한 정보 형태들이 디지털 신호라는 하나의 형태로 통합된다. 디지털화는 정보의 저장이나 전달에 필요한 자원을 절약해 주며, 저장과 전달의 정확성과 효율성을 높여준다.

그러나 이 장에서는 뉴미디어의 네트워크 의미를 집중적으로 검토해보고자 한다. 네트워크는 뉴미디어의 기술적 특성일 뿐 아니라 사회적 특징이다. 기술적 특성으로서의 네트워크와 사회적 특징으로서의 네트워크가 상호작용함으로써 네트워크 기술은 사회를 변화시키고 사회는 기술 발전 과

① **네트워크 사회**
사회구조가 마이크로전자 기반의 정보통신기술로 추진되는 네트워크로 구성된 사회

정에 관여한다. 네트워크라는 개념은 뉴미디어에 대한 사회학적 상상력을 갖게 하는 데 도움이 된다. 미국의 사회학자 라이트 밀스(Wright Mills)가 언급한 사회학적 상상력은 개인의 일상적 행위를 더 큰 사회적 맥락에서 바라볼 수 있게 하는 능력이다. 개인의 삶에 영향을 미치는 사회적 조건들을 분석할 수 있는 능력이며, 사적인 경험을 공적인 이슈로 말할 수 있는 능력이다. 또한 개개인의 인식과 행위, 개인(조직)과 개인(조직)의 관계에서 비롯되는 사회적 현상을 파악할 수 있는 능력이다.

우리는 매일 네트워크에 접속한다. 어디를 가든 스마트폰을 챙겨든다. 페이스북 친구가 올린 여행 사진을 보고 '좋아요'를 누른다. 자료 검색을 위해 위키피디아를 이용한다. 이와 같은 일상적 행위는 곧 우리가 네트워크 사회①라고 명명하는 사회에 살고 있으며, 페이스북의 '좋아요'는 사회적 관계를 유지하기 위한 하나의 의례적 행위가 되었으며, 지식이 집합적으로 형성되고 있다는 것을 의미한다. 이 장에서는 네트워크 사회가 도래한 역사적 배경을 이해하고, 네트워크의 다중적 의미를 파악하고, 기술적 의미로서의 네트워크와 사회적 의미로서의 네트워크가 만나 탄생된 네트워크화된 공중의 사회적 관계, 사회자본과 집단지성을 살펴보고자 한다.

네트워크 사회의 출현

현대사회의 특징을 설명하기 위해 정보사회라는 용어가 보편적으로 사용되고 있다. 20세기 후반 정보 산업의 발달과 정보의 전달 및 처리에 관한 기술 혁신으로 인한 사회의 변화를 강조하기 위함이다. 그러나 정보사회보다 네트워크 사회라는 용어를 선호하는 학자들이 있다. 반 다이크(van

Dijk)는 그의 저서 『네트워크 사회』에서 네트워크라는 커뮤니케이션 하부 구조가 과거 상품이나 사람을 운반하기 위해 건설된 도로보다 더 큰 영향을 미칠 것이라고 예견하면서, 대중사회라 불러던 사회가 네트워크 사회로 대체되고 있음을 주장했다. 카스텔(Castells)도 『네트워크의 사회의 도래』라는 저서를 통해 정보와 사회의 관계를 네트워크 사회라는 개념으로 설명하고자 하였다. 요차이 벤클러(Yochai Benkler)나 클레이 셔키(Clay Shirky)도 네트워크로 인한 사회적 변화에 관심을 갖고 있는 학자들이다.

사실상 정보가 중요하지 않았던 시기도 없었고, 네트워크가 현대사회만의 특징도 아니다. 정보사회라고 부르든, 네트워크 사회라고 부르든 자본주의의 연속선상에 있는 사회라는 점에서는 마찬가지이다. 그럼에도 불구하고 카스텔이 네트워크 사회라는 개념을 통해 강조하고자 한 것은, 사회가 네트워크라는 기술적 하부 구조를 토대로 네트워크의 논리로 작동된다는 점이다. 그에 따르면, 네트워크는 상호 연관된 결절들(nodes)의 집합이다. 그리고 네트워크 사회는 그 사회 구조가 마이크로전자 기반의 정보통신기술로 추진되는 네트워크로 구성된 사회이다(Castells, 2004). 즉 네트워크는 정보통신기술인 동시에, 생산 활동, 소비 활동, 일상적 경험, 권력 관계, 문화 등을 조직화하는 사회적 구조인 셈이다.

네트워크 사회가 정보통신기술로 추진되는 네트워크로 구성된 사회로 정의되지만, 비단 정보통신기술의 혁명에 의해서만 도래한 것은 아니다. 카스텔은 1970년대 서로 독립적인 3가지 과정들이 동시에 발생하면서 네트워크 사회가 형성되었다고 설명하고 있다. 첫째, 산업주의의 위기와 구조 개편의 과정이다. 1970년대 불어닥친 산업주의의 위기, 생산성 감퇴, 이익 감소, 민간 투자 감퇴, 다국적 기업의 유류 가격 인상, 인플레이션 촉발 등 일련의 과정은 자본주의의 미래에 대한 논쟁을 촉발시켰다. 기업들은 노동자를 감축하고, 기술 투자를 늘리고, 유연성이 높고 효율적인 경영 형태를 모색하고자 하였다. 한편 영국, 미국 등 보수주의자들이 정권을 장악하면서 정부는 자본주의를 재편하기 위한 시장 탈규제와 자유화 정책을 주도하였다. 탈규제와 민영화 과정은 자본주의의 세계화를 가속화시켰다.

둘째, 1960년대와 1970년대 기존 질서에 대항했던 문화적 사회운동이다. 1970년대 남성 중심의 자유주의 사상을 비판하는 가운데 자율적인 페미니스트 운동이 형성되었다. 여성도 자율적이고 합리적인 주체가 되어야 하며, 남성과 동등한 제도적 권리를 주장하는 자유주의 페미니즘이 사회 각 영역으로 퍼지게 되었다. 또한 경제 성장과 인구 증가로 인한 사회적 문제에 관심을 가지게 되었고, 1970년 4월에 열린 지구의 날 행사는 환경운동의 커다란 기폭제가 되었다. 문화적 사회운동은 사회적 가치의 변환을 지향하는 운동으로, 자유와 개인 자율의 가치, 소수민족 권리를 지지하는 문화적 다양성의 가치, 생태학적 연대의 가치가 새로운 문화 창출의 핵심 가치라고 할 수 있다.

세 번째 과정은 정보와 통신기술에서 일어난 혁명이다. 이는 자본주의의 위기에 대한 대응으로 일어난 것이 아니다. 기술 혁신의 전반적 과정은 군부의 지원과 후원하에 이루어졌다. 그러나 개인용 컴퓨터, 하이퍼텍스트 등 기술적 발전은 대항 문화, 오픈소스 운동, 대학과 벤처 기업들의 연구에 의한 혁신과 응용의 자율적인 과정이었다. 정보통신기술의 혁명은 흐름의 공간을 탄생시켰다. 즉 공간은 자본과 정보지식, 노동의 흐름에 따라 재편성되었다. 또한 시간은 압축되고 시간의 직선적 연속성이 파괴되었다. 현실적이지 않는 공간과 시간의 개념이 바로 가상 공간을 만들어낸 것이다.

카스텔에 따르면, 네트워크 사회는 정보통신기술 혁명, 문화적 사회운동, 산업 위기에 따른 구조 개편 과정이 서로 상호작용하면서 출현한 사회구조이다. 즉 네트워크 기술 혁명에는 그 시기 대항문화 운동이 지향했던 표현의 자유, 개인의 자율, 기존 질서에 대한 도전 등의 정신이 깃들여 있었으며, 한편으로 네트워크 기술은 경제 위기를 해결하기 위한 구조 개편 과정에 필수적인 시스템이었다. 디지털 네트워크를 기반으로 하부 구조를 구축한 사회구조는 세계적이다. 특정 국가나 선진국만의 특징이 아니다. 인간 생활을 형성하고 통제하는 핵심 활동, 금융 시장, 다국적 생산, 경영, 상품과 서비스 유통, 문화, 예술, 스포츠, 국제 기구, 종교, 시민사회, 비정부 기구들의 활동이 세계적 네트워크 속에서 조직되고 있다. 그러나 네트워크 사회에서 개인의 일상적 경험과 행위는 세계적이기도 하지만 지역적이기도 하다.

네트워크 의미의 다중성

네트워크 사회라고 할 때, 네트워크[②]의 의미는 정보통신기술로서의 네트워크만을 의미하지 않는다. 네트워크는 사회적 관계 형성의 원리이며, 조직 구성의 원리이자, 우리 사고방식의 원리이다. 네트워크 사회는 이러한 다중적 의미의 네트워크들이 결합하여 하나의 사회적 구조로 작동하고 있는 사회이다. 김용학과 하재경(2008)이 제시한 분류에 따라, 네트워크의 다중적 의미를 살펴보자.

통신기술로서의 네트워크

네트워크는 적어도 3개 이상의 요소, 지점, 혹은 단위들을 연결시킨 것이다(van Dijk, 1991, p. 43). 커뮤니케이션 네트워크에는 구리 케이블망(전자 에너지), 광섬유 케이블망(빛 에너지), 대기 연결망(전자파 에너지) 등이 있다. 네트워크 구조는 분배 네트워크와 교환 네트워크로 구분되는데, 분배 네트워크

② 네트워크
적어도 3개 이상의 요소, 지점, 혹은 단위들을 연결시킨 것으로 상호 연관된 결절들의 집합체.

는 케이블 텔레비전 네트워크와 같은 일대다 연결용으로 사용되고, 교환 네트워크는 전화 네트워크와 같은 일대일 연결용으로 사용된다. 또한 네트워크는 별, 그물, 고리, 버스, 나무 모양의 외형적 구조에 따라 그 유형이 구분된다. 최초의 커뮤니케이션 네트워크는 1845년 미국에서 처음 사용한 전신과 전화의 케이블 연결망이다. 그 후 1895년 전자파를 이용해 신호를 전송하는 실험이 처음 수행되었다. 그 당시 무선통신이 가능한 거리는 14~20킬로미터에 불과했다고 한다. 그러나 오늘날 무선통신은 전 세계를 하나로 연결하고 있다. 커뮤니케이션 네트워크 발전에 영향을 준 4가지 기술적 발전은 마이크로전자학 분야의 반도체 기술 발전, 정보의 디지털 기술 발전, 전송 선로, 전송 용량 및 송수신 기술의 발전, 소프트웨어 프로그램밍의 성장이다(van Dijk, 1991).

통신기술로서의 네트워크는 전신, 전화, 컴퓨터 통신망으로 발전해왔다. 인터넷의 시초로 알려져 있는 알파넷(Advanced Research Project Agency Network: ARPANET)은 1969년 미국 국방성 지원으로 미국 4개 대학의 슈퍼컴퓨터를 연결함으로써 구축되었다. 알파넷은 세계 최초로 패킷 교환 방

표 1. 네트워크의 기술적 개념들

네트워크 구조	분배 네트워크(일대다): 예, 방송망 교환 네트워크(일대일): 예, 전화망 교환 기술: 회선 교환, 패킷 교환, 셀 교환
네트워크 유형 분류	별, 그물, 고리, 버스, 나무
전송 선로	케이블 연결망: 구리 케이블(전기 에너지), 광섬유케이블(빛 에너지) 대기 연결망: 무선 주파수(전자 에너지)
전송 능력 (주파수 대역 폭)	협대역: 1.25MHz; 144Kbps 미만의 속도 광대역: 5~15MHz; 144Kbps 이상의 속도
네트워크 크기	지역 네트워크 또는 근거리 통신망 (LAN) 광역 네트워크 또는 원거리 통신망 (WAN)
전송 데이터 유형	음성, 문자, 데이터, 영상

* 출처: 반다이크(1991). 배현석 옮김(2002). 44쪽

식의 데이터 교환망을 사용하였다. 패킷 교환 방식은 메시지를 패킷이라는 데이터 단위로 나누고 그 패킷에 담긴 수신인 주소를 기반으로 하여 목적지에서 다시 원본 파일로 통합되는 전송 방식이다. 각 패킷은 개별적으로 경로를 제어할 수 있는 제어 기능을 가지고 있다. 제한된 컴퓨터만을 연결하던 알파넷은 개방형 구조의 네트워크를 구축하고자 하였고, 이에 TCP/IP라는 표준 프로토콜이 사용되었다. TCP는 전송 데이터를 일정 단위로 나누고 포장하는 것에 관한 규약이며, IP는 패킷이 목적지까지 전송될 수 있도록 데이터를 주고받는 것에 관한 규약이다. TCP/IP는 서로 다른 시스템을 가진 네트워크들을 연결하여 네트워크의 네트워크, 즉 인터넷(Internetwork: Internet)을 구축하기 위함이었다.

1986년 미국 국립과학재단은 TCP/IP 기반의 통신망 NSFNET(National Science Foundation Network)를 구축하여 학술 연구를 위해 활용하였고, 알파넷은 NSFNET에 흡수됨에 따라 거대한 네트워크망이 완성되었다. NSFNET의 이용은 학술 연구 및 교육 분야로 한정되어 있었다. 1991년 미국 통신 사업자들은 사업적 목적의 인터넷 기간 통신망을 구축하였고, 또한 NSF가 NSFNET 이용을 제한했던 정책을 철회함으로써 인터넷의 상업화가 진행되었다. 한편, 한국에서는 1982년 서울대학교와 한국전자통신연구원 사이에 SDN(System Development Network)를 구축하였는데, 이것이 한국 인터넷의 시초이다. 1994년 한국통신에서 한국인터넷(KORNET)이라는 이름으로 일반인들을 대상으로 웹 기반의 인터넷 접속 및 계정 서비스를 제공하면서 인터넷이 대중화되기 시작하였다.

네트워크 관점에서 인터넷의 기술적 발달을 살펴보고자 할 때, 특별히 관심을 가져야 하는 기술은 하이퍼텍스트이다. 하이퍼텍스트는 테오도르 넬슨(Theodore Nelson)이 개발한 시스템으로, 개별 정보(노드)들을 링크를 통해 연결시킴으로써 비연속적이고 비선형적인 체계로 구성해낸 정보 조직 구조이다. 어떤 순서로도 정보에 접근할 수 있도록 하고, 어떤 형태로도 정보를 저장할 수 있게 한다. 하이퍼텍스트는 사용자가 웹페이지에 표시된 링크를 통해 여러 페이지를 넘나들며, 글을 읽다가 비디오나 오디오를 활성화시켜 정보를 얻을 수 있게 해주는 시스템이다. 이로써, 인터넷이라는 세계 최대 규모의 컴퓨터 통신망은 모든 형태의 디지털 정보 조각들을 연결하는 정보 네트워크로 자리잡게 되었다.

사회적 연결망③으로서의 네트워크

네트워크는 사람과 사람 간의 연결이라는 의미도 지닌다. 사람은 노드가 되며, 그들 간의 관계가 바로 링크인 셈이다. 우리는 흔히 '세상 참 좁다'는 말을 하게 되는데, 이는 사회적 연결망의 내부 구조를 잘 보여주는 말이다. 1967년 밀그램(Milgram)은 무작위로 선택된 두 사람 간의 사회적 거리를 측정하기 위해, A라는 사람이 B라는 사람에게 편지를 전달하도록 하는 실험을 하였다. 실험 규칙은 A는 반드시 B를 알고 있거나 알고 있을 것 같은 사람을 통해서 편지를 전달해야 하는 것이었다. 그 결과, 217통의 편지 중 64통(29.5%)의 편지가 평균 5.2단계 만에 목표된 사람에게 전달되었다. 이와 같은 일련의 실험으로, 미국인들은 평균적으로 여섯 다리만 건너면 누구에게나 연결된다는 여섯 단계의 분리(six degrees of separation)라는 말이 등장한 것이다. 국내에서도 2003년 이와 유사한 실험이 진행되었는데, 108명의 실험 참가자들이 다양한 통신 수단을 사용하여 자신의 지인을 통해 목표 인물에게 편지를 전달하는 것이었다. 도달률은 15.7%였고, 성공적으로 연결된 사회적 거리의 평균 길이는 4.6단계인 것으로 나타났다. 싸이월드 일촌망을 분석한 연구에서도 좁은 세상은 발견되었는데, 일촌들 간의 사회적 거리는

③ **사회적 연결망**
사회적 행위자와 행위자들 간의 관계(link)로 이루어진 사회적 구조(결절; node).

평균 4.3단계인 것으로 나타났다(김용학 · 박세웅 · 전소영, 2006)

사회적 연결망은 유사성과 선호적 연결의 원리로 생성된다(김용학 · 하재경, 2008). 유사성 원리는 사람과 사람은 무작위로 연결되는 것이 아니라 비슷한 특성이나 지위를 가진 사람끼리 연결된다는 가정이다. 학연이나 지연으로 연결된 사회적 관계나, 관심사가 비슷한 사람들끼리 모인 동호회 등이 바로 유사성에 근거한 사회적 연결망이다. 사회적 연결망은 유사성을 근거로 끼리끼리 모이는 군집화 경향을 나타내기 때문에 좁은 세상이 되는 것이다. 사회적 연결망의 두 번째 원리는 선호적 연결이다. 사람들은 네트워크에서 연결선이 많은 사람을 더 선호하는 경향이 있다. 트위터 이용자들은 팔로워가 많은 사람을 더 팔로잉한다. 통신망으로서 네트워크는 분산적 구조를 띄지만, 사회적 연결망으로서 네트워크에는 빈익빈 부익부 현상이 나타난다.

사회적 연결망의 유형은 연결 강도에 따라 달라진다. 연결 강도는 강한 연결과 약한 연결로 구분된다. 강한 연결과 약한 연결은 개인 간 관계의 강도에 따라 구별되는데, 관계의 강도는 접촉 빈도 및 시간, 감정의 강도, 친밀감, 상호 도움의 정도로 측정될 수 있다. 강한 연결은 가족이나 친한 친구와 같은 일차적 공동체의 특징이다. 약한 연결은 건너서 아는 사람이나 우연히 알게 된 사람들, 또는 서로 다른 집단에 속한 사람들 간의 관계를 의미하여, 개인과 개인, 집단과 집단 간의 가교 역할을 한다. 그라노베터(Granovetter, 1973)는 약한 관계의 중요성을 강조하였다. 그는 직업을 구한 구직자 경로를 조사하면서 참여자 중 약 60%는 유대 관계가 약한 사람들로부터 구직 도움을 받았다는 것을 발견하였다. 그 이유는 유대 관계가 강한 사람들은 서로 배경이 비슷하고 정보가 중복되는 반면에, 한 다리 건너 소개받은 사람들처럼 유대 관계가 약한 사람들 간에는 정보가 서로 겹치는 부분이 적기 때문이다. 온라인 사회적 연결망에 주목하는 이유도 바로 약한 관계의 유용성 때문이다.

조직 구성원리로서의 네트워크

네트워크는 조직을 구성하는 원리이다. 조직은 협력적인 행위를 수행하기 위한 본질적인 수단이다. 조직은 분명한 목적을 갖고 설립되며 목적을 달성하기에 도움이 되는 특정한 방식으로 설계된다. 베버(Weber)는 현대의 모든 조직이 본질적으로 관료제적 성격을 지니고 있다고 보았다. 그는 관료제의 이념형적 특징을 다음과 같이 제시하였다. 즉 관료적 조직은 명료한 권위의 위계가 존재하고 조직의 업무는 공식 임무로 분배되며, 위에서 아래로 명령이 전달되며 의사결정이 이루어진다; 성문화된 규칙이 관료의 업무 수행을 통제한다; 전일제로 고용되며 위계에 따라 정해진 봉급을 받는다; 조직 내에서의 업무와 조직 밖에서의 생활은 분리된다; 조직에 속하는 그 누구도 조직에서 사용하는 물질적 자원을 소유할 수 없다는 것이다. 베버는 관료제의 이념형에 가까울수록 그 조직이 설립된 목표를 달성하는 데 보다 효율적이라고 믿었다(Giddens, 2006. 김미숙 외 옮김, 2009).

그러나 관료제가 일상적인 업무를 수행하는 데는 적합하지만, 예측하기 어려운, 변화하는 업무 수행이 요구되는 상황에서는 문제가 될 수 있다는 지적들이 제기되었다. 관료제적 구조가 선도적인 산업에서 혁신과 창의성을 저해한다는 것이다. 격변하는 시장에 유연하게 대응하기 위한 조직 형태로서 네트워크 조직이 주목을 받았다. 카스텔은 네트워크 기업이 세계화된 정보 경제 시대에 가장 적합한 조직 형태라고 주장한다(Castells, 1996). 기업 조직 구조로서의 네트워크란 가치 사슬상에서 강점이 있는 분야에 특화된 여러 부분의 각 요소들이 서로 하나의 유기체처럼 활동하고 반응하면서 경쟁력을 유지하는 관계를 말한다. 네트워크 조직은 경쟁 기업, 공급업체, 소비자들과 상호 긴밀하게 연결되어 끊임없이 전략적 제휴를 하고자 하는 조직이다. 이들은 정보를 공유하여 가치를 창출하고자 한다. 그러나 그들의 전략적 제휴는 영속적이지 않다. 새로운 프로젝트를 추진할 때마다 다른 네트워크 속에서 협력 관계를 재구성한다. 이러한 과정을 통해 기업은 시장점유율을 획득하고 자본 축적을 영속화한다. 네트워크 조직의 효율성은 정보통신 시스템에 의해서 실현가능하다. 정보통신 시스템에 기반을 둔 네트워크 조직은 지리적 제약을 극복하고 실시간에 정보를 공유하고 신속한 의사결정을 내리는 등 불확실한 환경 변화에 보다 유연하게 대처할 수 있는 조직 형태라고 할 수 있다.

인지 구조로서의 네트워크

인간은 새로운 정보를 이해하고자 할 때, 자극 정보를 조직화하고 해석하는 과정을 거친다. 이러한 과정에 스키마④(schema)가 관여한다. 스키마는 사물, 대상, 사건, 사실, 사회적 상황 등을 이해하고 저장하는 데 이용되는 일정하게 체계화된 지식 체계이다. 인간은 누구나 기본 스키마를 가지고 태어나지만, 발달 과정에서 조직화와 적응의 과정을 통해 새로운 스키마를 개발하고 기존 스키마를 변형시켜나간다. 또한 기존 스키마에 근거하여 새로운 정보를 선택적으로 지각하고 수용함으로써 환경에 대한 개인의 경험을 구축해간다(Wood, 2011).

스키마는 한 개인이 지니고 있는 내적 인지 구조이다. 그러나 인터넷에서의 하이퍼텍스트, 책 추천 시스템, 실시간으로 업데이트되는 트위터 메시지 등은 내적 구조로서의 스키마를 확장시켜주는 역할을 한다. 예를 들어 책 추천 시스템은 컴퓨터가 이용자의 인지 구조를 형상화해주는 시스템이라고 할

④ **스키마**
사물, 대상, 사건, 사실, 사회적 상황 등을 이해하고 저장하는 데 이용되는 일정하게 체계화된 지식체계.

수 있다. 이러한 온라인 시스템을 통해 한 개인의 스키마는 확장되고 재조정되는 것이다. 인터넷 사이트의 기술적 상호작용성(즉, 검색 엔진 기능, 검색 기간 설정, 관련 기사 목록 제공 등)이 높으면, 학습자의 지식 구조 밀도(관련 정보들이 밀접하게 연결되어 있는 정도)가 높아지고 지식 구조의 크기(정보 습득의 양과 깊이)가 커진다는 연구 결과도 같은 맥락에서 이해될 수 있다(조윤경 · 유재웅, 2011).

이와 반대로 카(Carr)는 그의 저서 『생각하지 않는 사람들』에서 인터넷은 오히려 인간의 스키마 형성을 위한 뇌의 능력을 감소시킨다고 우려하고 있다. 인터넷을 통해 우리의 스키마가 확장된 듯한 느낌을 받지만, 외부환경에 반응하는 초기에 인터넷이나 컴퓨터를 통해 받게 되는 인지적 도움은 결국 숙련도와 전략 개발을 방해한다는 것이다. 인터넷은 우리의 인지 구조에 새로운 노드를 연결시켜주는 역할을 하지만, 그 연결되는 노드들이 너무 많고, 이미 산만해진 뇌는 각 노드들을 자신의 스키마로 저장할 여력이 없다. 그 결과 뇌는 기억에 미숙해지고 망각에는 익숙해져간다고 카는 주장한다(Carr, 2010).

네트워크화된 공중의 사회적 관계와 사회자본

네트워크화된 개인주의⑤

⑤ **네트워크화된 개인주의**
위계적 관료주의와 결속적 집단주의와 대비되는 새로운 사회적 운영 시스템. 개인을 중심으로 느슨하게 연결된 사회적 연결망을 토대로 상호작용하는 사회적 운영 시스템.

기술적 의미로서의 네트워크와 사회적 의미로서의 네트워크가 만나 네트워크화된 공중이 탄생되었다. 레이니(Rainie)와 웰만(Wellman)은 네트워크 사회에서 사람과 사람들이 관계를 맺는 방식, 커뮤니케이션하는 방식, 정보를 교환하는 방식이 변하고 있다고 보았다. 이를 네트워크화된 개인주의(networked individualism)로 설명한다. 네트워크화된 개인주의는 위계적 관료주의와 결속적 집단주의와 대비되는 새로운 사회적 운영 시스템이라 할 수 있다. 컴퓨터 시스템처럼, 사회는 기회와 제약, 규범과 절차 등을 제공하는 네트워크화된 구조를 가지고 있다. 컴퓨터 운영 시스템이나 모바일 시스템처럼, 사회적 연결망 운영 시스템은 개인적(자신의 컴퓨터에서 출발하여 다른 컴퓨터로 연결됨)이며, 다중이용자(다양한 사람들과 상호작용함)로 구성되어 있으며, 멀티태스킹(다중 작업)을 가능하게 하고, 또 멀티스레드(multithread; 단일 응용 프로그램 내에서의 다중 작업)를 가능하게 한다. 즉, 네트워크화된 개인주의라는 사회적 운영 시스템에서는 집단의 한 구성원으로서가 아니라 한 개인으로서 다양한 사람들과의 연결망을 형성할 수 있으며, 또한 여러 사회적 연결망과 동시에 접촉 가능하며, 한 연결망 내에서도 다양한 개인적 관계를 형성할 수 있다는 것이다(Rainie & Wellman, 2012).

네트워크화된 개인주의의 부상은 공동체 성격의 변화에서 찾아볼 수 있다. 1960년대 이래, 사회학자들은 공동체의 본질과 의미에 대해 집중적으로

표 2. 집단 중심의 사회와 네트워크화된 개인주의 비교

집단 중심 사회	네트워크화된 개인주의
• 집단 내, 집단 간 접촉 • 이웃 간 공동체 • 근거리 유대 관계 • 동질적 유대 관계 • 친족과 이웃 간 유대 관계 • 강한 사회적 통제 • 한 집단으로부터 필요한 사회자본 획득 • 다른 집단과 분명한 경계 • 여가 활동을 위한 조직화된 집단	• 개인 간 접촉 • 다중 공동체들 • 근거리와 원거리 유대 관계 • 다양화된 유대 관계 • 자발적 친구 중심의 유대 관계 • 약한 사회적 통제 • 사회자본 획득 위해 다양한 네트워크 활용 • 다른 네트워크에 침투 가능한 경계 • 여가 활동을 위한 친구 네트워크

* 출처: Rainie, L & Wellman, B. (2012). p. 38 재인용

탐구하였다. 공동체에 대한 탐구는 정보화, 컴퓨터화, 관료화, 산업화, 도시화와 같은 사회적 변화가 공동체에 어떤 영향을 주는지에 관한 내용이었다. 1950년대 팽배했던 공동체의 붕괴라는 비관적 견해를 대신하여, 1960년대의 학생 운동이나 시민 인권운동 등을 공동체의 지속성에 대한 증거라고 여기고, 공동체의 변화한 속성에 대해 탐구하였다. 그 결과, 공동체는 더 이상 지역성으로 정의되지 않고, 공유된 하위문화에 의해 정의되고 있음을 알게 되었다. 조직의 규모가 커짐에 따라 사람들은 비공식적 관계에 더 의존하게 되었고, 사람들이 공동체에 관여하는 방식은 제도화된 공적인 기관을 통해서라기보다 카페 등 반공개적 공간, 사적 상호작용을 통해서 일어났다. 촌락이나 이웃 등 집단 중심의 공동체에서 네트워크화된 가정이나 네트워크화된 개인을 기반으로 한 유연한 공동체로 변화하는 것을 목격하였다. 지리적 경계가 뚜렷한 이웃 공동체 대신에, 서로 알고 있는 사람들 간의 사회적 상호작용으로서 정의될 수 있는 준 공동체(partial community)가 부상했다는 것이다. 준 공동체는 관심사를 공유하고, 우정을 나누며, 놀이와 양육을 같이하고, 문화적 활동을 같이 추구한다는 점에서 공동체적 성격을 가진다(Wellman et al., 2003). 이것이 네트워크 사회가 출현했던 시기에 나타났던 공동체의 변화된 모습이다.

레이니와 웰만은 단단한 연결망이 와해됨에 따라 사람들이 점점 고립되고 외로워질 것이라고 걱정하기보다 크고 느슨한 관계망을 통해 학습, 문제해결, 의사결정, 개인적 상호작용의 기회를 확대시켜나가고 있다고 강조한다. 즉, 네트워크화된 개인들은 결속력이 강한 집단에 의존하기보다는, 다양한 사람들과의 느슨한 사회적 연결망들을 활용하면서 자신의 사회적, 감정적, 경제적 욕구를 충족시켜나가고 있다는 것이다. 미디어가 사람들을 더욱 고립시킬 것이라는 우려 대신, 레이니와 웰만은 사람들이 미디어를 이용하는 방식 덕분에 오히려 그들의 사회적 관계망은 커지고 다양해지고 있다고 주장한다.

네트워크화된 공중의 소셜 또는 패러소셜(parasocial)

네트워크화된 개인들은 자신의 사회적 연결망을 유지하고 관리하기 위해 기술을 활용 또는 기술에 의존한다. 특히 페이스북 등 소셜 네트워크 사이트에 의존하여 자신의 사회적 연결망을 유지하고 관리하고 있다. 보이드(boyd)는 사람, 관행, 기술들이 교차하여 나타난 상상적 집합체를 네트워크화된 공중⑥(networked publics)이라 지칭하였다. 네트워크화된 공중의 행위는 네트워크 기술의 어포던스(affordance, 행위유도성)에 영향을 받는다. 보이드(boyd)는 네트워크 기술의 행위유도성을 4가지, 즉 지속성, 복제성, 검색성, 확장성으로 설명한다. 순간적으로 일어난 대화는 사라지지 않고 비트로 저장되어 네트워크상에서 지속적으로 존재하고, 네트워크상에서 생산된 메시지는 다른 이용자들에 의해 쉽게 복제되고, 필요한 순간 언제든지 검색 가능하다. 그리고 그 메시지는 관계망을 통해 끝없이 확장된다(boyd, 2011). 이러한 행위유도성은 레이니와 웰만이 긍정적으로 본 바와 같이 개인의 사회적 연결망을 확장시킨다. 특히 소셜 네트워크 사이트는 사라지기 쉬운 관계들을 지속시키며, 적은 비용으로 약한 관계들을 유지할 수 있게 하며, 관계 형성 초기 단계의 장벽을 낮추고, 공통점을 기반으로 관계 형성을 용이하게 한다는 긍정적인 측면이 있다(Ellison, Lampe, Steinfield, & Vitak, 2011).

그러나 네트워크화된 공중의 사회적 관계맺기에 대한 우려의 목소리도 있다. 네트워크화된 공중의 사회적 관계는 패러소셜, 즉 허구적 관계에 불과할지도 모른다는 것이다. 그 이유는 첫째, 네트워크화된 공중은 네트워크 기술에 의존하여 자신들의

> **⑥ 네트워크화된 공중**
> 사람, 관행, 기술들이 교차하여 나타난 상상적 집합체.

연결망을 확장시켜나가지만, 연결이 곧 관계를 의미하지 않기 때문이다. 터클은 사람들이 항상 연결되어 있어 외롭지 않다는 착각이 사실은 사람들을 더 외롭게 만들고 있다고 주장한다. 네트워크 사회에 살고 있는 우리는 혼자 있을 때라도 항상 연결되어 있으며, 함께 있지만 함께 있지 않는 상황에 익숙하다. 이는 곧 우리 모두 함께 외로워지는 방법에 익숙해져가고 있음을 보여주는 것이라고 터클은 주장한다(Turkle, 2012).

둘째, 네트워화된 공중들은 대화를 통해 연결을 관계로 전환할 수 있다. 본질적으로 대화는 상대방을 알아가는 과정이며, 서로를 이해하는 과정이며, 이러한 과정은 자신을 성찰할 기회를 제공한다. 그러나 네트워크화된 공중의 대화는 자기를 과시하기 위한 대화이거나 상대방에 대한 호의성 동조일 때가 많다. 파편화된 메시지 조각들을 주고 받는 대화에는 이해와 성찰의 가능성이 적다는 것이다. 특히 대화하는 방법을 배워야 할 청소년들이 네트워크화된 공중의 대화방식에 익숙해짐에 따라 상대방에 대한 이해, 공감, 자신에 대한 성찰의 기회를 잃게 될지도 모른다는 터클의 지적을 되새겨봐야 한다.

셋째, 네트워크화된 공중이 추구하는 관계는 멀지도 않고 가깝지도 않은, 바로 적당한 관계이다(Turkle, 2012). 터클은 이를 골디락스 효과(Goldilocks effect)라고 부른다. 인간은 외로움을 두려워하지만 한편으로 친밀감도 두려워한다. 관계를 맺고 소속되고자 하는 욕구가 있는 반면에 또한 방해받지 않고 구속되고 싶지 않은 욕구가 공존한다. 네트워크화된 공중은 컴퓨터 매개 커뮤니케이션을 통해 이러한 상반된 욕구를 충족시키고 있는 것이다. 소셜 네트워크 사이트는 사라져가는 관계를 느슨하게 유지시키는 데 도움이 된다. 소셜 네트워크 사이트에서의 수많은 느슨한 관계, 적당한 관계에서 오는 편안함이나 편리함에 익숙해지다 보면 현실 세계의 친밀한 관계에서 감수해야 하는 갈등, 구속, 헌신 등의 불편함을 견디기 어려워진다.

넷째, 네트워크화된 공중에게는 보이지 않는 수용자가 있다(boyd, 2011). 네트워크화된 공중에게 보이지 않는 수용자는 잠재적 관계망으로서, 이는 사회적 연결망의 확장 가능성을 시사한다. 그러나 관계맺기를 위한 대화는 상대방이 누구인지를 인식하는 데서 출발한다. 누구에게 말하는지가 명확하지 않을 경우, 개인화된 메시지를 작성할 수가 없고 그리하여 개인적 관계맺기가 어려워지게 된다. 개인화된 메시지를 작성하거나 메시지 전달 범위를 설정하는 기능이 있음에도 불구하고 소셜 네트워크 이용자들은 전체 공개 또는 친구 공개로 누구에게나 말할 수 있는 메시지만을 전달한다. 이러한 소셜 네트워크 이용자의 커뮤니케이션 방식은 피상적 관계맺기나 소셜 네트워크 사이트를 정보 습득의 공간으로 축소시키는 결과를 초래할 수 있다.

소셜 네트워크 사이트에서의 커뮤니케이션은 자기 과시, 갈등 회피, 호의성 동조 및 격려, 짧은 대화, 흥미 유발 정보, 사진 등 시각적 이미지 중심의 메시지, 메시지의 파편화, 메시지의 조작성, 지속성 및 복제성 등을 그 특징으로 한다. 이러한 특징으로 인해, 소셜 커뮤니케이션은 면대면 대화보다 더 가볍고, 편하고, 즐겁다. 그리고 사라지기 쉬운 관계들을 느슨하게 유지시켜주는 데 유용하다. 소셜 네트워크 사이트에서의 대화는 면대면 커뮤니케이션에 대한 보완적 성격이 강하다. 즉, 사회적 관계망이 크고 사회성이 뛰어난 사람은 그 관계를 유지시키기 위해 소셜 네트워크 사이트를 활용하고 있으며, 사회적 관계망이 적고 사회성이 부족한 사람은 현실에서 느끼는 부족함을 보완하는 방식으로 소셜 네트워크 사이트를 이용하고 있다. 그러나, 터클이 말했듯이, 기술은 우리를 우리가 원하지 않는 곳으로 데려다 놓기도 한다. 네트워크화된 공중이 기술로 매개된 커뮤니케이션의 편리함과 즐거움에 익숙해져 가면서 점점 면대면 상호작용을 불편하게 여기고 회피하게 된다면, 면대면 상호작용을 통해 얻게 되는 소중한 경험과 배움들을 잃게 될 수도 있다.

네트워크화된 공중의 사회자본

네트워크화된 공중의 사회적 연결망에는 사회자본[⑦]이 존재할까? 사회자본은 사회적 연결망과 사회적 관계에 내재되어 있는 자원으로서, 연결망 구성원이 사회적 상호작용을 통해 접근 가능하고 활용 가능한 자원이다. 네트워크화된 공중의 사회적 연결망이 확대되고 있다는 사실에 긍정적인 평가를 내리는 이유 중의 하나는 바로 그 연결망에 내재되어 있는 자원을 활용할 수 있는 가능성이 커지기 때문이다. 사회자본의 중요성을 언급하는 맥락과 개념적 정의는 학자들마다 다소 차이가 있다. 그러나 사회자본의 논의는 공통적으로 사회적 연결망이 갖는 가치에 주목한다. 개인이 관계를 맺고 있는 사람들이나 소속되어 있는 조직으로부터 얻을 수 있는 물질적 · 비물질적 자원이 개인의 사적 목적이나 집단 공동의 목적을 위해 활용될 수 있음에 그 가치를 둔다. 인터넷과 사회자본의 관계에 관한 논의는 여러 저술들에 상당히 잘 정리되어 있다[예: 최은경 · 연보영(2012)의 글 참고].

사회적 연결망 차원에서, 네트워크화된 공중의 사회자본은 전체적으로 약한 유대 관계를 유지하면서, 개방성을 추구하고, 동질성에서 출발하지만 개인의 정체성이 집단 정체성으로 치환되지 않을 정도의 개인 간 이질성을 확보하고 있으며, 주로 사적인 목적을 위해 기능하는 특징을 가진다. 네트워크화된 개인주의가 스며들어 있는 사회적 연결망은 근본적으로 결속형이라기보다 교량적 연계형 사회자본이다. 연계형 사회자본의 긍정성에도 불구하고, 네트워크화된 공중의 사회자본에 대해 우려하는 이유는, 호혜성의 규범과 신뢰가 약화될 수 있기 때문이다. 호혜성과 신뢰는 내가 가진 자원을 다른 사람

⑦ 사회자본
사회적 연결망과 사회적 관계에 내재되어 있는 자원으로서, 연결망 구성원이 사회적 상호작용을 통해 접근 가능하고 활용 가능한 자원.

표 3. 사회자본의 구성 요소

구성 요소	사회적 연결망	• 관계적 측면: 강한 유대 vs 약한 유대 • 발생적 측면: 1차 집단 vs 2차 집단 • 구조적 측면: 폐쇄성 vs 개방성 • 상호작용적 측면: 동질적 vs 이질적 • 목적 측면: 사적 vs 공적
	호혜성	다른 사람으로부터 도움을 받았을 때, 그 당사자 또는 다른 누군가에게 다시 돌려줘야 한다는 규범
	신뢰	추가적인 비용 없이 거래를 가능하게 하는, 특정 대상 또는 일반 타인에 대한 믿음

에게 제공하는 행위, 남을 도와주는 행위, 협력적 행위의 근간이다. 이러한 호혜성과 신뢰는 1차 집단의 결속적 관계에서 배양된다. 가족이나 친구들 1차 집단의 결속적 관계조차 느슨한 관계로 전환되고, 많은 약한 관계를 유지하느라 결속적 관계를 희생할 때, 사회자본을 작동시키는 규범적 가치들은 약화될 수 밖에 없다.

사회자본의 양은 관계의 크기에 의해 결정되지만, 사회자본의 질은 관계의 질로부터 나온다. 관계의 크기와 관계의 질은 비례하는 것이 아니다. 관계망을 확장하기 위해서든, 관계의 질을 강화시키기 위해서든, 우리는 그 관계에 우리의 시간과 노력을 투자해야 한다. 사회자본은 그냥 얻어지는 것이 아니라 관계에 대한 '투자'의 결과로 발생하는 것이다. 인간은 모두 제한된 시간을 가지고 있어 투자를 분산해야 하는데, 관계의 크기를 우선시 한다면 그만큼 관계의 질은 포기해야 하는 측면이 있다. 네트워크 문화에서 친구 수, 방문자 수 등 연결망의 크기를 곧 온라인에서의 권력, 영향력으로 인식하는 경향은 관계망을 확장시키고 또 이를 가시화할려는 욕구를 부추긴다. 우리는 어떤 형태의 관계망을 추구하고자 하는지, 무엇을 위해 관계망을 형성하고자 하는지, 그 자원이 공적인 목적을 위해 활용되고 있는지 등에 대해 생각해봐야 할 것이다.

네트워크화된 공중의 집단지성

새로운 사회적 유대 기술로서의 집단지성

네트워크 사회, 네트워크 문화가 어디로 흘러갈지는 정해져 있지 않다. 그 방향을 제시하고자 하는 개념 중 하나가 바로 집단지성⑧(collective intelligence)이다. 집단지성은 흔히 다수의 개체들이 서로 협력하여 얻게 되는 결과물, 집단적 능력을 의미하는 것으로 이해된다. 그리고 개미 둑을 쌓는 개미들의 협력적 행위를 집단지성의 예로 언급한다. 그러나 여기서는 레비(Levy)의 집단지성을 소개하고자 한다. 레비는 전체주의적 프로젝트들과 집단지성을 혼동해서는 안 된다고 명시하고 있다. 개미 둑과 같은 전체주의적 프로젝트에서 개체들의 상호 협력 과정은 영리한 것처럼 보이지만, 사실상 그들의 행동은 맹목적이고 자동적이다. 이는 집단지성이 아니다. 또한 집단지성은 집단사고⑨(groupthink)와도 구분되어야 한다. 집단지성은 구성원들이 함께 사유하고, 지적 힘을 모아 상상력과 경험을 증대시키고, 복잡한 문제들에 대해서 실시간에 협상하고 모든 차원에서의 해결책을 모색하기 위한 프로젝트이다(Levy, 1994. 권수경 옮김, 2001).

레비는 집단지성을 "어디에나 분포하고, 지속적으로 가치 부여되고, 실시간으로 조정되며, 역량의 실제적 동원에 이르는 지성"으로 정의한다(Levy, 1994. 권수경 옮김, 2001, 38쪽). 즉 지성의 편재성, 지속성, 실시간 상호 조정성, 실천성을 강조한다. 집단지성의 출발점은 '누구도 모든 것을 다 알지 못하고 모든 사람이 무엇인가를 알고 있다'는 가정이다. 그동안 많은 이들의 지성이 무시당하거나 정당하게 평가받지 못했고, 현실적으로 그 지성이 어디에 분포해 있는지도 모르는

⑧ **집단지성**
어디에나 분포하고, 지속적으로 가치가 부여되고, 실시간으로 조정되며, 역량의 실제적 동원에 이르는 지성.

⑨ **집단사고**
응집력이 강한 집단에서, 집단 내 조화를 우선시하여 반대 의견 등 다양한 대안적 의견들을 억압하고 결국 비합리적이고 적절하지 않은 의사결정을 내리게 되는 심리적 현상 .

경우가 많았다. 정보통신기술의 긍정성은 무엇인가를 알고 있는 이들을 결집하고 상호작용할 수 있게 하며, 또한 실시간에 그 의견들을 조정 가능하도록 도와준다는 데 있다. 집단지성은 당면한 문제를 해결하기 위한 다양한 방법들을 모색하고, 각각의 가치들을 인정하고, 실천으로 행해질 수 있도록 동원되는 지성이다.

레비는 집단지성을 단순한 인지적 대상이 아니라 좋은 이해, 공조의 의미로 받아들여야 한다고 주장한다. 집단지성의 과정을 통해 새로운 사회적 유대를 창출하고자 한다. 이를 위해서는 새로운 차원의 의사소통이 집단지성의 기본 조건이 되어야 한다. 집단지성은 결과물로 존재하는 것이 아니라 공동체 활동의 과정으로서 존재하기 때문이다. 새로운 차원의 의사소통 방식은 레비가 언급한 집단적 발화 주체들의 즉흥 다성 합창과 유사할 것이다. 이는 훈련을 통해 습득해야 하는 것이다. 합창은 "다른 단원들의 목소리를 들어야 하고, 다르게 불러야 하며, 자신의 목소리와 타자들의 목소리 사이에 조화로운 공존을 찾음으로써 전체적인 효과를 개선시켜나가는" 과정이다. 이러한 과정에서 한 개인의 큰 목소리가 다른 사람의 목소리를 억압하거나, 입을 다물고 침묵하거나, 다른 이의 말을 그대로 반복하는 것을 지양해야 한다고 레비는 강조한다(Levy, 1994. 권수경 옮김, 2001)

집단지성의 유형

집단지성은 자연발생적이 아니라 각각 나름의 특정한 목적을 위해 기획된다. 집단지성 프로젝트가 현실에서 기획될 때 집단지성은 다양한 모습을 보인다. 집단지성의 지향성(목적 지향적인지, 아니면 공동체적이고 즐거움 지향적인지)과 구성원의 참여 크기(다수가 참여하는지, 아니면 소수가 참여하는지)에 따라 집단지성은 4가지 유형으로 분류될 수 있다. 첫 번째 유형은 벌떼형이다. 많은 사람들이 즐기면서 참여하는 공동체 지향적 집단지성으로, 위키피디아, 네이버 지식인, 쇼핑몰 평가 등이 포함된다. 두 번째 유형은 군중형이다. 주어진 미션이나 목표가 뚜렷하며 많은 사람들이 참여한다. 기업들이 제품이나 서비스 개발 및 생산과정에 일반인들의 집단지성을 활용하는 크라우드소싱이 여기에 해당된다. 세 번째는 난민형이다. 비교적 소수가 참여하는 공동체 지향적인 프로젝트이다. 오마이뉴스 등이 포함된다. 네 번째는 벌통형이다. 특정 프로젝트를 수행하는 비교적 소수의 집단지성을 말한다. 공개 소프트웨어를 개발하는 그룹들이 여기에 해당된다(윤영민, 2012; Kozinets, et al., 2008).

집단지성 프로젝트 사례

① 위키피디아

위키피디아는 비영리 위키미디어 재단이 운영하는, 협동적으로 편집되고, 다양한 언어로 제공되며, 자유롭게 사용할 수 있는 인터넷 백과사전이다. 누구나 접근할 수 있으며, 누구나 새 항목을 작성하고 기존 항목을 지우거나 수정할 수 있다. 마이크로소프트사가 출시한, 전문가가 참여했던 디지털 백과사전 '엔카르타'의 실패와는 대조적으로, '위키피디아'의 성공은 누구나 쉽게 사용할 수 있는 위키라는 공동편집 기술에 기반한다. 위키피디아 참여자는 완벽한 글을 작성해야 한다는 부담감을 가질 필요가 없다. 참여자들은 자유롭게 이 글, 저 글을 옮겨다니며, 몇 개의 문장 심지어 몇 개의 단어만을 편집해도 된다. 아스팔트에 대해 처음 올린 글이 "아스팔트는 도로 포장용 재료다"가 전부였던 것처럼(Shirky, 2008), 누군가의 한 문장들이 모여서 한 문단이 되고, 그 문단들이 오늘날의 위키피디아를 만들어낸 것이다.

위키피디아에서는 누구나 글을 쓸 수 있고, 누구나 다른 사람의 글을 삭

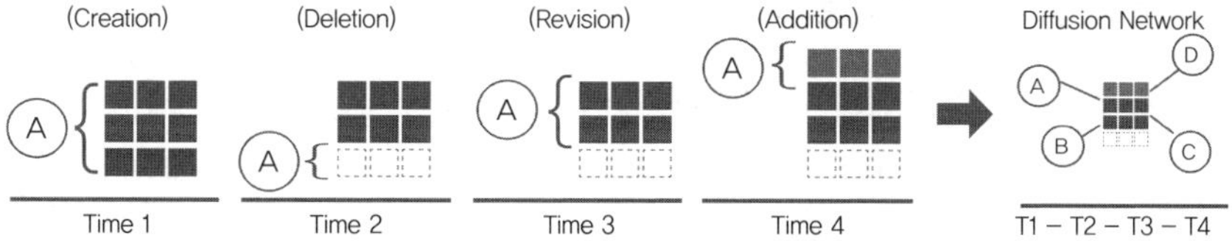

그림 1. 위키피디아의 지식 생산과정에 대한 시각화

* 출처: Lee, K. (2014). pp. 373–374.

제하거나 수정할 수 있다. 삭제된 글은 그대로 사라져버리는 것이 아니라, 서버에 남아 있으며, 위키피디아는 삭제되고 수정된 글의 역사를 제공한다. 다만 3가지 내용 편집 원칙을 지켜야 한다. 첫째, 위키피디아의 목적은 이미 정립된, 공개된 지식을 전달하는 것이다. 따라서 발표되지 않은 새로운 사실이나 독자적 연구에 관한 글을 작성해서는 안 된다. 둘째, 확인 또는 검증 가능성이다. 신뢰할 만한 출처를 명시함으로써 그 사실을 확인할 수 있도록 해야 한다. 셋째, 중립적 시각을 지켜야 한다. 특정한 입장을 지지하는 편향된 시각을 지닌 글을 작성해서는 안 된다. 그러나 이러한 원칙이 항상 지켜지는 것은 아니다. 위키피디아에서 특정 단체나 상품을 프로모션하기 위한 대규모 편집 조작 사건이 발생하였는데, 위키피디아 편집진은 중립적인 편집 원칙을 위반한 것으로 판단하여 가짜 아이디 계정 250개를 삭제하는 일도 있었다.

위키피디아의 개방성으로 인해, 정보의 정확성이나 신뢰성에 관한 문제와 작성된 주제의 편향성에 대한 문제도 제기되고 있다. 예를 들어, 미국이나 유럽에 관한 글의 양에 비해 아프리카에 관한 글은 훨씬 적다는 것이다. 글이나 사진을 게시하는 과정에서 저작권이나 초상권 침해와 같은 법적 문제가 발생하거나, 자신의 글이 지워져버린 경험을 통해, 더 이상 참여하기를 꺼리는 이들도 생겨난다. 그럼에도 불구하고 위키피디아의 개방성은 집단지성에 대한 믿음으로 유지되고 있다.

② 공공 참여형 지리정보 시스템

공공 참여형 지리정보 시스템(Public Participatory Geography Information System; PPGIS)은 시민들이 직접 참여하여 지역 사회의 자원과 문제점을 발견하고 지도로 만들 수 있도록 해주는 웹 기반 지도 제작 기술이다. PPGIS를 활용하여 지역 주민들이 직접 지역 조사에 참여하고 그 결과를 보기 쉬운 지도로 만들어냄으로써 지역 공동체 재생과 삶의 질 향상에 대한 관심을 높일 수 있다. PPGIS가 적용된 사례는 뉴욕 화장실 매핑, 야생동물 출몰 지역 매핑, 환경오염 의심 지역 매핑, 마을지도 만들기 등이다. 마을지도 만들기 사례로는 서울 성미산 마을에서 동네 역사와 삶의 이야기 마을 지도 제작하기와 서울시에서 장애인 보행환경 개선을 목적으로 안전사고 발생 우려 지역 조사하기 등이 있다.

③ 밀레니엄 프로젝트의 집단지성 포털

밀레니엄 프로젝트는 글로벌 미래를 연구하는 그룹이다. 유엔을 비롯해 유엔 산하의 각 연구기관 및 다양한 국제기구와 협조하여 인류의 지속 가능성을 위한 문제 해결 방안을 연구하고 있다. 1988년 유엔의 새천년 미래 예측 프로젝트를 기반으로 1996년 비정부 기구 NGO로 창립되었다. 각 분야 3,000여 명의 학자와 전문가들이 미래 예측 기법을 활용하여 10년 후 미래를 예측하고 있다. 2013년 1월, 밀레니엄 프로젝트는 전문가들의 미래 연구방법을 개선시키기 위해 글로벌 네트워크를 활용하는 집단지성 포털(Global Futures Intelligence System; GFIS)을 오픈하였다. GFIS는 글로벌 리더, 전문가, 일반인들이 미래 사회의 위험을 미리 경고하고 더 나은 미래를 만들기 위해 기획되었다.

④ 기업의 집단지성 활용

IBM 기업가치연구소의 보고서에 따르면 첫째, 기업은 비즈니스 모델에 쇄신에 대한 새로운 아이디어를 모색하기 위해 집단지성을 활용한다. 예를 들어, 〈The Economist〉 매거진은 온라인 크라우드소싱 서비스 제공업체인 'InnoCentive'와 함께 〈The Economist〉의 독자와 'InnoCentive'의 문제해결 커뮤니티 참가자들이 의료 정보 및 기후 변화에 대한 생물학적 해결책과 같은 시사 주제에 대해 새로운 아이디어를 제시할 수 있도록 장을 마련하였다. 티셔츠 제조회사인 Threadless는 디자인 공동 개발 개념을 도입, Threadless 커뮤니티 참가자들이 디자인을 제출하면 투표를 통해 상품화할 디자인을 결정하는 방식으로 집단지성을 활용하였다. Coach는 온라인 표적집단 참여 개념을 도입하여, 참자가들이 디자인을 출품하도록 하는 온라인 콘테스트 기법을 활용하였다.

둘째, 기업은 기술 개선 및 업무 배분을 위해서 집단지성을 활용한다. 즉 작업을 세분화하여 조직 내외에 가장 적합한 역량을 보유한 사람이나 업무수준을 향상시킬 수 있는 사람에게 업무를 배정하는 방법이다. 예를 들어, IBM은 직원들을 위해 일반적인 질문이나 기술 지원 문제에 대한 해답을 찾을 수 있도록 셀프 서비스 기술 지원 포털을 운영해왔는데, 정확도를 향상시키기 위해 온라인 헬프데스크를 이용하는 전 직원들에게 Q&A에 대한 의견을 입력하고 수정안을 제시하도록 유도하였다.

셋째, 집단지성은 비즈니스 과제의 결과를 예측하는 데도 활용될 수 있다. 기업은 기존의 예측 기법을 보완하는 방법으로 시장 예측 기법을 이용하는데, 이 기법은 참가자들에게 가상의 토큰이나 돈을 주고 미래에 발생 가능한 상황에서 투자를 하게 한다. 참가자들은 분석 기술을 이용하여 타인과 비교한 예측의 정확도와 실제 결과에 부합되는 정도에 따라 보상을 받게 되고, 순위에 따라 예언자로 인정되는 등 비금전적인 보상도 받는 방

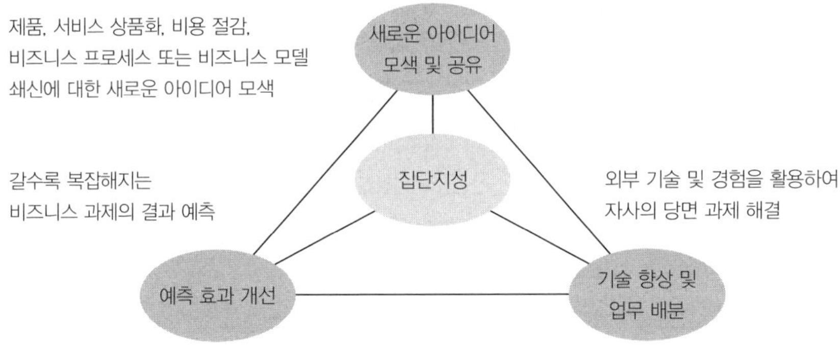

그림 2. 기업의 집단지성 활용 유형

* 출처: IBM 기업가치연구소(2012)

식으로 참여한다.

기업들이 집단지성을 활용하기 위해서는 먼저, 집단을 이루는 개인들에게 참여할 동기를 부여할 수 있는 방법들 찾아야 한다. 참여 동기 부여 방법은 참가자가 내부인인지 외부인인지에 따라, 그리고 정보 수집의 성격 및

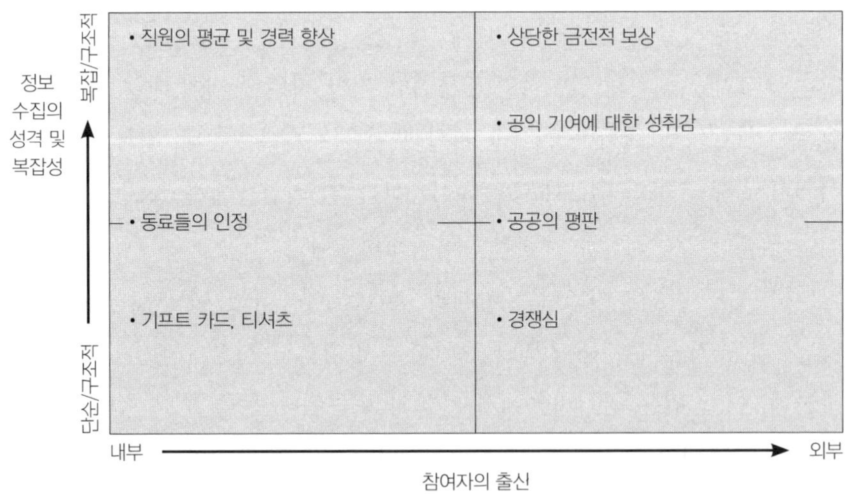

그림 3. 참여 동기 부여 기법

* 출처: IBM 기업가치연구소(2012)

복잡성에 따라 달라진다. 참가자가 외부인이고 정보 수집이 복잡할수록 금전적 보상이 동기 부여에 도움이 되며, 공공의 평판이나 동료들의 인정과 같은 사회심리적 요인도 동기 부여에 도움이 된다.

생각해볼 문제

1. 나의 사회적 연결망의 특징을 이야기해보고, 나의 사회적 연결망과 친구의 사회적 연결망의 공통점과 차이점을 찾아보자.

2. 소셜 네트워크 사이트에서 누구와 대화하는지, 무엇에 대해 대화하는지 이야기해보자. 소셜 네트워크 사이트에서 나눈 대화가 우리의 사회적 관계맺기에 어떤 영향을 주는지 이야기해보자.

3. 본인의 소셜 미디어 이용 경험에 비추어, (소셜) 미디어 매개 커뮤니케이션을 설명할 수 있는 키워드를 생각해보자. 그 키워드를 통해 설명하고자 하는 바가 무엇인지 이야기해보자. 그 키워드의 은유적 속성에 대해서 비판적으로 생각해보자.

4. 레비의 집단지성이 한국 사회에서 어떻게 실현되고 있는지 사례들을 찾아보고, 그 사례들의 특징을 비교해보자.

5. 사람들 간의 협력을 증진시키는 조건과 이를 저해하는 요소들에 대해서 이야기해보자.

3 뉴미디어와 인간 심리

이미나(숙명여자대학교 미디어학부)

우리는 모두 다른 사람의 마음을 알고 싶어 한다. 말하지 않아도 서로 마음이 통하는 것을 으뜸으로 여기고(以心傳心), '열 길 물 속은 알아도 한 길 사람 속은 모른다'며 다른 사람의 마음을 아는 것은 매우 어렵다고도 한다. 다른 사람의 말은 그렇다고 치더라도, 우리는 우리 자신의 마음에 대해서는 잘 알고 있을까? 다른 사람의 마음뿐 아니라 우리 자신의 마음을 아는 것도 어렵기는 마찬가지인 것 같다.

그래서 사람들의 마음을 어떻게 알 수 있는지에 관한 심리학은 많은 사람들이 관심 있어 하는 분야이다. 마음을 꿰뚫어보는 독심술과 심리학을 비슷하게 생각하는 등의 심리학에 관한 오해가 있지만[1] 심리학이 사람 마음의 이치에 관한 학문인 것은 사실이다. 사람의 마음이 어떻게 작동하는지를 과학적인 방식으로 밝혀내는 학문이 심리학이다. 심리학은 세부 분야별로 전문화되어 있어 심리학자라는 일반 명칭보다 임상심리학자, 범죄심

1 『심리학의 오해』 참고.

① 미디어심리학
커뮤니케이션 기술의 발전과 새로운 미디어 환경에서 인간 심리의 특징적 변화, 곧 뉴미디어 시대에 반응하는 인간의 행동적, 정서적, 인지적 반응을 분석하는 것을 주요 영역으로 삼는 연구 분야.

리학자, 아동심리학자등 특정 직종별로 구분하거나 사회심리학, 인지심리학, 발달심리학 등 특정 분야로 지칭되는 것이 더 일반적이다.

특정 영역에서 해당 학문과 융합하는 것도 심리학적 접근의 특징으로, 해당 영역의 특징적 현상을 심리학 관점에서 설명함으로써 현상에 관한 이해를 돕는 것이다. 커뮤니케이션 분야도 심리학적 접근을 취하는 경우가 많은데 다양한 커뮤니케이션 현상을 인간 심리의 관점에서 설명하고자 하는 시도들이다. 예를 들어 설득에 관한 심리학 분야의 연구와 정보처리 과정에 주목하는 심리학 연구들이 매스미디어 효과 연구에서 활용되어왔다. 미디어 폭력물에 관한 연구, 광고 메시지의 설득 효과에 관한 연구, 미디어 메시지의 인지적 정보처리 과정에 관한 연구들이 심리학의 연구 결과를 적극적으로 이용하였다.

커뮤니케이션 분야에서 심리학의 이론들을 활용하는 것 이외에 심리학에서 커뮤니케이션 분야를 적극적으로 주요 주제로 삼는 방향도 모색되어 왔다. 미국 심리학회에서는 1980년대 미디어심리분과(media psychology)분과를 만들었는데(APA, 46분과[2]), 심리학자들이 미디어와 관련된 분야를 특성화한 경우이다. 이들의 정의에 따르면 미디어심리학①은 미디어와 심리학이라는 두 분야를 고려하여 미디어를 매개로 한 인간의 행동과 정서, 인지에 관한 연구 분야이다.

흥미롭게도 미디어심리분과에서는 미디어 기술의 발달과 이로 인한 환경 변화에 특히 집중하고 있다. 커뮤니케이션 기술의 발전과 이로 인한 새로운 환경의 대두로 말미암아 인간 심리의 특징적 변화, 곧 뉴미디어 시대에 반응하는 인간의 행동적, 정서적, 인지적 반응에 주목하는 것이다. 미디어를 매개로 한 경험이 일상으로 확대되면서 이와 관련된 인간 심리의 제반

2 Society for Media Psychology & Technology(http://www.apa.org/divisions/div46/)

현상과 변화가 심도 깊게 고찰되어야 함을 역설하는 대목이다.

굳이 이들의 정의를 따르지 않고서도 미디어 기술의 발전과 사회문화적 변화 양상은 전적으로 새로운 시대로의 진입을 의미하는 것으로 여겨지고 있다. 이 책에서 다루는 모든 장들이 이와 관련된 커뮤니케이션 연구자들의 학문적 관심과 분석이다. 특히 이번 장은 뉴미디어와 인간 심리에 관해 다루고 있다. 미디어와 커뮤니케이션 테크놀로지의 발전으로 말미암은 특징적인 커뮤니케이션 현상과 이를 이해하기 위한 심리학적 접근 방식을 학습하는 데 목적을 두었다.

심리학적 관점에서 보는 뉴미디어의 커뮤니케이션 현상

아래 '표 1'은 뉴미디어 환경의 이용자와 특징을 심리학적 관점에서 파악할 수 있도록 다양한 층위와 관심 주제를 요약해서 제시해본 것이다. 매스미디어와 뉴미디어를 기준으로 미디어 환경을 구분하고 각각의 미디어 환경에서 이용(자)의 특징을 제시했으며 이와 관련된 심리학의 분석 층위를 표시하였다.

심리학의 분석 층위는 지각, 인지, 동기, 행동의 수준으로 구분하였다.

	매스미디어	뉴미디어
동기와 행동	습관적 및 의식적 욕구의 충족	습관적 및 의식적 욕구의 충족
인지	사회적 현실 인식은 매스미디어의 재현과 개인의 판단	시뮬레이션, 경험(추후 수정)
지각	단일 감각	복합 감각

표 1. 심리학적 관점에서 뉴미디어 시대의 미디어 이용(자)에 관한 접근 방법

지각은 외부 환경에 접촉하고 외부 자극 정보를 처리하는 과정으로 시각, 청각, 촉각 등의 감각 정보처리 과정에 해당된다. 매스미디어 환경에서는 신문을 읽고 방송을 볼 때처럼 시각이 주도하거나(신문 읽기), 시각과 청각을 동시에 사용하는 경우가 많다(TV 시청). 뉴미디어 시대는 이에 비해 둘 이상의 감각이 동시에 사용되는 경우가 빈번하며 이로 인한 이슈들이 제기되고 있다.

인지는 사고 과정으로서 정보처리 과정과 일련의 인지적 과정을 포괄한다. 많은 커뮤니케이션 분야의 이론들이 메시지의 처리 과정과 이에 따른 효과를 살펴보고 있으며 태도 형성과 설득, 판단 등에 주목하는 연구도 인지적 과정에 속한다. 나아가 미디어 메시지 처리에 기반을 둔 커뮤니케이션 효과, 사회 현실에 대한 인식 등도 역시 인지적 과정이라 하겠다. 매스미디어에 비해 뉴미디어 환경에서 이루어지는 미디어 메시지의 정보처리 과정은 매우 다양한 측면에서 차이를 관찰할 수 있는데, 여기서는 자아에 관한 논의에 집중한다.

동기는 행동을 유도하는 심리적 요인으로 동기 수준에 제한될 뿐 아니라 실제 행동과의 상호 연관에서 파악되는 경우도 많다. 매스미디어 환경에서는 미디어를 이용하는 동기를 밝히고 미디어를 이용하는 행동의 특성에 주목했다면, 뉴미디어 환경에서의 미디어 이용은 보다 다양한 방식으로 커뮤니케이션 행동을 이끄는 동기와 행동과의 연관을 살펴보고 있다. 여기에서는 뉴미디어 시대의 특징적인 커뮤니케이션 형태인 소셜 네트워크 서비스(Social Network Service 혹은 Social Network Site, 자세한 내용은 7장 참고)와 온라인에 기반을 둔 그룹 커뮤니케이션 현상에 주목에 관련 논의를 다뤘다.

이외에 뉴미디어 시대의 커뮤니케이터가 가져야 하는 능력을 심리학적 측면에서 조망하고자 자기효능감(self-efficacy)과 지능에 관한 논의를 덧붙였다. 발달된 미디어 기술과 새로운 서비스를 갖춘 뉴미디어 환경에서 우리가 어떻게 적응할 수 있는지, 뉴미디어를 활용하여 배양할 수 있는 능력은 어떤 것이어야 하는지 등을 생각해보기 위해 관련된 논의를 소개하였다.

뉴미디어 이용의 지각 과정

주로 사용하는 미디어를 생각해보자. 텔레비전이나 신문과 같은 매스미디어 이외에 인터넷, 스마트폰, 태블릿 PC 등이 자주 이용하는 미디어 목록에 올라와 있을 것이다. 더구나 뉴미디어 환경에서는 텔레비전이나 신문과 같은 전통적인 대중매체 이외에 인터넷이나 스마트폰 사용이 더욱 빈번하다. 미디어 이용 행태에 관한 최근 보고서는 이 점을 확인시켜주고 있는데, 2012년에 실시된 방송매체 이용 행태 조사에서 20대의 경우 스마트폰 보유 비율이 다른 연령대에 비해 높았다. 미디어 이용 빈도(매일 사용하는지를 기준으로 했을 때)에서는 TV, 라디오, 종이 신문과 같은 전통적인 매스미디어는 다른 연령대보다 낮았으며 스마트폰과 PC/노트북 이용 빈도는 높은 것으로 나타났다. 또한 스마트폰을 통해 TV나 영화, 기타 동영상을 이용하는 비율이 다른 연령대보다 높으며 스마트폰을 이용한 이후로 TV 등 전통적인 미디어 이용 시간이 줄었다고 응답한 비율이 10.9%로 다른 연령대보다 높았다(정용찬, 2013).

곧 뉴미디어 시대의 특징은 인터넷이나 스마트폰의 미디어 사용 증가와 이들을 통한 콘텐츠 이용의 확대라고 할 수 있다. 지각의 측면에서 뉴미디어 시대의 이러한 특징은 스크린 중심과 다중적인 감각 사용의 측면에서 생각해볼 수 있다. 인터넷과 스마트폰에서는 스크린을 통해 정보가 전달되며 문자, 이미지, 동영상 등 시각 정보를 처리하게 된다. 또한 같은 시각 정보라고 하더라도 스크린을 통한 정보는 문자나 이미지, 영상 정보를 포함하고 있어 처리해야 할 시각 정보의 양과 종류가 더 많고 다양하다. 스크린을 통한 시각 정보 처리 이외에도 뉴미디어 시대는 둘 이상의 감각을 동시에 사용하는 경우가 더욱 빈번하다. 인터넷, 스마트폰을 생각해보면 시각이나 청각의 사용뿐 아니라, 마우스를 움직이거나 손으로 줌인, 줌아웃을 하는 움직임을 포함하고 있다. 인터넷을 이용할 때 스크롤을 올리거나 내리는 움직임, 스마트폰 이미지를 확대하거나 다음 화면으로 넘기는 손동작 등을 생각해보자. 복수의 감각을 동시에 사용하는 방식이 뉴미디어 이용에서 특징적이며 다른 감각들을 동시에 통합적으로 사용하는 것은 미디어 정보처리 지각 과정에서의 매우 차별적인 이용방식이다.

한편 하나의 미디어뿐 아니라 복수의 미디어를 동시에 사용하는 것도 뉴미디어 시대의 특징이다. 가령 TV를 보면서 SNS로 친구들과 이야기를 하거나 인터넷 검색을 하는 것이 해당된다. 이러한 미디어 이용 행태는 복합매체소비(Polychronic media consumption), 멀티태스킹(Multitasking) 혹은 동시적 매체소비(Simultaneous use of media) 등으로 지칭되고 있다.[3]

다양한 감각을 사용하거나 여러 미디어를 동시에 사용하는 것에 따른 효과는 주의②(attention)의 측면에서 살펴볼 수 있다. 주의는 일반적으로 사용되는 말이기도 하다. 학생들에게 선생님이 "주의를 집중하세요."라고 말하

3 복합매체소비(Polychronic media consumption)는 복수의 미디어를 동시에 사용하는 미디어 이용 행태의 특징을 시간 경험의 측면에서 강조한다. 하나의 정보를 처리하고 다른 정보를 이어서 처리하는 것이 동일시간성(monochronic) 경험이라면 정보를 동시에 처리하는 것을 복합시간성 경험이라고 할 수 있다. 커뮤니케이션 분야의 연구에서는 해당 용어를 '복합시간적 미디어 소비'라고 번역하는 경우도 있어 통일된 용어는 아직 없는 것 같다. 광고 분야의 연구 논문을 검색하면 해당 용어는 복합매체소비로 번역되는 경우가 다수 관찰돼 여기서는 복합매체소비로 번역하였다. 멀티태스킹(mutltitasking)은 미디어와 무관한 행동을 동시에 하는 경우까지를 포함하는데 가령 TV를 보면서 밥을 먹거나 책을 읽는 경우이다. 동시적 매체소비(Simultaneous use of media)는 특정 시간에 복수의 미디어를 동시에 사용한다는 것을 지칭하는데, 복합매체소비보다 유연하게 복수 미디어 이용 행태를 정의한다. 가령 TV를 보다가 잠시 SNS을 사용하는 것도 동시적 매체소비라고 파악할 수 있다. 이상의 용어들이 다소 강조점은 다르지만 미디어 이용자가 복수의 미디어를 동시에 사용한다는 일반적인 미디어 이용 행태를 지칭하는 데에는 유사하게 사용된다.

거나 "주의깊게 살펴보라." 라고 말하는 경우처럼 일반적으로 주의는 집중하거나 주목하는 상태를 의미한다.

② 주의
특정 지각 정보에 집중한 자각된 상태. 심리학에서 서로 다른 유형으로 주의를 구분하는데 지속적 주의(sustained attention), 선택적 주의(selective attention), 분리 주의(divided attention) 등으로 구분한다.

심리학에서 주의는 특정 지각 정보에 집중한 자각된 상태를 뜻하는데, 신문 기사를 읽는다거나 TV를 보는 등 기사를 읽고 프로그램을 시청하는 상태가 주의 상태라고 할 수 있다. 주의는 또한 지속적 주의, 선택적 주의, 분리주의 등으로 구분된다. 먼저 지속적 주의는 단일한 정보처리 과정에 지속적으로 주의를 유지하는 것을 지칭하며 신문을 일정 시간 동안 읽는다거나 학생들의 경우, 일정 시간 동안 학습 활동을 지속하는 것을 의미한다. 선택적 주의는 집중에 방해가 되는 요소들이 있더라도 특정 대상이나 활동에 선택적으로 주의하는 것을 지칭한다. 가령, 인터넷으로 정보 검색을 하는 과정에서 광고가 나오더라도 광고에 방해받지 않고 정보 검색을 하도록 주의를 유지하는 것이다. 분리 주의는 둘 이상의 활동을 동시에 하면서 따라서 주의가 복수의 활동을 동시에 하기 위해 쪼개지는 현상을 지칭한다. 음악을 들으면서 인터넷을 하는 경우, 2가지의 행동을 동시에 하게 되며 음악을 듣고 인터넷을 하는 2가지의 행동을 동시에 하기 위해 주의를 분리하게 되는 것이다.

TV를 보거나 음악을 듣는 등, 미디어 이용 활동과 관련된 주의의 문제는 뉴미디어 환경에서만 논의되는 문제는 아니다. 그러나 뉴미디어 시대의 미디어 이용 행태는 주의의 측면에 특징적으로 구별되는데, 앞서 제시한 복합 감각의 사용과 미디어 동시 이용 행태를 생각해보면 될 것이다. 예를 들어 지하철에서 스마트폰으로 월드컵 축구 경기를 시청하는 상황을 생각해보자. 스마트폰 화면으로 축구 경기를 시청하면서 동영상 정보, 해설가가 이야기하는 청각 정보, 경기 점수를 보여주는 문자 정보 등에 집중하면서 동시에 내려야 할 역을 놓치지 않기 위해 역 정보를 끊임없이 확인해야 한다. TV 수상기를 통해 소파에 앉아서 월드컵 축구 경기를 보는 사례와 비교해

보면 지각과 정보처리 과정에서 매우 다른 특징을 지닌다. 또한 TV 드라마를 보면서 해당 프로그램에 대해 친구들과 이야기하는 시청 형태 역시 이전과 다른 경우로, TV 시청 이외에도 SNS 이용이라는 2가지의 독립적인 활동을 동시에 수행하게 되는 것이다(TV를 같은 장소에서 같은 스크린으로 시청하지 않더라도 SNS 등을 이용하면서 다른 곳에 있는 사람과 TV를 같이 시청하는 새로운 유형의 TV 시청에 대해서는 6장에서 자세하게 다룬다).

카(Carr, 2010)는 이와 같은 미디어 이용 행태에 주목해 인터넷 이용에 관한 비관적 전망을 제시한다. 카는 인터넷이 사람들을 멍청하게 만들고 있다고 주장한다. 인터넷에서의 정보처리 과정은 시각과 청각은 물론이고 움직임과 관련된 감각 정보를 동시에 처리해야 하며 과다한 정보들이 끊임없이 유입된다고 지적한다. 또한 인터넷 이용에서는 정보처리에 집중하지 못하게 하는 방해 요인 역시 끊임없이 작용하는데 이를테면 광고가 갑자기 화면에 등장하는 것을 들 수 있다. 무엇에 집중해야 하는지를 선택하고 방해 요소를 차단하며 일정 시간 집중하도록 하는 것이 '주의'라고 하면, 카의 주장대로 인터넷은 주의를 기울여 집중해서 과제를 수행하는 환경이라고 할 수는 없을 것이다.

카의 주장이 지닌 특이점은 이러한 인터넷의 정보처리 과정으로 인해 인터넷에서의 학습은 피상적인 수준에 머물 수밖에 없으며 나아가 우리의 뇌 구조 역시 바뀔 수 있다고 주장하는 점이다. 심화 학습은 과제에 집중하는 것이 필수적이며 깊은 사고를 위해서는 분석적이고 비판적으로 생각하는 것이 필요한데, 인터넷의 정보처리 과정은 이러한 심화 학습과 깊은 사고를 불가능하게 만든다. 이와 같은 주장은 인터넷에 대한 긍정적 전망에 반하는 것이지만, 인터넷이 일상생활의 일부로 자리 잡은 상황에서 카의 주장은 자각과 반성을 요구하는 것처럼 보인다.

뉴미디어 시대, 자아의 구성

내가 누구인지에 대한 질문은 오래 전부터 있어왔으며 심리학 분야에서만 관심 있게 다루어진 주제는 아니다. 다른 사람과 구별되는 나에 관한 스스로의 인식을 자아(self)라고 할 수 있는데, 인터넷 기반의 새로운 미디어 환경에서 자아에 관한 인식은 이전 시대와 어떻게 달라지고 있을까?

뉴미디어 환경의 자아는 온라인 환경을 기반으로 둔다는 점이 가장 특징적이다. 이전 시대에서 자아는 오프라인을 기반으로 했지만 뉴미디어 시대는 온라인 환경에서 작용한다. 온라인 시대는 물리적인 오프라인의 자아 이외에 '나'라고 여겨질 수 있는 온라인 주체를 형성할 수 있다. SNS 계정이나 개인 블로그에서 나는 나에 대한 이야기와 나의 일상을 끊임없이 공개하고 있다. 온라인에서 '나'는 존재하는 셈이고 오프라인의 '나'와 무관하지 않다.

심리학에서 자아에 대한 논의는 칼 로저스(Carl Rogers)에 의해 크게 자극받았다. 로저스는 자아란 외부에 대한 인식, 자신에 대한 이미지, 생각, 행동 등을 포함하며 개인의 경험적 영역 속에서 끊임없이 변화하는 것으로 보았다. 경험의 동력은 긍정적인 보상을 받고자 하는 내적 욕구에 의해 이끌어지며 또한 경험을 통해 자아를 끊임없이 변화시키고 강화하면서 자아성장을 도모하게 된다. 이러한 변화 과정은 자기실현 과정이라고 할 수 있다.[4]

자아의 형성과 발전에 대한 본격적인 논의는 사회심리학 분야에서 이루어졌다. 이들에 따르면 자아는 개인이 스스로에 대해 생각하는 것만으로는 구성되지 않는다고 본다. 스스로가 자신에 대해 생각하는 것 이외에도 다

---

4 로저스는 인본주의 관점(humanistic perspective)을 취한 심리학자이다. 인본주의 관점은 개인의 현상학적 세계와 개인 역량을 강조하면서 내적 잠재력을 실현하는 일련의 과정을 강조한다. 여기서 소개하는 논의와는 다른 접근법이지만 자아와 개인에 대한 로저스의 입장은 별도로 접해보길 권한다[예: Rogers, C.(1980), *A way of being*, Houghton Mifflin: Boston].

③ **경면자기**
남들에게 비춰지는 자기의 모습. 자기를 구성할 때 남들이 바라보는 나의 모습을 반영한다.

④ **상징적 상호작용 이론**
사회적 실재를 구성하는 것은 상징적 환경이며 개인은 이러한 상징 체계의 사용을 통해 자아를 형성하고 다른 이와 소통하게 됨을 강조한다.

⑤ **인상관리 이론**
다른 사람 앞에서 자기의 긍정적인 인상을 구성하는 전략적 자기표현이 사람들 간의 관계에서 핵심적이라는 주장.

른 사람이 나를 어떻게 인식하고 있는지가 자아를 구성하는 데 있어서 필수적이다. 이런 의미에서 심리학에서 자아는 사회적 자아이다.

자아는 다른 사람과 구별되는 개인에 대한 인식이지만 다른 사람과의 관계에서 그리고 사회문화적 가치 체계나 규범이라는 환경에서 구성되어지는 것이다. 개인은 스스로에 대해 내가 어떠한 사람인지, 개인의 성격이나 역량, 태도 등에 대한 스스로의 생각을 가지고 있지만 자아를 구성하는 원동력은 남이 나를 어떻게 생각하고 있는지, 특정 사회적 상황과 맥락에서 어떻게 행동해야 하는지, 내가 남에게 어떻게 보이는지 등과 같이 나 이외의 다른 사회적 연관에 기초하고 있다.

자아가 사회적 실체라는 정의는 경면자기③(looking-glass self) 개념에서도 살펴볼 수 있다. 경면자기는 거울에 비치는 자기라고 할 수 있는데, 자기를 구성할 때 이를 반영한다는 것이다. 거울을 보면서 머리 모양을 다듬는 경우를 생각해보자. 머리 모양을 다듬은 후 그 모습을 본인의 모습이라고 생각하지 않는가. 마찬가지로 자기를 구성할 때, 남들이 바라보는 나의 모습을 보면서 자기의 모습으로 이해한다는 것이다. 곧 자아 인식에는 나에 대한 다른 사람들의 평가를 반영한다고 할 수 있다.

자아의 형성과 발전 과정은 다른 사람의 상호작용을 통해 다른 사람이 어떻게 나를 평가하고 있는지를 알게 되며 이에 따라 스스로 생각하는 자신의 자아가 바뀌고 행동이 수정되는 과정이다.

이런 점에서 상징적 상호작용 이론④은 다른 사람과의 상호작용이 자아 형성의 본질적 측면임을 지적하고 있으며 인상관리 이론⑤은 이를 기반으로 개인의 행동을 설명하는 이론으로서 의미가 있다.

상징적 상호작용 이론은 사람들은 사회적 환경과 적극적인 상호 관계에 있으며 특히 상징을 사용하여 타인과의 관련 아래에서 자아를 형성하고 사회적 역할을 이해하게 된다고 주장한다. 미드(Mead, 2009)는 자아구성에서 사회적 상호작용을 강조하면서 'me'와 'I'를 구분하였는데 'me'는 다른 사람과의 관계 속에서 스스로를 인식하는 사회적 자아의 측면이며 'I'는 다른 사람들과의 관련에서 오는, 반성적 사고 없이 즉각적인 자아의 측면이다. 다른 사람과의 관계에서 행동하는 자아에 대한 인식은 스스로를 인지하는 과정에서 드러나지만 다른 사람과의 관계에 대한 반성적 사고 없이 즉자적이고 예측할 수 없는 자신만의 독특한 속성 역시 자아의 다른 측면, 'I'로서 존재하고 있다는 것이다.

인상관리 이론을 빌리면 사회적 관계 속에서 개인의 자아 표현 방식을 더 잘 이해할 수 있다(Goffman, 1956). 인상관리 이론에 따르면 개인은 주어진 역할을 충실히 이행하는 연극 무대 위 배우처럼 행동한다. 개인은 주어진 설정 속에서 특정 역할을 함으로써 다른 사람과 교류를 지속하고 더 나은 모습으로 비춰지기를 희망하며, 이에 따라 행동하는 자기 관리의 노력이 개인적 겉모습을 형성하게 된다. 이에 반해 무대 뒤 영역에서는 사적이고 다른 사람에게 보여지지 않는 개인의 모습이 존재한다. 개인이 주어진 역할을 수행하고 이에 익숙해지는 과정은 자각(self-awareness), 자기 감시(self-monitoring), 자기 노출(self-disclosure)로 특징지어진다. 무대 전면에서 행동하는 자신을 스스로 인식하고(self-awareness), 주어진 역할에 따라 충실하게 행동을 이행하는지를 관찰하고(self-monitoring), 이를 통해 다른 사람과의 관계를 구축하면서 자기를 드러내는 것이다. 핵심은 다른 사람과의 관계와 사회적 환경 속에서 개인이 자아를 관리한다는 것이다.

자아와 관련된 이와 같은 논의에서 볼 때 온라인 환경에서 자아구성이 보이는 특징은 무엇일까? 온라인 환경, 특히 SNS의 경우는 자기를 원하는 대로 표현하는 새로운 방법을 제시하고 있다. 블로그나 페이스북을 생각해

보면 어떤 내용을 게시할 것인지, 어떤 사진을 올릴 것인지 등 자신이 원하는 자신의 이미지에 맞추어 선택적으로 자신을 표현할 수 있도록 해준다. 프로파일, 사진과 글, 현재 상황에 관한 업데이트 내용을 통해 다른 사람에게 나의 긍정적 특질을 강조하는 내용을 선택적으로 게시할 수 있는 것이다. 나르시시즘 성향이 높은 사람일수록 SNS에서 스스로를 고양시키는 내용을 더 많이 게시하는 것으로 알려졌다. SNS 이용은 자기표현 욕구와 연결되며 개인이 원하는 내용을 선택하여 제시하는 것이 가능한 SNS의 특성이 자기표현 욕구를 충족시키는 데 활용된다는 것을 뜻한다(Mehdizadeh, 2010). SNS에서 이미지, 글 등을 통해 자기가 바라는 모습을 게재하고 숨기고 싶은 내용은 게재하지 않으면서 자신을 표현하는 새로운 방식이 가능해진 것이다.

뉴미디어 환경과 사회적 관계 구축

뉴미디어 시대의 사회적 관계 구축의 특징은 무엇일까? 교류 상대의 선택, 관계의 발전, 커뮤니케이션의 특징의 측면에서 이를 논의해보자.

먼저 어떤 상대를 선택하는지에 대해 기존 이론은 상대방의 외모나 성격 등 상대방의 내·외적 특성, 유사성과 차별성, 근접성 등을 들고 있다. 좋은 외모의 사람들에게 더 끌리는 성향을 후광 효과(halo effect)라 한다. 좋은 외모를 가진 사람에 대한 전반적인 평가가 그렇지 않은 사람에 비해 더 나은 경향이 있다는 것이다. 외모가 좋으면 성격과 능력 등 다른 측면도 더 나을 것이라고 판단하는 심리를 지적하는 말로, 외모가 인상과 전반적인 평가에 미치는 영향을 가리키는 것이다.

성격적 특성에서 보면 사람들은 선호할 만한 성격을 가진 사람에게 우호적이며 보다 친밀한 관계를 형성하고 싶어 한다. 선호할 만한 성격이란 따뜻함, 친절함, 솔직함, 성실함, 현명함 등의 긍정적인 특성이다. 긍정적 특성을 가진 사람에게 더 호감을 느낀다는 것으로, 그 사람에 대한 전반적인 평가와 인상을 가늠할 때 성격 요인도 중요하게 작용한다. 이외에 특정 상대에게 끌리는 요인으로서 유사성과 차별성을 들 수 있다. 유사성은 서로 비슷한 사람들끼리 호감을 느끼기 쉽다는 주장이며 이에 반해 차별성은 서로 다른 사람들이 끌리게 된다는 것으로 유사성과 반대되는 주장이다. 근접성은 물리적인 거리를 의미하는데 외모, 성격, 유사성이나 차별성 등의 개인 특성 요소와 달리 서로 가깝게 살거나 자주 만나는 환경에 놓여 있는 사람들이 호감을 느끼게 될 가능성이 더 높다는 것이다.

한편 SNS에서의 친구 선택 방식은 미디어 환경의 차이에서 비롯된 근본적 차이가 있는 것으로 여겨진다. 다른 사람에 대한 인상을 형성하는 데 사용되는 정보는 오프라인과는 차이가 있으며 외모나 성격 등을 파악하기도 오프라인보다 제한적일 수밖에 없다. 그럼에도 불구하고 SNS는 개인의 프로파일이 제공되고 자기표현이 가능한 공간이라는 점을 감안하면, 상대에 대한 평가가 끊임없이 이뤄지고 있다고 할 것이다. 이런 맥락에서 SNS를 이용하는 주된 심리적 동기는 관계를 맺고자 하며 다른 사람과의 관계에 수용되고자 하는 관계성의 욕구와 소속 욕구가 작용하지만 동시에 이상화된 자기를 표현하고자 하는 전략적 자기표현 욕구 역시 작용하고 있다고 하겠다(Nadkami & Hofmann, 2011).

한편 관계를 형성하는 과정에서 이루어지는 커뮤니케이션 방식 역시 오프라인과 온라인에서 구별된다. 오프라인은 커뮤니케이션 과정에서 상대의 의중을 파악할 수 있는 여러 커뮤니케이션 단서들이 존재하지만 온라인에서는 이에 비해 제한된 단서만을 사용하게 된다. 탈맥락적 커뮤니케이션이라는 개념이 이와 관련된다. 탈맥락적 커뮤니케이션은 언어 이외의 비언어적 요소(손짓이나 발짓, 목소리의 높낮이나 억양 등)과 커뮤니케이션의 상황적 요소(시간이나 장소 등)가 커뮤니케이션을 돕는 단서로 작용하는데, 온라인 공간은 오프라인에 비해 이러한 단서가 부족하다는 점을 지적한다. 이런 측면에서 보면 SNS는 대화가 진행될 때 문자 위주로 진행되어 비언어적 메시지 요소가 오프라인보다 부족하다고 할 수 있을 것이다. 흥미로운 점은 그럼에도 불구하고 미디어가 가지는 이러한 한계를 보완하고 활용하는 커뮤니케이션 형태가 관찰된다는 것으로, 아이콘이나 이미지를 활용하거나 음성 녹화 기능을 제공하는 등, 보완적 기제가 사용됨으로써 관계 형성의 미디어로 활용되고 있다.[5]

이용 행태에서 보면 커뮤니케이션에 사용되는 수단이 다양해진 점도 특징이다. 뉴미디어 환경에서는 다른 사람들과 연락을 할 때 이메일이나 문자 메시지, SNS 등을 복합적으로 활용할 수 있다. 커뮤니케이션의 실천이라는 측면에서 보면 누구에게 어떤 내용을 어떻게 전달하는지에 대한 배려가 필요하며 이에 준하여 적절한 미디어를 선택하고 메시지를 준비하고 전달하는 노력이 필요하다. 커뮤니케이션 대상에 따라(가령, 친구에게 보내는 것인지 선생님에게 보내는 것인지), 목적에 맞춰(부탁하는 내용일 수도 있고 사과나 화해의 내용일 수도 있으며), 내용과 형식을 고려하여(이메일로 보낼 것인지, 문자로 보낼 것인지, 카톡 이모티콘을 이용할 것인지) 적절한 시간에 전달해야 할 것이다. 다양한 커뮤니케이션 수단을 이용할 수 있게 된 만큼 이를 활용한 커뮤니케이션 실천 방식에 관한 실질적인 고려와 연습이 필요하다.

---

5 SNS가 다른 사람들과의 관계에 미치는 영향력은 오프라인과 온라인의 접점에서 다양하게 굴절된다고 하는 편이 정확할 것이다. 가령, 직장 관계에서 SNS는 기존의 직장 관계(예: 상하 조직 관계)가 반영될 수밖에 없으며 업무를 위한 도구로 사용될 수 있을 것이다. 오프라인의 처가살이가 그대로 SNS의 처가살이로 확장되는 경우도 있으며 남녀 간의 만남 역시 데이트 앱 등이 생기면서 새로운 유형이 생겨나고 있다. SNS가 실제 삶에서 활용되면서 관찰되는 다양한 커뮤니케이션 양상에 대해 세밀하게 관찰하고 현상의 본질을 파악하고자 하는 노력이 필요하다.

뉴미디어 시대의 그룹 커뮤니케이션: 온라인 그룹의 그룹 내/그룹 간의 소통 방식

그룹은 둘 이상의 사람들이 단일한 목적을 수행하기 위해 모인 것으로, 구성원의 지속적인 상호작용과 결속력을 특징으로 한다. 그룹에 관한 기존 연구에서는 그룹 규범과 동조 현상, 집단사고, 집단 극화의 특징이 주요하게 다루어졌다.

그룹 규범은 그룹의 구성원으로 개인이 행동해야 할 명시적 혹은 암묵적 규칙을 지칭하는데, 그룹이 성립되면 느슨하게 혹은 엄격하게 그룹의 구성원으로서 따라야 하는 규범이 생기게 된다. 또한 구성원들은 이와 같은 그룹 규범에 순응하도록 압력을 느끼게 되는데 이러한 그룹 순응의 압력을 동조 현상이라고 한다. 동조 현상은 심리학 분야에서 오래 전부터 관찰된 현상인데 대표적으로 애쉬(Asch S.E.)의 선분 실험이 있다. 애쉬는 일련의 실험을 통해 그룹 압력과 동조 현상을 테스트하였다. 실험 방법은 동일하다. 실험 참가자들은 두 개의 카드를 보게 되는데, 먼저 하나의 선분이 그려진 카드를 보고 그 다음에는 세 개의 서로 다른 길이의 선분이 그려진 카드를 보게 된다. 실험 참가자들은 세 선분 중에 어느 선분이 이전에 본 선분과 길이가 같은지를 답하면 된다. 애쉬의 실험에서 특이한 점은 그룹 구성원들이 한 명만 제외하고 전부 실험 협조자들로 구성되어 있으며 이들은 실험 이전에 서로 합의하여 정답이든 오답이든 모두 동일한 답을 하도록 약속하였다. 유일하게 이 사실을 모르는 실험 참가자는 그룹 내의 모든 사람들이 동일한 답을 하는 상황에 놓이게 되고 이 점이 집단 압력으로 작용하도록 실험이 조작됐다. 자신을 제외한 다른 사람들이 정답을 말할 때, 실험 참가자는 어려움 없이 자신이 생각하는 답을 말하면 되지만, 그룹의 모든 사람들이 자신의 생각과는 다른 오답을 말할 때는 혼란을 겪게 된다. 모두 오답을 말할 때 실험 참가자는 그룹의 결정에 동조할 것인지 혹은 이에 반하여 개인의 답을 말할 것인지를 결정해야 하는 것이다. 연구 결과, 실험 참가자 중의 약 75%가 한 번 이상 오답을 말하였다. 이는 곧 자신의 생각을 말하지 않고 그룹의 정답에 따랐다는 것이다(Asch, 1951).

그룹 규범과 동조 현상의 특징 중 하나는 최소성의 원칙이다. 최소성의 원칙은 특정한 목적이나 장기간의 교류와 같은 그룹 구성의 엄밀한 원칙이 없는 경우에도 동조 현상은 관찰된다는 뜻이다. 곧 그룹으로 구성되기만 하면, 곧 그룹의 구성원으로서의 정체성을 인식하게만 되더라도 동조 현상이 관찰된다는 것이다. 가령, 모르는 사람끼리 갑자기 특정한 연관 없이 그룹을 구성하더라도 그룹은 충분히 구성원에게 집단 압력을 행사할 수 있고 동조 현상이 발생할 수도 있다.

한편 집단사고는 집단이 문제를 해결해야 할 경우, 바람직한 해결안이 집단 내에서 배제되는 경우을 뜻한다. 집단은 복수의 구성원이 모여 있는 곳이므로 산술적 계산으로도 개인이 혼자서 생각할 때보다 대안으로 제시될 수 있는 해결책이 더 많이, 그리고 더 높은 품질로 제시되어야 한다. 하지만 집단사고 경향은 오히려 다양한 해결책이 제시되지 못하고 그룹 내의 합의가 강제되는 상황을 지칭한다. 집단사고는 집단이 목적을 효율적으로 달성할 수 있도록 조직적인 활동을 전개하는 것이 아니라 효율적인 의사 진행과 해결 방안 모색에 오히려 걸림돌이 되는 현상이다.

집단극화[⑥] 현상도 집단 커뮤니케이션의 부정적 현상이다. 집단극화 현상은 집단 내 토론 과정에서 좀더 극적인 방향의 해결책이 도출되는 경향이 있다는 것을 지칭한다. 집단 토론에서 구성원들은 다른 사람들이 제시하는 의견에 더해서 보다 극적인 방향으로 의견을 제시하게 되는데, 이에 따라 동일한 문제에 대해 개인이 생각하는 것보다 극화 현상을 이끌어낼 수도 있다. 집단 내의 토론뿐 아니라

⑥ 집단극화
집단 토의를 통해 집단의 의견이 더욱 극적인 방향으로 발전하는 경향.

집단 간 서로 다른 의견 차이가 더 극적으로 강화되는 경우도 있다. 집단 간 차이가 집단 토론을 통해 보다 자극적인 방향으로 진행되면서 서로 다른 집단 간의 의견 차이가 더 커지는 현상이다. 진보적 그룹과 보수적 그룹 간의 의견 차이는 집단 토론 이후 더욱 벌어져 진보적 그룹은 더욱 진보적인 의견을, 보수적 그룹은 더욱 보수적인 의견을 지지하게 될 수도 있다.

그룹 커뮤니케이션의 이와 같은 특징이 온라인 그룹에서는 어떻게 전개될까? 그룹 커뮤니케이션의 효과는 다양한 원인에 의해 영향을 받기 때문에 온라인 혹은 오프라인이라는 환경에 따라 일률적으로 나타난다고 할 수는 없다. 가령, 그룹이 형성되는 방식, 그룹의 크기, 그룹 구성원의 구성(성별, 연령별, 국적 등), 그룹의 역사 등, 그룹커뮤니케이션 효과를 발생시키는 요인은 많다.

온라인의 그룹 커뮤니케이션과 오프라인의 그룹 커뮤니케이션은 서로 다른 방식으로 전개된다. 온라인의 익명성, 자발적 참가와 탈퇴, 상대적으로 수평적인 커뮤니케이션 방식 등이 온라인 그룹 커뮤니케이션에 영향을 미치는 요소로 지적될 수 있다. 온라인이 오프라인보다 집단 결속력이 떨어질 수 있으며 집단 구성원의 집단 정체성 인식도 더 약할 것이라는 점을 감안할 때 동조 현상은 온라인에서 덜할 것이라고 예측할 수 있다. 온라인 그룹은 오프라인에 비해 그룹에 참여하거나 그룹에서 탈퇴하는 것이 더 용이하기 때문에 규범에 순응하는 압력도 덜 느낄 수 있는 탓이다. 온라인 환경에서 집단사고와 집단극화 현상 역시 오프라인에 비해 덜할 것이라고 예상되는데, 온라인 그룹에서는 집단 압력을 느끼는 정도가 덜하여 독립적인 의사 표현이 오프라인보다 수월해 보이기 때문이다(이성식 · 전신현, 2009).

집단 커뮤니케이션이 전개되는 양상에서 문화적 차이 역시 관찰된다. '그림 1'은 집단 내/집단 간 커뮤니케이션이 문화에 따라 어떻게 다른지를 보여주고 있다. 규범의 형성과 동조 현상, 집단사고와 집단극화 등의 집단

⑦ 집단주의
집단의 목적이 개인의 목적과 발전보다 우선되며 구성원의 조화와 화합을 강조한다.

커뮤니케이션의 양상은 집단이 속한 문화에 의해서도 달라질 수 있다. 나은영(2010)은 문화의 특성 중에 집단주의[⑦]와 개인주의에 주목했는데, 집단주의는 개인주의에 비해 집단의 목적이 개인의 목적보다 앞서고 집단의 목적 수행을 위해서라면 개인의 희생을 용인하는 정도가 더 크다는 특징을 갖는다. 집단주의는 구성원 간의 유대를 강조하고 조화를 이루는 것에 가치를 둔다(Hofstede, 1984).

'그림 1'의 왼쪽 그림은 집단주의 속 그룹 간/그룹 내 커뮤니케이션의 형태를 보여준다. 집단주의 문화에서는 개인 간의 경계가 모호하며(점선, 겹쳐 있음) 대신 집단 간 경계는 명확하다. 이에 반해 개인주의 문화에서는 개인 간 경계가 명확하며(실선, 겹쳐 있지 않음) 대신에 집단 간 경계가 모호하다. 말하자면 집단주의 문화에서는 그룹 내의 사람들끼리 결속은 높지만 다른 집단에게는 배타적이며, 개인주의 문화에서는 같은 그룹 내 구성원 간에는 명확한 경계가 있지만 다른 집단에 대해서는 덜 배타적일 수 있다. '그림 1'에서 제시된 커뮤니케이션 양상은 그룹 규범의 형성과 동조 현상, 집단사고와 집단극화 현상과 관련해서도 영향을 미칠 것으로 예상된다. 가령, 집단 내 결속력이 높고 집단 간에는 배타적이라면 동조 현상의 가능성

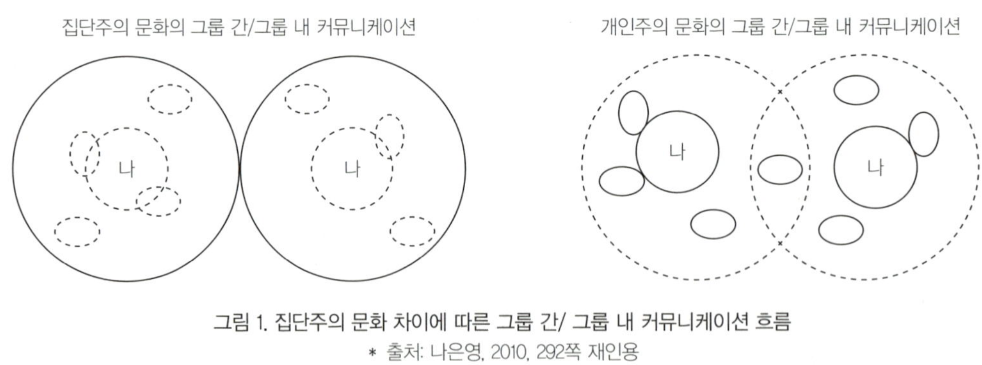

그림 1. 집단주의 문화 차이에 따른 그룹 간/ 그룹 내 커뮤니케이션 흐름
* 출처: 나은영, 2010, 292쪽 재인용

과 집단사고, 집단극화 현상 역시 더 많이 나타날 가능성이 있다.

문화 차이에 따른 온라인의 그룹 내/그룹 간 커뮤니케이션 양식 역시 생각해볼 문제이다. 온라인은 그룹 내 구성원의 상호작용은 물론이고 다른 그룹과의 상호작용 역시 오프라인에 비해 더 자유롭고 빈번할 수 있는 가능성을 내포한다. 이러한 가능성이 어떻게 우리나라 온라인 커뮤니티에서 적용되고 있는지 검토해볼 필요가 있다.

뉴미디어 환경, 이용자에게 요구되는 능력

마지막으로 뉴미디어 환경에서 요구되는 이용자의 능력을 심리학적 측면에서 살펴보자. 뉴미디어 환경에서 개인이 어떻게 적응하고 이를 활용할 수 있는지에 대한 고찰에 도움을 주는 대표적인 이론은 반두라(Bandura)의 사회인지 이론이다. 반두라는 개인은 환경에 반응하고 행동하는 주체로서 환경과의 상호작용 과정을 통해 적응하고 발전하는 것으로 이해한다. 개인은 스스로 방향을 정하고 행동하는 자기조절(self-reguation) 능력을 가지고 있으며, 부정적 반응을 보고 행동을 수정하는 능력이 아니라 주도적으로 행동을 취하고 상황을 이끄는 능력이 있는 주체로 보았다.

이때 목적을 성취하고 자원이나 기술 노력을 동원하고 환경에 적응하면서 목적을 성취하는 과정에서 자기효능감[⑧](self-efficacy)이 배양된다. 자기효능감은 성공적으로 목표를 달성할 수 있다는 자기 자신에 대한 신념을 지칭하는 것으로, 주어진 과제를 성공적으로 수행할 수 있도록 심리적으로 동기를 부여하고 전략적으로 행동하여 주어진 환경에 대처할 수 있도록 하는 데 기여한다(Bandura, 1982).

자기효능감은 여러 요소에 의해 높아질 수 있는데, 성취

⑧ 자기효능감
주어진 과제를 성취할 수 있을 것이라는 개인 능력에 대한 신념.

경험을 쌓아가거나 기술을 숙련함으로써 높일 수 있다. 또한 다른 사람을 관찰하고 이들의 행동을 통해 모델링하는 것도 자기효능감을 높이는 데 도움이 된다. 다른 사람들에게서 긍정적인 피드백을 받거나 스스로 신체와 감정적인 상태를 긍정적으로 만드는 것도 자기효능감에 긍정적으로 기여한다.

반두라는 뉴미디어 시대에서도 자기효능감이 중요한 역할을 하는 것으로 주장한다. '그림 2'에서 보는 것처럼 미디어는 개인의 행동에 직접 영향을 끼치기도 하지만 개인이 경험하는 사회 시스템에 미디어가 영향을 미침으로써 간접적으로도 영향을 준다. 사람들이 미디어를 통해 보여지는 행태에서 대리 경험을 하며 미디어는 사회적 모델을 끊임없이 제시함으로써 개인의 행동에 영향을 끼치는 것이다. 특히 뉴미디어 시대는 영상 정보를 통해 보다 직접적으로 사회적 모델을 제시하며 일상에 파고든다. 이에 따라 미디어의 직접적이고 간접적인 영향력은 더욱 높아지게 된다. 영상으로 재현되는 상징적 모델이 더욱 빈번하고 생생하게 재현되고 있으며 새로운 아이디어나 가치, 행동들이 새롭게 선보이고 사회적 실재를 구성하고 있다는 것이다(Bandura, 2001).

자기효능감은 뉴미디어 시대에서 다시 강조될 수 있다. 특히 반두라는 뉴미디어 시대에는 집합적 효능감(collective efficacy)을 이끌어낼 수 있다고 보는데, 개인 수준의 자기효능감 이외에 집합적으로 행동함으로써 환경을 개선하고 발전시킬 수 있는 집합 수준의 역량 강화가 가능하다고 주장한다. 새로운 미디어 환경에서 집합적 효능감을 통해 교육, 건강, 정서적 안정감, 직장생활, 조직 혁신과 생산성 강화 등을 비롯해 주어진 사회적 조건을 개선하고 발전시킬 수 있다고 본다.

반두라의 자기효능감 개념은 미디어 이용 형태를 설명할 수 있는 주요 개념으로도 볼 수 있다. 인터넷 자기효능감(Eastin, & LaRose, 2006)은 인터넷

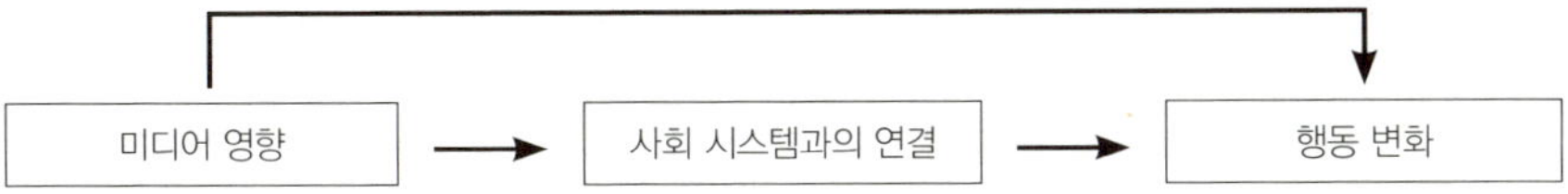

그림 2. 미디어가 영향을 미치는 이중 경로

* 출처: Bandura(2001). p. 285.

을 통해 주어진 일을 성공적으로 수행할 수 있는지에 관한, 스스로에 대한 평가로 정의된다. 인터넷 자기효능감은 인터넷 관련 활동을 설명할 수 있는 유의미한 개념인 것으로 분석되었다. 인터넷 자기효능감은 인터넷 사용에 따른 긍정적인 결과를 기대하는 정도와는 긍정적인 연관을 보이는데, 인터넷 자기효능감이 높은 사람은 인터넷 사용을 긍정적으로 평가하는 것으로 나타났다. 이에 반해 인터넷 자기효능감은 인터넷 이용시에 느끼는 스트레스와 스스로에 대한 경멸과는 부적으로 연관되어 있어, 인터넷 자기효능감이 낮은 사람은 인터넷 이용을 부정적으로 파악하는 것으로 관찰되었다.

반두라의 자기효능감이 사회심리학적 측면에서 인터넷 이용자의 역량 강화를 주문한다면, 심리학의 지능[⑨]과 관련된 이론은 뉴미디어를 활용하여 개인의 지능을 어떻게 높일 수 있는지에 대한 흥미로운 질문을 제기한다.

일반적으로 IQ로 특정되는 개인의 지적 능력은 개인이 가지고 있는 분석적 능력, 사고 능력, 언어 및 수리 능력 등의 다양한 지적 능력을 포함한다. 심리학에서는 개인의 지적 능력을 측정하기 위해 어떤 특성이 포함되어야 하며 어떻게 측정되어야 하는지에 대한 이견이 여전히 존재한다. 예를 들어 오래 전 써스톤(Louis L. Thurstone)은 지능을 측정하기 위한 주요 정신적 능력으로 언어적 이해 능력, 논리력, 지각 능력, 수리 능력, 어휘력, 기억력, 공간의 시각화 능력 등을 꼽았다. 스톤버그(Robert Sternberg)는 분석적 지능(문제 해결 능력과 관련된 지능), 창의적 지능(과거의 경험과 현재 보유하고 있는 기술로 새

⑨ 심리학의 지능
심리학에서 개인이 지니고 있는 지적 능력의 총체를 가리킨다.

로운 상황에 대처하는 능력), 실질적 지능(변화된 환경에 적응하는 능력) 등의 3가지를 제기하였다. 한편 가드너는 다중지능(multiple intelligence) 개념을 주장하였는데, 각각 독립적이며 상이한 여덟 유형의 지능을 구분하였다. 언어적 지능(말하고 쓰고 읽는 것), 음악적 지능(음악의 창조와 감상), 논리적 · 수학적 지능(양적인 분석과 생각), 영상 · 공간적 지능(이미지의 창조와 감상), 신체적 · 운동적 지능(신체적 건강과 위치감), 개인적 지능(개인의 내적인 심리 상태), 대인적 지능(다른 사람과 상호 소통), 자연생태계 지능(자연과 같은 환경에서 자연 환경에 사물과 특징을 구별하는 지능) 등이다.

개인의 지적 능력을 정의하고 측정하는 문제는 뉴미디어 시대의 커뮤니케이션과 직접적인 관계는 없을 수 있다. 그러나 뉴미디어 시대에서 어떻게 현명하게 살아남을 것인지, 개인의 역량을 계발하기 위해 뉴미디어를 어떻게 활용할 수 있을지 등에 대한 질문에 답하기 위해서는 개인의 지적 능력에 대한 논의를 활용할 필요가 있다. 뉴미디어 시대의 미디어 환경에서 개인의 지적, 정신적, 창의적 능력을 어떻게 높일 수 있는지, 언어적 지능과 논리적 · 수학적 지능, 영상 · 공간적 지능, 신체적 · 운동적 지능을 어떻게 배양할 수 있는지, 뉴미디어를 이용해 다른 사람과의 상호 소통 능력을 어떻게 연습하고 증진시킬 수 있는지 등, 뉴미디어 시대의 개인으로서의 능력을 계발하는 데 매진해야 할 것이다.

본 장에서 소개하는 내용은 이제껏 논의된 내용을 기초로 한 것으로서, 포괄적이라기보다는 제한적이다. 소개한 내용 이외의 많은 주제들이 있을 수 있으며 스스로 발굴하고 학습할 수 있도록 해야 할 것이다. 주변에서 관찰할 수 있는 뉴미디어 시대의 커뮤니케이션 현상을 유심히 관찰해보자. 그리고 이를 이해하기 위해 노력하고 특히 심리학의 관련 논의에 눈을 돌려보자. 뉴미디어 시대를 살고 있는 우리를 이해하는 데 도움을 줄 것이다.

생각해볼 문제

1. '표 1'을 참조해서 본 장에서 소개된 내용 이외에 어떤 것들이 추가될 수 있을지 생각해보자. 뉴미디어 시대에 관찰되는 특징적인 커뮤니케이션 현상을 생각해보고 이를 이해하기 위한 심리학 분야의 이론과 개념을 추가로 찾아보자.

2. 인터넷을 사용하면서 생각이 얕아지고 멍청해진다는 주장이 제기됐다. 이에 동의하는가? 반대 의견을 찾아보고 개인의 생각을 밝혀보자.

3. 메시지를 보내거나 SNS을 이용할 때 스티커, 이모티콘 등의 이미지를 많이 사용하고 있다. 이유를 생각해보자. 문자만 사용하는 경우와 비교하면 이미지를 사용할 때 발신자와 수신자, 의미 생성과 해석 등에서 어떤 차이가 있을까?

4. SNS에서 친구맺기가 어떻게 이루어지는지 생각해보자. 실제로 만나보지 못한 채 상대방의 외모와 성격 등을 알지 못하는 상태에서 어떻게 친구 관계를 수락하게 되는가? 외모, 성격, 유사성과 차별성, 근접성 등 어떤 요인이 작용하고 있는지 생각해보고 이외에 SNS에서 상대방에 호감을 주는 요인은 어떤 것이 있는지 토론해보자.

5. 온라인에서 집단사고와 집단극화 현상으로 볼 수 있는 사례를 찾아보자. 특히 우리나라 문화를 집단주의와 개인주의 측면에서 파악하고 이러한 문화적 특성이 온라인 그룹 커뮤니케이션 활동에서 어떻게 나타날 수 있는지를 생각해보자.

6. 뉴미디어 환경에서 인간 심리를 이해하는 것이 중요하다고 생각하는가? 어떤 측면에서 그러한지 이야기해보자.

7. 뉴미디어 관련 분야에서 일하고 싶다면 해당 분야에서 요구되는 심리학 지식은 어떤 것이 있을까?

4

컴퓨터와 인간의 만남

정회경(한독미디어대학원KGIT 뉴미디어학부)

컴퓨터와 함께하는 우리 삶의 모습은 이제 너무나 당연하다. 컴퓨터와 인터넷의 대중적인 사용은 불과 20~30년밖에 되지 않았는데 말이다. 컴퓨터와 인터넷, 디지털 기술은 나날이 진화하고 있다. 마치 공기와 같이 우리 주변에 자연스럽게 존재하는 앰비언트(ambient) 환경이 되었고, 생활에 깊숙이 들어와 인간과 더 가까워지는 기술로 거듭나고 있다.

HCI(Human-Computer Interaction) 분야는 인간을 중심으로 기술과 교류하는 사람들의 경험과 상호작용을 통해 발생하는 다양한 가치에 대해 논의한다. 인지심리, 공학, 디자인, 커뮤니케이션, 경영 등 다양한 학문 간 융합 연구가 된다. 무엇보다 인간을 위한 기술의 진화와 더 나은 서비스, 환경을 만들어내는 사회적 가치 창출이 중요한 목적이다.

이 장에서는 디지털 기술, 뉴미디어 기술이 가져오는 삶의 변화에 초점을 맞추어 핵심 개념과 사례를 살펴본다. 뉴미디어 기술의 끝없는 진화는 마치 인간과 다름없는 컴퓨터, 현실과 가상의 경계가 무의미한 새로운 경험의 세계를 가져올 것인지, 그것이 우리에게 주는 의미와 가치는 무엇인지 살펴보자.

사용자 인터페이스

디지털 기술이 가져오는 미디어 환경의 변화는 사용자 인터페이스[①](User Interface: UI)를 기반으로 한다. 사용자 인터페이스란 인간과 사물(기계, 컴퓨터, 미디어 등) 간 상호작용이 가능하도록 만들어주는 물리적, 가상적 매개 구조를 말한다. 우리가 미디어를 사용할 때 커뮤니케이션을 도와주는 도구 같은 것이다. 예를 들면, 컴퓨터의 키보드나 마우스, 스마트 TV의 리모콘, 아이폰에서 손가락을 밀어서 잠금 해제하거나 화면을 확대하는 조작, 전자책(e-book)에서 책장을 넘기듯 화면을 넘기는 조작 등이 이에 해당한다. 네이버가 기존 언론사에서 선정한 기사의 헤드라인을 목록형으로 보여주던 뉴스캐스트 방식에서, 언론사를 선택한 후 편집한 기사 목록의 링크페이지로 이동하는 뉴스스탠드 방식으로 바꾼 것도 사용자 인터페이스의 변화이다.

편리하고 직관적인 사용자 인터페이스는 사람들이 미디어와 콘텐츠를 손쉽게 이용하게 만들고, 높은 만족을 주는 사용자 경험(User Experience: UX)을 가져다준다. 결과적으로 콘텐츠를 지속적으로 사용하게 하고 익숙한 이용 습관을 형성한다.

뉴미디어 기술의 발전은 나아가 인간의 오감(시각, 청각, 촉각, 미각, 후각)을 재현하는 방식으로, 소위 휴먼 인터페이스 기술을 발전시키고 있다. 인간의 감각과 유사한 인터페이스를 통해 사람들에게 더 현실감 있는 경험을 주고자

① **사용자 인터페이스**
인간과 사물(기계, 컴퓨터, 미디어 등) 간 상호작용이 가능하도록 만들어 주는 물리적, 가상적 매개 구조.

하는 것이다. 이런 방식을 내추럴 사용자 인터페이스(Natural UI)라고 부르기도 한다. '시리(Siri)'와 같은 음성 인식, 동작 인식, 촉감 인식, 뇌파 인식 기술 등이 그것이다. 영화 〈마이너리티 리포트〉(2002)에서 톰 크루즈는 허공에 손을 휘저으며 각종 자료를 찾는다. 동작 인식 인터페이스다. 또 사무실 문은 홍채 인식을 통해 열리고, 고객의 개인 정보도 홍채 인식을 통해 바로 파악된다. 영화 속에서 주인공이 상점에 발을 들여놓자마자 내부 시스템이 그의 이름을 부르며 환영하고, 커다란 컴퓨터 화면 앞에 서면 그가 지난번에 구매한 상품 목록까지 보여준다. 2054년 미래의 워싱턴을 배경으로 만들어진 영화 속 뉴미디어 기술이 이제 하나하나씩 현실로 구현되고 있다.

그림 1. 영화 〈마이너리티 리포트〉 (2002)의 한 장면

사용자 인터페이스는 모달리티(modality)라는 용어로도 설명된다. 모달리티는 인간과 컴퓨터 사이의 커뮤니케이션 통로이다. 멀티 모달리티는 오감과 컴퓨터 입출력 수단(마우스, 키보드, 센서 등) 여러 개를 동시에 활용하는 것을 말한다. 멀티 모달리티 활용으로 사용자의 접근성과 표현력이 향상되고, 시스템에서 전달하는 정보의 양과 사용 집중도가 증가하는 것이 장점이다(Oviatt, S., 2012).

다시 말해, 사용자 인터페이스는 미디어 사용자와 서비스 간에 상호작용을 가능하게 하는 시간과 공간의 접점이며, 결과적으로 사용자로 하여금 인간의 감각을 통해 미디어를 경험하게 하는 모든 방식을 의미한다.

실감 기술

우리는 영상과 메시지를 오감으로 느끼고 현실과 가상이 접목된 실감미디어(tangible media) 시대를 살고 있다. 효과적인 커뮤니케이션을 위해서는 텍스트나 영상과 같은 정보 그 자체뿐 아니라 정보를 둘러싼 환경, 분위기, 맥락, 심지어 냄새, 촉감, 맛과 같은 오감의 느낌이 중요한 요소이며, 실감 기술②의 발전이 그것을 가능하게 만들고 있다(정회경 · 오창희, 2014).

인간의 오감 인식을 기반으로 하는 기술은 사람과 기술 사이의 교감을 통해 사용자에 대한 이해와 만족을 높이는 방향으로 진화하고 있다. 예를 들어, 음성인식 기술은 단순한 인터페이스 역할을 넘어 사람의 감성을 이해하고 소통하는 수준이 됐다. 애플의 음성인식 서비스 '시리'는 사용자와의 대화를 이해하면서 농담을 받아주기도 하는 등 감성적인 커뮤니케이션을 구현한다. 음성인식은 운전 중 목소리로 자동차를 컨트롤하거나, 손을 자유롭게 쓸 수 없는 장애인을 돕는 일에도 활용될 수 있다.

시각인식 기술은 사람의 시선이 향하는 곳을 감지하거나 혹은 사람의 얼굴을 인식해 다양한 콘텐츠나 서비스를 개발할 수 있다. 가령 시선 인식을 통한 사용자 행동 분석을 토대로 광고를 만들거나, 얼굴인식을 기반으로 하는 맞춤형 정보나 광고 제공이 가능하다. 스웨덴의 토비 테크놀러지(Tobii Technology)는 시각인식 기술을 이용해 사용자의 눈으로 커서를 움직이는 노트북용 시선인식기를 만들었다. 또 안구의 움직임을 파악하는 아이트래킹(Eye-Tracking) 기술을 활용해 운석 파괴 게임을 선보이기도 하였다. 광고분야에서는 사용자가 광고 시청 중에 어느 영역에 시선을 집중하는지 분석하거나 광고 소비 시간을 파악하고, 시선을 따라 역동적인 구성을 제공하는 광고를 제작하기도 한다. 시선 및 얼굴인식 기술은 단순히 사람의 얼굴을 인식하는 단

② 실감 기술
인간의 오감(시각, 청각, 촉각, 미각, 후각) 인식을 기반으로 하는 기술. 방송영상분야의 3D, UHD, 홀로그램 기술에 해당한다.

계를 벗어나 표정을 통해 감정과 기분 상태를 파악하는 단계로 발전하고 있다.

동작인식 기술은 게임기나 스마트 TV와 같은 미디어에 활발히 적용되고 있다. 마이크로소프트는 동작인식 입력장치인 키넥트(Kinect)를 상용화했는데, 더 나아가 키넥트를 이용해 사물을 카메라로 찍는 순간 이것을 입체영상으로 만들어내는 키넥트퓨전(Kincetfusion) 기술을 개발하였다. 2013년 선보인 립모션(Leap Motion)도 주목받고 있는 동작인식 장치이다. 동작인식 기술이 상용화된 서비스로는 스마트 TV가 있다. 스마트 TV는 음성과 동작인식 기능으로 전원과 채널 및 볼륨 조절을 하고, 손의 움직임으로 마우스를 대체한다. 음성인식으로 문자를 입력하고, 동작인식 기능을 통해 리모컨으로 V자를 그리면 사용자의 최근 시청 목록을 제공하기도 한다.

그림 2. 영국 런던 버스정류장에 설치된 얼굴인식 인터랙티브 광고판

후각, 미각, 촉각인식 기술은 상대적으로 뒤쳐져 있는 편이지만, 촉각인식 기술과 관련해 2013년 한국표준과학연구원에서 주목할 만한 성과를 내놓았다. 컴퓨터 가상현실 영상의 마찰력, 온도, 강도 등 복합적인 촉각 정보를 실감나게 전해줄 수 있는 마우스를 개발한 것이다. 예를 들어 컴퓨터 화면에 나타난 호수에 마우스 커서를 갖다대면, 마치 손가락을 물 속에 담근 듯이 차갑고 출렁거리는 느낌이 전달된다. 이 마우스는 위쪽에 검지를 얹을 수 있는 촉각판(터치판)을 만들어, 원하는 화면에 커서를 갖다놓으면 화면에 등장한 물체가 가지고 있는 마찰력, 거칠기, 온도, 강도 등을 촉각을 통해 느낄 수 있게 해준다.

방송영상 분야에서 실감 기술은 3D, UHD, 홀로그램을 중심으로 발전하고 있다. 3D, UHD에 비해 홀로그램은 기술 개발이 아직까지 충분하지 않

그림 3. 홀로그램 공연으로 돌아온 마이클 잭슨(Michael Jackson)

* 출처: http://www.billboard.com

다. 홀로그램은 종종 영화에서 보는 것처럼, 가상의 존재가 실제 사람들과 같이 있는 것처럼 생생하게 재현되는 것이다. 홀로그램으로 구현된 영상은 360도 전 방향에서 입체 영상을 제공하는 것인데, 현재는 광학 기술의 한계와 엄청나게 큰 데이터 요구량으로 실현되고 있지 않다. 완전한 홀로그램은 아니지만 공연, 광고, 영상회의 등에서 콘텐츠 제작과 서비스가 이루어지고 있는데, 이것은 고해상도 프로젝터로 영상을 쏘아 2차원의 대형 투명막에 투사하는 플로팅(floating) 방식이다. 예를 들어, 홀로그램 공연은 실물과 디지털 영상을 결합해 실물 수준의 영상을 무대 장면에서 재현해낸다. 2014 미국 빌보드 뮤직 어워드에서는 이 세상 사람이 아닌 마이클 잭슨이 무대 위에 등장해, 새 앨범에 수록된 노래를 부르며 문워크를 선보이기도 하였다. 그가 재림한 듯한 공연에 관객들은 들썩이고 눈물을 훔쳤다. 또 다른 그래미 시상식에서 마돈나는 홀로그램 이미지와 함께 등장하기도 하였다. 우리나라에서는 2010년 김덕수 사물놀이패가 기존의 아날로그 공연과 홀로그램 기술을 접목한 디지로그 공연 〈죽은 나무 꽃피우기〉를 선보인 바 있다. 이렇게 홀로그램 실감 기술은 같은 시각 유럽의 다섯 지역에서 머라이어 캐리가 동시에 공연을 하고, 고인이 된 엘비스 프레슬리가 힙합 가수

투팩과 합동 무대를 꾸밀 수 있게 도와준다.

또 홀로그램 광고와 패션쇼도 종종 등장하고 있다. 디스트릭트 사가 루이까또즈 매장에 시연한 홀로그램 광고는, 매장 폐점 이후 홀로그램 캐릭터가 외부에서 바라보는 고객의 시선을 유도하면서 고객이 다가가면 콘텐츠가 변화하고 여기에 반응하도록 설계됐다. 홀로그램 영상 회의는 시스코 사가 2007년 인도 지사 출범식에서 미국 본사의 임원을 홀로그램 영상으로 불러내 회의를 진행하면서 시작됐고 이후 본격적으로 활용되고 있다. 머잖아 아바타 기술과 모션캡쳐 기술을 활용한 가상의 홀로그램 캐릭터가 아나운서로 등장해 TV 프로그램을 진행할 날이 올 것이다. 인기를 끌었던 드라마 〈미래에서 온 사나이〉에서 홀로그램 비서가 주인공의 스케줄을 관리하고 조언을 하며 같이 대화를 나누었던 것처럼 말이다.

가상현실과 증강현실

또 다른 실감 영상기술은 가상현실[3]과 증강현실[4]이다. 가상현실(Virtual Reality: VR) 기술은 사용자가 실제 현실이 아니라 컴퓨터그래픽으로 만든 가상 세계를 경험하게 한다. 즉 가상현실은 컴퓨터를 이용해 구축한 가상 공간에서 시각, 청각, 촉각 등 오감의 상호작용을 통해 마치 실제 현실처럼 구현된 환경을 말한다. 반면, 증강현실(Augmented Reality: AR)은 사용자의 현실 세계에 컴퓨터로 만든 가상 물체 및 정보가 겹쳐서 보여지는 것이다.

가상현실의 목적은 사용자로 하여금 텔레프레즌스(telepresence)을 경험하도록 하는 것이다. 이것은 사용자가 뉴

③ 가상현실
컴퓨터를 이용해 구축한 가상공간에서 시각, 청각, 촉각 등 오감의 상호작용을 통해 마치 실제 현실처럼 구현된 환경. 사용자는 실제 현실이 아니라 컴퓨터그래픽으로 만든 가상세계를 경험하는 것이다.

④ 증강현실
사용자의 현실 세계에 컴퓨터로 만든 가상 물체 및 정보가 겹쳐서 보여지는 것.

그림 4. 펩시의 버스 정류장 증강현실 광고

* 출처: http://www.theverge.com

미디어에 의해 어떤 환경 속에 실재하고 있음을 경험하게 되는 것, 다시 말해 환경에 대한 매개된 지각(mediated perception)이라고 할 수 있다(Steuer, 1992). 가상현실을 구현하는 기기로 우리가 머리에 쓰는 디스플레이인 HMD(Head Mounted Display)가 각광을 받고 있다. 특히 오큘러스 리프트(Oculus Rift)가 가장 주목을 받았는데, 이것은 시야각이 110도 정도가 돼 사용자가 눈앞 가득한 화면을 볼 수 있도록 돕는다. 고개를 돌리는 방향으로 영상의 시점이 따라 움직이는 해드 트래킹 기술을 적용하고 있어서, 사용자가 고개를 왼쪽으로 돌리면 그쪽 방향에 맞는 화면을 보여준다. 가령, 자동차를 타고가다 고개를 오른쪽으로 돌리면 오른쪽 창문이 보이고, 왼쪽으로 돌리면 왼쪽 창문이 보이는 식이다. 2014년 3월 페이스북은 가상현실 기술을 게임, 스포츠 중계, 원격 학습, 원격 진료 등 다양한 분야에 활용하기 위해 거액을 들여 오큘러스 사를 인수하였다. 마크 저커버그는 가상현실 기술이 실재감을 통해 다른 사람들과 무한한 경험을 나누는 새로운 커뮤니티 플랫폼이 될 것이라고 전망하였다. 가상현실 기술은 우선 게임 분야에 많이 적용되고 있지만, 그외에도 가상현실을 이용해 여행 프로그램이나 참여형 다큐멘터리를 만들려는 시도도 이루어지고 있다. 예를 들어, 미국의 한 프로덕션에서는 360도 파노라마 촬영을 통해 보르네오 정글을 탐험하는 가상현실 다큐멘터리를 제작하기도 했는데, 가상현실 헤드셋을 쓰고 보르네오 정글을 자유자재로 돌아보는 경험을 제공하는 콘텐츠이다.

증강현실은 현실 세계에 가상의 정보를 융합해 사용자에게 보다 실감나는 경험을 제공하고자 한다. 예를 들어 길을 가다 스마트폰 카메라로 주변을 비추면 근처에 있는 상점의 위치 및 전화번호, 지도 등의 정보가 입체 영상으로 표시되고, 하늘을 비추면 날씨 정보가 나타나는 것 등이다. 증강현실 기술이 적용되는 분야는 매우 다양하다. 광고 분야에서도 각광을 받고 있는데, 자사의 제품에 가상의 이미지를 씌워 독특한 분위기를 연출할 수 있기 때문이다. 펩시는 버스 정류장 한쪽 스크린에 증강현실 광고를 구현해 화제를 모았는데, 그 안에서는 UFO나 괴물, 호랑이가 등장하기도 하고 운석이 떨어지거나 사람이 풍선에 매달려 공중을 날아다닌다. 버스를 기다리던 승객은 지루할 틈이 없이 놀랍고 재미난 경험을 하게 된다.

방송 분야에서는 기상 캐스터 뒤로 보이는 가상 기상도, 정보 그래프 등이 증강현실 기술이 접목된 예이다. 특히 EBS에서는 2012년 증강현실 기술을 적용한 프로그램을 제작해 내보냈다. 우리 몸에서 일어나는 현상을 보여주는 〈생방송 톡톡 보니하니〉 편이었는데, 예를 들어 예방주사를 맞고 인체 안에 항체가 생기는 과정을 마치 3D 방송을 보는 것처럼 생생하게 보여주었다. 한국전자통신연구원(ETRI)과 함께, 증강현실 기술을 방송 콘텐츠에 응용한 일종의 '증강방송'이다. 증강현실 기술은 TV 화면에 부가적인 3D 콘텐츠를 더 표현할 수 있게 해준다. 예를 들어, 중국 베이징 여행 소개 프로그램에서는 만리장성과 함께 팬더가 화면에서 튀어나올 수 있다. 또 스마트 TV와 연동되어 축구 중계를 시청할 때 미리 아바타를 구매해놓으면, 축구 선수가 골을 넣었을 때 자신이 설정한 아바타가 경기장 안으로 들어가 선수들과 함께 골 뒤풀이를 즐길 수도 있다.

웨어러블(wearable) 미디어 시대를 열고 있는 구글 글라스(Google Glass)에서도 증강현실은 중요한 기능이다. 구글 글라스는 보행 중 사용하는 내비게이션 기능을 증강현실로 구현한다. 가상현실 기술은 나아가 대체현실(Substitutional Reality: SR)의 가능성을 얘기한다. 뇌과학, 인지과학과 결합된 대체현실 기술은 사람의 인지 과정을 왜곡시켜 가상 세계에서의 경험을 실제인 것으로 인식하게 만드는 것이다. 영화 〈토탈리콜〉과 〈인셉션〉에서 상상했던 모습이다.

가상현실은 인간의 오감을 더욱 확장시키는 진화된 기술을 사용한다. 그렇게 인간의 감각을 확장시켜 사람들이 더 생생한 경험을 할 수 있도록 해준다. 그러나 문제도 많다. 사람들은 현실보다 더 현실 같은 가상 세계에서 삶의 만족을 찾으려고 할 수 있다. 가상 세계에서 나오려 하지 않고 현실의 관계를 포기할 수도 있다. 현실에서 도피해 가상의 대리 경험이 일상화되면 사람들 사이의 소통은 더 복잡하고 어려워진다. 구글 글라스로 인한 사생활 침해도 큰 문제가 되고 있다. 인간과 더 가까워지는 뉴미디어 기술의 발달에는 많은 기대와 우려가 공존한다.

사물인터넷

2014년 CES(Consumer Electronics Show)에서 가장 화두가 된 용어는 사물인터넷[5](Internet of Things: IoT)이다. 존 체임버스 시스코 회장은 기조 연설에서, 사물인터넷은 단순히 기술적인 문제가 아니라 사람들의 생활 방식을 바꾸고 미래의 새로운 시장을 열어주는 획기적인 분야라고 설명하였다. 사물인터넷이란 인터넷을 기반으로 사람과 사물, 사물과 사물 등 모든 것이 서로 연결되는 세상이다. 다시 말해, 네트워크로 연결된 사물들이 센서 등을 통해 수집한 정보를 서로 주고받으면서 스스로 일을 처리하는 것을 말한다. 더 확장된 개념으로 만물인터넷(IoE: Internet of Everything)이라는 말을 쓰기도 한다.

⑤ 사물인터넷
인터넷을 기반으로 사람과 사물, 사물과 사물 등 모든 것이 서로 연결되는 세상. 즉, 네트워크로 연결된 사물들이 센서 등을 통해 수집한 정보를 서로 주고받으며 스스로 일을 처리한다.

한 텔레비전 광고를 통해 사물인터넷 세상의 모습이 소개되기도 하였다. 밤새 눈이 온 후 바깥에 세워진 자동차는 스스로 감지한 기상 정보를 자동차 주인의 스마트폰으로 "눈이 오네요." 하고 알려준다. 어두운 골목길 CCTV는 지나가는 사람의 존재를 확인하고 그 순간 가로등의 밝기를 높여준다. 사무실의 저녁 시간, 일정 시간 동안 동작감지 센서에 지나가는 사람들의 아무런 움직임이 포착되지 않으면 자동으로 사무실의 전등이 꺼진다. 앞으로 다가올 사물인터넷 환경을 참 쉽게 보여주는 광고였다. 초보적인 서비스는 지금도 나와 있다. 삼성의 '스마트홈' 서비스는 여러 가전제품을 한 애플리케이션에서 통합, 관리하도록 하는데, 집 안에서 '영화(Movie)'라고 말하면 조명이 어둡게 바뀌고 '잘 자(Good night)'라고 하면 TV가 자동으로 꺼진다.

그림 5. SK텔레콤의 사물인터넷을 표현한 감성 광고

사물인터넷의 핵심적인 기술은 서비스에 필요한 정보를 수집하는 센서와 수집된 정보(데이터)를 원활하게 송수신하는 네트워크 기술이다. 예를 들어, 헬스 케어를 위한 제품은 사람들의 신체에 센서를 부착해 우리 몸의 변화와 관련된 정보를 수집한다. 사물인터넷은 이렇게 모든 사물에 컴퓨팅과 네트워크 기능이 들어가는 것이다.

CES에서 선보인 사물인터넷 서비스의 사례는 다양하다. 예를 들어, 인텔의 '미모'는 아기 전용 옷인데, 아기가 그것을 입고 있으면 옷에 내장된 센서가 아기의 신체 상태를 측정한다. 그리고 아기가 호흡을 규칙적으로 하고 있는지, 언제 몸을 뒤집었는지 등의 정보를 부모의 스마트폰으로 보내준다. 현재 서비스되고 있는 사물인터넷 기기도 점점 진화하고 있다. 구글은 아디다스와 함께 '말하는 신발'을 선보였는데, 각종 센서가 운동화에 탑

재돼 얼마나 이동하고 있는지를 감지하는 것은 물론, 사용자가 신발을 신고 움직이지 않으면 상황을 파악해 신발이 사용자에게 "지루하다"고 메시지를 보낸다. 스포츠 용품업체 리복의 '체크라이트'는 헬멧 안에 쓰는 모자이다. 모자 안에 사용자의 상태를 살펴보는 센서가 있어서, 사용자의 머리에 충격이 가해지면 어느 부분에 문제가 생겼는지 분석하고, 또 사전에 지정된 충격 강도를 초과하면 불이 들어오면서 상황을 미리 경고하기도 한다. 사물인터넷 제품의 가장 뜨거운 각축장은 자동차 분야이다. 그중 독일 메르세데스-벤츠는 '예측형 사용자 경험' 시스템을 공개했는데, 여기에는 운전자가 자주 가는 길, 운전 습관, 출퇴근 시간 등을 분석해서 운전자 기분에 맞는 장소를 추천하는 기능이 있다.

우리의 삶을 편리하게 만들어줄 수 있는 사물인터넷의 가장 큰 과제는 보안 문제이다. 이제는 스마트폰, PC뿐만 아니라, 가전제품, 자동차, 생활용품에서도 내 정보가 새어나갈 수 있다. 특히 가전제품은 이용 빈도에 비해 보안 시스템이 취약해, 현재 가장 큰 사이버 공격 대상이 되고 있다. 자동차는 사람들의 생명과 직결되는 사물이다. 나의 무인 자동차에 해커가 침입해 마음대로 운전하고, 나도 모르게 사고가 발생하는 영화와 같은 일이 머지않아 벌어질 수도 있는 일이다.

앞으로 더욱 다양해질 사물인터넷 환경에서는 기술과 서비스가 사람들에게 어떤 가치와 경험을 가져다줄 수 있는지, 사람들이 원하는 가치와 경험은 무엇인지 고민해야 한다. 예를 들어, 나이키+와 같은 헬스 케어 제품은 사람들의 건강 추구 가치 외에 소셜 미디어를 통해 다른 사람들과 정보를 나누고 소통하는 가치를 추가하였다. 샌프란시스코의 지능형 주차 서비스는 2만여 개의 주차 공간에 6천여 개의 센서를 설치하고, 스마트폰용 무료 지도를 이용해 사람들에게 이용 가능한 주차 공간을 파악하게 도와주는 서비스이다. 이것은 사용자의 편의성뿐만 아니라, 도시 입장에서도 자동차 연비 증가를 통해 단기적으로는 자원을 절약하고 장기적으로는 환경 보존에 기여하는 공공서비스 가치를 주고 있다. 수많은 사물인터넷 기술 중 결국 이렇게 유용한 사용 가치를 가지고 있는 제품과 서비스만이 살아남을 수 있다. 사물인터넷 환경은 인간의 가치와 수요를 중심으로, 사물과 인간이 능동적으로 교류하는 환경이 되어야 한다.

인터랙션

인터랙션⑥(Interaction)을 한마디로 정의하고 설명하기는 어렵다. 인간 활동의 모든 영역에서 인터랙션을 다루고 그 형태와 범위가 매우 다양하기 때문이다. 사회학에서 인터랙션은 사회적 행위자들이 다른 사람과의 만남에서 서로 관련되는 과정과 방식이라고 말한다. 공학에서는 사용자가 컴퓨터와 같은 기계와 상호 대화하거나 반응을 하는 상황 혹은 인터넷에서 사용자의 작동으로 정보가 반응하여 나타나는 것을 말한다. 커뮤니케이션을 연구하는 학자들은 사용자가 미디어 콘텐츠를 스스로 선택하고 통제, 사용하는 정도, 사용자가 미디어 콘텐츠를 인지하고 처리하는 과정, 사용자들 간에 교류되는 미디어 콘텐츠의 상호 연결성 정도 등의 관점에서 다루었다.

맥밀란(McMillan, 2002)은 인터랙션을 상호작용이 일어나는 대상에 따라 구분하기도 하였다. 첫째는 사용자와 사용자 간 상호작용으로, 뉴미디어를 이용하는 사람들끼리 인간의 본질적인 소통 욕구를 대화의 방식으로 수행하는 것을 말한다. 둘째, 사용자와 콘텐츠 간 상호작용으로, 말하자면 사용자는 미디어 콘텐츠를 만들어내는 역할을 수행하는 동

⑥ 인터랙션
사회적 행위자들이 다른 사람과의 만남에서 서로 관련되는 과정과 방식을 말한다. 커뮤니케이션 분야에서는 인터랙션을 사용자가 미디어 콘텐츠를 스스로 선택하고 통제, 사용하는 정도, 사용자가 미디어 콘텐츠를 인지하고 처리하는 과정, 사용자들 간에 교류되는 미디어 콘텐츠의 상호연결성 등의 개념으로 접근한다.

시에 콘텐츠에 대한 사용자가 되기도 하는 것이다. 셋째, 사용자와 시스템 간 상호작용으로, 사용자는 시스템 인터페이스와 교류하며, 사용자의 입력에 시스템이 어떻게 반응하는지 관심을 가진다. 특히 컴퓨터 시스템이 발전하면서 인간과 컴퓨터의 상호작용(HCI) 연구가 활발하게 이루어지고 있으며, 관점에 따라 인터랙션 구성 요소에 관한 논의도 다양하게 제기되어왔다. 사용자와 미디어(시스템) 간의 인터랙션을 측정할 때는 스튜어(Steuer, 1992)가 얘기한 3가지 구성 요소를 많이 사용하는데, 그는 매개된 환경 내에서 사용자가 시스템에 영향을 줄 수 있는 인터랙션 구성 요소로 범위(range), 매핑(mapping), 속도(speed) 등을 들었다. 즉, 미디어가 사용자에게 내용과 형태를 변경할 수 있는 통제권을 얼마나 주었는가의 범위, 사용자의 입력이 자연스럽게 그가 의도한 대로 조작되는 정도를 의미하는 매핑, 사용자의 조작에 따른 반응 속도 등이다. 사용자가 매개된 환경 내에서 그 내용과 형태를 얼마나 빠르게(speed), 자기가 원하는 식으로(range), 자연스럽게(mapping) 통제할 수 있느냐에 따라서 미디어의 인터랙션을 평가할 수 있다는 것이다. 게임 등 가상현실의 인터랙션을 측정하는 연구들은 이러한 프레임을 받아들이는 편이다(이현지 외, 2012; Bhatt, 2004).

HCI 연구는 나아가 인간과 동등한 존재로서, 인간과 컴퓨터의 상호작용을 설명한다. 나스(Nass, 1996; 2010)가 제안하는, 이른바 CASA(Computers are social actors) 패러다임이 그중 하나이다. 나스는 '사람들에게 컴퓨터란, 미디어란 무엇인가?'라는 질문에 대해 사람들이 미디어를 대하는 방식은 실제 사람이나 사물을 대하는 방식과 같다고 본다. 즉, '인간과 같다'고 해석하면서 많은 실험 연구들을 통해 이를 검증하고자 하였다. 인간과 컴퓨터를 동일시하는 연구의 가정들이 사회문화적 논란거리를 가져올 수 있음에도 불구하고, 우리가 경험하는 현실에서는 이와 비슷한 현상들이 많이 일어난다. 사람들은 내비게이션 혹은 자동차와 대화하거나 소통한다. 기술의 발전과 환경의 변화로 사람들 간에 이루어지던 사회적 반응이 컴퓨터, 미디어, 사물들과의 관계에서도 나타나고 있다. 미디어=인간의 등식은 이루어질 수 없지만, 컴퓨터가 사회적 상호작용을 하도록 설계되고, 기술이 인간과 더 가까워지는 상황 속에서, 인간과 기술의 교감 노력은 우리의 상상을 뛰어넘어 확대될 수 있다. 컴퓨터 OS와 사랑에 빠지는 한 남자의 이야기, 영화 〈Her〉처럼.

그림 6. 영화 〈Her〉(2013)의 한 장면

어포던스

어포던스⑦(Affordance)는 제임스 깁슨(Gibson, 1979)이 처음 소개한 개념으로, 어떤 형태나 이미지가 행위를 유도하는 힘, 즉, 행동 유도성, 행위 유발성이라고 할 수 있다. 예를 들어, 어떤 의자는 앉아서 독서를 해야 할 것 같고, 어떤 의자는 편안하게 휴식하고 싶어지고, 또 어떤 의자는 누군가와 마주앉아서 대화를 나누고 싶어진다. 의자의 모양에 따라 우리가 하고 싶은 행위가 달라지는 것이다.

깁슨은 어포던스의 3가지 특징을 다음과 같이 설명하였다. 사용자의 해석이나 경험에 대해 독립적이고, 사용자 행위와 주변 사물 간의 상호 관계 속에 존재하며, 사용자의 욕구나 목적에 따라 변화하지 않는다는 것이다. 다시 말해 어포던스란 해당 사물과 어떻게 상호작용할지 알려주는 특정 사물의 속성이며, 사용자는 어포던스에 의해 사물을 어떻게 다루면 될 것인가에 관한 단서를 제공받는

⑦ 어포던스
어떤 형태나 이미지가 행위를 유도하는 힘. 행동유도성. 행위유발성.

다. 최근 들어 이 개념은 다양한 분야에서 활용되는데, 인간과 컴퓨터 상호작용(HCI), 인지심리학, 인터랙션 디자인, 인공지능학 등의 분야에서는 '서로 다른 개념을 연결하는 것'이란 의미로 쓰이기도 한다. 특히 HCI 관점에서 도널드 노먼(Norman, 1988; 2013)은 이것을 지각된 어포던스(Perceived Affordance)라고 설명하였다. 노먼은 성공적인 어포던스는 자극에 의한 인식처럼 강요되거나 의도되어지는 것이 아니라, 사용자가 속성을 인지하면서 가치를 발견하고 획득하게 되는 것이라고 주장하였다.

어포던스의 사례는 우리 주위에 흔하게 있다. 도서관에 가면 책이 가득하고 조용한 분위기 속에서 공부가 잘된다. 주차장에서는 사람들이 흰색 주차 라인에 맞춰 그 안에 주차를 하고, 지하철에서는 플랫폼 발바닥 그림에 맞춰 줄을 선다. 디자인이나 비즈니스 브랜딩에서는 사람들의 마음을 움직이고, 브랜드가 의도하는 방향으로 소비자가 행동할 수 있도록 도와주는 어포던스 요소가 매우 중요하다. 사용자가 디자이너나 기획자의 의도대로 행동한다면, 그 제품은 어포던스가 뛰어난 것이다. 반대로, 사용자가 레스토랑 세면대 앞에서 수도꼭지를 눌러야 할지, 비틀어야 할지, 아니면 당겨야 할지 알 수 없다면, 기획자는 어포던스 구성에 실패한 것이다.

미디어 이용에서도 사람들은 어포던스의 영향을 받는다. 특히 인터랙션에 대한 사람들의 지각은 기술적 어포던스에 의해 영향을 받는다(Julie A. J. et al., 2012). X-Box 게임기가 연결되어 있는 TV를 보면, 사람들은 자연스럽게 플레이 버튼을 누르게 된다. 클릭, 드래그를 사용하고, 검색 엔진의 키워드 입력과 검색 버튼 누르기는 이제 자연스러운 행동이 됐다. 카카오톡에서는 전송 버튼에 어포던스를 주어 사용자의 다음 행위를 이끌어낸다. 입력 창에 내용이 없으면 전송 버튼이 비활성화되고, 내용을 입력하면 전송 버튼이 활성화된다.

페이스북과 같은 SNS에서는 프로필, 친구 리스트, 타임라인 등의 요소를 통해 사람들의 다양한 사회적 행위를 유도하며 네트워크 공중(networked publics)을 형성한다(Boyd, 2010). 네트워크 기술은 정보가 흐르는 방식과 사람들이 서로 정보를 상호작용하는 방식을 구성한다. 즉, 네트워크 기술은 정보와 사회적 행위를 기록하고 유포, 확장하는 어포던스를 제공하는데, 이에 따라 일반 공중과 다른, 네트워크 기술에 의해 재구성된 새로운 네트워크 공중이 등장하게 됐다. 나아가 네트워크 세계의 상호작용적, 기술적 어포던스는 네트워크 공중을 더욱 확장시키고 있다.

프레즌스

뉴미디어 기술은 생생한 현실 재현을 목적으로 한다. 끊임없이 발전하는 기술은 인간이 미디어와 기술을 이용하고 있다는 사실을 잊을 정도로 현실감과 몰입감을 확대시키고 있다. 대표적인 개념이 프레즌스[⑧](Presence)이다. 우리말로는 분야에 따라 실재감, 현존감, 임장감 등으로 불린다. 프레즌스는 '현실을 벗어나 마치 미디어 속에 자신이 존재하는 느낌'이라고 할 수 있다. 혹은 '영상물을 시청하면서 자신이 이를 시청하고 있는 상태를 지각하지 못하고, 어느 순간 미디어를 시청하고 있는 사실을 잊어버리고 매개된 영상물에 몰입하는 심리적인 상태'라고도 할 수 있다.

프레즌스에 대한 연구자 모임인 ISPR(International Society for Presence Research)에서는 프레즌스를 좀 더 폭넓게 정의했는데, 비록 개인의 일부 또는 모든 현재 상황이 테크놀로지에 의해 만들어지지만, 개인이 이러한 테크놀로지의 역할을 잊게 되는 심리적 상태 혹은 주관적인 관념이라고 설명하였다.

⑧ 프레즌스
현실을 벗어나 마치 미디어 속에 자신이 존재하는 느낌. 개인의 일부 또는 모든 현재 상황이 테크놀로지에 의해 만들어지지만, 개인이 이러한 테크놀로지의 역할을 잊게 되는 심리적 상태 혹은 주관적인 관념.

이와 관련해 롬바드와 디턴(Lombard, D. & Ditton, T., 1997)은 프레즌스의 개념을 6가지로 유형화해 제시하였다. 첫째, 사회적 풍부성(social richness)으로, 미디어를 통해 상호작용할 때 사교적이거나 친밀하다고 느끼는 정도를 말한다. 둘째, 현실감(realism)으로, 미디어가 얼마나 현실을 정확하게 재현하는가를 말한다. 현실감은 사회적 현실감(social realism)과 지각적 현실감(perceptual realism)으로 나누어진다. 셋째, 이동성(transportation)으로, 사용자로 하여금 가상 세계와 현실 세계를 자유롭게 이동하고 공유하는 듯 느끼게 하는 것이다. 넷째, 미디어와 같은 매개환경에 대한 몰입(immersion)으로, 이는 지각적 몰입(perceptual immersion)과 심리적 몰입(psychological immersion)으로 구분된다. 다섯째, 사용자가 미디어 속 인물이나 대상과 상호작용을 하는 것처럼 실재감을 느끼게 되는, 미디어 내 사회적 행위자(social actor within medium) 특성이다. 여섯째, 미디어 자체가 사회적 행위자(medium as social actor)로 간주되는 것이다. 즉, 사용자는 미디어를 통해 다른 사용자와 커뮤니케이션하는 것이 아니라, 사회적 행위자로서 미디어와 직접 상호작용할 때 프레즌스를 느끼게 된다. 프레즌스의 개념과 유형 등에 대해서는 연구자들이 다양한 의견을 제시하고 있지만, 결국 그러한 요인들이 복합적으로 작용해 사용자에게 프레즌스 경험을 주는 것이라고 볼 수 있다.

특히 프레즌스는 기술적 진보를 통해 더욱 강화될 수 있는데, 화질, 음질, 화면 크기 등 여러 가지 기술적 요소들이 프레즌스에 영향을 미친다. 예를 들어, 프레즌스 측정을 위한 한 연구(이옥기, 2011)에서는 기술적 요소를 '감각적 리얼리티'와 '인지적 리얼리티'로 나누어 평가하였다. 감각적 리얼리티는 화질이나 음질, 화면 크기, 시청거리 등 미디어의 형태적 요소와 관련된 것으로, 화질이나 음질이 보다 생생하거나, 화면의 크기가 충분히 크거나, 시야가 확대됐을 때 사용자가 느끼는 프레즌스가 높아진다고 본다.

인지적 리얼리티는 미디어 속 사물과 등장인물, 이미지, 스토리 등의 구성이 현실에서 일어날 법한 내용인가와 관련되어 있다.

사용자들은 미디어와의 인터랙션을 통해 프레즌스를 경험하면서, 감동과 각성(arousal), 즐거움의 효과를 누린다. 각성은 미디어에 대한 사용자의 반응에 실리는 감정적인 에너지 경험의 정도를 말한다. 일반적으로 사람들이 미디어를 이용하면서 높은 프레즌스를 느낄수록 더 높은 각성 효과를 가져오는 것으로 알려져 있다. 사용자가 느낄 수 있는 또 다른 효과는 즐거움이다. 사람들은 뛰어난 화질와 음질, 상호작용적 기술을 통해 현실을 생생하게 재현하는 미디어 경험 속에서 강한 프레즌스를 느끼고, 실제 생활과 비슷한 수준의 심리적 변화를 경험하면서 즐거움과 흥미를 갖게 된다.

사용자 경험

사용자 경험⑨(User Experience: UX)이 디지털 시대의 키워드가 되고 있다. 사용자 경험이란 사용자가 어떤 제품이나 서비스를 이용하면서 축적하게 되는 모든 지식과 기억, 행동과 감정의 총체적 경험이라고 할 수 있다. 사용자에게 최적의 경험을 제공하는 것은 특히 인간과 디지털 환경의 다양한 상호작용을 다루는 HCI 분야에서 주요 목적이 되고 있다.

하지만 사용자 경험의 의미와 영역은 아직도 모호한 편이다. 인간의 경험은 본질적으로 주관성(subjectivity), 맥락성(contextuality), 총체성(holistic)의 특성을 가진다. 즉, 인간의 경험은 그 사람의 성격적 특성에 따라 주관적이고, 또 사용자 경험이 일어나는 환경의 영향을 받고, 경험 시점에 개인이 느끼는 총체적인 심리적 효과이기 때문에, 객관적으로 입증하기 어렵고 구체적인 특정

⑨ 사용자 경험
사용자가 어떤 제품이나 서비스를 이용하면서 축적하게 되는 모든 지식과 기억, 행동과 감정의 총체적 경험.

요소로 나누기 힘들다. 그렇기 때문에, 사용자 경험은 특정 연구 영역이나 방법을 지칭하기보다 각 전문 영역을 바라보는 관점에 해당하고, 특별히 어떠한 서비스에 내재되어 있는 개념이 아니라 사용자에 귀속된 개념으로 이해할 수 있다(신동희, 2013). 이와 관련해 노먼(Norman, 2003)은 『감성 디자인Emotional Design』이라는 저서에서, 인간의 만족을 높이고 제품이나 서비스의 성공을 이끄는 핵심적인 요소로 '경험'의 가치를 제안하면서, 사용자 경험에 대한 평가는 기존의 성과 분석과 차별화되는 새로운 틀의 접근법임을 강조하였다.

사용자 경험의 가치와 중요성을 설명하는 이론적인 논의로 파인과 길모어(Pine & Gilmore, 1998; 2002)가 주장한 경험경제(Experience economy) 개념을 들 수 있다. 그들은 사람들의 경험의 소비(consumption of experience)가 빠르게 성장하고 있으며, 그렇기 때문에 이제는 단순히 서비스를 판매하는 것이 아니라, 사용자에게 오래 기억되는 경험(memorable experience)을 제공해야 한다고 설명하였다. 사람들은 독특하고 특이한 기억, 감성적인 소비를 추구하기 때문에 시장은 서비스와 재화의 물리적 가치에 더해, 사용자들에게 오래 기억되는 만족감 높은 경험을 주어야 한다는 것이다.

다시 말해, 경험경제는 고객이 상품을 사는 것이 아니라 상품에 담긴 스토리와 경험을 사는 것이다. 경험경제의 상품 가치는 상품에 녹아 있는 무형의 가치, 즉 스토리 및 상품과 결부된 주관적인 경험, 감성 또는 창의적인 아이디어에 의해 창출된다. 디지털 시대에는 사용자에게 제공하는 경험의 가치가 점점 중요해지고 있다. 소비자들은 자신들이 느끼는 경험에 대해 기꺼이 지갑을 열고 돈을 지불할 의사가 있으며, 따라서 사용자와 고객의 경험은 경제적 가치 창출 수단이 된다. 그렇기 때문에 시장은 소비자에게 경험을 할 수 있는 최적의 환경을 제공해야 한다.

예를 들어 스타벅스는 '완벽한 커피 경험'을 핵심적인 가치 창출 수단으로 삼아, 한 잔에 원가 50센트밖에 안 되는 커피를 사람들이 5달러 이상 흔쾌히 지불할 수 있게 만들었다. 애플의 아이팟은 MP3 플레이어를 판매한 것이 아니라, 사용자의 새로운 청취 경험 가치를 판매하였다. 사람들이 소셜 미디어를 찾는 이유도 소셜 미디어가 조성하는 경험환경의 구축 때문이다. 소셜 미디어는 사용자가 원하는 경험 요소, 감성 요소를 구현하고 이를 편리하게 이용할 수 있는 환경을 제공하고 있다. 사람들이 함께 말하고 공유하고 행동할 거리를 만들어주고, 이러한 경험이 기반이 되는 시장을 형성한다. 사람들은 이제 TV 시청과 동시에 소셜 미디어를 이용하면서 다른 사람들과 콘텐츠에 대해 얘기하고, 공유하고 추천하는 활동에 점점 더 많은 시간을 쓰고 있다. 사용자 경험을 통한 정서적 유대감의 형성은, 무엇보다 서비스에 대한 사용자의 충성도를 높이는 요인이라는 점을 잘 활용할 필요가 있다.

그림 7. 새로운 TV 경험을 제공하는 소셜 TV

사용자 경험은 단순히 기능뿐만 아니라, 전반적인 지각이 가능한 모든 면에서 사용자가 참여하고 상호 교감을 통해서 느끼게 되는 다양한 경험이다. 감각적, 감성적 속성을 포함해 사용자의 만족을 높이는 총체적인 사용자 경험의 관리가 그 어느 때보다 중요하다.

감성

가치 있는 사용자 경험을 구성하는 중요한 요소의 하나가 바로 감성[10]이다. 감성은 외부로부터 발생하는 감각 자

⑩ 감성
외부의 물리적인 자극에 의한 감각이나 지각을 통해 인간의 내부에서 일어나는 미적이며 심리적인 체험.

극에 대해 인간의 내부에서 일어나는 심리적 반응이다. 사용자가 제품이나 서비스, 콘텐츠를 보고 이용할 때 갖게 되는 느낌이나 이미지에 관한 것으로, 다른 말로 하면 외부의 물리적인 자극에 의한 감각이나 지각을 통해 인간의 내부에서 일어나는 미적, 심리적인 체험이라고 할 수 있다.

감성은 외부의 감각 정보에 대해 직관적(intuitive)이고 반사적(reflective)으로 발생한다. 또 복합적이고 종합적인 느낌으로 명확한 표현이 어려운(ambiguous) 경우가 많으며, 개인과 환경에 따라 다양하게 변화되는(personal and dynamic) 특성을 갖는다. 따라서 감성은 다양한 시각에서 정의가 가능하고, 유형과 구성 요소에 대한 논의도 다양하다.

감성과 감정, 정서, 기분 등 비슷한 용어들이 있다. 연구에 따라 분류와 체계가 조금씩 다른 편이다. HCI 분야에서는 감성의 하위 요소로 정서(emotion), 기분(mood), 인상(impression), 개성(personality)의 4가지를 고려한다(김진우, 2012). 정서(emotion)는 감성을 구성하는 가장 핵심적이면서 복잡한 요소로서, 비교적 단시간 동안 특정 대상에 대해 가지게 되는 감성이다. 쉽게 말해 다른 대상과의 커뮤니케이션을 통해 사람들이 느끼는 기쁨이나 슬픔, 흥분, 분노, 공포 등과 같은 마음의 상태이다. 감정이라고도 하며, 이에 대한 이론과 모형은 활발하게 연구되는 편이다. 기분(mood)은 미약하지만 상대적으로 정서보다 훨씬 더 오랜 기간 지속되는 감성으로, 막연한 신체적 생리 상태에 대한 감각을 의미한다. 인상(impression)은 어떤 대상을 접했을 때 처음으로 마음에 나타나는 감성이고, 개성(personality)은 성별, 연령, 사회 계층, 개인의 성격 등 인간과 관련된 특성 변수들을 모두 포함하는 매우 광범위한 개념이다.

감성공학(Human Sensibility Ergono-mics)은 사용자의 복합적인 감성을 과학적으로 측정하고 분석하는 분야이다. 디지털 기술을 제품과 서비스에 접목할 때 인간의 감성을 기반으로 공학적인 설계와 응용을 추구하기 위한 것이다. 시장 가치를 높이기 위해 감성공학은 인간을 위한 제품을 만들고 디자인할 때, 사용자의 신체적 특성과 라이프스타일은 물론 사용자가 속한 사회문화적 환경까지 분석, 활용해야 한다. 그런 측면에서 감성공학은 다학제간 연구이며, 그 중요성이 확대되고 있다.

그림 8. 닌텐도 Wii 게임

애플은 터치(touch)라는 따뜻한 감성을 접목해 아이폰, 아이패드 등을 성공시켰다. 닌텐도 Wii는 온 가족이 함께 하는 감성적인 게임기이다. 여러 사람이 함께 참여하는 기능을 통해, 가족에게 풍부한 감정의 공유를 가능하게 하는 경험을 제공하였다. 어떤 서비스와 시스템을 평가할 때 절대적인 감성의 기준은 없다. 상대적인 충실도(emotional fidelity)가 중요한데, 즉, 시스템을 통해 사용자에게 제공하려고 하는 감성을 얼마나 충실하게 제공했는지가 중요하다는 것이다. 미디어 광고는 감성적 요소와 정서적 반응이 매우 중요한 분야이다. 광고 제작에서 정서적 자극과 반응의 맥락은 사용자들의 태도와 구매 의도에 영향을 미친다. 현대자동차의 TV 광고 '자동차에 감성을 더하다' 시리즈는 소나타 없는 소나타 광고였다. "비 오는 날, 시동을 끄고 30초만 늦게 내려볼 것"을 속삭이는 감성 광고이다. 이외에 장애인용 시트 개발 이야기를 담은 영상을 제작해 소비자의 감동을 이끌어내는 등 현대자동차는 직접적인 제품 광고보다 제품에 담겨 있는 멋진 이야기를 감성과 결합해 전달하는 효과적인 감성 마케팅을 펼쳤다.

사물인터넷 기술은 사람의 마음을 움직이는 감성 기술이다. 앞서 소개한 광고는, 인간을 향한 이해와 걱정과 소통의 커뮤니케이션 기술을 보여준다. 자동차는 "눈이 오네요." 이야기를 건네고 '당신의 스마트폰이 이해'한다. 눈 오는 아침 미끄러운 도로를 걱정하는 감성이 전달된다. 깜깜한 밤길을 걷는 모녀가 "너무 깜깜해."라고 한 말을 CCTV가 듣고 '가로등이 이해' 한다. CCTV와 가로등이 밤길을 가는 모녀를 걱정하는 따뜻한 기술이다. 핵심은 소통과 공감(empathy)을 통한 감성 메카니즘이다.

페이스북과 같은 소셜 세계에서 사용자들은 정보와 감성을 나눈다. SNS 콘텐츠에 내재된 감성이 사용자의 감정 상태에 어떤 영향을 미치는지 살펴본 연구(김선정 외, 2012)에서는, 콘텐츠가 갖는 긍정적 혹은 부정적 성격을 감성으로, 그것에 노출된 사용자의 심리적 상태를 감정으로 간주하였다. 특히 페이스북의 부작용으로 거론되는 '감정 전염', '페이스북 우울증', '누락의 공포(fear of missing out)' 등 사회 심리적 현상에 초점을 맞추었다. 일반적으로 사람의 감정은 전염되고, 페이스북과 같은 소셜네트워크 세계에서는 더 큰 규모의 감정 전이가 발생할 수 있다는 사실이 연구를 통해서도 입증되고 있다. 그러나 2014년 6월 페이스북 뉴스피드 알고리즘을 조작한 감정 전염 연구는 또 다른 논란을 불러왔다. 사용자들의 동의를 받지 않은 감정 조작 실험이었기 때문이다. 만약 이렇게 소셜네트워크상에서 사람들의 메시지를 선별, 조작해서 보여준다면, 사람의 인지 과정을 왜곡시켜 가상 세계의 경험을 현실 세계의 모습으로 인식하게 만드는 대체현실의 가능성이 나타날 수도 있다. 소셜 네트워크 세상의 무서운 부작용이다.

혁신

인간을 위한 기술의 발전은 혁신(Innovation)을 이룬다. 콘텐츠와 서비스와 조직의 경험을 혁신하고, 다른 사람들과의 인터랙션 속에서 사회적 혁신(social innovation)을 만들어낸다.

오픈 이노베이션[⑪](open inovation), 즉 개방형 혁신은 창의성과 혁신을 자유롭게 창안해 가치를 창출하기 위한 패러다임의 전환이다. UC버클리대학의 헨리 체스브로(Henry Chesbrough) 교수가 주창한 개념으로, 오픈 이노베이션은 조직이 연구, 개발, 상업화에 이르는 일련의 혁신 과정을 개방해 외부 자원을 활용함으로써 혁신의 비용을 줄이고 성공 가능성을 높이며, 부가가치 창출을 극대화하는 것을 말한다(Henry Chesbrough, 2011).

오픈(개방)은 뉴미디어 환경에서 더 많은 우군을 확보하기 위한 핵심적인 전략이다. 영국 BBC는 2010년 방송 산업의 핵심인 콘텐츠 영역을 과감히 개방하는 시도를 한 바 있다. 'BBC 백스테이지(BBC Backstage)'라는 실험적 사이트를 통해 외부 개발자, 디자이너들이 자유롭게 BBC 콘텐츠를 이용해 혁신적인 콘텐츠를 만들도록 열어두었다. 뉴미디어 시장이 급속히 진화하는 상황에서 내부 R&D만으로는 더 이상 콘텐츠 공급자로서 우위를 점하기 어렵다는 사실을 깨닫고, BBC 백스테이지를 통해 외부 사람들이 자유롭게 아이디어를 공유하도록 과감한 혁신을 시도한 것이다.

정보와 아이디어의 오픈(개방)은 더 큰 가치를 창출한다. 아마존의 '온라인 고객 서평란'은 집단지성을 이용한 크라우드소싱(crowdsourcing)의 최초 사례이다. 크라우드소싱이란 생산과 서비스의 과정에 소비자 혹은 대중을 참여시켜 제품과 서비스를 만들고, 그 수익을 참여자와 공유하는 것이다. 대표적인 크라우드소싱 사이트로 이노센티브가 있는데, 여기에서는 기업이나 정부 기관, 비영리 단체 등이 겪고 있는 다양한 문제를 올려놓고 적절한 해결책을 제시한 사람에게 상금을 주어 보상한다. 전 세계 약 200개 국가에서 30만 명이 넘는 솔버(solver)가 시커(seeker)의 문제를 해결해주고 있다. 크라우드소싱은 저널리즘, 문화 예술계 등 다양한 분야에서 활용되고 있다. 저널리즘 분야에서는 미국의 프로퍼블리카와 같은 비영리

⑪ 오픈 이노베이션
조직이 연구, 개발, 상업화에 이르는 일련의 혁신 과정을 개방해 외부자원을 활용함으로써 혁신의 비용을 줄이고 성공 가능성을 높이며, 부가가치 창출을 극대화하는 개념.

탐사보도기관을 비롯해 세계 각국의 매체들, 우리나라의 한겨레신문이나 뉴스타파가 크라우드소싱을 통해 취재하고 기사를 구성하는 프로젝트를 진행한 바 있다.

글로벌 시장에서 앞서가는 뉴미디어 기업들은 개방과 혁신의 가치를 잘 실천하고 있는 사례이다. 페이스북은 무엇보다 플랫폼 개방을 통해 새로운 비즈니스 생태계를 조성하였다. 사용자를 페이스북으로 모이게 하는 전략 대신 처음부터 페이스북의 데이터가 외부로 노출되고 공유되는 전략을 택하였다. 2006년부터 개발자들에게 페이스북의 API를 무료로 개방해 징가와 같은 소셜 게임을 만들었고, 2007년 페이스북 커넥트, 2010년 소셜 플러그인 등 경계를 허무는 시도를 계속하였다. 결과적으로 페이스북은 약 13억 명이 사용하는(2014년 4월 기준) 가장 큰 소셜 미디어 공간이 되었다. 아마존은 무엇보다 고객 중심의 혁신적인 경영을 펼친 기업이다. 아마존은 사용자와 정보가 연결된 네트워크이며 사용자의 활용에 따라 성장하는 구조이다. 사용자의 쇼핑이 남긴 자취가 새로운 관계를 만들어내고, 끊임없이 정보와 가치를 창출한다. 핀터레스트는 2009년 등장해 무서운 속도로 성장하고 있다. 핀터레스트는 사용자가 원하는 것을 지정해 검색하는 것이 아니라(Search & Find), 내가 몰랐던 것, 예상하지 못했던 것을 발견하는 경험(Discovery & Do)이다. 사람들이 사고 싶은 것, 입고 싶은 것, 하고 싶은 이미지를 발견하고 수집하게 해준다.

지속적인 혁신은 모든 분야가 안고 있는 과제이다. 혁신을 위한 방법으로 디자인싱킹(Design Thinking)을 주창한 스탠퍼드 D-School의 설립자 데이비드 켈리(David Kelley)는 창의적인 사고를 하고 무언가 새로운 것을 만들어내기 위한 디자인싱킹 구성 요소로, 공감하기(empathy), 만들기(build to think), 행동하기(bias toward action)를 제안했다(Kelley, 2013). 인간에 초점을 맞추어 문제 해결을 위한 경험을 디자인하고 혁신적인 경영을 추진하기 위한 방식이다.

뉴미디어 기술의 발전은 계속되고 있다. 그러나 똑똑한 기술, 인공지능형 시스템이 우리 사회를 변화시키지 않는다. 인간을 이해하고 사회적 가치를 생각하는 휴먼 테크놀로지가 디지털 시대의 진정한 혁신을 만들 수 있다.

생각해볼 문제

1. 가상현실 기술이 나오는 영화 〈토탈리콜〉, 〈인셉션〉 등에서 기술은 인간과 어떤 관계를 맺는가? 그것이 인간의 경험과 삶의 가치를 어떻게 변화시킨다고 생각하는가?

2. 사물인터넷 환경에서 인간에게 가장 필요한 가치는 무엇일까? 그러한 가치를 구현하는 톡톡 튀는 아이디어 제품은 무엇이 있을지 기획해보자.

3. 모든 데이터가 기록되고 저장되는 빅데이터 시대에, 프라이버시 침해, 기술의 보안 문제가 사회적 이슈가 되고 있다. 그러한 사례는 무엇이 있을까? 해결 방안은 무엇일까?

4. 사람들에게 만족할 만한 경험(UX)을 주고 우리 사회와 문화를 변화시키는 혁신적인 뉴미디어 제품과 서비스는 무엇이 있을까? 사례를 10개 이상 나열해보자.

5. 인간과 더 가까워지는 뉴미디어 기술의 명암에 대해 폭넓게 토론해보자.

2부

뉴미디어, 구조와 관찰

5 미디어 산업의 구조, 행위, 성과

정인숙(가천대학교 언론영상광고학과)

미디어 현상을 설명하는 이론이나 접근 방식에는 여러 가지가 있다. 미디어 결정론적 시각, 미디어 효과론적 시각, 문화이론적 시각 등이 널리 알려져 있는 이론들이다. 각각의 접근 방식이 갖는 장단점이 있겠지만, 여기서는 미디어 현상을 산업론적 관점에서 설명하고자 한다. 산업론적 관점은 미디어 현상을 생산과 소비라는 미디어 시장적 측면에서 살펴보는 것이고, 미디어 시장 내에서 거래되는 콘텐츠를 미디어 상품의 관점에서 이해하는 것이다. 즉 미디어 상품의 생산과 유통, 소비 그리고 이를 가능하게 하는 전제 조건인 산업 구조 문제 등을 주로 다루게 된다.

국내 TV 시장에서 미디어를 산업론적 관점①으로 바라보기 시작한 것은 다매체 다채널 경쟁이 본격화되기 시작한 2000년대 이후부터라고 할 수 있다. 1990년 민영방송이 생기면서 지상파 독과점 구조에 변화가 생기기 시작하였으며, 1995년 케이블 TV의 등장은 뉴미디어 산업이 형성되는 시

> **① 미디어 산업론적 관점**
> 미디어 현상을 생산과 소비라는 미디어 시장의 관점에서 살펴보는 입장으로서, 미디어 시장 내에서 거래되는 콘텐츠를 미디어 상품의 관점에서 설명하는 접근 방법.

작점이 되었다. 이후 2002년 위성방송의 도입과 2008년 IPTV 서비스의 개시 등으로 유료 방송 산업이 산업적으로 성장하는 시기를 가져왔으며, 유료 방송간 경쟁은 물론이고 전통적 올드미디어인 지상파 방송과도 산업적으로 경쟁하는 구조가 형성되었다.

미디어에 대한 산업론적 관점의 유용성

미디어를 산업론적으로 이해할 때 얻게 되는 유용성은 여러 가지가 있다. 첫째, 미디어를 중심으로 파생되는 산업적, 경제적 성과와 동향 등을 살펴볼 수 있다. 국가의 기간산업이 미디어 기술의 진화와 함께 발전하고 있으며, 정부는 신매체의 도입 때마다 경제적 효과를 매우 중요시하기 때문이다(정인숙, 2013 참고).

둘째, 미디어 산업의 국내외 지형과 핵심 플레이어를 파악할 수 있다. 미디어 산업은 머니 게임의 치열한 현장이다. 사업자들은 저마다 시장에서의 성과를 극대화하고 사업의 확장을 위하여 다양한 사업 전략을 수립하며, 미디어 산업의 사업다각화 전략은 특히 글로벌 시장의 주도권을 좌우하는 매우 중요한 전략적 행위로 나타나고 있다. 대부분의 글로벌 미디어 기업들이 M&A라는 사업다각화 전략을 적극적으로 추진하고 있으며, 구글이 글로벌 미디어 기업의 핵심 강자가 된 배경에도 이러한 사업다각화 전략이 작용하고 있다.

셋째, 미디어 산업의 추세를 보면 변화하는 핵심 미디어 기술의 변화를 파악할 수 있다. 미디어 기술의 흥망에 따라 미디어 산업의 지형이 달라지기 때문이다. 세계적인 인터넷 솔루션 회사인 CISCO ISBG(Internet Business Solutions Group)에서는 미디어 전문가 50인을 인터뷰한 결과를 토대로 'TV의 미래' 10가지를 전망하는 보고서를 발간하였는데, 이 보고서에서는 향후 TV의 모습이 지금의 TV와는 전혀 다른 형태로 진화, 발전할 것이라고 설명하고 있다. 기존의 일방향, 수동형, 가족형 매체인 TV가 향후 양방향, 능동형, 개인형 매체로 진화할 것이라는 전망이다(Puopolo, S. et al, 2011). TV시장의 경우 아날로그 TV에서 시작하여, 디지털 TV, 3D TV에 이어 초고화질 TV인 UHD TV, 파노라마 TV 등으로 급속한 기술 진보가 이루어지고 있으며 이에 따른 산업적 파급 효과가 나타나고 있다.

S-C-P 이론

미디어를 산업론적으로 이해할 때 S-C-P(Structure-Conduct-Performance) 이론②은 유용한 설명틀을 제시한다. 산업조직론에서 파생된 S-C-P 모델은 시장의 3대 요소 즉 구조(S), 행위(C), 성과(P)를 파악하고 이들 간의 상호작용을 살펴보는 데 용이하기 때문이다. S-C-P 모델은 간단히 말해 개별 회사의 성과(performance)는 전적으로 시장 참여자의 행위(conduct)에 의해서 결정되며, 그 행위는 주로 구조(structure)에 의해 결정된다는 이론이다.

이 모델은 미디어 시장의 작동 기제를 사업자와 규제 기구의 측면에서 살펴볼 수 있다는 점에서 일단 유용하다. 기업의 성과를 좌우하는 데 시장 집중률(market concentration)은 매우 중요한 부분이다. 대체로 독점 구조보다는 경쟁 구조에서 기업은 더 높은 성과를 나타낼 수 있다고 보는 것이 일반적이다. 독점 구조에서는 가격 및 생산량 결정에 기업 간 담합이 이루어지고 산업 내 초과수익률이 발생하여 소비자 후생이 감소한다고 본다. 따라서 정부는 이러한 시장 구조에서 시장에 개입하여 집중률을 조정하게 되는 것이다. 시장 내 참여 기업의 수, 시장 점유율, 매출액 등의 지표를

> ② S-C-P 이론
> 개별 기업의 성과(performance)는 전적으로 시장 참여자의 행위(conduct)에 의해서 결정되며, 그 행위는 주로 구조(structure)에 의해 결정된다는 이론이다.

통해 시장 구조, 즉 산업 집중도를 측정하고, 일정 기준을 설정하여 그 이상이 되면 독과점적 시장 구조로 파악, 시장 구조 자체를 규제하게 된다. 구조와 행위를 거쳐 나타나는 방송 시장의 성과는 프로그램적인 측면과 경영적인 측면이 있을 수 있다. 프로그램 성과는 채널 편성으로 나타나며, 경영 성과는 매출액, 가입자 수, 영업이익률, ARPU(average revenue per user) 등으로 나타난다. 또한 S-C-P 모델은 외부적 충격 요인으로서 기술 혁신, 규제의 변화, 소비자 기호의 변화 등을 제시하고 있다(정인숙, 2007 재인용).

S-C-P 이론을 적용한 국내 미디어 정책 연구는 2000년대 초반부터 시작하여 비교적 활발하게 행해져왔으며, 주로 케이블 TV 시장 구조를 분석하거나 정책을 평가하는 데 많이 응용되어왔다. 주정민 · 김국진(2000), 김대호 · 김은미 · 류춘렬(2001), 이상식(2002), 박소라(2003), 권호영 · 김도연(2004), 김영주 · 권호영(2004), 전혜선(2005), 이영주(2006)의 연구 등이 대표적인 예다. 주정민 · 김국진(2000)의 연구는 미디어 분야에서 S-C-P 이론을 적용한 최초의 논문으로서, 디지털 방송의 도입이 기존의 지상파 방송 산업 구조에 어떠한 영향을 주는지를 분석하였다. 최세경 · 양선희 · 김재영(2006)은 방송사들이 편성을 통해 자원을 효율적으로 배분하는데, 이러한 편성 전략이 프로그램 성과의 중요한 한 축인 질적 차원에 어떠한 영향을 미치는지에 대한 분석이 거의 이루어지지 않았다는 문제의식하에 성과의 차원을 시청률과 경제적 성과뿐만 아니라 프로그램의 질적인 측면까지 확장하여 분석하였다. 김영주 · 권호영(2004)은 PP의 성과에 영향을 미치는 변수들로 기업 운영 형태(단독PP, MPP, MSP), 시장 진입 유형(허가, 승인, 등록) 및 장르를 분류하여 효과를 분석하였다. 권호영 · 김도연(2004)은 케이블 시장에서의 동일 지역 복수 SO(system operator) 정책의 효과를 분석하였으며, 이영주(2006)는 시장구조적 요인에 따라 케이블 TV 사업자의 규

모의 경제 크기가 어떻게 달라졌는지 연구하였다. 이상식(2002)은 1995년부터 2000년까지 케이블 TV와 관련하여 정부 정책과 시장의 관계 변화를 S-C-P 이론을 사용하여 분석하였다. 연구 결과, 산업 초기 정부의 강력한 시장 개입은 점차 자율성이 확대되는 방향으로 변화하였으며, 부진한 시장 성과의 원인이었던 시장 구조에 대해서도 규제 완화가 이루어진 것으로 나타났다. 가입자 수를 기준으로 한 시장 성과는 크게 개선되었으나, 경영 실적에 따른 시장 성과는 SO와 PP(program provider) 사이에 차이가 컸다. SO들은 비교적 안정된 경영 성과를 가져왔으나, PP는 MPP(multiple program provider)와 MSP(multiple system operator & program provider)를 제외하고는 개선의 폭이 크지 않았다(정인숙, 2007).

S-C-P 모델은 주로 개별 미디어 기업의 성과를 파악하기 위한 모델로 사용되고 있지만, 여기서는 방송통신 뉴미디어 산업 전체의 구조와 행위, 성과를 파악하기 위한 설명틀로서 개념들을 차용하고자 한다. 또한 이 장에서는 구조적 측면과 외부적 충격을 미디어 기업이 행위와 성과를 가져오는 외적 요인으로 보고 함께 설명하고자 한다. 행위적 측면에서는 국내외 미디어 사업자들의 전략적 경영 행위를 설명하고, 성과적 측면에서는 국내외 미디어 사업자의 경제적 성과에 대해 기술하고자 한다.

미디어 융합과 C-P-N-D 생태계[3]

미디어 산업은 크게 방송, 통신, 인터넷으로 구분할 수 있다. 하지만 기술발달에 의해 최근의 미디어 산업 동향은 인터넷이 방송과 통신을 흡수·융합해가는 형태의 패러다임 변화를 보여주고 있다(최계영 외, 2012). 과거에는 기술

③ C-P-N-D 생태계
콘텐츠(Contents)–플랫폼(Platform)–네트워크(Network)–디바이스(Device)로 이어지는 가치 사슬로서, 각 영역이 협력적 경쟁관계를 맺으면서 가치를 창출하는 생태계(eco system)를 말한다. 과거의 수직적 체계를 수평적 체계로 전환하는 구조라고 할 수 있다.

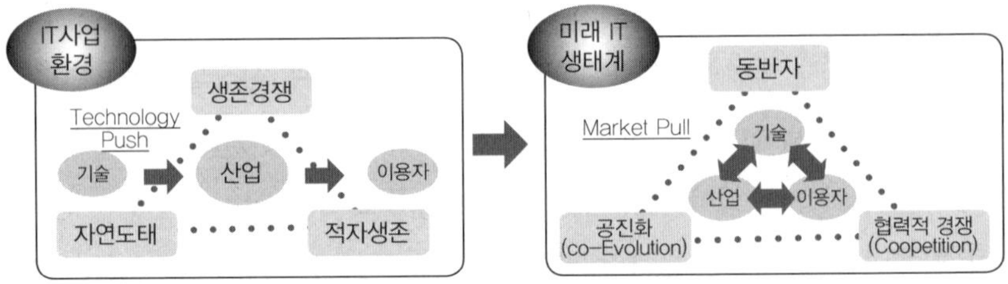

그림 5-1. 생태계 관점의 가치 창출 개념 변화

* 출처: 김사혁(2013. 12). 1-42쪽

이 주도하는 시장 환경이었다면 새로운 패러다임 구조하에서는 산업, 기술, 이용자가 함께 공진화하고, 협력적 경쟁관계를 맺으면서 가치를 창출하는 생태계(eco system)로 변화하고 있는 것이다. 이를 IT(Information Technology) 또는 ICT(Information & Communication Technology) 생태계라고 부른다 (그림 5－1 참고).

프랜스맨(Fransman, 2010)은 이러한 생태계가 6가지 계층으로 구분되어 있다는 생태계 계층 모델(Ecosystem Layer Model)을 제시하였다. '그림 5－2'에서 보는 것과 같이, 네트워크 요소, 네트워크 운영, 연결성, 미들웨어, 콘텐츠 · 애플리케이션 · 서비스, 최종 소비의 6계층으로 구분하였다. 이후 미디어 환경 변화를 고려하여 계층3, 계층4, 계층5를 하나로 묶어 플랫폼 · 콘텐츠 · 애플리케이션으로 구분하는 4개의 계층 모델을 제시하기도 하였다. 또한 4개의 주요 플레이어 그룹(네트워크 요소 제공 업체, 네트워크 사업자, 플랫폼 · 콘텐츠 · 애플리케이션 제공 업체, 소비자) 간의 공생적 관계가 ICT 생태계를 지속적으로 변화시키는 핵심 동인이라고 주장하였다(김사혁, 2013).

인터넷 계층 구조와 달리 방송통신 산업 영역은 주로 C-P-N-D의 산업 구조로 설명하는 것이 보다 일반적이다. C-P-N-D란 콘텐츠(Contents)－플랫폼(Platform)－네트워크(Network)－디바이스(Device)로 이어지는 가

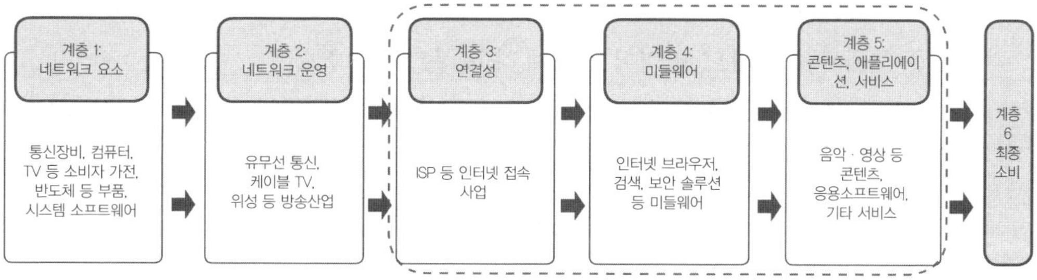

그림 5-2. ICT 생태계의 계층 구조

* 출처: 김사혁(2013)의 내용을 그림으로 재구성

치 사슬로서 과거의 수직적 체계를 수평적 체계로 전환하는 구조라고 할 수 있다. 콘텐츠 영역은 콘텐츠를 제작 · 생산하는 부문으로서 지상파나 PP(program provider), 독립프로덕션들이 주요 사업자들이고, 플랫폼 영역은 콘텐츠 사업자들로부터 콘텐츠를 수급하여 가입자들에게 제공하는 영역으로서 종합유선방송 사업자, 위성방송 사업자, IPTV 사업자 등이 이에 해당된다. 네트워크 영역은 콘텐츠를 전송해주는 사업 영역으로서 케이블망, 위성망, 인터넷망 등이 있는데 기술의 추세는 대부분의 망이 인터넷망으로 통합되는 추세이다. 디바이스 영역은 단말기기 영역으로서 TV 수상기, 휴대폰 등의 영역이다. 그러나 기술 발달로 점차 단말기가 플랫폼의 기능을 수행하게 되는 융 · 복합 현상이 나타나고 있다. 또한 대규모 미디어 기업이나 글로벌 기업의 경우 각 영역을 수직적으로 통합하고 있는 상태이다. 예를 들면 구글, 야후 등이 C-P-N-D를 통합하여 글로벌 생태계를 지배하는 현상을 말한다.

과거에는 방송 영역과 ICT 영역이 구별되었지만 인터넷망의 발달에 따라 전통적인 방송 영역(지상파, 유료방송 플랫폼, PP)은 점차 ICT 영역과 융합하면서 생태계에 변화가 오고 있다. 범용 인터넷망을 이용하여 실시간 방송이나 비실시간(VOD) 방송 콘텐츠를 제공하는 것은 물론이고 다양한 인터넷 콘텐츠를 제공하는 매체 및 서비스가 가능해진 것이다. 그것을 국내에서는 '스마트 미디어 생태계'라고 부르기도 한다.

국내 미디어 업계는 정보통신 산업이라는 분류 체계를 통해서도 이해할 수 있다. KISDI(2013)의 정보통신 산업 동향 조사에서는 정보통신 산업의 분류를 통신 및 방송 서비스(유선통신 서비스, 무선통신 서비스, 지상파방송 서비스, 유료방송 서비스), 정보통신기기(이동전화 단말기, 반도체, 디스플레이 패널, 디지털 TV, 태블릿 PC), 소프트웨어 및 인터넷 콘텐츠(소프트웨어, 인터넷 콘텐츠) 등으로 구분하고 있다.

미디어 생태계에 영향을 주는 외적 요인들

미디어 생태계는 고정되어 있는 것이 아니라 불확실성을 가지는 여러 가지 요인들에 의해 시시각각으로 변한다. 여기서는 새로운 기술의 매체 등장, 유사 신기술을 활용한 사업자의 등장, 신매체 사업자의 법적 위상, 사업자간 공정 경쟁 규제 이슈, 미디어 융합에 따른 이용자들의 이용 행태 변화 등에 대해 설명하였다.

먼저 디지털 기술의 발전과 이에 따른 신매체의 등장은 기존 미디어 시장의 불확실성을 가속화시키고 미디어 생태계에 영향을 주는 대표적인 요인이다. 올드미디어인 지상파 방송이 독점하던 시기에서 케이블, 위성, IPTV, 스마트 TV, OTT(over the top) 서비스로 이어지는 신기술의 등장은 시장의 불확실성을 높이고 있다. 예를 들면, 인터넷을 기반으로 한 방송 서비스인 온라인 동영상 서비스, OTT, 스마트 TV 등이 그것이며, 넷플릭스[④] (Netflix)나 훌루(Hulu)와 같은 글로벌 OTT가 전세계적으로 확산되면서 기존 미디어 사업자의 수익을 비롯해 미디어 산업 전반에 상당한 영향을 미치고 있다.

또한 인터넷 기반의 SNS(Social Network Service)는 현재 가장 성장세가 빠른 뉴미디어에 속한다. 페이스북, 구글플러스와 같은 보편화된 SNS 외에도 스냅챗(Snapchat), 텀블러(Tumblr)와 같은 비교적 신흥 SNS들이 빠른 성장세를 보이고 있다. 장르별로는 사진 SNS인 인스타그램(Instagram), 소셜 뉴스 서비스인 레딧(Reddit) 등이, 국가별로는 중국의 텐센트웨이보(Tencent Weibo), 남미 지역의 오르컷(Orkut) 등이 글로벌 SNS 시장에서 높은 침투율을 보이고 있다(박병선, 2014a). SNS를 이론적인 관점에서 정의한 대표적 학자인 보이드(Danah M. Boyd, 2011)는 SNS가 네트워크화된 공중(Networked Publics)의 의미를 갖는다고도 설명한다. 이는 SNS가 가지고 있는 4가지 기술적 특징에서 비롯된다. 프로파일(profile), 친구 목록(friends list), 공중 코멘트 도구, 스트리밍 기반의 업데이트 등이 이에 해당한다. 프로파일은 개인을 표상하는 장소이자 상호작용의 장소로서 기능하며, 프로파일 생성은 디지털 환경에서 스스로를 존재로서 표시하는 명시적 행위이다. 프로파일에서 대화가 일어나고, 사람들의 프로필은 사이트와의 관계를 반영하게 된다. 친구 목록은 프로파일을 볼 수 있도록 허락받은 사람들에게만 보여진다는 점에서 정치적이면서 사회적이다. 친구 수락에 배제와 거부의 함의가 작용하기 때문이다. 공중 코멘트 도구로서 가장 보편적으로 사용하는 수단은 페이스북의 담벼락(The Wall)이나 마이스페이스(Myspace)의 코멘트(Comments)와 같은 것인데, '뭐 하니?' '아무것도.' 등등 별 의미 없는 일상의 말들일지라도 그것을 통해 사람들은 공적 공간에서 서로를 인식하고, 이는 두 화자 간의 단순한 대화가 아니라 사회적 연결 행위로 드러나게 된다. SNS는 사람들을 집단으로 연결하는 방식이자, 상호작용과 정보를 제공하는 장소라는 점에서 공중인 것이며, 네트워크 기술이 그들을 형성한다는 점에서 그냥 공중이 아니라 네트워크화된 공중

> ④ **넷플릭스**
> 미국의 동영상 스트리밍 서비스 사업자로서 1997년 리드 해스팅스(Reed Hastings)에 의해 설립되었다. 2003년 가입자가 150만 명을 돌파하면서 흑자를 내기 시작하였으며, 이후 매년 가입자와 순이익 면에서 높은 성장률을 보이고 있다.

이라는 것이다. 마이스페이스의 '게시판'이나 페이스북의 '업데이트(status updates)' 기능 역시 마찬가지의 역할을 수행한다.

방송 산업 분야에서는 전통적 TV의 해상도를 크게 높이는 UHD TV나 3D TV를 넘어서 소셜 TV의 단계로 확대되고 있다. 소셜 TV는 시청자들에 관한 정확한 데이터를 제공하여 광고 효과를 높일 수 있으며, 개인 맞춤형 추천 등을 통해 VOD 등 방송 콘텐츠 판매를 높일 수 있고, 방송사를 포함한 콘텐츠 제공업자들의 콘텐츠 기획 및 제작에 상당한 영향력을 미치고 있다(한은영, 2013).

미디어 생태계의 구조에 영향을 미치는 두 번째 요인은 유사 신기술을 활용한 사업자의 등장이다. 완전히 새로운 기술은 아니나 기존 사업자들과의 경쟁 관계에 영향을 미칠 수 있는 유사 신기술을 중심으로 사업을 진행하는 사업자가 나타나면서 시장 구조가 달라지게 되기 때문이다. 2012년 미국 뉴욕에서 등장한 클라우드 지상파 방송 전송 대행 서비스 '에어리오(Aereo)'의 등장이 대표적인 예라고 할 수 있다. ABC, CBS, NBC 등 미국 주요 방송사는 에어리오 사를 상대로 공중파 방송국이 제작한 방송 컨텐츠를 허가 및 승인 없이 전송하여 부당 이익을 취득했다는 내용의 저작권 침해 소송을 제기하였다. 에어리오 서비스는 '그림 5-3'에서 보는 것 같이 누구나가 안테나만 있으면 무료로 시청할 수 있는 것을 대신 수신해서 전송하는, 이른바 '방송 수신 대행'을 해주고 그에 대한 비용을 시청자로부터 받는다. 지상파 방송사들은 자신들의 콘텐츠를 이용하는 것이기 때문에 재송신료의 지불을 요구한 것이다. 오랜 법정 다툼이 진행되었는데, 2014년 6월 25일 마침내 미 연방 대법원(Supreme Court)은 지상파 방송사의 손을 들어주는 원고 승소 판결을 내렸다. 국내에서도 지상파 방송사와 유료 방송 간에 지상파 재송신 문제를 둘러싸고 갈등이 적지 않은데, 에어리오와 같은 유사 신기술 사업자가 등장하게 되면 시장에 영향을 미치고 사업자들 간의 갈등을 유발하게 될 것으로 보인다.

세 번째는 신매체 사업자의 법적 위상이 어떻게 규정되는가가 시장의 성과를 좌우하기도 한다. 스마트 TV나 OTT 서비스가 나타나면서 국내 방송 산업 분야에서 규제 형평성 문제가 제기되고 있는 것이 대표적인 예이다. 기존의 TV와는 다른 스마트 TV를 어떻게 볼 것인가에 대해 다양한 입장들이 개진되었다(정인숙, 2013). 우선, 스마트 TV를 기존 방송과 동일한 매체로 보는 입장이다. 김희경 외(2011)의 연구에서는 스마트 TV를 유료방송 사업자와 동일서비스 사업자로 규정하면서 동일 규제를 주장하고 있다. 따라서 진입 규제에서 실시간 방송 콘텐츠 또는 실시간 방송 콘텐츠 검색용 EPG를 제공하는 스마트 TV 사업자의 경우 기존 방송 사업자와 동일하게 허가제 형태로 규제가 마련될 필요가 있으며, 다만 VOD와 같은 비실시간 방송 콘텐츠를 제공하는 스마트 TV 사업자의 경우 자율 규제 형태로 처리할 필요가 있다는 입장이다.

그림 5-3. 에어리오사의 안테나

위쪽은 하나의 안테나, 아래쪽은 '방송 수신 대행'을 위해 에어리오사가 집적시킨 안테나.

* 출처: www.google.com

다음은 방송 개념 확장론을 주장하는 입장이다. 성욱제(2011)는 지금의 실시간 방송 서비스뿐 아니라 주문형 비디오(VOD)와 전자 프로그램 가이드(EPG) 채널, 스마트 TV · 스마트폰도 방송 채널의 영역에 속하며, 그 안에서 편성 행위가 나타난다고 주장하였다. 스마트 TV와 스마트폰의 경우 애플리케이션(앱) 장터가 하나의 '채널'이고, 각각의 앱은 '프로그램'으로 볼 수 있으며, 이에 따라 앱 장터 안에서 앱을 배열하는 행위를 편성 행위로 정의할 수 있다는 설명이다. 이는 지금까지와는 전혀 다른 편성의 개념으로, 스마트 미디어도 방송이기 때문에 공익을 위해 편성에 규제를 가할 수 있다는 주장이다. 그러나 주파수라는 국가 자산을 사용하는 허가 사업자인 지상파와 스마트 미디어에 같은 규제를 적용할 수는 없는 만큼, 단말기나 네트워크 특성에 따른 비대칭 규제를 도입해야 한다고 주장하였다. 그는 비대칭 규제 기준을 해당 방송이 실시간(일방향) 서비스인지, 비실시간(쌍방향) 서비스인지, 보도 기능이 있는 종합 편성·보도 전문 채널인지, 보도 기능이 없는 기타 전문 편성 채널인지에 따라 총 4가지 범주로 나눴다. 가장 강한 규제를 받는 범주는 보도 기능이 있는 실시간 채널이고, 이어 보도기능이 없는 실시간 채널, 보도 기능이 있는 비실시간 채널, 보도 기능이 없는 비실시간 채널 순으로 강한 규제를 받아야 한다고 주장하였다.

스마트 TV를 인터넷 서비스로 보는 입장도 있다. 황준호(2010)는 스마트 TV를 방송 사업자로 분류하는 것은 무리이며, 현행 인터넷 포털 서비스와 유사한 인터넷 콘텐츠 제공 사업자의 지위 부여가 가능하다는 입장을 표명하였다. 다만, 향후 스마트 TV 전략에 따라 실시간 방송 채널을 제공하는 경우, 현행 유료방송 플랫폼 사업자의 지위와 이에 준하는 규제 적용이 가능하다는 입장이다. 박유리(2011) 역시 인터넷 동영상 서비스는 전통적 방송 서비스와 양방향성, 접근성, 플랫폼 사업자의 사회문화적 영향력, 서비스의 범위 등 여러 부분에서 차이가 있기 때문에 플랫폼 사업자에 대한 진입 규제, 편성 규제 등 전통적인 방송 규제를 적용하는 것은 적절하지 않다고 주장한다.

뉴미디어 산업의 매체 간 경쟁이 치열해지면서 사업자 간 불공정 거래의 문제를 해결하기 위한 사전 규제 역시 시장 구조에 영향을 미치는 외적 요인에 속한다. 국내 방송 산업 분야가 산업적 관점에서 이행되고 있음을 보여주는 구조적 규제의 대표적 사례는 방송법(제85조의 2)에 2011년 7월 신설된 금지 행위 조항으로서 다음과 같은 행위들에 대한 규제를 명시하고 있다.

- 정당한 사유 없이 채널·프로그램의 제공 또는 다른 방송 사업자 등의 서비스 제공에 필수적인 설비에 대한 접근을 거부·중단·제한하거나 채널 편성을 변경하는 행위
- 다른 방송 사업자등에게 적정한 수익 배분을 거부·지연·제한하는 행위
- 부당하게 다른 방송 사업자등의 방송 시청을 방해하거나 서비스 제공 계약의 체결을 방해하는 행위
- 부당하게 시청자를 차별하여 현저하게 유리하거나 불리한 요금 또는 이용 조건으로 방송 서비스를 제공하는 행위
- 이용 약관을 위반하여 방송 서비스를 제공하거나 이용 계약과 다른 내용으로 이용 요금을 청구하는 행위
- 방송 서비스의 제공 과정에서 알게 된 시청자의 정보를 부당하게 유용하는 행위

마지막으로 미디어 융합에 따른 이용자들의 이용 행태 변화 역시 미디어 기업의 성과에 영향을 미치는 외부 요인으로 볼 수 있다. 국내외를 막론하고 젊은 층일수록 새로운 미디어에 대한 수용 정도가 높게 나타나는 경향성을 보인다. 보이드(D. Boyd)는 2008년 수행한 SNS에서의 미국 10대 참여에 대한 연구에서 10대는 인터넷의 네트워크 환경을 전략적으로 포섭할 준비가 성인들에 비해 더 잘되어 있다고 설명한다. 국내에서도 2013년 3,434가구에 거주하는 만 13세 이상 가구원 6,240명을 대상으로 조사한 통계 조사(정용찬, 2014)에 따르면, 20대의 경우 스마트폰 보유율이 96.2%로 타 연령대에 비해 높게 나타나고 있으며, 20대의 경우 전통 매체(TV, 라디오, 종

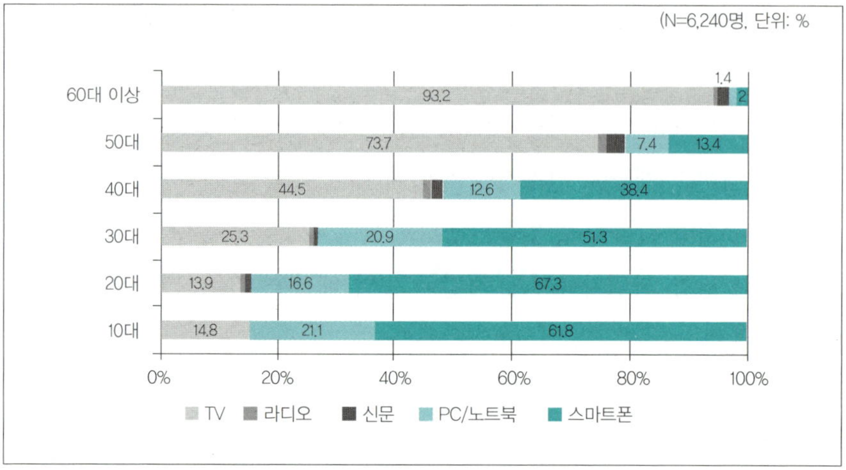

그림 5-4. 연령별 일상생활 속 필수 매체

* 출처: 정용찬(2014. 6)

이 신문) 이용률은 30대 이상에 비해 낮은 반면, 스마트폰과 PC/노트북 이용 빈도는 타 연령대에 비해 가장 높은 특성을 보이고 있다. 또한 20대는 일상생활에서 없어서는 안 된다고 생각하는 매체로 스마트폰(67.3%)을 가장 많이 선택하였으며, 그 다음으로는 PC/노트북(16.6%)을 선택하여 TV를 필수 매체로 선택한 비율이 높은 40대 이상과 차이를 보이고 있다(그림 5−4). 또한 스마트폰을 필수 매체로 생각하는 20대는 스마트폰을 통한 TV 이용 비율이 타 연령에 비해 가장 높았고, 영화, 기타 동영상 재생 이용률도 높게 나타났다. 20대의 매체 이용 유형을 통해 고정형 TV를 통한 TV 시청에 변화가 일어나고 있음을 알 수 있다.

사업의 성과를 높이기 위한 미디어 기업의 행위와 전략

이처럼 미디어 기업을 둘러싼 여러 가지 외부적 요인에 의해 미디어 산업 활동을 전개하는 사업자들은 과거와는 다르고 새로운 경영 전략을 끊임없이 개발하지 않으면 시장에서 도태되는 결과를 가져온다. 여기서는 M&A를 통한 사업다각화 전략, 파괴적 혁신 전략, 그리고 락인[⑤](lock-in) 전략 등에 대해 설명하고자 한다.

⑤ 락인 효과
이용자가 특정 기업의 미디어 상품만을 계속해서 이용하게 되는 효과. 이는 기업들의 이용자 '묶어두기' 전략에 의한 결과라고 할 수 있다.

⑥ 사업다각화
기업들이 수익을 증대시키기 위한 전략의 하나로서 사업가각화에는 상품다각화(서비스의 다원화), 지리적 다각화(생산지의 다원화), 연관사업다각화(M&A), 비연관사업다각화 등이 있다. 기업이 사업다각화를 추진하는 이유는 시장 지배력의 강화(M&A), 대리인 문제(경영자의 성과 과시), 자원 활용적 관점(시너지 효과) 등 여러 가지이다.

M&A를 통한 사업다각화 전략

미디어 기업들의 대표적인 전략 중의 하나가 M&A를 통한 사업다각화[⑥] 전략이다. 대부분의 글로벌 미디어 기업들은 활발한 수평적 수직적 M&A를 통해 시장 지배력을 확산시키고 있다. 스마트 환경에서는 원하는 콘텐츠를 편리하게 이용할 수 있도록 콘텐츠, 플랫폼, 네트워크, 기기가 이용자 관점에서 유기적으로 연결시켜 제공하는 것이 중요하기 때문에, 가치사슬 요소를 확보하기 위해 사업자 간 전략적 제휴 및 M&A를 추진하고 있는 것이다. 구글은 2006년 유튜브를 인수하고, 2011년 모토롤라 모빌리티 인수 등 비교적 대규모의 M&A는 물론이고, 신기술 및 유망한 엔지니어를 보유한 작은 규모의 스타트업 기업까지 활발하게 M&A를 진행하고 있다. 구글의 핵심 역량이라 평가되는 검색과 광고 외에도 구글은 동영상, 소셜네트워크, 음악, 게임, 전자책 등 인터넷의 다양한 분야에서 기업들을 인수하고 있다(박유리 · 김민식 · 이기훈, 2011). 미국 최대 유선통신 업체인 AT&T는 2014년 5월 위성방송 디렉TV를 인수하였고, 미국 최대 케이블 사업자인 컴캐스트는 2014년 2월 동종 사업자인 타임워너 케이블을 합병하였으며, MS사는 2013년 9월 노키아를 인수하였다. 국내에서도 2014년 5월 인터넷 기업 다음이 SNS 카카오톡을 합병하였다.

표 5-1. 글로벌 미디어기업들의 융합 전략

전략	기업	내용
온라인 동영상 공략 및 OTT 서비스 출시	Disney	기존 유료TV 채널 대신 넥플릭스와 신작 영화 독점 공급 계약 체결
	TimeWarner	유튜브 채널 인수를 통해 온라인 세대 공략
	BBC	젊은 시청자 타깃 채널인 BBC3를 온라인 채널로만 제공
		컴캐스트와 함께 스트리밍TV 제공 방안에 대해 협상 진행
모바일 및 N 스크린 전략 강화	Disney	애플, 아이튠즈와 제휴해 온라인 동영상 서비스 출시
	VIACOM	비디오 클라우드 도입으로 N 스크린 전략 강화
플랫폼 기반 융합서비스 분야로 사업 영역 확장	News Corporation	폭스 인터랙티브미디어를 통해 인터넷 사업 분야에 대한 투자를 지속
	NETFLIX	인터넷을 전통 미디어 유통에 결합한 모델로 크게 성장
인수 합병으로 수평적·수직적 통합 추구	COMCAST	케이블 시장 내 수평적 결합을 통해 협상력 확보
	Disney VIACOM TimeWarner	1990년대 이후 수직적 인수 합병을 통해 글로벌 경쟁력 확보

* 출처: 박병선(2014b)

미디어 가치 사슬에서의 경쟁력을 강화할 수 있는 수직적 통합 전략은 자원과 역량을 직접 통제함으로써 불안정한 환경 변화에 안정적으로 대응할 수 있고, 거래 비용을 줄여 규모의 경제를 달성할 수 있다는 장점이 있다. 반면에 이 같은 사업 전략은 경쟁 기업 간에 분쟁을 증가시키기도 하는데, 기업들이 M&A를 특허권 확보를 위한 중요한 수단으로 생각하면서 특허권과 관련된 제소와 맞제소가 빈번해지고 있는 현상이 이를 말해준다(이기훈, 2011).

'표 5-1'에서 보는 것과 같이 방송과 같은 전통적 미디어를 인터넷 모델에 결합해 플랫폼 기반의 융합 서비스 분야로 사업 영역을 확장하는 전략 또한 최근 미디어 그룹들이 글로벌 시장을 상대로 택하고 있는 전략 중 하나가 되고 있다(박병선, 2014b).

> ⑦ **파괴적 혁신**
> 기업이 시장에서 계속 승자로 남아 있기 위해서는 소비자가 원하는 수준만큼의 제품과 서비스를 더 낮은 비용으로, 혹은 더 편리한 접근 방식으로 제공해야 한다는 개념.

예를 들면 방송사업자들의 소셜TV 제공 전략은, 페이스북이나 트위터 등 기존 SNS 활용 전략, 소셜TV 개발사(startup)와의 제휴 전략, 방송사의 독자적 소셜TV 제공 전략, 방송사 연합의 소셜TV 전용 앱 구축 전략 등으로 나타나고 있다. 방송사에 따라서는 이러한 전략을 복수로 사용하기도 하며, 다른 전략을 사용하더라도 기본적으로 페이스북이나 트위터와 연계하여 서비스 내용을 더 풍부하게 하는 데 활용하기도 한다(한은영, 2013).

파괴적 혁신 전략

글로벌 미디어기업의 파괴적 혁신⑦(disruptive innovation) 전략 또한 중요한 행위 전략 중의 하나이다. 하버드대학교 경영대학원 교수 크리스텐슨(Clayton M. Christensen)은 1997년 그의 저서 『혁신 기업의 딜레마Innovator's Dilemma』에서 혁신을 존속적 혁신(Sustaining Innovation)과 파괴적 혁신, 2가지로 구분한다. 존속적 혁신은 점진적 개선만을 거듭하는 반면, 파괴적 혁신은 소비자가 원하는 수준만큼의 제품과 서비스를 더 낮은 비용으로, 혹은 더 편리한 접근 방식으로 제공하는 것을 말한다. 시장에서 계속 승자로 남아 있기 위해서는 파괴적 혁신을 해야 한다는 것이 크리스텐슨의 주장이다. 송민정 · 이화진 · 최명호(2010)는 크리스텐슨이 주장한 '혁신자의 딜레마'를 언급하면서 기존 시장의 파괴를 통해 신시장이 창출되며, 파괴적 혁신 기술이 가진 파괴력으로 인하여 파괴적 혁신 기술의 적극적 개발이

표 5-2. 글로벌 미디어 기업의 두 가지 모델과 특징

전통적 모델	신흥 모델
• 전통적인 콘텐츠(영화, 신문 산업 등)를 기반으로 규모 확대 • TV, 영화관 등 전통적 스크린 중심 • 출판, 만화, 음악, 게임, 영화, 애니메이션, 방송, 광고, 캐릭터 등 • 예: 타임워너, 디즈니, 뉴스코퍼레이션, 비방디	• IT, 인터넷 산업을 기반으로 규모 확대 • PC 기반 • 소셜 미디어 및 이동형 콘텐츠 사업 확대 (예: 구글, 애플, MS, 페이스북, 넷플릭스)

* 출처: 정인숙(2010)

불가피하나, 기존 시장에서 성공한 우량 기업일수록 이러한 파괴적 혁신 기술에 기존 자원을 배분하기가 어려워지는 딜레마에 빠지기도 한다고 설명한다.

'표 5-2'에서 보는 것과 같이 현재 글로벌 미디어 기업은 두 개의 유형으로 구분해볼 수 있다. 하나는 영화나 신문과 같은 전통적 콘텐츠를 기반으로 성장한 모델로서 타임워너(미국), 디즈니(미국), 뉴스코퍼레이션(호주), 비방디(프랑스) 등과 같은 전통적 글로벌 미디어 복합 기업이 한 축을 이루고 있다. 글로벌 진출에 가장 적극적인 미디어 기업인 타임워너가 워너브러더스 영화사와 CNN, 타임매거진, 포천 등을 소유하고 있는 것에서 알 수 있듯이, 이들이 수익을 창출하는 콘텐츠는 인쇄, 출판, 영화, TV, 뉴미디어 등을 총망라하고 있다. 또 다른 그룹으로는 구글이나 애플, MS와 같이 IT를 기반으로 글로벌 미디어 시장을 석권하고 있는 신흥 글로벌 기업군이 있다. 대표적인 신흥 글로벌 미디어 기업인 구글은 1998년 스탠포드대학교의 벤처 기업에서 출발하여 불과 12년 만에 글로벌 기업으로 급성장한 것이다(정인숙, 2010).

조영신(2011)은 기존 미디어 업계는 지극히 보수적인 차원에서 점진적으로 진화할 수밖에 없지만 신규 사업자들은 기존 사업자와는 차별화된 상품을 들고 시장을 파고들어야 한다는 점에서 상대적으로 혁신성이 높다고 설

명하기도 한다. 신흥 글로벌 미디어 기업들의 경우, 모바일 생태계를 기반으로 하고 있다는 점에서 전통적 글로벌 미디어 기업에 비해 훨씬 영역 확장적이라는 특징을 갖는다. 뿐만 아니라 이들 기업들은 매우 단기간에 고속 성장을 하면서 전통적인 글로벌 미디어 기업들을 압박하고 있다는 점에서 매우 파괴적이고 혁신적이다.

락인 전략

신매체 이용 행태에서 나타나는 락인(lock-in) 전략도 시장 성과에 영향을 주는 중요한 전략 중의 하나라고 할 수 있다. 락인 전략이란 사업자들이 이용자로 하여금 자사 상품을 계속 이용하도록 하는 '묶어두기' 전략으로, 이용자가 특정 기업의 미디어 상품만을 계속해서 이용하게 만드는 전략이라고 할 수 있다. 예를 들면 애플 마니아들은 아이폰, 아이패드, 애플 콘텐츠만을 계속해서 사용하는 경향을 주변에서 쉽게 확인할 수 있다. 이용자가 락인되는 이유는 해당 상품이 갖는 수월성이나 사업자의 의도적 경영 전략에서 비롯된다. 신상품을 출시할 때마다 선주문을 받고, 줄을 서서 신상품을 인수받도록 하는 것은 애플만의 특별한 경영 전략이다. 특히 앱(app) 시장은 OS(Operating System)별로 호환이 되지 않기 때문에, 특정 OS에서 사용하거나 구매한 앱을 두고 OS를 변경하기가 쉽지 않다. 애플 사는 사용자들이 애플 에코 시스템(Apple Eco System)에 더욱 쉽게 락인될 수 있도록 지속적인 경영 전략을 추진하고 있는 것이다. 글로벌 미디어 기업들의 사업다각화 전략이 확산될수록 이용자의 락인 현상은 가속화될 수밖에 없다.

그림 5-5. 아마존의 미디어/콘텐츠 사업의 비즈니스 모델

* 출처: 스트라베이스(2012. 5. 10) 재인용

뉴미디어 산업의 매출 규모와 성과

글로벌 미디어 기업들의 핵심 수익원은 저마다 차이가 있다. 구글과 페이스북이 광고를 주 수익원으로 하고 있는 데 비해(그림 5-5 참고), 애플은 하드웨어, MS는 소프트웨어 판매가 주 수입원이다. 구글의 수익은 광고 의존도가 95% 이상일 만큼 광고 수입 비중이 절대적이며, 전세계 10억 명의 가입자를 가지고 있는 페이스북 역시 약 85%의 수익이 광고를 통해서 발생하고 있다. 반면 애플은 전체 수익의 90% 정도가 하드웨어의 직접 판매, 악세사리 판매, 관련 서비스 등에서 발생하고 있으며, 모바일 컨텐츠 산업의 핵심 축으로 해석되는 앱스토어, 아이튠즈 등을 통해 발생하는 수익은 전체의 5~7% 수준에 불과하다. 마이크로 소프트는 자사 SW(OS와 MS Office 제품군)의 판매가 차지하는 비중이 55~60%를 차지하고 있고, 서버 솔루션 및 개발 툴(Windows Server, Microsoft SQL Server, Windows Azure, Visual Studio)까지 포함하면 약 80%의 수익이 SW와 솔루션 직접 판매로 발생한다(구글, 애플, MS, 페이스북의 수익 구조 비교, 2014. 7. 14.).

그러나 미디어 시장에서의 치열한 경쟁 구조로 인해 수익원의 다변화가 발생하며, 주 수익원의 구조도 언제든 변화할 수 있다. 플랫폼 사업자들이 생태계를 확장하며 사업 영역을 확대함에 따라 주요 사업자 간 접전 범위가 급속도로 넓어지고 있기 때문이다. 그동안 애플(Apple)은 하드웨어 단말, 구글(Google)은 온라인 검색 및 광고, 아마존(Amazon)은 e-커머스를 각자의 고유 사업 영역으로 했기에 상호 간 영역 침범이 극히 제한적이었지만, 각 사가 생태계 확장이 경쟁력의 원천인 플랫폼 사업자로 변신하면서 다양한 영역에서 경쟁 구도가 불가피한 상황이 되었기 때문이다(정책연구본부 융합정책연구부, 2013).

국내 유료방송 가구는 1,870만 정도이고, 2012년 데이터 기준으로 방송사업자들의 총 매출액은 22조에 이르고 있으며, 순수 방송 산업의 매출액만 계산하였을 때 13조 원을 상회하고 있다(방송통신위원회(2013), 『방송산업 실태조사보고서』 참고). 미국의 유료방송 상위 10개 사업자가 확보하고 있는 가입자 수와 비교하면 이는 매우 협소한 시장 규모이다. 미국의 유료방송 시장은 넷플릭스(가입자수 3,570만), 컴캐스트(2,260만), 디렉TV(2,020만), 디시네트워크(1,410만), 타임워너케이블(1,140만), 훌루(500만) 등으로 사업자 순위를 나타내고 있다(NCTA, 2014).

한편 2013년 4분기 글로벌웹인덱스(GWI)의 조사에 따르면, 세계적으로 가장 많은 침투율을 보인 SNS는 페이스북인 것으로 나타났다(박병선, 2014). 페이스북은 2004년 하버드대학교 캠퍼스를 대상으로 서비스를 개시한 이후 10년 만에 12억 명의 이용자를 확보하였으며, 약 161조의 시가 총액을 보유해 188조의 삼성전자와 비교할 만한 규모로 성장하였다(디지털타임스, 2014. 4. 14).

뉴미디어 산업의 미래와 전망

뉴미디어의 핵심 기술인 디지털 기술은 빠르게 진보하고 있어서 미래를 주도할 핵심 플레이어들의 지속 가능성을 확신하기가 쉽지 않다. 넥플릭스가 뉴미디어 산업의 새로운 강자로 떠오르고 있지만 이는 불과 몇 년 전만 해도 예측하지 못했던 일이었다. 모바일이라는 새로운 기술과 이를 적극적으로 이용하는 미디어 이용자들의 행태가 구조적으로 선행되고, 이를 산업적 기회로 활용한 넥플릭스의 전략적 행위가 낳은 성과라고 할 수 있다. 신매체의 등장에 따른 산업적 지형의 변화는 역사가 오랜 기업이 오히려 신생 기업에 인수당하는 경우를 초래하기도 한다. 2011년 8월 구글이 모토롤라 모빌리티(Motorola Mobility)를 인수한 것이 대표적인 예이다. 1928년 설립되어 한때 전 세계 휴대폰 시장을 지배하였던 모토롤라를 1998년 설립되어 불과 10여 년의 역사밖에 가지지 못한 구글이 인수 · 합병한 것이다. 가장 영향력 있는 서비스로 자리잡은 SNS의 경우에도 2008년에 세계 1위 사업자가 마이스페이스에서 페이스북으로 지배력의 순위가 바뀌었다. 신기술의 신매체가 등장하면서 미디어 산업의 플레이어 지형은 계속 달라지고 있다. 미디어 업계에 절대 강자란 없다는 말이 나오는 것은 이런 산업적 순환 고리가 작용하고 있기 때문이다.

생각해볼 문제

1. 최근 인기 있는 미디어에는 어떤 것이 있는지 알아보고, 이들 미디어의 기술적 특성이 다른 미디어 또는 전통적인 미디어와 어떤 차이점이 있는지 알아보자.

2. 20대의 미디어 이용 패턴이 다른 세대와 어떤 차이점이 있는지 분석해보자.

3. 미디어 기업을 둘러싼 규제의 현안 이슈에는 어떤 것들이 있는지 논의해보자.

4. 인기 있는 미디어를 서비스하는 기업들의 마케팅 전략에 대해 살펴보자.

5. 국내외 대표적인 미디어 기업들을 골라 비즈니스 모델과 매출 규모를 비교해보자.

6 뉴미디어와 콘텐츠 소비

김숙(한국콘텐츠진흥원)

인터넷 등장 이후 미디어 지형의 핵심 행위자로 떠오른 것은 다름 아닌 콘텐츠 이용자이다. 전통 미디어 사회에서 개인은 단지 송신자가 보낸 메시지를 수신하는 수용자의 모습을 지녔지만, 상호작용성이 극대화된 인터넷이라는 뉴미디어 환경에서는 송신자의 메시지를 소비할 뿐만 아니라 자신이 원하는 시간과 공간에서 선택적으로 이용하는 것이 가능해졌다. 심지어 미디어를 매개로 자신이 직접 콘텐츠를 생산할 수도 있는 다양한 모습을 지녔다. 말하자면 기술의 지속적인 발전이 다양한 미디어를 생산해내고 수많은 콘텐츠 소비 방식을 만들어내고 있는 것이다. 이번 장에서는 미디어 기술의 발전으로 '개인'들이 자유롭게 미디어를 선택할 수 있게 되면서 콘텐츠 소비 방식에 어떠한 변화가 생겼는지를 관련 이론과 개념을 중심으로 살펴보고자 한다. 그리고 뉴미디어로 인한 콘텐츠 소비 양식의 변화를 다루고자 한다.

미디어 선택과 뉴미디어

경쟁적인 미디어 환경의 도래로 이용 가능한 수많은 미디어가 등장하고 사람들은 각각의 목적에 따라 다른 콘텐츠를 이용할 수 있을 만큼 미디어 선택의 폭이 넓어졌다. 그동안 미디어 선택에 관한 문제는 사람들이 미디어를 왜, 어떻게 이용하는지에 중점을 두고 논의되어왔다. 거시적인 수준에서는 미디어 시스템의 사회적, 구조적 측면이 미디어 선택에 영향을 미친다고 논의되어왔으며, 미시적인 수준에서는 사회심리적인 측면에서 미디어 선택을 논의해왔다. 이용자들이 의도적으로 미디어에 노출한다는 명백한 선택이라고 보는 관점에서부터 습관적이고 중독적인 행위라고 보는 관점까지 그 범위도 다양하다. 그중에서도 사람들이 미디어 선택을 논의할 때 가장 일반적으로 제시하는 4가지 이론은 사회인지 이론(Social Cognitive Theory), 혁신 확산 모델(Diffusion of Innovation), 이용과 충족(Use and Gratification), 계획된 행동 이론(The Theory of Planned Behavior)이다(Hartmann, 2009).

사회인지 이론은 인간의 심리적 요인과 사회구조적 요인이 상호작용하여 미디어 효과에 영향을 미친다는 것을 전제로 한 것이다. 개인의 신념이나 자기 효능감과 같은 개인적인 요인들이 미디어 체제와 같은 구조적인 요인과 결합하여 미디어를 선택하는 행위에 영향을 미친다는 것이다. 같은 맥락에서 이야기할 수 있는 이론이 계획된 행동 이론이다. 기존의 합리적 행위 이론이 확장된 개념인 계획된 행동 이론에서는 사람들이 특정한 행위에 긍정적인 태도를 가지고, 자신이 생각하기에 주변인에게 그 행동을 해도 괜찮다고 판단할 때 특정 행위를 할 의도가 높아지게 된다. 즉, 특정한 미디어에 일단 긍정적인 태도를 가지고 있고, 주변인과 공유할 수 있다면 해당 미디어를 선택할 의도가 높아지고 효과도 극대화되는 것이다. 인간의 욕구라는 심리에 기반을 둔 이용과 충족 이론은 앞서 두 이론에 비해 보다 개인적 동기에 중점을 두고 미디어 이용을 이야기한다. 그러나 기저에는 이용자들이 살아가고 있는 사회의 이데올로기가 있기 때문에 역시 미디어의 선택이 개인적 이용 이상임을 함축하고 있다. 세 이론과 달리 혁신 확산 모델[①]은 보다 기술중심적인 시각에서 미디어의 선택을 보고 있다. 이외에도 '뉴미디어'의 등장으로 미디어 선택과 관련된 많은 논의들이 진행되어 오고 있으나, 여기에서는 '뉴미디어의 등장과 채택'을 중심으로 살펴보고자 한다.

> ① 혁신 확산 모델
> 새로운 기술을 수용하는 속도에 따라 수용자를 혁신자, 초기 수용자, 초기 다수 수용자, 후기 다수 수용자, 지체자의 5가지 범주로 분류하여 설명한 모델이다.

설명에 앞서 우선 확실히 짚고 넘어가야 할 불변의 진실이 있다. 실제로 영원한 '뉴미디어'는 없다는 것이다. 커뮤니케이션 기술은 지속적으로 발전하고 끊임없이 새로운 미디어가 탄생하기 때문이다. 누군가는 새롭게 등장한 미디어에 열광하고 또 다른 누군가는 이를 외면한다. 뉴미디어가 등장할 때 얼마나 많은 사람들이 얼마나 빠른 속도로 이용하느냐 하는 채택의 문제는 해당 미디어의 생존과 깊은 관련이 있다. 로저스(Rogers)는 이와 같은 현상을 뉴미디어의 수용 수준에 따라 5개의 그룹으로 구분한 '혁신 확산 모델(Diffusion of Innovation)'로 설명하고 있다.

하나의 예를 들어보자. 2013년 10월 25일 새벽, 서울 명동 거리에 마치 끝이 보이지 않는 기차를 연상시키는 긴 행렬이 있었다. 이들은 애플에서 출시한 새 모델의 핸드폰을 구입하기 위해 전날 저녁부터 줄서기를 시작한 사람들이었다. 상상해보라. 겨우 4인치의 작은 기계를 구입하기 위해 새벽 이슬을 맞으며 길거리에서 밤을 지새우는 사람들이라니. 심지어 미국에서는 이 작고 새로운 기계를 조금이라도 더 빨리 구입하기 위해(매진될까봐 걱정하는 게 아니다) 노숙을 하는 사람들에게 금전적 보상을 주고 대신 줄서기를 시키는 일도 있었다! 새로운 기술에 열광하며 적극적으로 수용하는

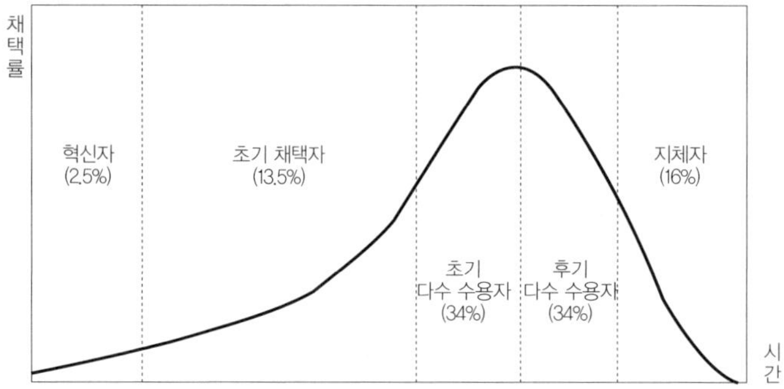

그림 6-1. 로저스의 혁신 확산 곡선

* 출처: Rogers(1995)

이러한 사람들을 로저스는 '혁신자(Innovators)'라고 명명하였다. 이들은 신규 모델의 핸드폰을 구입하기 위해, 그리고 관련 정보를 확보하기 위해 다른 사람들보다 더 많은 시간과 비용을 투자한다. 로저스에 의하면 혁신자 그룹은 일반적으로 전체의 2.5% 정도의 비중을 차지한다고 한다.

이들만큼은 아니지만 뉴미디어의 채택에 상당히 적극적인 태도를 보이며 다른 사람보다 먼저 구입하고자 하는 사람들이 있다. 이들은 보통 사람들에게 상당한 영향력을 행사하는 그룹에 속해 있다. 로저스는 이처럼 다른 사람들보다 더 빨리 뉴미디어를 구입하려는 의지를 보이는 사람들을 '조기 채택자(early adopter)'라고 명명하였다. 이들은 전체의 약 13.5% 비중을 차지한다. 혁신자와 조기 채택자 그룹에 해당하는 사람들은 혁신적인 기술을 적극적으로 수용한다. 새로운 미디어에 대해 앞서 언급한 두 그룹 수준만큼 민감하지는 않지만 비교적 이른 시점에서 뉴미디어를 수용하는 사람들을 '초기 다수 수용자(early majority)'라고 한다. 전체의 34%에 해당하는 이 그룹의 수용 현상이 사회 전반에 나타날 때 해당 뉴미디어는 비로소 대중화되었다라고 할 수 있다. 이 시점을 뉴미디어가 확산되기 위한 최소한의 지점이라는 의미에서 절대적 다수(critical mass)라는 표현으로 나타내기도 한다. 일단 이 지점을 지나면 대부분의 뉴미디어는 후발주자인 '후기 다수 수용자(lately majority)'에 의해 확산되기 시작한다. 보통 전체의 84% 정도가 이와 같은 단계별 그룹에 의해 뉴미디어가 채택되는 현상을 보인다.

그러나 16% 정도는 뉴미디어를 채택하지 않는 혁신에 대한 거부자로 잔류한다. 로저스는 이들을 '지체자(lagged)'라고 명명하고 있다. 국내 스마트폰 이용자 수가 4,000만 명에 이르는데 아직도 폴더폰을 이용한다면 바로 혁신을 보류하고 있는 지체자라고 할 수 있을 것이다.

그런데 사람들이 혁신적인 뉴미디어를 채택하는 과정은 단순히 '채택'과 '거부'라는 이분법적인 사고로 구분하기는 힘들다. 새로운 미디어를 수용하는 것은 결국 변화에 대한 적응이라고 할 수 있다. 뉴미디어를 채택하는 과정에서 나타나는 변화를 겪게 되는 사람들의 자연스러운 심리 상태가 바로 '혁신 저항(innovation resistance)'이다(Ram, 1987). 합리적인 사고에 의거하여 혁신에 대한 채택을 보류하는 소비자의 경우 채택의 시기가 다수보다 늦어질 수 있으며, 혁신 저항이 너무 높은 소비자들의 경우에는 결국 혁신을 수용하지 않을 수 있다.

이와 같은 뉴미디어의 채택과 확산은 커뮤니케이션의 기기적 특성과 관련이 있다. 애초에 현대사회에서 커뮤니케이션이라고 하는 것은 일반적으로 상호 간의 의사소통을 의미한다. 가령 전화와 같은 커뮤니케이션 수단을 보면 혼자서 이용하는 것이 아니라 대상이 필요하며, 더 많은 사람들이 전화를 이용할수록 더 사용가치가 증가한다. 소셜 미디어를 통한 의사소통도 마찬가지이다. 이용자가 많을수록 소셜 미디어의 이용가치 역시 증가한다. 이처럼 이용자가 많을수록 제품의 가치가 높아지는 것을 네트워크 외부성(network externality)이라고 한다. 인터넷을 기반으로 한 뉴미디어처럼 이용자 간의 연결적 속성이 강한 경우에는 특히 네트워크 외부성이 강하여 이용자가 많을수록 뉴미디어의 확산 속도도 빨라진다.

한편, 로저스가 뉴미디어 채택의 시간과 속도에 관해 이야기했다면 데이비스(Davis, 1989)는 기술 수용 모델②

> **② 기술 수용 모델**
> 수용자의 정보기술 수용과 사용 행동을 설명하는 모델로, 인지된 유용성(perceived usefulness)과 인지된 이용 용이성(perceived ease of use)을 중심으로 설명하고 있다.

(Technology Acceptance Model: TAM)을 통해 '왜 사람들이 새로운 미디어 기술을 채택하는가?' 하는 이용의 동기를 밝혀내고자 하였다. 본래 데이비스는 조직의 구성원들이 컴퓨터 기술과 서비스, 소프트웨어를 수용하는 데 영향을 미치는 요인을 밝히기 위해 기술 수용 모델을 제시하였다. 이를 일반 이용자 영역에 확대하여 왜 이용자들이 새로운 기술의 미디어를 수용하는지로 연구 대상을 확대하였다. 가령 HDTV를 왜 구매하려고 하는지, IPTV를 왜 구매하려고 하는지에 대한 연구가 기술 수용 모델로 설명될 수 있다. 기술 수용 모델은 이용 의사에 영향을 미치는 핵심적인 변인으로 인지된 유용성(perceived usefulness)[1]과 인지된 이용 용이성(perceived ease of use)[2]을 제시하고 있다(Davis, 1989).

상대적 불변 이론 vs 시간 재할당 가설

이른 아침에 눈을 뜨자마자 스마트폰으로 간밤에 올라온 소셜 미디어의 메시지를 확인한다. 씻으러 가는 길에 거실에 켜져 있는 TV를 살짝 흘려 듣고, 의자에 놓인 신문 1면에 크게 실린 장마 소식을 본다. 등굣길 지하철에서는 스마트폰으로 인터넷에 올라온, 어젯밤에 놓쳤던 인기 예능 프로그램 한 편을 스트리밍 서비스 받아 시청한다. 레포트를 작성하기 위해 인터넷 서핑을 하고, 포털 뉴스를 보며 오늘은 무슨 이슈가 있었나 살펴본다. 틈틈이 해외에 어학 연수를 간 친구와 카톡으로 신 나게 수다를 나누기도 한다. 저녁에는 친구와 오늘 개봉한다는 영화를 보기 위해 극장에 간다. 아이맥스관에서

1 새로운 기술이나 시스템 도입을 통해 업무의 생산성과 효율성이 증가할 것이라는 주관적 믿음의 정도.

2 새로운 기술과 시스템의 이용에 정신적 · 신체적 노력이 많이 요구되지 않을 것이라는 주관적 믿음의 정도.

3D 안경을 쓰고 마치 화면에 빨려갈 듯한 기분으로 영화 한 편을 시청한다. 집으로 돌아오니 마침 드라마가 시작하려던 참이라 실시간으로 시청하고, 놓쳤던 어제 회차는 IPTV의 VOD 서비스를 이용한다. 잠자리에 들기 전 스마트폰으로 다운받은 인기 라디오 앱을 통해 DJ가 선곡한 음악을 들으며 잠이 든다.

- 2014년 오늘, 스물 한 살 K의 하루

> ③ **상대적 불변 이론**
> 거시적인 차원에서 볼 때 수용자들이 매체 소비에 사용하는 시간과 비용은 새로운 매체가 도입되더라도 대체로 일정하다고 주장하는 이론.

현대사회에 공존하는 미디어는 과연 몇 개나 될까? 올드미디어의 소멸이 뉴미디어 채택의 기본 전제는 아니다. 외형과 기능은 몰라보게 달라졌지만 1920년대에도 극장이 있었으며, 1960년대에도 TV가 있었다. 따라서 미디어의 수는 시간이 지날수록 누적되게 마련이다. 그리고 기술의 발전으로 새로운 미디어의 생산 속도도 더욱 빨라지고 미디어 축적 속도도 그만큼 빨라지고 있다. 그렇다면 수많은 미디어가 공존하는 뉴미디어 시대의 이용자는 접근 가능한 모든 미디어를 이용하려고 할까? 혹은 자신만의 미디어 레퍼토리[3]가 있을까? 2014년, 오늘에 살고 있는 20대 K가 하루에 이용하는 미디어의 수는 몇 개이며, 미디어를 이용하기 위해 하루 24시간 중 몇 시간을 소비하였을까?

맥콤(McCombs, 1972)은 시간이 지날수록 미디어는 많아지지만 실제로 개인이 미디어 소비에 투입할 수 있는 경제력은 제한되어 있어 전체 소득 중 미디어에 소비하는 지출 비용이 일정하게 유지되는 '상대적 불변 이론③(principle of relative constancy)'이 존재한다고 주장하였다. 그는 하루 24시간으로 제한된 시간을 가지고 새로운 미디어를 이용하기 위해서는 필연

---

3 원래 미디어 레퍼토리는 케이블이 도입된 이후 미디어 이용 패턴을 설명하기 위해 제시된 채널 레퍼토리에 그 어원을 두고 있다. 이 개념은 케이블 TV의 등장으로 시청 가능한 채널이 늘어남에 따라 시청자들은 무작위로 채널을 선택하기보다는 규칙적으로 이용하는 채널 묶음, 즉 채널 레퍼토리를 통해 케이블 TV를 이용한다는 것을 의미한다(심미선, 2010, pp. 42-43).

적으로 기존 미디어의 이용을 줄이거나 이용하지 않을 수밖에 없는, 미디어 대체 관계의 관점에서 미디어의 이용을 설명하였다. 가령 K가 IPTV를 구입하고 신규 스마트폰을 구입하는 비중이 K의 전체 소득에서 차지하는 비중과 과거에 TV를 구입하고 전화기를 구입하는 비중이 K의 전체 소득에서 차지하는 비중을 기준으로 볼 때 일정하다는 것이다. K의 소득이 증가하면 미디어 소비 지출이 다소 증가할 수는 있지만, 비율적으로 소득 대비 지출 수준이 항상 일정 수준을 유지하게 된다는 것이다.

이와 같은 상대적 불변 이론은 거시적 차원에서 미디어 소비에 일정한 한계점이 존재한다고 보는 시각이다. 미디어 기술의 발전으로 미디어의 수가 아무리 많아진다고 하더라도 일반 경제 전체라는 거시적 시각에서 볼 때는 미디어 소비 지출 패턴이 상대적으로 일관성을 유지한다는 것이다. 즉, 상대적 불변 이론의 시각에서는 소비자들과 광고주들이 매스미디어에 지출하는 수준은 경제 전반의 수준에 의해 결정된다고 본다. 말하자면 맥콤은 개인의 미디어 소비 지출 수준을 결정하는 것은 국가 경제 전반과 밀접한 관련이 있다고 본 것이다.

그러나 현실은 맥콤의 주장처럼 매번 뉴미디어 소비 지출이 일정 비율을 유지한 것은 아니다. 1975년은 일본의 소니 사(SONY)에서 가정용 VCR을 처음 생산한 시기이다. 같은 해 미국 가정의 미디어에 대한 소비 지출이 소비 증가율보다 높은 것으로 나타났다. 이와 같은 현상은 VCR 기기의 도입으로 새로운 미디어에 대한 지출 욕구가 강해져서, 전체 가계 지출 수준보다 높은 비중으로 미디어 소비 지출을 했기 때문에 나타난 현상이라고 할 수 있다(Owen & Wildman, 1992). 즉, 맥콤의 상대적 불변 이론과 다른 패턴이 나타난 것이다. 특히 인터넷이라는 미디어의 등장 이후 이를 기반으로 하는 다양한 미디어가 등장하면서 맥콤이 주장한 소득/시간 대비 지출 비율의 일정성 유지라는 관점이 흔들리게 되었다. 무엇보다도 뉴미디어를

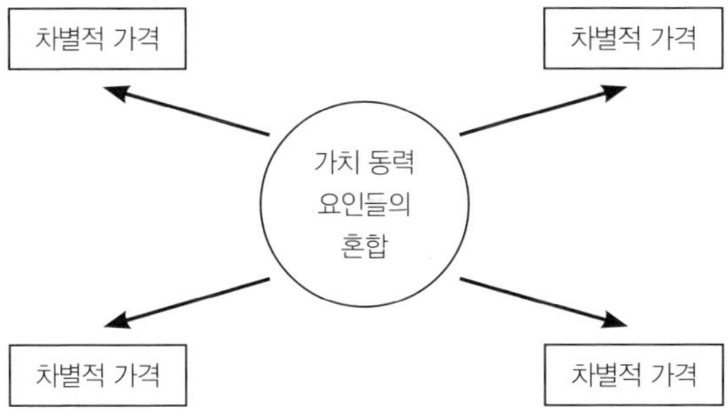

그림 6-2. 배급 가치의 4가지 동력

* 출처: Ulin, Jeffrey(2010). p. 5

이용하기 위해 기존 미디어를 이용하던 시간을 축소해야 한다는 미디어 대체적 관점만으로는 설명하기 힘들 만큼 복합적인 미디어 이용 현상들이 나타나고 있다. 케이블 텔레비전, IPTV, 스마트폰 등과 같은 뉴미디어의 도입이후 미디어 소비에 지출하는 비용이나 시간이 오히려 증가하는 현상이 나타난 것이다. 비록 신문 구독이나 실시간 TV 시청 시간과 같은 올드미디어를 소비하는 시간은 줄었지만, 그 이상으로 인터넷을 기반으로 하는 미디어의 소비는 증가하고 있다. 특히 미디어 콘텐츠를 소비할 수 있는 다양한 디바이스가 생산되면서 콘텐츠 배급 방식이 확장되고 있다. 울린(Ulin, 2010)은 시간적 요인, 플랫폼의 다양화로 인한 반복 소비, 미디어 간 배타성, 차별적인 가격과 같은 배급 가치의 동력들로 인해 이용자들의 콘텐츠 이용량이 확대된다고 주장하였다. 이와 같은 콘텐츠 배급의 시각이 함의하는 바는 뉴미디어의 등장으로 이러한 배급 동력이 강화되면서 기존의 미디어를 대체하는 그 이상의 결과를 가지고 온다는 것이다. 따라서 뉴미디어 도입으로 인한 이용자의 미디어 콘텐츠 소비는 이제 맥콤의 상대적 불변이론으로 설명 가능한 범위를 벗어나고 있다는 알 수 있다.

이재현(2005)은 미디어 이용 범위 내에서만 설명하려던 기존의 이론을 생활 전반으로 확장시켜 뉴미디어 도입으로 인한 미디어 이용 행태의 변화를

④ 시간 재할당 가설
새로운 미디어가 도입되어 활용되면서 미디어 이용 시간을 포함하는 생활 시간 전반의 재할당 또는 재분배가 이루어지게 된다는 이론.

설명하고자 시도하였다. 그는 새로운 미디어의 도입과 확산이 미디어 이용을 포함하는 모든 행동들에 투입하던 시간을 재분배하게 되면서 생활 시간 패턴의 변화를 초래하게 될 것이라는 입장에서 새롭게 '시간 재할당 가설(time reallocation hypothesis)'을 제안하였다. 통계청의 생활 시간 자료를 이용하여 인터넷이라는 뉴미디어의 이용이 미디어 영역 이외에도 수면, 노동, 여가 등의 다른 행동 영역에도 상당한 영향을 미치고 있다는 것을 밝힘으로써 뉴미디어의 이용을 전체적인 생활 시간 패턴 측면에서 고찰해야 한다는 것이다(이재현, 2005).

시간 재할당 가설④은 그동안 맥콤이 미디어 범위에서의 소비에 제한하여 미디어 이용을 제시하였던 것을 미디어 이외의 생활 범위까지 포함시켜 미디어 소비 행위를 설명하는 것이다. 이 이론은 기존의 상대성 불변이론이 갖고 있던 미디어 대체설의 관점이 갖는 한계를 극복하고자 하였다는 점에서 의미가 있다고 할 수 있다. 뉴미디어의 도입이 미디어 소비뿐 아니라 생활 전반의 패턴을 변화시킴으로써, 단순한 대체의 관계가 아닌 미디어 간 보완의 관계로도 설명할 수 있는 가능성을 제시한 것이다.

뉴미디어와 능동적 수용자

미디어 환경의 변화를 단지 미디어 수의 증가만으로 설명하기는 어렵다. 근원적으로 사람들이 수많은 미디어가 공존하는 시대에 그들이 생산해내는 콘텐츠를 왜, 어떻게 소비하는지에 대한 이해가 필요하다. 생각해보자. 뉴미디어 시대를 살아가는 당신은 미디어 콘텐츠를 왜, 어떻게 소비하는가? 가령 다른 재화의 소비를 보면, 생수를 소비하는 것은 갈증을 해소하기 위해서이고, 다이아몬드를 소비하는 것은 보통 다른 사람에게 자신의 부를 과시하기 위하거나 부를 축적하기 위함이다. 생수를 소비하는 것은 생명의 연장과 관련이 있는 필수적인 소비 행위이지만, 다이아몬드의 소비는 개인의 선호가 반영된 선택적인 소비 행위이다. 그렇다면 TV 프로그램이나 영화, 뉴스와 같은 미디어 콘텐츠를 이용하는 것은 어디에 속하는 소비 행위일까?

우선은 '소비'라는 단어에 주목할 필요가 있다. 전통적인 관점에서 볼 때 미디어를 소비한다는 표현은 바람직하지 않다. '소비'라는 단어에는 이미 효용(utility)을 증가시키기 위해 대가(비용이나 그에 상응하는 것)를 지불한 소비자의 경제적 행위가 전제되어 있다. 그러나 케이블 및 인터넷 미디어 도입 이전의 방송 미디어란 수탁 이론에 근거하여 희소한 전파 자원을 국가가 선택한 사업자로 하여금 운영하도록 허가한 공공재로 여겨져왔다. 따라서 시청자가 프로그램을 시청하는 것을 경제적 소비 행위로 설명하기 어렵다. 물론 경제적인 시각에서 볼 때 방송 시장이 가지는 이중 제품적 구조(dual market) 때문에, 시청자는 TV 프로그램을 무료로 이용하는 것처럼 보이지만 사실은 프로그램을 시청하는 대수용자 접근권을 광고주에게 판매하고 있다. 그러나 실질적 비용을 지불하지 않고 TV를 시청할 수 있다는 점에서 TV 프로그램이라는 미디어 콘텐츠를 '소비'하는 것이 아니라 문자 그대로 '시청'하는 것이다.

주로 설득 커뮤니케이션 측면에서 미디어 효과를 연구했던 1920~40년대만 하더라도 수용자는 방송사가 일방적으로 송신한 메시지를 수용하는 수동적인 존재로 여겨져왔다. 영화와 라디오라는 소수 지배 미디어 시장을 배경으로, 1차 대전과 2차 대전이라는 전시 상황에서 전쟁 참여의 당위성을 알리는 것을 주요 목적으로 하였던 초기의 미디어 연구 분야에서 미디어 수용자는 송신자가 보낸 메시지에 의해 영향을 받거나 받지 않는 존재였다.

그러나 미국에서 TV 이용이 대중화되던 1970년대에 카츠와 동료들은(Katz, Blumler & Gurevitch, 1974) 기존의 시각을 뛰어넘는 이론을 발표하였다. 바로 '이용과 충족(Use and Gratification) 이론'이다. 그는 이전의 미디어 효과 연구에서 전제로 한 수동적 수용자 상을 '능동적 수용자' 상으로 전환시켜 미디어 효과 연구의 패러다임 변화를 가져왔다. 카츠는 이전의 미디어 효과 연구에서 미디어가 보낸 메시지를 무조건 수용하는 수동적 수용자가 아닌, 자신의 욕구를 충족시키는 활동 중의 하나로 TV 시청을 하는 능동적 수용자로서 미디어 효과를 설명하고자 하였다. 이를 계기로 미디어가 수용자에게 미치는 영향력에 대한 해석이 좀 더 다양해졌을 뿐 아니라 수용자의 미디어 이용 동기에 대한 연구가 구체화되었다.

특히 카츠의 연구가 뉴미디어 분야에 미치는 영향은 각별하다. 이용과 충족의 관점에서 볼 때 수용자는 각기 다른 미디어 이용 동기를 가지고 있다고 볼 수 있었으며, 이는 새로운 미디어가 등장할 때마다 지속적인 논의가 가능하도록 하였기 때문이다. 수용자들이 뉴미디어에 기대하는 추구 충족(Gratification Sought: GS)과 이용함으로써 얻게 되는 획득 충족(Gratification Obtained: GO) 간의 간극을 설명함으로써 뉴미디어의 이용 현상을 설명할 수 있다.

케이블의 도입으로 유료방송 시장이 시작되고 인터넷 미디어가 도입되면서 등장한 플랫폼들은 기존의 지상파 방송과는 달리 일정 비용을 지불해야만 볼 수 있는 사유재적 특성이 강화되었다. 특히 실시간 시청이 아닌 VOD(Video on Demand)나 OTT(Over-the-Top)를 이용할 경우 이용자의 선택이 중요하다. 디지털 시대로 넘어오면서 수용자의 선택권이 확대되어 자신의 욕구를 충족시킬 수 있는 미디어나 콘텐츠를 선택하는 것이 가능하게 되었고, 결국 더 능동적 수용자가 더욱 적극적으로 콘텐츠를 소비하게 되는 결과가 나타난 것이다. 다수의 미디어가 공존하는 뉴미디어 시대에 이용자는 자신이 원하는 시간과 공간에서 기꺼이 비용을 지불할 의도가 있는 미디어를 선택하여 선호하는 콘텐츠를 소비한다.

크로스 플랫폼 이용자 '들'

1995년에 방영되었던 드라마 〈모래시계〉는 '귀가시계'라고 불릴 정도로 대중에게 인기가 높았다. 당시 직장인들은 매주 수요일과 목요일 밤 10시에 〈모래시계〉를 시청하기 위해 회식 자리도 일찍 끝냈다고 할 정도이다. 〈모래시계〉를 시청하기 위해서는 과감하게 같은 시간대에 할 수 있는 다른 활동들을 모두 포기해야 했기 때문에, 〈모래시계〉를 시청하기 위해 포기한 효용을 기회비용으로 환산한다면 대단히 큰 대가를 지불한 셈이다(비록 실질적인 비용 지출이 발생하지 않았기 때문에 체감할 수는 없을지라도). 그렇다면 2014년 오늘의 상황은 어떠한가? 가령 평일 밤 10시에 방영하는 〈별에서 온 그대〉라는 드라마를 시청하기 위해 굳이 회식 자리를 일찍 끝내고 올 필요가 있을까? 지상파 채널에서 재방송을 해주는 주말까지 기다리지 않더라도 다음 날 방송사 홈페이지를 통하여 다시보기 서비스를 이용할 수 있고, 조금 더 비용을 투자하면 몇 시간 뒤에 IPTV를 통하여 시청할 수 있다. 집에서 볼 시간이 없다면 이동하면서 스마트폰으로 시청할 수도 있다. 하루쯤 기다릴 수 있는 인내심이 있다면 케이블 채널을 통해 시청할 수도 있다. 불법적인 행위에 대한 도덕적인 책임을 회피할 준비만 되어 있다면, 본방송이 끝나기 무섭게 올라오는 불법 사이트를 이용하는 방법도 있다. 그밖에도 수많은 미디어가 존재하는 뉴미디어 시대에는 본방송을 사수하는 것 이외에도 다양한 방법으로 프로그램을 시청할 수 있다.

이와 같이 동일한 콘텐츠를 다른 플랫폼을 통해 이용하는 것을 크로스

⑤ **크로스 플랫폼**
동일한 콘텐츠를 다양한 플랫폼을 통해 이용할 수 있는 미디어 환경.

플랫폼⑤(cross platform)이라고 한다. 협의의 의미에서는 CJ 헬로비전의 티빙(tving)이나 SK플래닛의 호핀(Hoppin)처럼 다른 플랫폼에서 이용하던 콘텐츠를 연속적으로 이용할 수 있는 경우를 의미한다. 티빙과 호핀은 유료 방송사의 N 스크린 서비스이며, MBC와 SBS가 공동으로 투자해 만든 콘텐츠연합플랫폼(주)에서 서비스하는 클라우드 기반의 N스크린 서비스로 푹(pooq)이 있다. 2014년 6월에는 구글의 크롬캐스트(Chromcast)가 국내 티빙과 호핀과 연계하면서 N스크린 서비스를 확대하였다. 크롬캐스트는 TV에 꽂으면 스마트폰에서 보던 동영상을 TV에서 볼 수 있는 기능이 포함된 N스크린 서비스로, 스마트폰에서 내보낸 영상을 와이파이(WiFi)로 수신해 이를 TV로 전송, 재생하는 캐스팅 방식이다. TV 재생이 시작되면 스마트폰에서 전화, 문자 전송 등 다른 일을 해도 관계없다(정윤희, 2014. 7. 14).

광의의 의미에서는 다양한 플랫폼을 통해 콘텐츠를 이용할 수 있는 좀 더 포괄적인 의미를 크로스 플랫폼이라고 할 수 있다. 일반적으로 'TV－PC－Mobile'로 구성된 3 스크린 이용이 보편적인 추세이다. 2014년 1사분기를 기준으로 닐슨코리아가 자사의 표본을 기반으로 추정한 결과를 보면, 전체 인구의 58.1%가 'TV－PC－Mobile'의 3 스크린을 이용하고 있는 것으로 나타났다. 이재현(2006)은 3 스크린 이용자를 개별 디바이스(divice)의 수용자 집단이 서로 융합하고 결합하는 '수용자 컨버전스(Audience convergence)'로 발전한 보편화(Majority)된 집단으로 정의함으로써, N 스크린을 통한 크로스 플랫폼 현상을 설명하고 있다. 이들은 여러 디바이스를 동시적으로 혹은 비동시적으로 넘나들며 미디어를 소비하는 멀티플래포밍(multiplatforming)의 특성을 가진다(닐슨코리아, 2014).

크로스 플랫폼을 통한 N 스크린 서비스를 통해 기대하는 것은 시·공간적 유통 창구의 확대를 통한 경제적 효과와 함께 이용자의 효용 증대에 기여하였는가 하는 점이다. 그러나 새로운 형태의 미디어가 플랫폼으로 출현한 뉴미디어의 시대에도 여전히 지상파 콘텐츠가 킬러 콘텐츠의 역할을 하고 있는 국내 방송 미디어의 현실에서는 N 스크린 서비스의 성과가 불확실하다. 그런 점에서 이번에 미국의 대표적인 OTT 업체인 넷플릭스(Netflix)가 자체적으로 제작한 드라마 〈하우스 오브 카드 House of Cards〉가 미국의 권위 있는 에미상(Emmy Awards)과 골든 글로브상(Golden Glove Awards)을 받은 사건은 뉴미디어 시대의 콘텐츠에 대해 시사하는 바가 크다.

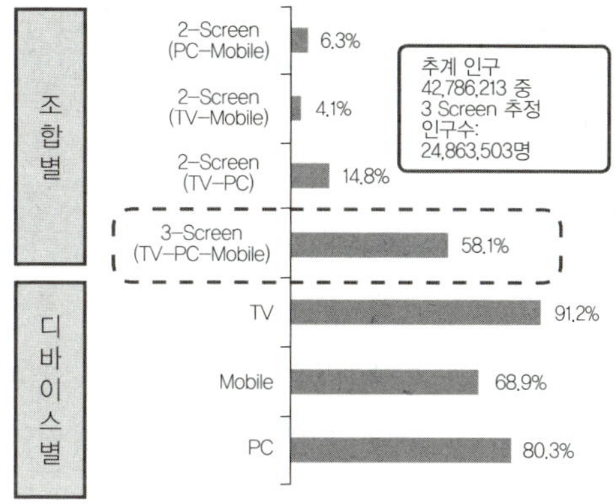

그림 6-3. 3 screen 이용자 비중

* 출처: 닐슨코리아(2014). p. 5

몰아보기

1997년, 온라인 DVD 대여 서비스로 시작해 현재 세계 최대의 온라인 동영상 서비스 사업자로 성장한 미국의 대표적인 온라인 기반 콘텐츠 제공 서비스 사업자인 넷플릭스는 자사에서 제작한 드라마 〈하우스 오브 카드〉로 2014년에 골든 글로브 시상식에서 여우주연상을 수상하였다. 이 사건이 드라마 시장에서 갖는 의미는 대단히 크다. 우선 수상한 드라마를 자체 제작한 넷플릭스가 실시간으로 콘텐츠를 제공하는 기존 방송 사업자인 케이블 방송사나 네트워크 방송사가 아니라, 스트리밍 방식으로 동영상을 제공하는 OTT(over-the-top) 사업자라는 점이다. 온라인 동영상 서비스 사업자답게 콘텐츠 제공 방식도 기존의 방송사에서 회차별로 시간 편성하는 전통

⑥ 몰아보기
동일한 타이틀의 프로그램 여러 편을 오랜 시간을 들여 집중적으로 시청하는 행위를 일컫는 용어이다.

적인 관습을 깨고 시즌 전체를 일괄적으로 방출하여 이용자들이 드라마를 '몰아볼 수' 있도록 하였다.

몰아보기⑥는 영어로 'Binge-viewing' 또는 'Binge-watching'으로 나타낸다. 하나의 TV 쇼를 평소보다 더 오랜 시간 시청하는 습관을 일컫는 표현이다. '몰아보기'라는 용어는 1990년대 후반부터 이용되었는데, 온디맨드(on-demand) 시청과 온라인 스트리밍(online streaming)의 도입 이후에 본격화되었다. 그리고 2013년에 넷플릭스가 TV 쇼의 에피소드를 순차적으로 제공하지 않고 한꺼번에 동시다발적으로 제공하기 시작하면서 주요한 용어로 자리 잡았다. 넷플릭스에 의하면 설문 참여자의 61%가 정기적으로 '몰아보기'를 한다고 한다(위키피디아, 2014).

오늘날 '몰아보기' 시청 행태는 비단 미국의 넷플릭스에서만 나타나는 현상은 아니다. '몰아보기'는 말하자면 시간과 공간의 제약을 파괴하는 미디어의 등장으로 가능해진 일종의 사회문화적인 현상이라고 할 수 있다. 최근 들어 국내 방송계에서는 '본방 사수'라는 용어가 눈에 띈다. 실시간 시청을 반드시 지킬 것을 강조하는 이러한 표현은 역설적으로 시간의 제약을 벗어난 방송 콘텐츠 시청이 가능하다는 것을 포함하고 있다. VOD와 같은 방식으로 실시간 시청이 아니더라도 이용자가 원하는 시간과 공간에서 시청할 수 있도록 하는 미디어 커뮤니케이션 기술의 발전으로 굳이 본래의 방송 시간이 아니더라도 시청이 가능하다는 것이다. 2014년에 〈모래시계〉가 방영되었더라면 시청을 위해 굳이 저녁 모임을 일찍 끝내고 귀가할 필요가 없었을지도 모른다. 여유로운 주말 오후에 녹음이 우거진 공원 벤치에 앉아 몇 편의 에피소드를 폭풍 시청할 수 있기 때문이다.

그렇다면 얼마나 시청할 경우 '몰아보기'를 하였다고 할 수 있을까? 몰아보는 사람들은 TV 쇼를 한 회씩 시청하기보다는 자유로운 시간에 집중적으로 시청하기를 선호한다. 2014년 2월에 넷플릭스에서 실시한 설문조사에 의하면 응답자의 73%가 '한 번에 같은 TV 쇼의 에피소드를 2~6개 정도 시청하는 것'을 '몰아보기'로 정의할 수 있다고 응답하였다. 실제로 2009년에 넷플릭스 회원들은 주당 평균 4.5개 에피소드를 시청하였으나 최근에는 38% 증가하여 주당 6.1개의 에피소드를 시청하는 것으로 나타났다. 이와 같은 현상은 스트리밍 서비스의 성장에 기인한 것이기도 하다.

'몰아보기'는 사람들이 TV를 시청하는 방법을 변형시키고 있으며, TV 산업의 경제학을 변화시키고 있다. TV 프로그램은 더 이상 퇴근 후 거실 소파에 누워서 보는 콘텐츠가 아니라 내가 원하는 시간과 장소에서 원하는 만큼을 시청할 수 있는, 반복 시청도 가능한 것으로 변하였다. 이로 인해 시간차 편성으로 광고주에게 대수용자 접근권을 판매함으로써 대부분의 수익을 추구하였던 기존 방송사의 비즈니스 모델 또한 변화하고 있다. '몰아보기'가 가능한 미디어 플랫폼에서는 방송 미디어에서 많은 비중을 차지하는 광고 수익보다는 오히려 콘텐츠의 유통 창구를 확대하고, 창구별 확산 속도를 조절함으로써 수익성을 추구하는 방향으로 전환해야 할 것이다. 특히 지상파와 케이블 TV와 같은 기존 방송 서비스를 해지하고 인터넷을 기반으로 한 플랫폼을 이용하여 방송을 보는 코드 커터족(Cord Cutters)이 급증하고 있는데, 전통적 TV 시청을 거부하는 이들이 넷플릭스와 같은 OTT 업체의 성장을 이끌었다(전자신문, 2014. 7. 15).

방송 프로그램의 '몰아보기' 현상은 미디어 커뮤니케이션의 기술 발전에 따라 뉴미디어가 도입되면서 미디어 이용 행태가 변화한 대표적 사례라고 할 수 있다. 근래에는 자사가 축적한 이용자의 미디어 이용 행태 및 콘텐츠 선호와 관련된, 이른바 '빅데이터(big data)'를 이용하여 이용자의 소비 행태를 분석하여 전략적으로 활용하고 있다. 넷플릭스의 드라마 〈하우스 오브 카드〉도 기획부터 캐스팅, 그리고 유통까지 이러한 빅데이터를 활용하여 전략적으로 접근한 사례이다.

전통 미디어와 뉴미디어의 시너지: 사회적 시청

'TV는 바보 상자다'라는 TV 시청에 대한 오랜 편견이 있다. 전통 미디어 시대에 TV는 수용자를 사회적으로 고립시키고 수동적으로 TV 메시지를 받아들이게 한다는 입장을 견지해왔다. 물론 이용과 충족 이론의 입장에서 살펴본 수많은 연구에서 이미 수용자가 단순히 TV를 시청하는 것이 아니라 능동적 수용자이며, TV 시청을 통해 얻고자 하는 충족 욕구를 가지고 있음을 밝힌바 있다. 특히 이용과 충족 이론에서 밝혀냈던 많은 시청 동기 중 TV 시청을 통해 친구나 가족과 함께할 이야깃거리를 찾아 사회적 관계를 유지하고자 하는 TV의 사회적 시청에 대해서도 논의된 바 있다.

그렇다면 상호작용성이 뛰어나고 네트워크 관계를 기반으로 한 인터넷 미디어 시대의 TV 시청은 어떨까? 그중에서도 트위터나 페이스북과 같은 소셜 미디어의 급속한 성장이 전통 미디어인 TV와 만나면서 어떤 현상이 일어난 것일까?

지난 2009년에 미국의 MTV 시상식 방송에서 발생한 사건이 소셜 미디어와 TV 시청의 관계를 설명하는 가장 대표적인 사례라고 할 수 있을 것이다. 당시 시상식에서는 작은 소동이 있었다. 신예 여가수의 수상 소감이 채 끝나기도 전에 한 유명 랩퍼가 마이크를 잡아채자 트위터 파워 유저들(Twitterati)이 격분하게 되었고, 이에 TV 시청자 수는 평균 900만 명으로 급증하였다. 이는 지난 6년간 MTV 시상식 중 최고의 시청률에 해당한다. 그런가 하면 2010년에는 TV 시청률과 웹트래픽을 조사하는 닐슨 사의 흥미로운 조사 결과가 있었다. 닐슨 사의 조사에 의하면, 2010년에 NBC가 방영한 동계올림픽 개최식과 CBS의 슈퍼볼 방송에서 7명 중 1명꼴로 소셜 미디어를 이용하는 동시에 슈퍼볼과 동계올림픽 개최식을 시청한 것으로 나타났다. 소셜 미디어를 통해 화제가 된 방송 프로그램은 생방송이 끝난 후에도 이를 다시 보려는 시청자 수가 증가하여 시청률이 높아지게 되는 것이다(Altas Review, 2010).

이처럼 소셜 미디어가 TV 시청률을 견인하여 시너지 효과를 내는 현상을 고전적인 '우물 정화 효과(water cooler effect)'에 빗대어 이야기하기도 한다. 트위터와 같은 소셜 미디어가 마치 우물가와 같은 역할을 하여 이곳에서 TV 콘텐츠의 이모저모에 대한 이야기를 함으로써 TV 시청률에 긍정적인 영향을 미친다는 것이다.

이와 같이 전통적인 TV 시청(viewing)과 소셜 미디어를 통해 온라인 상의 사회적 교류가 함께 일어나는 현상을 사회적 시청(social viewing)이라고 한다(최윤정, 2014). TV의 사회적 시청은 TV를 시청하는 사람들을 독려하여 구체적인 사회적 경험에 참여할 수 있도록 하거나, TV를 시청할 때마다 시청자와 타인을 연결시키는 시청 경험을 제공한다(Jessica, 2012).

소셜 미디어가 사회 전반에 확산되면서 기존 미디어와 조화로운 반응을 나타내는 사례들도 있다. 그럼에도 아직 전통 미디어와 뉴미디어의 시너지를 이론화한 작업은 드문 편이다. 따라서 현 시점에서 현실 공간(거실이나 이동 공간 등의 시청 장소)에서 개별적 TV 시청을 하면서 가상 공간(소셜 미디어)에서 공동 대화를 나누는 것으로 의미를 교환하는, 시공간을 초월하는 사회적 시청 현상에 대한 논의는 매우 중요하다고 할 수 있다.

뉴미디어 시대 시청률 측정 방식의 제고

한 방송사의 인기 개그 프로그램 중에 '시청률의 제왕'이라는 코너가 있었다. 드라마의 시청률을 높이기 위해 극의 흐름과 상관없는 장치들을 넣는 것을 과장되고 코믹하게 표현하였다. 그렇다면 대체 시청률은 왜 이렇

⑦ 피플 미터
시청률을 측정하기 위해 고안된 방송통신 기자재로, 시청자 정보와 시청 행위를 기록 또는 수집할 수 있다.

게 중요한 것일까?

방송 프로그램 한 편이 제작되는 데는 적지 않은 비용(사실은 엄청난 규모의 비용)이 투입된다. 가령 16부작 드라마 중 한 편을 제작하는 데 투입된 비용이 1억 원이라고 가정하자. 일반 재화라면 비용을 지불하고 생수를 사듯이 시청자는 드라마 한 편을 시청하기 위해서 1억 원이라는 비용을 지불하고 구매해야 한다. 그러나 실제로 개인 시청자는 막대한 비용을 지불할 능력이 없기 때문에 방송 프로그램은 사업자 단위로 거래된다. 물론 VOD와 같은 경우는 개인 시청자가 일정 비용을 지불하고 프로그램을 구매한다. 그러나 이는 이용접근권을 사고파는 행위로 재화 자체를 구매하는 행위와는 구분된다. 시청자는 드라마를 직접 구매하는 대신 시작 전과 후에 방송되는 광고 몇 편을 시청하면(드라마 중간 중간에 삽입되는 간접광고까지 포함하기도 한다) 비용을 지불하지 않고 드라마를 시청할 수 있다. 심지어 광고를 시청하지 않아도 비용 없이 드라마를 시청할 수 있다. 대신 방송사는 광고주에게 드라마 시청 시간을 판매하기 때문에 시청자는 드라마를 시청하는 시간을 광고주에게 제공하는 셈이다. 방송 프로그램 시장은 이렇듯 방송 프로그램이라는 재화의 거래가 이루어지는 시장과 방송사가 광고주에게 대수용자 접근권을 판매하는 2개의 시장으로 구성되어 있다. 그리고 '대수용자 접근권'의 규모가 얼마인지를 나타내는 지표가 바로 시청률이다. 드라마를 시청하는 수용자의 규모에 따라 광고료가 차별적으로 책정되기 때문에 방송사는 시청률을 중요하게 생각하는 것이다.

시청률의 측정은 표본으로 선정된 가구에 피플 미터⑦(people meter)라는 기기를 설치하여 시청 자료를 수집하는 방식으로 이루어져왔다.[4] 현재 국내

4 시청률의 개념적 정의는 TV 수상기를 보유한 전체 가구 중에서 해당 채널 혹은 해당 프로그램을 시청한 경우를 백분율로 환산한 값이다. 이때 특정 시간대에 켜져 있는 TV 수상기 중에서 해당 채널 혹은 해당 프로그램이 차지하는 비율은 '점유율'이라고 한다.

에서 시청률의 조사는 닐슨코리아와 TNmS 두 업체에서 진행된다. 피플 미터는 가구 내에서의 시청 현황을 측정하는 것이기 때문에 기본적으로 '방이나 거실에서 시청한다'는 것을 전제로 하고 있다. 최근에는 2대 이상의 TV를 보유한 가구가 많은데, 이 경우 피플 미터를 통해 시청률을 측정할 때는 구성 기기 중 핸드셋, DU, BU를 TV 대수만큼 설치하며, 전송 기능을 갖춘 TU는 1대만 설치한다. 즉, 하나의 가구에서 보유한 여러 대의 TV를 통해 일어난 시청 행위를 핸드셋, DU, BU가 기록하면 이 모든 시청 정보는 1대의 TU에 저장되어 전송하는 것이다. 현재 피플 미터를 이용하여 디지털, IPTV, PVR, 쌍방향 등 국내 모든 채널의 시청률이 측정 가능하다(닐슨코리아, 2013).

그런데 시청 환경이 변하고 있다. 거실의 붙박이 TV에서 시청하던 드라마를 학교나 사무실의 PC에서 시청할 수 있고, 스마트폰이나 태블릿 PC를

표 6-1. 피플 미터 방식으로 시청률을 측정하기 위해 필요한 기기

	핸드셋(Handset) • 가구원별 고유번호를 지정, 시청자 정보를 피플 미터기에 입력하는 장치 (상주하는 가구원이 아닌 손님도 성, 연령 정보 입력 가능)
	DU(Display Unit) • 핸드셋 신호를 수신하여 시청자 번호를 표시/ 평소에는 시계 기능 • 동작 감지기(Motion Detector)는 움직임을 파악, 실제 시청 여부를 감지 • 음성 알림(Voice Message)을 통해 패널 협조도 증진
	BU(Base Unit) • TV의 On/Off를 포함한 채널 변경 등 각종 TV 동작을 감지하는 장비 • TV 튜너가 내장되어 영상 신호를 비교하여 기록함 • 유료방송 중복 가입자(위성, 케이블, IPTV)의 멀티플랫폼을 통한 다양한 시청 행태를 플랫폼 개별 및 통합하여 측정 가능함 • TV 포함 주변 기기(디지털/아날로그, VCR, DVD, PVR 등)에 연결, 설치
	TU(Transmission Unit) • BU에서 감지한 시청 정보를 전송하는 통신 기능을 갖춘 장비로 다양한 방식(PSTN/CDMA/LAN)으로 시청 기록 전송(새벽 2~5시) • 자체 전지로 최대 30일까지 시청 기록 보관

* 출처: 닐슨코리아(2013)

⑧ 통합 시청률
기존의 TV 시청률에 모바일 등 스마트 기기를 통한 시청률을 합산하는 시청률 조사를 의미한다.

이용하여 이동 중에 시청할 수도 있다. N 스크린 환경이 다양한 디바이스에서 방송 프로그램을 이용하는 것이 가능하도록 하고 있다. 문제는 기존의 피플 미터 방식으로는 이러한 시청이 측정될 수 없다는 점이다.

조사 회사에서는 TV 수상기 이외의 디바이스에서의 시청을 집계하기 위해 '통합 시청률⑧(TSR: Total Screening Rate)' 산출을 시도하고 있다. 광고주 입장에서는 다양한 미디어를 통해 광고를 집행했을 때 원하는 시청자 집단에 얼마나 더 많이 도달하였는지를 확인할 필요가 있기 때문이다.

현재 국내의 두 시청률 조사 회사에서는 동일한 방식으로 통합 시청률 산출을 시도하고 있다. PC에 시청률 산출 프로그램을 설치하고, 로그 파일을 수집하여 URL을 체크하는 방식으로 온라인상 시청 기록을 산출하고 있다. 모바일의 경우 어플리케이션을 설치하여 이용 정보를 수집하는 과정은 유사하나, 닐슨코리아는 사용 이벤트 기록을, TNmS는 오디오 매칭 방식을 이용한다는 점에서 차이가 있다(봉연근, 2013, 25쪽).

N 스크린 환경의 대두로 시청자가 다양한 매체로 분산되면서 TV 시청률이 전반적으로 감소하자, 개별 방송사 차원에서도 광고주에게 소구할 수 있는 통합적인 시청률 지표를 제공하기 위해 다양한 시도를 하고 있다. 국내에서는 CJ E&M이 CIM(Crossmedia Campaign's Integrated Measurement)을 개발하였다. CIM은 TV－PC－모바일의 통합 광고 효과를 측정하는 방식이다. 또한 기존 TV 시청률 이외에 프로그램의 영향력을 측정하기 위해 콘텐츠 파워 지수(Content Power Index: CPI)를 개발하여 인터넷과 소셜 미디어에서 화제성이 높은 프로그램(Issue Ranking), 관심/관여도가 높은 프로그램(Searching Ranking), 몰입이 높은 프로그램(Buzz Ranking)을 측정하고 있다. CJ의 이러한 시도는 소셜 TV 시장이 지속적으로 증가하는 미디어 환경의 변화를 고려하면 매우 시의적으로 보인다.

시장조사기관 마켓앤마켓(MarketsandMarkets)에 의하면 글로벌 소셜 TV 시장은 향후 5년간 연평균 11.2%의 성장률을 기록할 것으로 예측된다. 현재 소셜 TV 기능은 소셜 TV 앱보다는 SNS상에서 보다 활발하게 수행되고 있다. 2012년 9월 닐슨의 조사결과에 의하면 미국 내에서 소셜 TV 활동이 가장 활발하게 이루어지고 있는 온라인 공간은 '페이스북(Facebook) 〉 트위터(Twitter) 〉 기타 SNS 〉 소셜 TV 앱' 순인 것으로 나타났다(정책연구본부 방송통신연구부, 2013). 이처럼 소셜 미디어에 의한 TV 이용이 증가하자 시청률 조사회사인 닐슨은 트위터(Twitte) 실시간으로 등록되는 TV 콘텐츠 관련 피드를 기반

> **⑨ 닐슨 트위터 TV 시청률**
> 미국 닐슨 사에서 트위터에 언급된 TV 프로그램을 계량화하여 순위를 부여한 자료.

표 6-2. Nielsen Twitter TV 시청률 TOP 10(2014. 7/7~7/13)

(단위: 천)

순위	네트워크	프로그램	일자	고유 시청자	노출	고유 트위터	트윗 총량
1	ABC Family	Pretty Little Liars	7/8	3,769	20,991	153	533
2	ABC	The Bachelorette	7/7	2,432	16,353	44	90
3	MTV	Teen Wolf	7/7	2,116	9,249	87	287
4	MTV	Finding Carter	7/8	1,845	6,084	73	143
5	VH1	Love & Hip Hop: Atlanta	7/7	1,703	19,498	115	458
6	MTV	Catfish: The TV Show	7/9	1,537	6,313	53	103
7	E!	Keeping Up With the Kardashians	7/13	1,484	2,378	31	39
8	USA	WWE Monday Night RAW	7/7	1,367	9,047	45	196
9	CBS	Big Brother	7/13	1,270	8,408	27	78
10	CBS	Big Brother	7/10	1,247	11,239	34	112

* 출처: http://www.nielsensocial.com
* 트윗(Tweets) TV에피소드를 받은 트윗
* 고유 트위터(Unique Authors) 특정 TV 에피소드를 받고 적어도 한번 트윗을 보낸 트위터 수
* 특정 트윗에 대한 노출(Impressions) TV 에피소드를 본 것에 대해 트윗을 보낸 수
* 고유 시청자(Unique Audience) TV 에피소드를 받은 하나 이상의 다른 트윗에 대해 적어도 한 개의 감상을 획득하는 차별적인 트위터의 전체 수

으로 산출한 '닐슨 트위터 TV 시청률[9](Nielsen Twitter TV Rating)'을 2013년부터 발표하였다. 닐슨 트위터 TV 시청률은 일정 기간 동안 TV 관련 트윗(tweet)의 총량과 개별 트윗의 노출도를 측정하고 이를 TV 콘텐츠별로 정리해 순위를 매기는 소셜 TV 통계이다('표 6-2' 참조). 각각의 트윗량에 따라 트위터 이용자들이 해당 프로그램을 얼마나 많이 언급하는지, 얼마나 많이 지인들에게 전달하는지 등에 대한 정보를 접할 수 있어 트위터 이용자들의 프로그램 이용 정보와 반응을 알 수 있다.

불과 한 세기만에 하루 종일 라디오 하나만을 듣는 것으로도 만족했던 시대가 언제 있었는지 까마득할 정도로 미디어 환경은 급격하게 변화하고 있다. 변화한 것은 미디어 환경만이 아니다. 미디어에 담기는 미디어 콘텐츠가 변화하고 있고, 무엇보다도 이를 이용하는 이용자가 변화하고 있다. 시간과 공간의 제약을 벗어던진 초월적인 미디어 환경에 맞추어 미디어 이용 행태 또한 변화할 것이며, 이는 또 다른 뉴미디어가 등장하면서 계속될 것이다.

생각해볼 문제

1. 주변에서 소셜 미디어를 채택하는 사람의 특성은 어떠하며, 거부하는 사람의 특성은 어떠한가? 그리고 과연 나는 소셜 미디어의 이용 관점에서 볼 때 로저스의 혁신 확산 모델의 어느 구간에 속한다고 할 수 있는지 생각해보자.

2. 최근 이슈가 되고 있는 '몰아보기'가 과거에도 존재하였을까? '몰아보기'를 하는 이용자들의 시청 행태와 심리에 대해 생각해보자.

3. 나의 첫 번째 뉴미디어는 무엇이었는가? 왜 이용하게 되었는지, 그리고 뉴미디어를 이용하게 되면서 새롭게 생긴 시청 습관은 무엇인지 생각해보자.

4. 내가 만일 20대 시청자를 타겟으로 하는 제품의 광고주라면, 다양한 미디어를 이용하여 어떻게 광고를 집행하겠는지 생각해보자.

5. 뉴미디어 시청 환경에서 TV 프로그램의 영향력을 평가할 수 있는 방법에는 무엇이 있는지 생각해보자.

7 소셜 미디어와 새로운 서비스

김유정(수원대학교 언론정보학과)

온라인 미디어의 소셜화: 소셜 미디어의 출현

시사주간지 〈타임Time〉이 "우리는 이제 페이스북 시대에 들어섰다."라고 언급한 것처럼 이용자들 간의 연결에 따른 공유와 유대를 쌓는 소셜 미디어①(social media) 시대가 도래하였다. 1997년에 처음 시도된 소셜 미디어는 그 이후 급속도로 확장되었다. 이는 세계 사용자 5억 명을 돌파하는데 걸린 시간이 라디오는 38년, TV는 13년, 인터넷은 4년, 페이스북은 1년, 트위터는 9개월이 소요된 것을 보면 더욱 명확해진다.

소셜 미디어로 인해 언어, 문화, 국가와 상관없이 유사한 관심을 가진 사람들과 연결하여 관계를 맺는 것이 가능해졌다. 이에 따라 인터넷 이용은 단순한 정보 검색의 차원을 넘어 상호 교류를 하기 위한 공간으로 활용되고 있다. 정보의 바다로 불리던 초기의 인터넷이 관계맺기의 장으로 거듭나면서, 인터넷

> ① **소셜 미디어**
> 웹 기반의 응용 소프트웨어를 기반으로 이용자들이 상호 간에 정보와 지식, 의견을 공유할 수 있는 미디어.

이용은 정보나 오락적인 목적이 아닌 상호 교류적인 목적에 더 큰 의미를 두게 되었다. 게다가 정보 및 오락에 치중했던 기존의 인터넷 이용과 차별화하면서 공유, 개방, 참여의 의미를 중요시하는 웹 2.0이라는 표현이 나오자, 이용자들의 상호 교류적인 측면이 강조되는 소셜 미디어에 많은 관심을 갖게 되었다.

웹 2.0의 의미는 단순한 참여의 수준을 넘어서 개인이 직접 생산한 정보를 바탕으로 타인과 끊임없이 교류하고 공유하여 연결을 강화시키는 것이다. 웹 2.0으로의 전환에 따라 인터넷 이용이 정보적, 오락적 요인에서 관계형성이나 자아 정체성을 확인하고 노출하는 것으로 옮아가자, 온라인상에서 공통된 관심사나 동질성을 가진 사람들을 묶어주고 모이도록 해주는 커뮤니티나 블로그 등의 서비스들이 강화되고 대중화되었다. 이들 서비스들은 온라인상에서 새로이 이용할 수 있는 서비스의 한 유형이지만 참여와 공개, 대화, 커뮤니티, 그리고 연계성 등의 속성이 강화되면서 이용자들에게 정보 및 메시지를 전파하고 서로를 묶어주는 소셜의 의미가 부각되었다. 이에 따라 미디어가 점차 소셜화하면서 온라인상에서 소셜 미디어가 부각된 것이다.

소셜 미디어 또한 현실 세계에서의 물리적 영역이 온라인으로 연장된 것이다. 사람들은 현실에서의 관계맺기를 확장하여 온라인상에서도 여러 사람들을 만나고 교류하고 소통하기를 원한다. 현실 세계에서의 고정된 물리적인 활동 영역을 확장하여 자신의 인맥과 사교 활동을 더욱 공고히 하기 위해 온라인상에서의 자신의 영역을 구축하는 것이다. 그런 의미에서 소셜 미디어로 지칭되는 서비스들은 컴퓨터 매개 커뮤니케이션(computer-mediated communication: CMC)이 변형되고 확장된 것이다. 인터넷을 통해 누군가에게 자신의 메시지를 전달하고 연결하는 CMC 중 기본적인 방식인 이메일이나 게시판에서 확장되고 진화되어 사이버 커뮤니티나 블로그

등과 같이 소셜의 의미가 강조되는 서비스가 제공된 것이다. 온라인상에서는 물리적 공간에서 자신들의 공간이나 영역 형성이 여의치 않은 개인이나 조직에게 자신들을 표현하고 타인과의 관계형성을 할 수 있는 적절한 공간이 제공될 수 있다. 그러한 공간에서 참여자들은 온라인 네트워크를 사회적 관계형성의 기반으로 삼아 원하는 친구를 사귀고 그들과의 관계를 유지해나갈 수 있다. 이때 교류되는 커뮤니케이션 내용이 관계형성을 위한 연결고리 역할을 한다. 온라인상에서 사람들은 사회적 관계의 측면에서 서로를 인식하기 때문에 면대면에서의 친밀하고 직접적인 이인적(dyadic) 관계형성보다는 사회적 관계형성에 더 집중할 수 있다. 따라서 하나 이상의 상호 의존적인 관계로 엮인 개인 또는 집단으로 형성된 사회적 구조체인 소셜 미디어는 CMC의 소셜화에 따른 결과이다.

여기에 기술적으로 커뮤니티 툴이 프로파일의 다양한 결합을 지원하여 온라인상에서 만남과 교류를 위한 플랫홈을 제공함에 따라 소셜화가 더 촉진되었다. 플랫홈 운영은 개인이 하지만 교류 및 내용 전달은 연결되어 있는 여러 혹은 수많은 이용자들을 대상화할 수 있다. 이에 따라 인터넷을 통해 개인 이용자를 중심으로 수평적으로 뻗어나가는 네트워크가 활성화되었다. 나만이 이용하던 정보를 다른 사람들과 공유하고 다른 사람이 만든 정보를 내가 활용하고 공유하면서 소셜화가 되었다. 따라서 사적인 개인정보보다는 사회적 정보가 더 큰 의미를 갖게 되었다. 또한 지식에서 인맥으로, 익명에서 실명으로 전환되면서 자신의 인맥을 친구나 추종자(follower)로 간주하고 인간관계를 재구성함에 따라 관계맺기②라는 사회적 의미가 강조되면서 소셜 미디어가 확장되었다.

소셜 미디어는 소셜 미디어를 통해 다양한 인간관계를 경험하고 상대방과 교류를 나누고 싶다는 인간의 기본적인 욕구를 충실하게 맞춰주는 서비스로 인정받으면서 성공 가도를 달리

> **② 관계맺기**
> 상호 간의 교류를 통해 연결된 상태.

③ 던바의 수
개인이 사회적 관계를 안정적으로 유지할 수 있는 사람의 수.

고 있다. 그러나 아직은 성공 신화가 계속되고 있지만 현재의 특성이 지속적으로 유지되고 발전될 수 있는가에 주목할 필요가 있다. 소셜 미디어 이용 과잉과 관련하여 던바의 수(Dunbar' s number)③가 제기되기도 한다. 던바의 수에 따르면 개인이 안정적으로 사회적 관계를 유지할 수 있는 숫자는 100명에서 230명 사이이며 통상적으로 150명 내외가 최대치이다. 아무리 많은 사람과 친교를 맺는다고 하더라도 실제로는 150명 내외의 사람들과만 교류하기 때문에 관계맺기의 확장은 한계가 있을 수 있다. 물론 온라인상에서 행해지는 유대감이 약한 관계는 던바의 수를 초월하는 경우가 있을 수 있지만, 일정한 수를 넘어선 관계맺기는 어려울 것이다. 또한 소셜 미디어 이용자들에게 피로감이 쌓이고 있다. 소셜 미디어 피로감은 온라인상의 사회적 관계망 형성 및 유지 발전을 위해 사용자가 느끼는 부담감(tiredness) 혹은 과부하(overload) 등을 의미한다(Ravindran, Kuan & Lian, 2014). 자신의 소소한 일상에서부터 업무와 관련된 것까지 소셜 미디어에 올리는 등 특별한 목적이 없더라도 습관처럼 하루에도 끊임없이 확인하고 누군가와 연락되지 않으면 불안감을 느끼는 상태가 되자 점차 피로감을 갖게 되는 것이다. 사용자가 느끼는 피로감의 증가와 개인정보 유출 및 감시에 대한 부담으로 인해 가입자 수가 감소하고 있으며 이용 빈도 또한 둔화되는 경향이 나타나고 있다(Gartner, 2011). 끊임없이 대화하고 글을 올리면서 외부 세계를 연결시키고 타인에게 언제나 접촉 가능한 상태를 유지하는 것에 부담감과 불안감을 가질 수 있다. 이러한 부담감과 불안감을 해소하기 위해 최근에는 외부와는 단절되어 있는 특정 인맥을 기반으로 하는 폐쇄형 소셜 미디어도 출현하여 성장하고 있다.

소셜 미디어, 소셜 네트워크 서비스

> ④ **소셜 네트워크 서비스**
> 이용자들이 자신의 프로필을 구성하고 개인들 간의 관계를 통해 형성된 연결을 공유할 수 있도록 지원하는 웹 기반의 서비스 혹은 사이트.

1997년에 식스디그리즈닷컴(sixdegrees.com)을 시작으로 2003년 마이스페이스, 2004년 페이스북, 2005년 유튜브, 2006년 트위터의 순으로 소셜 미디어가 출현하였다. 국내에서는 아이러브스쿨을 시작으로 2001년 싸이월드가 소개되어 선풍적인 인기를 끌었다. 이들 서비스들을 통해 언어, 문화, 국가에 상관없이 유사한 관심을 가진 사람들이 자신의 의견이나 생각을 토로하고 상호 연결하여 관계를 맺는 것이 가능해 이들 서비스들을 소셜 미디어 혹은 소셜 네트워크 서비스④(social network service, social network site: SNS)라고 일컫는다.

"인간은 커뮤니케이션 동물", "인간은 사회적 동물"이라는 표현처럼 사람은 언제나 누군가와 소통하고 관계맺기를 원한다는 의미를 반영하면서 그러한 욕구를 충족시켜주는 미디어가 소셜 미디어이다. 사람들은 누군가와 관계를 맺기 위해 물리적인 연결고리를 찾게 되는데 이때 기본적으로 혈연, 지연, 학연 또는 취미, 관심 분야, 직업 등의 다양한 영역에서의 연결고리를 토대로 관계를 구축하고 이를 유지하기 위해 공동체를 형성하여 참여한다. 또한 사람은 커뮤니케이션 동물이므로 자신이 누구인지, 무슨 생각을 하고 있는지, 어떤 의견을 갖고 있는지를 상대방에게 전달하고 교류하려 한다. 그동안 사람들은 이 2가지 기본적인 욕구를 충족시키기 위해 많은 노력을 기울여왔고 다양한 미디어를 개발하여 이용해왔다. 그런 과정에서 물리적인 환경 요소로 인한 제한점이 있었지만 그러한 한계마저 해결하면서 욕구를 충족시켜준 것이 바로 소셜 미디어이다.

쉬플리(Shipley)가 2004년 한 컨퍼런스에서 처음 사용한 용어인 소셜 미디어는 웹 2.0을 바탕으로 하는 인터넷 기반 애플리케이션의 총체이며 사용자에 의해 생산된 콘텐츠를 만들고 이를 교환할 수 있도록 하거나 혹은 소비자에 의해 만들어진 미디어이다. 이에 따라 위키피디아(Wikipedia)에서는 소셜 미디어를 사람들이 자신의 생각과 의견, 경험, 관점 등을 서로 공유하고 참여하기 위해 사용하는 개방화된 온라인 툴과 미디어 플랫폼으로 정의하고 있다. 또한 소셜 미디어는 문서나 그림, 동영상, 음원 등을 전송하거나 제작할 수 있게 해주는 웹 기반의 응용 소프트웨어를 기반으로 참여자들이 정보와 지식, 의견을 공유할 수 있는 미디어로 간주된다(Safko & Brake, 2009).

소셜 미디어는 개인의 생각을 자유로이 표현하고 네트워크를 통해 타인과 공유하고 협력할 수 있는 환경을 마련하여왔다. 따라서 누구나 소셜 미디어에 참여할 수 있고 피드백을 할 수 있고 코멘트나 정보를 자유롭게 공유할 수 있어 소셜 미디어에서는 개방, 참여, 공유가 중요한 개념이다. 소셜 미디어의 특성은 범위, 접근성, 사용 가능성, 즉시성 및 영속성의 측면에서 살펴볼 수 있다. 첫째, 범위: 소셜 미디어는 기본적으로 전 세계 이용자를 대상으로 한다. 모든 콘텐츠가 전 세계 이용자를 대상으로 유통되지는 않지만 기회가 되면 엄청난 범위로 퍼져나간다. 둘째, 접근성(accessibility): 일반인의 접근도 용이하고 콘텐츠 생산 비용도 저렴하거나 거의 없다. 셋째, 사용가능성(usability): 관련 기제들에 대한 약간의 지식과 기술만 있으면 활용이 가능하다. 넷째, 즉시성(immediacy): 소셜 미디어는 즉시 생산, 소비, 공유 그리고 재생산이 가능하다. 다섯째, 영속성(permanence): 수정과 변경의 과정에는 콘텐츠를 제작한 주체만이 아니라 그러한 콘텐츠를 이용한 사람들도 참여할 수 있다.

참여, 공유, 개방을 바탕으로 한다는 점에서 소셜 미디어와 SNS는 유사하다. 소셜 미디어와 SNS는 동일한 역할을 수행하지만 포괄적인 미디어의 개념을 적용하거나 미디어라는 양식을 강조하는 경우에는 소셜 미디어를 네트워크라는 개념이 강조되거나 관련 서비스들을 통칭 또는 지정하여 언급할 경우엔 SNS를 사용하는 것이 보편적이다. 이처럼 기능과 특성은 유사하지만 미디어와 네트워크(혹은 사이트)의 개념 중 어떤 측면을 반영하고 부각시키느냐에 따라 소셜 미디어 혹은 SNS를 사용하는 탓에 혼용하여 쓰고 있다.

> **⑤ 자아노출**
> 자신에 대한 인상 등의 정보를 다른 사람에게 알려주는 과정.

소셜 미디어와 마찬가지로 SNS 또한 지인들과 교류할 수 있도록 연결 네트워크, 개인의 사적인 정보나 개인 사진, 음악, 동영상을 수록할 수 있는 공간을 제공한다. SNS는 개인의 프로필을 구성하고 개인들 간의 관계를 통해 형성된 연결을 공유하며 이러한 연결을 바탕으로 일어나는 개인들 간의 상호작용을 지원하는 웹 기반의 서비스이다(Boyd & Ellison, 2007). 또한 SNS는 공동 관심사를 공유하려는 사람들의 온라인 공동체라고 정의된다(Redbridge Marketing, 2008). SNS에 대해 포괄적 또는 세부적으로 접근하느냐에 따라 유형이나 정의가 달라질 수 있다. 예컨대 유튜브나 페이스북은 포괄적으로 보면 둘 다 이용자가 자아노출[⑤]을 하는 공간이지만 유튜브에서는 동영상을, 페이스북에서는 프로필에서 개인정보를 노출함으로써 교류한다. 자아노출을 하는 유형은 다르지만 이용자가 자신에 관한 정보나 메시지를 노출시키려는 의도는 같다. 단지 관계맺기나 자아노출의 방식이 다양해 SNS의 서비스마다 상이한 방식을 도입하고 사용할 뿐이다. 궁극적으로는 SNS가 자아노출과 관계맺기의 욕구를 충족해주는 서비스를 한다는 점에서 의미가 있다. 따라서 SNS에서 가장 중요한 것은, 친구나 지인을 대상으로 자아노출을 하고 그 결과로 관계맺기가 형성되는 것이므로 이러한 기능을 수행할 수 있는 서비스를 SNS라고 지칭한다. 이용자 개인이 자신과 관련된 사적인 정보를 제시하여 타인과 교류를 한다는 점에서 이를 개인 상호 교류 홈페이지(personal interactive homepage)라는 명칭을 붙이기도 한다(Davis, 2010). 또한 SNS는 공통의 관심사 및 유사점을 중심으로 응집하는 집단 중심의 온라인 커뮤니티와는 달리 개인이 중심이 되어 다른

표 7-1. 소셜 미디어, SNS의 특성

구분	내용
기본 특성	• 참여: 관심 있는 모든 사람들의 참여와 피드백 촉진 • 공개: 피드백과 참여가 공개되며 피드백, 코멘트, 정보의 공유 • 연결: 다양한 미디어의 조합이나 링크를 통한 연계
콘텐츠	• 콘텐츠의 플랫폼으로서의 미디어
수용자	• 정보의 생산 소비자(프로슈머)
지식 생산 방식	• 사용자의 집단지성
권력관계	• 분산형(네트워크형)
커뮤니케이션	• 쌍방적 수평적 커뮤니케이션
관계 정립 방식	• 유비쿼터스적 관계 정립

참여자와 관계를 형성하고 이러한 참여들 간의 관계가 축적되어 하나의 네트워크를 형성한다. 그런 의미에서 개인의 참여와 공유의 가치를 중시하는 웹 2.0의 속성을 제대로 반영하고 활용하는 것이 SNS이다. SNS는 웹 2.0 시대의 1인 미디어, 1인 커뮤니티, 정보 공유 등을 포함하는 서비스이며 모바일 서비스 성장에 힘입어 확장되고 있다.

한편 SNS는 이용자들의 사회적 교류를 위해 고안된 시스템이다. SNS의 매력은 이용자들로 하여금 친구나 지인들과 직접적으로는 메시지를 교환하고 간접적으로는 사회 정보를 검색함으로써 상호 간의 연결고리를 만들어 교류할 수 있다는 데 있다. 이용자들은 SNS에 참여하여 많은 친구들과 조인하고 연결할 수 있는 혜택을 누리고 새로운 가입자들은 이미 가입한 친구들을 얻게 되는 혜택을 누릴 수 있다. 또한 다양한 사람들이 공유하고 참여한다는 측면에서 SNS는 공공장소(public space)라고 할 수 있다. 공공장소는 사람들을 함께 묶어줄 수 있고 그들의 삶에 의미와 힘을 가져다줄 수 있는, 일상생활에서의 가벼운 만남의 장소를 마련해준다. 공공장소는 형식적이지 않고 가벼운 곳이지만 중요한 공간이므로 공공장소인 SNS 또한 사회적 교류를 할 수 있는 중요한 사이트이다(Carr, 1992).

소셜 미디어의 유형

1997년 온라인상에서 새로운 유형의 교류의 장을 만들어준 식스디그리즈닷컴(sixdegrees.com)이 최초의 SNS로 인정되고 있다. 그 이후 싸이월드, 트위터, 페이스북 등이 출현하면서 본격적인 SNS 시대가 도래되었다. 초기의 SNS들은 오프라인 네트워크를 온라인 공간으로 확장시키는 역할에 주력하였지만 점차 친구 및 지인과 관계를 맺고 교류하는 기능은 물론, 사진 공유 등의 미디어적 기능을 갖추었다. 서비스되고 있는 기능과 속성은 거의 유사하지만 SNS마다 상이한 온라인 환경과 이용자 그룹을 갖고 있다. 카프란과 하엔라인(Kaplan & Haenlein, 2010)은 SNS 유형을 다음과 같이 분류하였다. 첫째 페이스북처럼 사람들과 관계를 맺고 교류하는 만남의 공간을 제공해주는 관계 지향형, 둘째 유튜브처럼 내용 공동체로 이용자가 콘텐츠를 제작하여 상호 공유할 수 있는 공유형, 셋째 위키피디아처럼 특정 이용자가 생산한 정보에 다른 이용자들이 관련 정보를 부가하여 정보가 생산되고 공유되는 정보 공유형, 넷째 트위터와 같이 뉴스나 소식을 전파하는 마이크로블로그(microblog)형, 다섯째 가상 세계(virtual world)에서 생활을 체험할 수 있는 세컨드라이프(second life)형, 여섯째 가상현실의 소셜 게임 유형으로 분류하였다. 최민재와 양승찬(2009)은 SNS를 블로그와 페이스북과 같은 커뮤니케이션형, 위키피디아와 같은 협업형, 유튜브와 같은 콘텐츠 공유형, 세컨드라이프와 같은 엔터테인먼트형으로 분류하였다. 그러나 보편적으로 SNS는 커뮤니케이션형과 관계 지향형으로 유형화되고 있으므로 이들 유형으로 분류되는 대표적인 SNS를 설명하고자 한다.

싸이월드는 인터넷상에서 개인 미디어를 이용하여 사회적 관계로 이어주는 친구맺기라는 새로운 문화를 만들어내면서 급속도로 확장되었고 '싸이질'이라는 유행어까지 만들어냈다. 1999년 서비스를 개시한 싸이월드는 사진과 글 등을 통한 자신의 일상을 평소 알고 지내던 지인과 공유하는 미니홈피로 알려져 있다. 이용자는 자신의 일상적 이야기나 사진 등을 올려 자신에 관한 정보나 근황을 친구나 지인에게 알리고 방문객의 답글을 통해 확인받는 과정에서 자연히 관계맺기가 형성되었다. 지인 및 인맥 관리에 주로 이용된 미니홈피는 특히 혈연관계를 중요시하는 한국식 관계맺기 문화 및 관계의 가장 기본 단위인 가족의 의미를 반영한 일촌맺기를 도입하여 각광을 받았다. 일촌으로 맺어진 관계는 보다 밀착적인 관계형성과 유지를 추구하여 이에 대해 적극적인 참여와 의무감을 부여하였다. 이에 따라 가상 공간에서 맺은 관계형성의 취약점인 약한 유대감의 한계를 보강하여 상호 간의 친밀감을 상승시킴으로써 관계형성 및 유지에 필요한 적극적인 태도와 행위를 유도하였다.

마이스페이스(Myspace)는 페이스북이 등장하기 전에는 가장 대중적이었다. 이유니버스(eUniverse)에 소속된 프로그래머에 의해 만들어졌으며 전형적으로 음악을 추구하고 프로필을 제공하려는 젊은 이용자들 중심으로 형성된 사이트이다. 마이스페이스는 게시판, 메신저, 마이스페이스 TV, 애플리케이션, 음악, 뉴스, 노래방 등을 이용할 수 있는 기능을 제공하였다. 마이스페이스는 음악 서비스에 중점을 두어 홈페이지에 뮤직플레이어와 음악가들을 위한 특별 프로필을 제공하였으며, 가입자와 음악가를 무제한으로 연결하게 하였다. 특히 음악에 대한 팬 커뮤니티의 영향력을 인정하여 2008년 마이스페이스는 전 세계 회원들에게 원스톱 음악 서비스를 제공하기 위해 주요 음반사들과 계약하였다. 이에 따라 회원들은 무료로 음악 스트리밍을 이용할 수 있고 온라인 친구들과 자신의 플레이리스트(play list)

를 공유할 수 있다.

트위터는 2006년 도시(Dorsey), 윌리엄스(Williams), 스톤(Stone) 등이 휴대전화의 문자 메시지를 웹에 결합시키는 방식을 찾던 중 개발하였다. 자신의 친구들이 지금 무엇을 하고 있는지 궁금해 하는 것에서 아이디어를 얻어 140자의 텍스트 메시지를 이용하여 자신의 생각, 의견, 기분을 지인이나 친구들과 공유하고 주변의 새로운 소식이나 뉴스를 업데이트하는 사이트를 만드는 데서 시작되었다. 휴대폰의 문자 서비스 글자 수에 맞추다 보니 140자로 제한된 단문을 이용하므로 마이크로블로그라고 일컫는다. 트위터는 한두 문장으로 친구와의 친교, 소통을 위해 주로 이용되므로 가독성을 높이기 위해 자신의 생각을 가능한 한 짧고 간결하게 줄여 표현한다. 따라서 짧은 글로 일상의 정보를 교환하는 사용자의 행동이 새들의 재잘거리는 소리(tweet)와 흡사하다고 여겨 트위터라는 명칭이 붙어졌다. 트위터는 서로 수락을 해야 친구맺기가 가능한 페이스북과는 달리 상대방의 허락 없이 응답할 수 있어 개방적이다. 지인과의 연결망을 통해 전달된 메시지는 리트윗을 통해 다른 사람들에게 다시 전파될 뿐만 아니라 팔로우를 통해 전파력이 엄청나게 확장될 수 있다. 리트윗을 이용하면 직접적인 관계를 맺지 않더라고 교류할 수 있어 메시지가 더 신속하고 광범위하게 전달될 수 있다. 왜냐하면 누군가가 메시지를 트윗하면 이용자 리스트에 있는 모든 사람들에게 전달되고 그러한 과정이 계속 이어져질 수 있기 때문이다. 이 과정에서 팔로잉과 팔로워가 행해진다. 팔로잉은 다른 사람의 승인이나 어떤 제약 없이 다른 사람의 메시지를 볼 수 있다. 팔로워는 다른 사람이 추종자가 되어 나를 들여다보는 것이다. 트위터에 참여하는 사람은 "무엇을 하고 있나요?"에 관심을 갖고 신변잡기와 같은 수다를 가볍고 거리낌 없이 일상적으로 표현하거나 유용한 정보를 전달하고 공유하기 위해 이용한다. 이와 더불어 이용자들이 새로운 뉴스나 정보를 신속하게 알리는 "무슨

일이 일어나고 있나요?"에도 관심을 보이면서 트위터는 속보성이 두드러져 언론 매체로도 각광받고 있다.

페이스북은 주커버그가 2004년 초기에 하버드대학교 내 네트워크를 활용하여 시작한 서비스이다. 이어 페이스북은 점차 이용자 승인을 다른 대학으로 확장하여 2005년에는 통합망 내에서 고등학교와 전문 기관으로 확대 연결하여 마침내 모든 사람들에게 이용이 허용되었다. 페이스북은 가장 많은 이용자들이 접속하는 온라인 네트워킹 커뮤니티 서비스이다. 페이스북에 가입하면 자신의 프로필을 작성하고 다른 가입자들과 그룹을 만들고 참여하여 친구맺기를 하고 사진과 메시지를 공유하고 교환할 수 있다. 페이스북 홈에는 사용자의 사진과 기초적인 프로필 정보, 친구들의 사진, 소통할 수 있는 대화 입력창들이 제공된다. 사용자가 쓰고 싶은 글, 사진, 동영상, 웹사이트 링크 글을 올릴 수 있으며 올린 글은 페이스북에서 친구로 선정된 이용자들과 공유된다. 페이스북에 이름, 비밀번호, 이메일 주소만 입력하면 자동으로 친구를 찾아주고 다른 이용자를 친구로 지정하면 추가된 친구와 교류할 수 있다. 페이스북에서는 뉴스 피드(news feed)와 담벼락 기능을 활용해 친구 간에 메시지가 전달, 공유, 확산된다. 친구와의 교류는 담벼락을 통해 이루어지며 사진, 동영상, 텍스트, 이벤트 등을 쉽게 업로드하고 친구와 대화를 이어나갈 수 있다. 뉴스 피드에서는 친구로부터 온 최근 정보와 메시지를 취합하고 시간순으로 분류하여 전달해준다. 페이스북 계정을 가진 모든 이용자들이 공개적으로 접근할 수 있는 담벼락은 거의 전자게시판과 같은 것이다. 페이스북에서 유통되고 있는 모든 콘텐츠는 '좋아요' 버튼으로 연결된다. 페이스북 내에서 연결된 친구끼리 공유하는 콘텐츠는 신뢰 관계를 토대

로 빠르게 전파되기 때문에, 다른 입소문과는 비교할 수 없을 정도로 효과를 거둘 수 있어 소셜커머스에 활용되기도 한다. 2011년 10월 페이스북은 타임라인이라는 새로운 서비스를 선보였다. 타임라인은 자신이 올린 텍스트나 사진과 같은 콘텐츠를 시간순으로 보여주고 과거에 올린 것들은 중요도 순으로 볼 수 있게 함으로써 자신의 일대기를 편리하고 재미있게 살펴볼 수 있게 하는 서비스다.

점차 SNS에 게시되는 포스트 중 사진의 비중이 높아지고 있다. 이용자들이 알리는 것 이상으로 뭔가를 실제로 보여주고 눈으로 확인할 수 있는 현존감을 공유하기를 원하면서 텍스트에 비해 좀 더 사실적이고 명확한 사진을 활용함에 따라 사진에 비중을 두는 SNS가 출현하였다. 대표적인 서비스로 카카오스토리(KakaoStory)와 인스타그램(Instagram)이 있다. 카카오스토리는 메신저 기능에 주력해오던 카카오가 2012년에 서비스를 시작한 사진 공유를 기반으로 하는 SNS이다. 카카오스토리는 모바일 메신저인 카카오톡과 연계된 SNS로, 카카오톡 친구로 등록된 상대방을 그대로 가져오거나 사진, 메시지 등을 공유할 수 있다. 카카오톡에서는 한 장의 사진만을 프로필로 볼 수 있었던 것과 달리 미니 프로필에 여러 장의 사진을 업로드하여 공유할 수 있다. 인스타그램은 2010년 시스트롬(Systrom)과 크리겔(Krieger)이 개설한 온라인 사진 공유 SNS이다. 이용자들은 인스타그램을 통해 사진을 찍는 동시에 다양한 디지털 필터를 적용하며 사진을 업로드할 수 있고, 그들의 인스타그램 계정을 다른 SNS와 연동하여 사진을 공유할 수 있다. 가장 큰 특징은 폴라로이드 사진을 연상케 하는 정사각형 모양의 사진 크기이며 이는 보통의 모바일 기기에서 사용하는 16대 9 비율과 차이가 있다.

소셜 미디어에서의 커뮤니케이션: 표현과 이용

자아노출: 긍정적이고 나에 의해 주도되는 자아노출

"나는 표현한다. 고로 나는 존재한다."라는 표현이 있듯이 우리는 상대방에게 자신의 존재와 정체성을 알리기 위해 항상 자신을 표현한다. 어떤 사회적 상황이나 관계형성에서도 타인과의 원활한 상호 교류를 위해서 자기표현은 반드시 수행되어야 할 요소이다. 왜냐하면 누군가와 상호 교류하기 위해서는 상대방이 나를 알아야 하고 그러기 위해서는 나에 관한 정보를 전달해야 하기 때문이다. 이처럼 자신이 누구인지 어떤 사람인지 알리는 과정을 자아노출(self-disclosure) 또는 자기표현(self-presentation)이라고 한다. 자아노출은 전달하고자 하는 자신의 인상(impression)을 다른 사람에게 전달하는 과정(Goffman, 1959), 또는 자신에 대한 정보를 자발적이고 의도적으로 다른 사람에게 알려주는 과정이다.

SNS 유형에 따라 형식은 다르지만 SNS에서의 활동 중에 많은 부분이 자아노출과 관련되어 있다. 이용자들은 자신의 프로필을 작성하고 자신들의 친구와 연결하고 그들이 좋아하는 것과 싫어하는 것을 나타냄으로써 자아노출을 한다. 현실 사회에서는 정체성이 사회적으로 형성되기도 하고 사회적 기준에 따른 정체성이 부여되기도 한다. 이에 반해 SNS에서의 정체성은 이용자 자신이 부여하며 자신이 어떤 사람이 되고 싶고 어떤 사람으로 알리고 싶은지를 스스로 판단하고 자체적으로 통제할 수 있어 운영자 중심으로 연출할 수 있다. SNS라는 주어진 공간에서 이용자들은 자신에 대해 긍정적인 인상을 심어주기 위한 자기 주도적으로 선별적이고 긍정적인 자아를 표현할 수 있다. 즉 스스로 타인에게 보여주고 싶은 자아를 설정할 수 있는 것이다. 자신의 모습이나 자신의 정체성을 표명하고 이를 근거 삼아 자신을 정의할 수 있는 개인적 표제를 만들고 자신의 입장과 자기가 중요하게 생각하는 것들을 정리하여 보여줌으로써 자신의 인상을 관리하고 표출할 수 있다. 이를 위해 운영자는 자신에 관한 어떤 정보, 즉 개인 프로필, 일기, 개인 사진과 동영상, 정치적 소견, 취미나 관심사에 관한 정보, 다른 웹 사이트의 링크를 올려놓을 수 있다. 이처럼 가상의 자아를 설정하여 자기의 이미지를 관리하고 자신의 모습을 자유롭게 나타낼 수 있다. 이는 상대방을 기만하거나 해를 끼치는 것이 아니라 단지 그들과 적절하고 효과적으로 상호 교류하기 위한 것이다. 그러나 간혹 웹이라는 공공화된 공간에 사적인 자신의 모습을 연출하거나 개인의 자전적인 모습을 거리낌이 없이 자유롭게 기록되기도 하여 나르시시즘(narcissism)과 노출증(exhibitionism)의 피상적인 산물이라는 부정적인 평가를 받기도 한다.

또한 자아노출에는 '나'와 '우리'의 개념이 포함된다. SNS 운영자 개인은 '나'지만 이를 확대하여 전체로 보면 '우리'가 된다. 각 개인의 의견이나 관심이 반영되는 것이지만 확장되면 집합적으로는 집단의 의견이나 관심이 반영될 수 있다. SNS라는 주어진 공간에서 서로 상호 교류하기 때문에, SNS에 참여한다는 것은 곧 상호 간에 관계를 형성하고 유지한다는 의미가 되어 개인의 정체성이 사회적 정체성으로 연계될 수 있다. 사회적 정체성은 특정 사회집단의 회원으로서 자신을 확인하고 인정하는 것이다. SNS에서 이용자들은 자아노출을 통해 정체성을 확인하며 관심을 갖는 다른 이용자와 관계맺기를 함으로써 사회적 네트워크를 구축해 그 과정에서 집단지성이 형성되기도 한다.

상호 간의 관계맺기

오프라인의 만남이 온라인으로 이어지면서 오프라인에서 형성되었던 관계가 온라인상에서 행해지고 있다. 특히 인터넷을 주로 이용하는 젊은 층에서는 오프라인을 통하기보다는 온라인상에서 사람들과 교류함으로써 이들과 관계를 맺는 것이 더 익숙해져 디지털 인맥관리를 용이하게 활용하고 있다. 온라인상에서 자신을 노출하여 알림으로써 상대방과 상호 교류할 수 있는 공간이 늘어나고 있고 현실 공간에 비해 상호 간의 교류가 더 심화되거나 관계맺기에 대한 더 많은 기회가 제공되기도 한다.

SNS의 주 목적이 사람들을 연계, 연결, 조직하는 데 있다 보니 SNS 이용의 급증에 병행하여 관계형성 및 유지를 위한 SNS 이용과 의존도가 증가하고 있다. 2011년 8월에 미국 퓨(Pew) 리서치센터가 조사한 결과에 의하면 SNS 이용으로 인간관계를 더욱 활발하게 하는 사람들이 증가하였음이 밝혀졌다. SNS 이용으로 관계망의 활성화도 늘어나 관계맺기는 더욱 활발해지고 가족이나 이웃 같은 진정성 있는 인간관계를 대체하는 단계까지 이르렀다. 온라인상에서 관계맺기의 한계점이었던 사회감정적인 요건들도 SNS에서는 크게 약화되지 않으며(Barnes, 2002), 관계형성에서 중요한 요인인 신뢰감이 구축되기도 하여, SNS를 통한 인간관계가 실제 공간에서 전개되고 있는 관계와 거의 흡사하게 전개되고 있다.

관계맺기는 커뮤니케이션을 통하여 개인과 개인이 상호 호환적인 지식을 공유하며 역동적으로 상호작용을 하는 것이다. 관계맺기는 단순히 물리적으로 누군가와 연결된 상태가 아니라 의견, 생각, 감정 등을 공유하는 연결을 뜻한다. 전통적으로 인간은 한정된 공간과 시간 속에서 상대방과의 직접적인 만남을 통해 관계를 형성하고 유지하여왔다. 그러나 사람과의 연결을 대체할 수 있는 미디어가 출현하자 실체를 동원한 만남이 없이도 상호 간의 커뮤니케이션 교류가 이루어지는 매개적 관계가 형성되었다. 예컨대 페이스북에서 상대방이 하는 행동과 이야기를 중심으로, 트위터에서 트윗이라는 자신이 하는 이야기를 중심으로 관계가 형성되기도 한다. 현실 공간에서 상호 간의 접촉이 빈번하면 관계가 맺어지듯이 온라인상에서도 상호 간의 접촉이 많아지면 자연히 관계맺기가 전개될 수 있다. 온라인상에서의 인간관계는 간편하고, 시공간을 초월해 편리하고, 보다 광범위하고, 다양한 유형의 사람들을 포괄할 수 있으며, 유지 비용이 절감되고, 외형적 요소에 영향을 덜 받는 장점이 있어 더 각광을 받고 있다.

한편 동질성과 연대감을 부여하는 SNS에서 이용자들은 현실 공간에서 보다 더 적극적이고 긍정적으로 관계맺기에 열중하는 경향이 있다. SNS에서 이용자들은 다른 이용자들을 친구로 열거하거나 다른 참여자와의 관계 혹은 친구맺기를 표시하도록 요구를 받다 보니 페이스북에서는 적극적인 친구맺기가 행해진다. 또한 SNS에서 친구로 설정하겠느냐는 질문에 예라고 하면 친구로 쉽게 맺어지고 양적인 제한 등의 물리적인 요건도 크게 중요하지 않다. 친분이 어느 정도인가보다는 얼마나 많은 친구를 갖고 있는지가 더 중요할 따름이다. 그렇다보니 진정한 의미의 친구와의 교류를 위한 장이 아니라 일반화된 사회적 교류의 장이 되기도 한다.

SNS에서의 관계는 능동적, 자발적으로 찾아가는 수평적인 관계이다. 기존의 온라인 관계에서는 누군가와 교류하고 있지만 실재함이 없는 가상적인 관계 및 교류에서 오는 외로움이 있었다. 그러나 SNS는 피상적인 교류가 아니라 이용자가 직접 관여하고 참여하여 이용자를 중심으로 하는 관계맺기를 할 수 있어 온라인상의 교류에서 오는 외로움에 대한 우려는 없어 보인다. 또한 SNS에서 나를 중심으로 하는 관계를 형성하고 유지할 수 있다. 이미 만들어진 공간에 내가 참여함으로써 관계를 형성하기보다는 내 스스로가 나를 중심으로 한 관계를 형성하고 유지할 수 있어 관계형성의 허브는 자연히 내가 되는 것이다. 내가 중심이 되는, 내가 주도하는, 내가 만들어가는, 내 스스로가 참여하여 만드는 관계이다.

소셜 미디어와 사회

소셜화에 따른 사회자본 형성

미디어가 사람들을 연결하여 집단화를 형성하면서 미디어 이용은 사회적 자본형성에 크게 기여하여왔다. 오랫동안 매스미디어가 사회적 자본[⑥](social capital) 형성에 기여하였지만 이제는 SNS가 사회적 자본을 구성하는 구심점 역할을 수행하고 있다. SNS를 통해 사회적 인간관계가 형성되고 확장되자 이에 따른 가치를 의미하는 사회자본이란 용어가 부각되고 있다. 사회자본은 사회적으로 연결된 구조(연결망)를 통해 형성되며 관련된 사람들 간의 상호작용에 따른 결과이다. SNS에서 친구맺기 혹은 관계맺기를 통해 사람들 간의 연결이 다양해지고 규모나 양적으로 확장되면 사회자본이 강화될 수 있다.

사회자본은 개인과 개인, 개인과 조직의 관계와 그 관계 속에서 발생하는 커뮤니케이션을 통해 형성된다. 따라서 사회적 자본은 개인들 간의 연결 또는 개인들 간에 상호적으로 오고가는 신뢰감이 구축된 사회 네트워크로 정의된다(Putnam, 2000). 사회자본은 신뢰나 호혜성의 규범이 성립되는 인간관계의 사회 네트워크와 그 안에 내장된 사회적 자원이기도 하다. 왜냐하면 사회자본은 원하는 이익을 산출하기 위한 사회적 활동을 원활하게 하는 사회적 자원을 의미하며, 사회에서의 잠재적인 힘으로 존재하기 때문이다. 따라서 사회자본에 영향을 미치는 요인으로 신뢰, 호혜성, 연결망을 꼽는다. 신뢰는 사회자본의 가장 기본적인 구성 요소이며 사회 구성원 간의 관계를 유지하는 데 기여한다(Putman, 2000). 호혜성은 사회적 교환이나 상호작용 과정에서 모두에게 이익이 되는 방향으로 문제를 해결하고자 하는 경향

⑥ **사회적 자본**
개인들 간의 연결 또는 개인들 간에 상호적으로 오고가는 신뢰감이 구축된 사회 네트워크.

성 혹은 개인이 자신이 속한 집단 내의 다른 개인으로부터 획득할 수 있는 정서적 지지 또는 이익을 지칭한다(김동윤, 2009). 연결망은 구성원들 간의 유대를 기반으로 형성되는 연결망을 의미한다. 이 세 요소들이 유기적으로 상호작용할 때 비로소 사회자본의 유용성이 발휘될 수 있다. 그러나 사회자본이 일반적인 자본에 비해 비가시적이고 은유적이고 가상적이라 가시적으로 측정하기 힘들므로, 실제 어느 정도 활용할 수 있는가에 대해 의문이 들 수 있다.

사회자본은 교량적 사회자본과 결속적 사회자본으로 분류되기도 한다. 교량적 사회자본은 다양한 사회집단 사이를 넘어서는 연결망인 반면에 결속적 사회자본은 인종, 나이, 사회계급 등에서 유사한 사람 간의 연결망에 따른 결과이다. 교량적 사회자본은 다양한 사회적 배경과 인구사회학적 특성을 가진 사람들 간의 네트워크를 말하는 포괄적인 개념으로서, 개인들로 하여금 사회적 활동 반경이나 세계관을 확대시키고 새로운 정보나 지식을 얻을 수 있는 기회를 제공한다. 교량적 사회자본은 폭넓은 관계망을 특징으로 하기 때문에 관계가 일시적이고 약한 결속력을 보인다(Boyd, 2004). 이에 비해 결속적 사회자본은 가족이나 친구 등 정서적으로 밀접하게 연결되어 있는 개인들 사이에서 흔히 발견할 수 있다. 그러나 결속적 자본은 네트워크의 단단한 유대만큼 배타적인 성격을 띠고 있기 때문에 관계망을 형성하고 있는 개인들의 다양성을 감소시킬 수 있다.

사회자본은 사회적 구조나 조직 내에서 타인과의 관계형성을 통해 얻어진다. 따라서 사회자본은 누군가와 관계를 맺고 있을 때 실행되고 효력을 발생하게 된다. 그런 의미에서 집단지성은 사회자본의 결과이기도 하다. 집단 또는 집합체에 따라 양성된다는 의미에서 사회자본과 집단지성을 유사한 의미로 해석하기도 한다. 공통의 목표와 관심사에 따른 정보와 지식을 공유함으로써 집단의 파워를 행사한다는 점에서 유사하다. 집단지성은 사람들 간 협력을 통해 도출되어 공유할 수 있는 집단 전체의 지성을 의미한다. 집단지성은 어디에나 분포되어 지속적으로 가치가 부여되고 실시간으로 조정되며 실제적 역량으로 동원되는 지성이다(Levy, 1997). 집단지성이 형성되는 요소로 개방, 수평 연계, 공유, 글로벌화를 지적되고 있는데 이러한 속성은 SNS 속성과 유사하다. 그래서 SNS를 활용할 경우 집단지성의 실현 가능성은 높아진다. 디지털화로 연결된 집단(디지털 군중)이 관심을 갖는 공통의 목적이나 관심사를 겨냥하면 SNS를 통해 군집하여 쉽게 집단 반응을 나타낸다.

정보 공유에 따른 사생활 침해와 명예훼손

SNS에서 정보는 공유라고 인식해 타인의 개인정보를 허락받지 않고 공유하려는 경향이 있어 문제가 발생할 수 있다. SNS는 이용자들에게 프로필이라는 프로그램을 내세워 보다 많은 개인정보를 올리도록 독려하며, 마치 그것이 새로운 서비스인 것처럼 유혹한다(김상현, 2010). 그러나 공개된 개인정보, 즉 프로파일은 위조와 오남용이 쉽고 상업적 이용을 위한 정보 수집 등에 노출될 수 있기 때문에 개인 명예훼손 및 사생활 침해 등의 문제가 발생할 가능성이 높다. 정보 공개가 유명인이나 정치인에 국한된 문제가 아니며 이용자 모두에게 해당될 수 있다. 왜 이용자들은 웹페이지에 많은 개인정보를 올려놓을까? 왜 이용자 자신의 정보가 외부에 노출되는 것을 두려워하지 않을까? 그 이유는 개인정보를 올려 누군가에게 자신을 알리는 것이 어색하지 않은 이용자들이 자신의 명예나 사생활 침해를 의식하지 못하거나 SNS에 공적, 사적, 상업적 정보가 혼재되어 있어 어떤 정보가 공적이고 어떤 정보가 사적인지 판단하기가 어렵기 때문일 것이다.

특히 문제가 되는 것은 사적인 개인정보에 대한 경시이다. 사람들은 과거

보다 남의 정보에 더 많이 알 수 있고 접근할 수도 있어 더 많은 관심을 나타내기도 한다. 또한 사생활 침해 문제를 부각시킬 경우 정보 공개에 대해 이용자들이 소극적이 되면서 탈퇴할 우려가 있어, 서비스 운영자들은 개인정보 보호에 적극적으로 나서지 않는다. 따라서 이용자가 개인정보를 얼마나 공개할 것인지 차단할 것인지를 스스로 판단하여 정할 수밖에 없다. 페이스북의 경우 2009년 더 간편하게 개별 이용자의 자율권을 보장한다는 취지로 이용자의 이름, 성별, 거주 도시, 프로필 사진 등을 누구나 볼 수 있는 공동 정보로 처리하였다. 이 경우처럼 개인정보 제공 기준은 SNS 운영자가 아닌 이용자 개인이 정해야 한다. 개인정보 보호와 공개에 대한 인식과 처한 상황이 각기 다르기 때문에 동일한 기준을 적용하기에는 한계가 있으므로 이용자가 자신의 개인정보에 대한 인식을 강화할 필요가 있다. 누군가와 정보를 공유하기 위해 SNS를 이용한다면 이용자가 올린 정보는 보호해야 할 정보가 아닌 공개 및 공유의 대상으로 간주될 수 있다. SNS상에서 개인정보가 일단 공개되거나 유출되면 회복하거나 추적하기는 거의 불가능하다.

또한 정확하지 않고 불분명한 개인 관련 정보로 인해 침해가 야기될 수 있다. SNS는 주로 퍼가기와 링크 등으로 정보가 끊임없이 퍼져나가기 때문에 사생활 침해와 부정확한 정보 확산 등으로 인한 개인의 인격권 침해로 명예훼손을 불러일으키기도 한다. 트위터의 경우 글이 리트윗되어 기하급수적으로 전파될 때 중간에서 글 내용의 진실성이나 허위 정보를 통제할 수 있는 장치는 거의 없다. 따라서 누군가가 그릇된 의도로 트위터에 특정인이나 조직에 대해 허위 정보를 올릴 경우 개인이나 조직의 명예가 훼손될 수 있다. 만약 트위터의 메시지에 비방의 목적이 명백히 있거나 또는 비방의 목적이 없어도 타인의 명예를 훼손했다면 공연성이 인정될 수 있다. 또한 개인정보에 타인의 이름과 사진을 도용하는 경우도 있어 유언비어나 불법 정보 유포에 악용될 수 있다. 유명인이 주로 그 대상이 되는데 글은 유명인이 작성한 것으로 되어 있지만 실제로는 도용한 다른 사람이 글을 올려 계정을 소유한 유명인이 피해를 입게 되는 것이다.

소셜 미디어와 정치

공론과 여론의 장

공론장은 사회적 공간으로 개인의 사적 영역과 연결되어 이용자 참여에 의해 이루어지며 이로 인해 사회문제들을 쉽게 감지하고 이슈화하는 역할을 한다. 이와 마찬가지로 SNS에서도 정보가 여러 사람들에게 공개되고 전파될 뿐만 아니라 정보가 역동적으로 형성되고 감성적 동조를 이끌어낸다는 점에서 공론장이라고 할 수 있다. 또한 공론장이 국가와 시민사회를 매개하면서 공론과 여론이 형성되므로, SNS 또한 실시간 여론의 형성과 확산에 기여하여 정치와 정책에 대한 담론 형성과 소통의 공간으로 부상되고 있다. SNS상에서 정치 관련 이슈에 관한 논쟁 상황이나 어떤 주제에 관심이 있는지를 실시간으로 확인할 수 있으므로 여론 형성 및 파악에 활용할 수 있다. 물론 소수 이용자들의 의견일 수 있지만 시간과 경비가 많이 들어가는 여론 조사에 비해 신속하게 여론의 흐름을 간파할 수 있는 장점이 있다.

셔키(Shirky)는 뉴스 미디어의 변화는 미디어가 독자에게 뉴스를 제공하는 단계, 개개인이 미디어에게 답변을 시작하는 단계, 독자들이 서로 직접 말을 주고받는 단계로 변화한다고 지적하였다. 현재와 같은 SNS상에서의 사건 및 이슈에 대한 의견 교류와 참여는 세 번째 단계에 해당된다. 뉴스 이용자들이 기자의 판단을 수동적으로 받아들이기보다는 SNS를 통해 자신의 의견이나 평가를 직접 전파하면서 뉴스를 생산, 공급하는 데 참여하기 시작하였다. 그렇다보니 기존의 뉴스 생성, 전달 등의 과정과 결과에 다음과 같은 변화가 생겨났다. 중요한 뉴스인지 아닌지는 이용자들에 의해 결정된다. 뉴스 미디어가 아무리 특종이라고 강조를 해도 이용자가 중요하지 않다고 판단하면 그 뉴스는 뉴스 가치를 상실하게 된다. 이처럼 뉴스를 생산한 뉴스 미디어가 미리 정해둔 가치로 지정되지 않고 뉴스의 중요도 판단은 뉴스룸에서 이용자로 옮겨가게 된다.

그러나 한계점도 있다. 여론의 장 역할을 하는 트위터를 살펴보면, 즉각적으로 표출된 여론은 특정 시점에 형성된 순간적 여론으로 부각될 뿐 시시각각 변해 시간의 경과에 따른 여론의 연속성을 파악하기도 힘들고 여론조사와 같은 대표성이 담보되지도 않는 한계가 있다. 따라서 트위터에서 형성된 의견은 기록으로 남지만 다른 팔로우의 반응이 없으면 쟁점화되지 않거나 빠른 시간 내 소멸될 수 있다(Diakopoulos & Shamma, 2010). 또한 감성적인 측면이 많아 특정 사건이나 이슈에 대해 본질에서 벗어난 의견이 분분해 자극적으로 유도될 수도 있다.

새로운 정치 문화 창달: 참여, 공유의 정치

퓨 인터넷(Pew Internet)의 조사 보고서에 의하면, 미국 SNS 이용자의 66%가 시민 및 정치적 이슈와 관련된 자신의 생각을 SNS에 게재하거나 타인이 게재한 내용에 대해 반응하며, 이슈나 투표 참여에 대한 압력 행사, 또는 특정 후보자에 대한 지지 등 정치 관련 주요 플랫폼으로 SNS를 이용하고 있는 것으로 조사되었다(Pew Internet, 2012). 이처럼 SNS가 중요한 정치 참여 도구로 부상되면서 정치문화에 많은 변화와 영향을 가져왔다. 기존의 정치문화에 참여, 공유, 공개의 의미가 강조되고 실행되는 정치로 변모되어가고 있다. 네티즌 또는 누리꾼이 인터넷에서 세력을 구축해 막강한 정치문화를 만들어왔듯이, 많은 팔로우를 가진 영향력 있는 트위터의 경우 리트윗 과정에서 상당한 정치적 효과를 유발할 수 있다. 경우에 따라서는 정치적으로 동질성을 가진 사람들을 하나로 묶는 강력한 효과를 발휘할 수 있다. 즉 정치적인 동질감으로 SNS를 통해 공감대가 쉽게 형성되고 사람들을 연결하여 휴먼 파워를 형성할 수 있다. 그 결과 2010년 말과 2011년 초 튀니지와 이집트에서 발생한 중동 시민혁명은 SNS 혁명으로 불릴 정도로 SNS가 사회운동에 큰 위력을 발휘하기도 하였다.

SNS를 통한 사회 참여의 증진은 정치 영역으로 이어져, 정치와 관련된 정보를 추구하고 정치적인 이슈에 대해 다른 사람과 상호작용하고 자신의 의견을 표현하고 공동체에 참여하고 있다(정일권, 2012). 이에 따라 동원의 정치가 아닌 참여에 따른 정치로 전환되고 있다. 사회적 기반 형성에 따른 시민의 의견이 반영되는 정치문화, 시민의 정치적 관여가 중요시되는 정치문화, 유권자와의 직접적인 소통이 중요시되는 정치문화로 전환되고 있다. 정치적인 이슈에 대한 논쟁과 의견 교환은 정치적인 이슈에 대한 이해를 도우며 정치에 대한 관심과 정치 과정에 참석하려는 욕구를 키워준다. 단순히 정보를 얻는 데 그치지 않고, 그에 관한 자유롭고 즉각적인 토론이 가능하기 때문에 정보 습득을 통해 일정한 태도가 형성되고 행동으로 이어질 가능성이 높다(이수범 · 김동우, 2010). 또한 SNS는 정치와 같은 공적 이슈에 대한 정보와 의견을 접하는 통로로서 이용자들은 상호 고립된 개인이 아니라 안정적으로 서로를 지켜보는 연결된 개인들의 환경을 창출한다. 이때 공통점으로 묶인 동호회인 경우, 신뢰성이 높아 더욱 정치적인 논의에 쉽게 빠져들게 된다. SNS, 특히 트위터에 올라오는 정치에 관한 소견, 오고가는 정치 논쟁들을 읽고 참여하면서 이용자들은 정치에 관심을 갖게 되는 것이다. 트위터가 젊은 세대들의 정치 관심을 높여 투표율 증가에 기여했다는 것도 같은 맥락에서 설명된다(정일권, 2012).

정치 참여 수단으로서 SNS는 기존의 전통적인 미디어가 제공하지 못했던 정치 영역에서의 공론장 역할을 대체하고 있다는 점에서 보다 큰 가치를 지닌다. 또한 SNS는 정치인과 유권자들 사이에 정책을 홍보하고 실시간으로 피드백을 받으며 유권자들과 사회적 관계를 형성하는 효율적인 커뮤니케이션이 가능하게 해준다. SNS를 통한 보다 실질적이고 직접적인 참여를 기반으로 온라인상의 정책 결정 과정에서 합의를 도출한다면 직접민주주의를 실현할 수 있을 것이다.

소셜 미디어와 경제

마케팅 차원에서 생산자와 소비자의 직거래: 프로슈머 실현

SNS가 많은 사람들을 대상화하고, 참여자들이 공동체로 연결되어 있으며, 전파를 적극적으로 활발히 한다는 측면에서 중요한 마케팅 수단으로 부상되고 있다. 기존의 매스 미디어나 다른 수단을 통한 소비자와의 관계는 간접적이며 자주 접촉하는 데 한계가 있고 형식화된 관계였다면, SNS를 통한 소비자와의 관계는 직접적이고 친밀하고 간편해 소비자와의 직거래적인 관계를 형성할 수 있다. 이미 블로그를 통해 직접 관여하는 새로운 거래의 장이 성공적으로 행해졌음이 입증된 바도 있어 마케팅 분야에서는 이제 SNS를 활용하여 소비자와 직접적으로 친밀한 관계를 형성하는 데 역점을 두고 있다.

SNS상에서 관계를 맺고 있는 개인 간에는 친밀감 있는 의사소통이 가능하다는 점이야말로 마케팅에서의 호감 형성에 크게 기여할 수 있다. 마케팅에서 SNS를 주목하는 이유는 목표로 하는 타켓층에게 그들이 속한 온라인 커뮤니티를 통해 친근감을 주면서 제품 관련 정보를 제공하고 고객 및 브랜드 이미지를 관리할 수 있다는 점이다. 즉 마케팅에서 중요한 상호작용과 정보 공유를 활용하여 효율성을 높일 수 있다는 장점을 활용할 수 있는 것이다(최영균, 2010). 과거 전화나 현장 조사를 통해 제품이나 브랜드 조사를 하거나 신제품을 알려왔지만 이제는 SNS를 통해 적은 비용으로 더 솔직하고 직접적이고 적극적이고 밀착화된 상호작용을 신속하게 끌어낼 수 있다.

SNS를 활용하면 적극적이고 참여율이 높은 잠재적 소비자를 확보해 온라인 입소문을 양성해낼 수 있다. 입소문은 사람에서 사람으로 정보가 전달되는 과정을 의미하며 소비자들의 구매 결정에서 중요한 역할을 수행한다. 입소문은 제품, 서비스, 기업에 대한 태도, 의견 혹은 반응을 공유하는 소비자들 사이에서 일어난다(Jansen, Zhang, Sobel, & Chowdury, 2009). 온라인 입소문은 특정 제품이나 기업, 기관과 같은 조직에 대한 정보를 인터넷을 통해 많은 사람들에게 전달된다. 온라인 입소문은 면대면이 아니기 때문에 다소 덜 사적일 수 있으나 전달력이나 정보량, 파급 효과는 오프라인 입소문과 비교할 수 없을 정도이다. 온라인 입소문에서 새로운 전환점은 SNS이다. 일단 SNS을 통해 온라인 입소문이 전파되면 쉽게 통제할 수 없다. SNS에서 많은 영향력을 행사하는, 예를 들어 수많은 팔로우를 거느린 유명인의 의견은 입소문 형성에 중요한 역할을 한다. 특히 부정적인 정보일 경우 더 많은 영향을 미친다(Park & Lee, 2009). 제품에 대한 이미지나 평가는 고정된 것이 아니며 늘 변하는 것이고 SNS 또한 관련 정보나 메시지를 항상 만들어낸다는 점에서 SNS에 관심을 가질 수밖에 없다. 또한 SNS가 수많은 사람들에게 메시지를 전파할 수 있으며 관계맺기를 한 친구들 사이에 메시지에 대한 신뢰도가 높아 수용도가 높다는 점에서 입소문은 상당한 위력을 발생할 수 있다. 따라서 매스 미디어의 광고나 홍보에 의존했던 기관 및 제품에 대한 설명이나 인식 유도는 이제 SNS로 전환되어가고 있다. 새로운 제품이나 기관에 대해 관한 정보는 일단 SNS를 통해 확인되고 있다. 제품을 생산하는 기업이나 정책 홍보를 하려는 기관은 출시나 발표 전 SNS을 통한 사전 점검을 필수화하는 풍토가 생겨났다.

소셜을 활용한 커머스: 소셜커머스

온라인 커뮤니티는 유사한 관심을 갖고 있는 사람들이 모여 있는 곳이므로 정보의 유통이나 활용도가 상당히 높아졌다. 그러자 공동구매의 필요성 및 가능성이 점쳐졌다. 예를 들면 캠핑을 좋아하는 커뮤니티를 통해 캠핑 도구를 공동구매할 수 있다. 이는 이용하는 사람이 많아지면 가격을 낮출 수 있다는 박리다매의 원칙과 유사하며 이를 적용한 것이 소셜커머스⑦이다. 웹 사이트는 사람들을 연결해 모으고 웹사이트에 모인 사람들이 공동구매를 하면 제품의 가격이 낮춰지는 효과를 얻을 수 있어 SNS를 통한 공동구매 형식의 소셜커머스라는 새로운 상거래 형태가 활성화되었다. 소셜커머스(social commerce)는 커머스(commerce)가 소셜 미디어와 접목한 것이다. 소셜커머스는 2008년 메이슨(Mason)이 그룹과 쿠폰에서 따서 지은 그루폰(Groupon)으로 시작되었는데, 이후 외식이나 서비스업 위주의 공동구매를 담보로 파격적인 할인 가격을 제시하는 획기적인 마케팅이 되었다. 국내에서도 티켓몬스터를 위시한 쿠팡, 위메이크프라이스닷컴 등의 소셜커머스 서비스가 성황을 이루고 있다.

소셜커머스는 소셜 미디어 및 온라인 미디어를 활용하는 전자상거래의 한 유형이다. 공동구매 즉 박리다매 형식으로 많은 사람을 연결하여 모으면 구매자가 많아져 해당 상품의 가격을 인하할 수 있는 구매 전략을 도입한 것이다. 소

⑦ 소셜커머스
SNS를 활용하여 일정 수 이상의 구매자가 모일 경우 파격적인 할인가로 상품을 제공하는 전자상거래 판매 방식.

셜커머스는 소비자 참여를 단순히 상품에 대한 정보 읽기나 즐겨찾기의 소극적인 행위에서 직접 참여하여 의견을 제시하고 정보를 요청하고 구매를 주도하는 소비 형태로 전환되었다(나종연, 2007). 이때 구매자를 모으고 구매자와 상품이나 서비스 제공자를 연결하는 역할을 SNS가 담당한다. 많은 사람들에게 개인 이용자가 아닌 전문화된 웹사이트가 끼어들어 입소문을 퍼뜨리기 위해 SNS가 동원된다. SNS와 쇼핑사이트를 링크로 이어지게 하거나 자동으로 공유되게 하는 방식 등을 통해 제품 홍보나 직접적인 판매에 SNS가 활용되고 있다.

생각해볼 문제

1. 소셜 미디어의 의미와 특성은 무엇인가?

2. 소셜 미디어에서 이용자들의 자아노출과 관계맺기는 어떤 방식으로 행해지는가?

3. 소셜 미디어 이용에 따라 야기될 수 있는 사회적인 영향은 무엇인가?

4. 소셜 미디어 이용으로 정치문화가 어떻게 변화되고 있는가?

5. 소셜 미디어는 경제적인 측면에 어떤 기여를 하고 있는가?

8 컨버전스 콘텐츠, 컨버전스 이용자 문화

김미경(청운대학교 미디어커뮤니케이션학과)

컨버전스 문화와 미디어

> ① 컨버전스
> 서로 다른 맥락의 개념이나 사물이 결합되어 나타내는 산술적인 합 이상의 시너지 효과.

컨버전스①(융합: Digital Convergence)는 한 점으로 모이는 융·복합의 의미이다. 컨버전스는 서로 다른 맥락의 개념이나 사물이 결합되어 산술적인 합 이상의 시너지 효과를 나타내는 특성을 지니며, 그 자체로서 어떤 영역이라기보다는 타 분야 학문, 기기, 서비스, 산업 등에 스며들어 독특한 영역을 구현하기도 한다. 구체적으로 기술의 융합으로 개별 기술 요소의 특성은 상실되고 새로운 특성의 기술과 제품이 탄생한다. 또한 디지털 기술을 매개로 컴퓨터, 가전, 통신 등의 여러 기기들이 서로 유사한 기능을 가지면서 결합되기도 한다. IT/CT/BT/NT 등의 신기술의 확장성이 산업 간 경계를 무너뜨리고 융합되기도 한다.[1] 이렇듯 융합 기술은 산업들과 결합되면서 경

1 미디어 분야의 산업 간 컨버전스는 실제로 수평적·수직적 결합을 통하여 이루어지고 있다. 예컨대

표 8-1. 융합 정도에 따른 구분

구분	융합 정도 (약 ⇨ 강)	개념	예시
번들(Bundle) 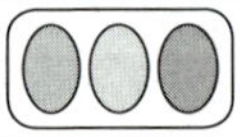		여러 개의 제품을 하나의 패키지로 제공	iPad + iTune
오버랩(Overlap) 		서로 다른 제품 서비스간 동일한 기능 추가	온라인 주식 거래 + 전자사전
하이브리드(Hybrid) 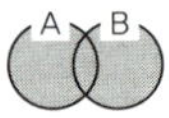		특정한 목표를 달성하기 위해 2개 이상의 요소가 합친 것	복합기 OA기 + 스마트폰
퓨전(Fusion) 		제품과 서비스가 합쳐서 새로운 가치 제공	MP3플레이어 iPad, PMP

* 출처: 미래 IT 융합기술 연구위원회(2010)

제, 사회적인 다양한 수요를 충족시키고 있으며 그 영역을 확대하고 있다.

특히 디지털 컨버전스 시대의 이용자의 수요 충족은 매우 중요한 성공요소로서 자리매김하고 있다. 공급자 측면에서 융합 환경의 변화와 이용자의 융합 기술 및 서비스의 만족도를 높이려는 노력은 서로 간의 상호작용을 증대시키고 새로운 이용자 문화를 낳고 있다. 즉, 컨버전스는 기술적 수준에서 등장하지만 사회적 영향과 결과를 만드는 상황(context)에서도 발생한다(Hirst and Harrison, 2007). 새로운 이용자 문화는 생산자 파워와 소비자 파워가 충돌하거나 협력하면서 공급자와 수요자 간 역할의 경계를 모호하게 만든다.

디지털 컨버전스 문화는 미디어의 기능적 통합이 아니라 소비자 개인들의 사회적 상호 관계에 의해 만들어진다. 즉 '상호작용'을 핵심적인 요소로 하여, 콘텐츠가 다수의 매체를 넘나들며, 미디어 생산자(미디어 기업)와 소

Time Warner는 영화, 텔레비전, 출판, 게임, 인터넷, 음반 영역을 총괄하고 있으며, 시너지 효과를 얻기 위해 문화 영역 생산 부분의 구조 조정을 하였다 (Jenkins, 2001). 또한 미디어, 통신 업체들은 기업 간 통합을 추진하였는데 이는 미디어 업체 간 수평적 또는 수직적 통합으로 인해 시너지 효과를 촉진하기 위한 것이다(Chambers & Howard, 2005; Chan-Olmsted, 1998).

비자의 힘(참여 문화)이 복잡하게 얽히며 상호작용하고 있는 것이다. 이러한 개념하에서 보면, 디지털 컨버전스 문화를 이끌어가는 주요 요소는 이용자이다. 왜냐하면 이용자의 능동적인 참여와 행동이 디지털 융합 문화를 생산하고 확산시키는 핵심적 요인이기 때문이다. 이러한 의미에서 '컨버전스 문화 시대'를 이끌어가는 핵심적인 요소로 '관찰 미디어'가 '참여 미디어'로 변모했다는 사실과 이러한 참여 미디어를 통해 다수가 참여하고, 서로 협력하고 경쟁함으로써 집단 수준에서 새로운 지적능력인 '집단지성'을 주목해야 한다(Henry Jenkins, 2008, pp. 33-34).

참여 미디어의 등장으로 노트북, 휴대전화, 아이팟, 게임보이 등 하드웨어는 분화되지만 콘텐츠 유통 방식은 다양해진다(Henry Jenkins, 2006, June 29). 미디어 흐름을 통제할 단일 블랙박스는 더 이상 존재하지 않는다. 미디어는 이동성과 채널의 증식으로 어디에서든지 존재할 수 있는 시대로 진입하였다. 이러한 컨버전스로 인해 미디어 소비 방법은 변화하고 있다. 청소년들은 숙제를 하면서 4~5개 웹사이트를 가지고 논다. 다 기능적으로 적응하면서 웹을 스캔하고 MP3 파일을 다운로드하면서 듣고, 친구와 채팅하고 논문을 작성하고, 이메일에 답장을 하기도 한다. 인기 있는 텔레비전 시리즈 열성 팬은 드라마의 대화를 추출하고, 에피소드를 요약하고, 자막에 대해 이야기하고 팬픽(fan fiction)[2] 원본을 만들기도 하고 사운드트랙을 녹음하기도 하며 영화를 만들기도 한다. 또한 인터넷을 통해서 전 세계로 배포하기도 한다.

이처럼 융합 문화의 미디어 기술은 우리의 일상에 깊이 통합되어 있다. 수용자는 능동적인 생산에 참여하기도 하고 다른 사람과 연결하여 확산시키기도 한다. 또한 국가적 경계를 넘어서 콘텐츠가 흘러다니기도 하고 세

2 팬픽이란 팬(Fan)과 픽션(Fiction)의 합성어인 팬 픽션의 줄임말로, 독자들이 원작에 수정 및 변형을 가하는 행위를 뜻하는 용어이다.

표 8-2. 융합 문화의 특징

특징	내용
일상성 (daily)	• 일상에서 사회적 상호작용으로 통합 • 개인화된 미디어이지만 네트워크를 통한 대가족 연결망 확대
전유성 (appropriative)	• 미디어 이미지 추출, 인용, 재구성 용이 • 자신의 공감을 표현하기 위해 믹스테이프를 제작하거나 이미지 콜라주 제작
연결성 (networked)	• 미디어의 상호 연결성 • 사생활 보호를 기본으로 한 소통 방법 결정 • 개인의 목적별 커뮤니케이션 전개, 이해득실 계산 숙달
세계성 (global)	• 미디어 콘텐츠의 국가적 경계 초월 • 글로벌 문화교류 경험으로 '공간'에 대한 인식 전환
세대성 (generational)	• 세대별 완전히 상이한 문화적 스타일과 가치 채택 • 상이한 미디어 환경, 커뮤니케이션 기술 이용 및 해석 차이
불평등 (unequal)	• 미디어 문화는 "선택적" • 새로운 힘 · 부 · 지식의 차이와 참여 수준의 차이, 기술과 접근권의 차이 발생

대 간의 미디어 이용 방식의 격차를 증대시키기도 하고, 사회적 불평등을 낳기도 한다. 이러한 미디어 전경을 간단히 정리하면 위의 '표 8−2'와 같다.

컨버전스 미디어 이용: 능동성, 상호작용성(참여)

컨버전스 이용자 문화를 진단하기 위한 주요 개념은 '능동성(시청 이용자: viewser)'과 '상호작용성'이다. 디지털 융합 미디어의 등장으로 '일방적 커뮤니케이션 모델'의 극복이라는 미디어 연구의 목표가 달성된 듯하다. 특히 생산자의 메시지를 일방적으로 전달하는 것이 아니라, 수용자의 손에 의해 사용되는 새로운 형태의 미디어(콘텐츠)들의 등장은 이러한 이론적 비전에 더욱 큰 힘을 실어주고 있다.

융합 미디어 문화 이용자들은 단순히 관람객이 아니라 동료들과 상호작용할 뿐만 아니라 제작자에게 다양한 방법으로 의견을 개진한다. 적극적으로 해석할 뿐만 아니라 영향력을 행사하기도 한다. 그러나 '게임'에 몰입하는 이용자에 비하여 텔레비전 미디어 이용자의 능동성은 약한 편이다. '게임' 이용자는 '가지고 노는(playing)' 정도의 능동성을 보인다(James Newman, 2008; Olli Sotamaa et. als, 2005; Holmes and Pellegrini, 2005). 또한 '집단지성'으로 공동창작을 하는 창작성, 관계와 소통을 통한 적극적인 네트워크 형성은 미래 이용자 능동적 태도로 보인다.

놀이성

놀이성(playability)은 "미리 계산되고 계획된 의미 있는 특별한 행위인 도전들(Salen & Zimmerman, 2003)"로 이루어진다. 즉 주어진 문제에 대해 해결의 의미를 담고 있으며 일종의 '퀘스트' 혹은 '미션' 등의 형태로 제시된다. 이러한 '도전'은 수용자가 직접 참여하고 머리를 쓰고 몸을 움직여 '실행'된다. 그러므로 비디오게임은 이전의 미디어들과는 확연히 구분되는 특성, 즉 시스템과 수용자의 '상호작용'과 수용자 주체의 '능동성'을 보인다.[3] 특히 비디오게임에서 발현하는 수용자들의 상호작용과 능동적 실천은 수용자 스스로 게임을 재창조하는 가장 적극적인 형태의 실천 방법인 모드(mod)[4]에서 반영된다. 모드하는(modding) 수용자들은 게임 텍스트 자체를 멋대로 뜯어 고쳐 그것을 이전과는 전혀 다른 새로운 게임으로 재구성한다(박근서, 2010).

---

3 최근 들어 그에 대한 관심이 점증하고 있는 몇 가지 비디오게임의 특별한 양상들, 이를테면 모드(mod), 머시니마(machinema), 핵(hack) 등과 같이 비디오게임 텍스트에 직접적으로 가해지는 수용자의 '작용'은 '상호작용성'과 '능동성'을 증명한다.

4 모드(mod)는 변경(modification)의 약어로 쓰인다. 컴퓨터 게임에서 모드는 이미 완성된 컴퓨터 게임을 수정해 새로운 게임으로 만드는 행위를 말한다.

② 플랫포마이징
비즈니스 플랫폼을 기반으로 공급자와 파트너 혹은 사용자가 유연하고 개인화된 제품과 서비스를 창조하는 연속적 과정.

오픈 플랫폼의 한 사례로 게임 '엘더 스크롤V: 스카이림'을 살펴볼 수 있다. 온라인 게임, 소셜 게임, 모바일 게임 등 커넥티드 게임이 주류를 이루고 있는 현재 게임 분야에서 '스카이 림'은 혼자 퀘스트를 해결해나가면서 캐릭터를 키우는 전형적인 롤 플레잉(Role palying) 게임의 형태이다. 하지만 '스카이림'은 한번 완전히 게임을 끝낸 사람도 다시 하게끔 만드는 마력을 갖고 있다. 그 이유는 바로 수많은 모드(Mod)들 때문이다. '스카이 림'의 제작사인 베데스다(bethsoft.com)는 사용자들에게 게임을 마음대로 변경시킬 수 있는 툴킷을 제공했고 이를 이용해 만들어진 모드(mod)를 스팀워크숍(steam workshop)이라는 사이트(http://steamcommunity.com/workshop/)를 통해 공유할 수 있게 하였다. 이 모드(mod)는 게임의 캐릭터 디자인부터 그래픽 퀄리티, 아이템, 심지어 새로운 퀘스트나 게임 UI까지 수정할 수 있는 폭넓은 자유도를 제공한다. 게임 공급업체는 수많은 사람들이 만들어낸 다양한 모드를 통해 게임의 단조로움을 해결하고 사용자는 지속적으로 새로운 경험을 할 수 있는 윈윈 전략을 플랫포마이징②(platformizing)을 통해 구현하고 있다.

창작성(Creativity)

집단지성에 의해서 공동작업되어 새로운 작품이 만들어지기도 한다. 예컨대 트랜스미디어 스토리텔링의 사례인 저예산 독립영화 〈블레워 윗치 프로젝트〉(1999)은 극장에 개봉하기 1년 전, 인터넷상에서 팬들의 집단지성에 의해서 창작되었다. 많은 사람들이 웹페이지에 지난 몇 세기 동안의 무수한 마녀 목격담을 제공하고 온라인으로 모든 디테일한 부분까지 설명하였으며 이를 완벽하게 영화에 반영하였다. 트랜스미디어 스토리는 다양한 미디어 플랫폼을 통해 공개되며, 각각의 새로운 텍스트가 전체 스토리에 반영되고, 가치 있는 총합으로 구성된다.

네트워크화(Networking)

미디어에서 중요한 것은 그것을 통해 전달되는 메시지가 아니라 그 안에서 구현되는 메시지이다. 즉 메시지 자체가 아니라 전달 매체에 의해 변형·진화되는 메시지에 대해 주목해야 한다는 것이다. 예컨대 소셜 네트워크는 관계와 소통의 양식을 크게 변화시키면서 능동적 이용자의 메시지를 쉽게 확산하고 공유할 수 있게 하였다. 융합 문화의 이용자는 기존 미디어 이용자와 동일한 의미의 능동성으로 규정할 수 없기 때문에 융합 문화에 맞는 새로운 이용자 개념이 필요하다. 이에 해리스(Dan Harries)는 융합 미디어 이용자를 '관객성 이론'으로 설명할 수 없다고 하면서 '시청이용자(viewser)'라는 용어를 제시하였다(박근서, 2010). '시청이용자(viewser)'는 매체를 시각적으로 수용하는 것이 아니라 직접적으로 행위하고 '사용'한다는 점에 근거하여 제안된 개념이다(Dan Harries, 2002; p. 172). 보는 것(watching)과 상호작용하는 것(interacting)하는 것을 강조하고 있다(Jenkins,

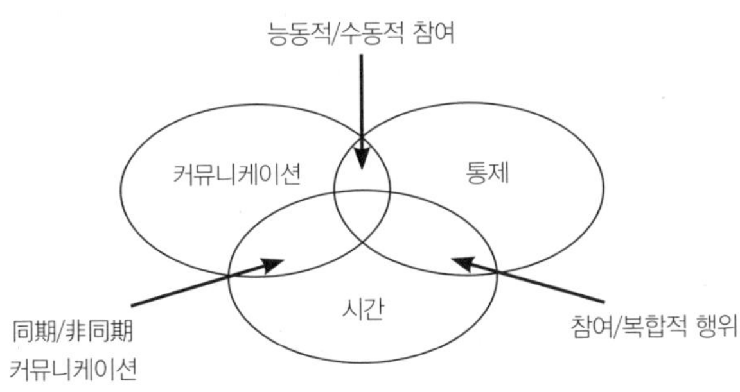

그림 8-1. 상호작용의 구성 요소

* 출처: McMillan & Hwang(2002). pp. 41-54

표 8-3. 상호작용성의 차원과 구성 요소

상호작용성 개념	내용	
상호작용성 차원	내재적 상호작용	• 이용자와 시스템과 이용자와 콘텐츠 U-S: User-to-System, U-C: User-to-Contents
	외재적 상호작용	• 이용자-이용자 U-U: User-to-User
상호작용성 구성 요소	양방향성	• 이용자가 컴퓨터, 메시지 또는 다른 사용자와 서로 메시지를 얼마나 효율적으로 주고받는지에 대한 것
	사용자 통제력	• '사용자의 통제력'은 사용자가 다른 사용자, 메시지 및 시스템 등에 대해 얼마나 자율적인 통제력을 가지는가에 대한 개념
	시간	• 메시지가 전달되고 사람들이 메시지를 처리할 수 있는 속도

2003).

상호작용성의 개념은 과정, 기능, 지각 중 어디를 중시하느냐에 따라 차이가 있다. '과정' 중심의 상호작용성은 교환, 반응성 등 실제 활동을 중시하며 '기능'을 중시하는 접근은 미디어의 기능(예: 사용자 통제나 검색 기능)이 상호작용에 미치는 영향력에 관심을 둔다. '지각(perception)'에 대해서 초점을 둔 입장은 이용자들의 상호작용적 지각 정도의 측정을 중시한다(Lee, 2000; Liu, 2003; McMillan, 2005; McMillan & Hwang, 2002).

상호작용성 차원에서 상호작용성 개념은 이용자와 시스템, 이용자와 콘텐츠의 한 차원과 이용자와 이용자 간 상호작용을 또 다른 차원에서 설명할 수 있다(Jensen, 1998; Szuprowicz, 1995; McMillan, 2002, 2005 등, '표 8-3' 참조).

상호작용의 구성 요소는 커뮤니케이션 정도(양방향성), 사용자의 통제력, 시간 요인으로 상호작용의 품질을 평가할 수 있다(Massey & Levy, 1999; McMillan, Hwang, & Lee, 2003). 커뮤니케이션의 정도와 통제의 정도가 능동성과 수동성이 결정된다. 즉 커뮤니케이션과 통제가 어떻게 이루어지는가에 따라 능동적이거나 수동적일 수 있다. 또한 통제와 시간 변수에 따라 사용자 행위의 참여정도와 복합성 정도가 결정된다. 또한 커뮤니케이션이 동시간에 이루어지는지, 지체되는지에 따라 동기(Synchronization)적 커뮤니케이션이나 비동기(Asynchronization) 커뮤니케이션 형태가 등장한다('그림 8-1', '표 8-3' 참조).

이렇게 커뮤니케이션의 상호작용성의 구성 요소를 적용하여 융합적 문화를 형성하고 있는 사례는 다양하게 나타나는데, 컨버전스 혁신 문화는 다음과 같다.

컨버전스 혁신, 개방 · 공유 · 참여의 생태계: 플랫포마이징

비즈니스 플랫폼은 제품, 서비스와 비즈니스 기반의 프레임워크이며 이용자나 외부 파트너의 참여를 유도하기 위한 기반이다. 이러한 플랫폼을 기반으로 공급자와 파트너 혹은 사용자가 유연하고 개인화된 스토리를 만들어 나갈 수 있는 제품과 서비스를 창조하는 연속적 과정이 바로 플랫포마이징이다. 플랫포마이징(platformizing)은 혁신을 이루기 위한 기반이며 사이클이다.

플랫포마이징은 해체와 모듈화, 개방과 공유, 투명성을 기본으로 사용자와 비즈니스 협력자들의 참여를 유도함으로써 창의적인 아이디어가 서로 뒤섞이고 구체화하며 무수한 변형을 가하면서 혁신을 이루어나간다. 예를 들어 '나이키'는 친환경 관련 특허 기술인 '그린익스체인지'를 소비자에게 공개함으로써 누구라도 이를 활용해 다양한 상품이나 서비스를 개발하게 하였고 고객들의 아이디어와 비전을 공유하는 계기를 마련하였다(유인호 · 신동윤, 2012).

지속가능한 상품을 위한 해체와 모듈화

다품종 소량 생산 체제의 규모의 경제에서는 제품과 서비스의 몰개성화로 수요 창출에 한계를 보이고 있다. 컨버전스 생산 문화인 플랫포마이징은 이러한 한계를 극복하기 위한 생산 문화의 한 단면으로 볼 수 있다. 플랫포마이징의 첫 번째 단계는 바로 기존의 제품과 서비스를 최소 단위로 분리하는 것이다. 제품과 서비스 각 요소를 최소 단위로 분해해 모듈화(module)하고 이 모듈을 원하는 형태로 자신만의 제품과 서비스로 만들 수 있다. 지금까지는 각각의 기능을 캡슐화하기 쉬운 특정 분야(IT 분야)에서 주로 시도했지만 새로운 아이디어와 독특한 접근 방식을 통해 적용 범위가 확대되고 있다. 예를 들어 휴대전화 업체는 중앙처리장치(CPU), 메모리, 마이크, 카메라, 배터리 등을 별도로 분리할 수 있도록 하여 소비자들이 휴대전화를 업그레이드하고 고장 난 모듈만 교체할 수 있게 한다. 또한 감성이나 취향이 중요시되는 패션업체에서는 신발 바닥, 목, 발등 부분, 굽 등 16개 모듈을 조합해 총 256개의 조합을 만들 수 있는 구두 제품을 선보이기도 했다(유인호 · 신동윤, 2012)

개방을 통한 참여 유도

플랫포마이징은 공급자의 역할을 축소시킨다. 우선 사용자의 직접적인 관여가 필요할 뿐 아니라 비즈니스 파트너나 개인들이 직접 부족한 모듈을 제공할 수 있어야 하기 때문이다. 지속적인 플랫포마이징을 위해서 주변의 참여 유도는 필수적이다. 플랫포마이징에 의한 생태계 가치는 개방과 공유에 의해 만들어지며 새로운 파생 트랜드를 생성한다. 예를 들어 사물인터넷 기반(IoT, Internet of Things)의 '개방형 플랫폼'인 아두이노(Arduino)[5]는 작은 기판의 하드웨어, 그리고 하드웨어를 제어하는 소프트웨어 개발을 위한 개발 도구로 구성되어 있다. 기판의 회로도가 공개돼 있어 누구든지 부품을 구매해 조립을 하거나 또는 완성된 기판을 저렴한 가격에 구매할 수 있다. 아두이노가 인기를 끌면서 이를 비즈니스에 활용하는 기업들도 늘어나고 있다. 장난감 회사 레고는 자사의 로봇 장난감과 아두이노를 활용한 로봇 교육 프로그램을 학생과 성인을 대상으로 북미 지역에서 운영하고 있다. 자동차 회사 포드는 아두이노를 이용해 차량용 하드웨어와 소프트웨어를 만들어 차량과 상호작용을 할 수 있는 오픈XC라는 프로그램을 선보이기도 했다(류한석, 2013년 7월 9일). 유니퀴파이(Uniquify)는 이용자 각각의 성향을 존중하고 취향을 극대화하기 위해 제품 및 서비스 디자인에서부터 제조와 사용 방식에 이르기까지 독특함(uniqueness)를 추구하는 것으로서 이용자가 직접 디자인, 조립 과정등에 참여하게 함으로써 구현된다. 사용자가 직접 제작하는 DIY(Do It Yourself) 사용자가 완성할 수 있도록 요소들을 제공하는 CIY(Complete It Yourself), 사용자가 직접 수리할 수 있도록 제동하는 RIY(Repair It Yourself) 등이 대표적이다(Wolf & McQuitty, 2011).

프로듀서와 이용자의 구분을 사라지게 하는 매시업

공개된 플랫폼은 다양한 아이디어의 혼합을 통해 매시업 과정을 거치면서 혁신의 밑거름이 된다. 매시업(mash-up)은 '섞는다'라는 의미로 인터넷상에서 제공되는 다양한 서비스와 가능을 합쳐서 새로운 서비스를 만들어 내는 것을 의미한다. 즉 서로 다른 웹사이트의 콘텐츠를 조합하여 새로운 차원의 콘텐츠나 서비스를 창출하는 것이다. 구글이나 야후, 마이크로소프

5 오픈소스를 기반으로 한 단일 보드 마이크로컨트롤러이다.

트 등이 제공하는 지도 서비스, 인터넷 서점 아마존이 제공하는 상품 정보와 자사의 기술을 웹 서비스로서 API를 공개하는 경우가 늘고 있으며, 이들 기능에 독자적인 사용자 인터페이스를 융합하여 새로운 서비스를 제공하고 있다. 매시업은 누구나 사용할 수 있도록 공개된 API(Application Programming Interface)를 활용해 만들어지기 때문에 API를 얼마나 잘 활용하느냐가 매시업의 관건이다. 미국을 중심으로 다수의 매시업 사례가 등장하여, 범죄 통계 정보, 허리케인 정보, 주유소의 가격 정보처럼 실용적인 것부터, 온천 정보, UFO 목격 정보, 뉴욕의 영화 위치, 현장 정보처럼 취미나 엔터테인먼트에 관한 것까지 여러 종류가 있다. 최초의 매시업은 래드마커(Rademacher)가 구글 지도의 어플리케이션 코드를 해킹하여 부동산 정보와 조합해 Housingmaps.com를 만든 것이 시초이다. 구글은 그를 소송하는 대신 직원으로 고용했고 두 달 후에는 구글 지도를 활용한 혼합 서비스의 확장성과 가능성을 높이 평가하여 API를 공개하였다. 그 이후 야후 등 여러 사이트에서도 API를 공개하기 시작했으며 이를 활용한 매시업이 늘어나면서 점점 주목받기 시작하였다(민병현 · 김미경 · 이민규, 2013). 공개된 플랫폼을 기반으로 수많은 사람들의 손에 의해 만들어진 상품과 서비스는 집단지성의 산물로서 창의적이고 독창적인 방향으로 진화해나간다.

상호작용, 항상 연결된 동기화된 삶[6]

동기화를 말하는 싱크로나이제이션(Synchronization)은 시간(Chrono)을 같이(Syn)한다는 뜻이다. 모바일 단말기의 대중화와 항상 인터넷과 연결

6 이하는 『트랜드 싱킹』(메타트랜드연구소, 2011)을 요약, 정리한 내용이다.

되어 있는 환경, 그리고 이를 기반으로 한 클라우드 컴퓨팅의 등장은 동기화의 대상을 시간에서 데이터로, 데이터를 넘어서 사용자의 경험과 취향, 삶까지 확장해나가고 있다. 바로 내 경험과 취향, 감각 등 나의 삶 자체가 동기화되는 라이프싱킹③(Life-Syncing)이 등장하고 있다. 라이프싱킹(Life-Syncing)은 모바일과 무선 인터넷의 확산 등에 따라 사용자의 경험과 취향, 감각 등 삶 자체가 온라인으로 동기화되는 것을 의미한다. 라이프싱킹은 클라우드 컴퓨팅과 모바일 라이프, 인터넷과 항상 연결돼 있는 항상 연결된(always connected) 환경적인 요인과 센서를 통한 인간과 기계의 교감을 말하는 디지센서스(DigiSensus),[7] 소셜 네트워크 서비스, 위치 정보, 콘텐츠를 자양분 삼아 등장하였다. 이로 인해 라이프싱킹은 맥락(context) 중심의 개인화, 이음새 없는 지속적 경험, 증강된 정체성을 특징으로 한다.

> ③ **라이프싱킹**
> 모바일과 무선 인터넷의 확산으로 사용자의 경험과 취향, 감각 등 삶 자체가 온라인으로 동기화되는 것.

라이프싱킹의 핵심: 모바일 단말기

모바일과 광범위한 무선 인터넷의 확산으로 생활이 점차 온라인으로 동기화된다. 사용자의 모든 경험은 클라우드(cloud)를 통해 매끄럽게 연결되며, SNS를 통해 내 모든 행동과 생각이 동기화된다. 이제는 환경에 맞춰 생활 패턴을 바꾸거나 개성을 희생할 필요가 없다. 어디에서든 어떤 시간에서든 어떤 디바이스든 사용자를 위한 최적의 상태를 유지해준다. 사용자의

---

7 디지센서스(DigiSensus, Digital Consensus)는 정확성, 속도, 효율성을 앞세운 시대에서 감성, 교감, 소통을 중시하는 시대로의 변화를 보여주는 트렌드이다. 센서의 발전을 통해 기계와 사람이 감각을 공유하고 교감한다. 특히 센서 기술 중에서도 인간의 감정을 인식하거나 인간에게 감성적인 교감을 이끌어내기 위한 기술이 관심을 끈다. 이미 뇌파나 눈의 깜박임, 체온, 표정 등을 통해 사용자의 감정식을 넘어선 교감의 중요성이다. 단순히 사용자의 감정을 인식만 하는 게 아니라 기계가 사용자의 감정을 인식해 유대 관계를 강화해나가는 새로운 시도가 계속되고 있다는 점에 관심을 가질 필요가 있다.

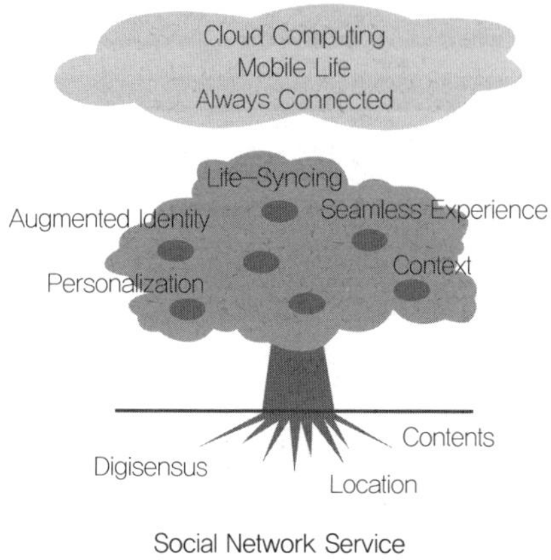

그림 8-2. 항상 연결된 모바일 삶: 라이프싱킹
* 출처: 유인오, 신동윤(2011).

경험은 더 이상 상황에 따라 단락적으로 끊어지지 않고 어떤 환경에서도 이음매 없이 매끄럽게 이어진다. 제품과 서비스는 사용자의 데이터뿐 아니라 감성과 취향까지 동기화하면서 사용자의 또 다른 분신이 된다. 모바일 단말기는 이용자를 따라다니고, 모든 행동을 기록하면서 개인적인 히스토리를 만든다. 또한 이것은 단순한 정보의 나열이 아닌 사용자와 주변과의 상호작용을 모두 기록함으로써 맥락으로 변모한다.

동기화를 통한 개인화

개인화는 사용자가 있는 곳이 어디인지, 사용자가 언제 사용하든지 상관없이 사용자의 데이터에 접속할 수 있으며 동일한 콘텐츠를 동일한 방식으로 사용할 수 있다는 의미이다. 사용자의 취향과 관심사, 환경 등을 종합한 맥락 중심의 컴퓨팅을 통해 사용자가 원하는 콘텐츠와 서비스에 최대한 근접하는 것을 가능케 하는 것이 동기화(synchronization)다. 제품과 서비스는 더 이상 사용자에게 시시콜콜하게 하나하나 물어보지 않는다. 대부분의 작업은 자동화가 이뤄지며, 꼭 필요한 부분에 대해서만 승낙을 받는다. 이 같은 추천은 사용자의 취향과 개성을 적극적으로 반영해 선택의 폭을 넓히면서도 결정에 걸리는 시간을 최소화한다. 페이스북의 친구 추천이 대표적인 예이다. 사용자가 친구를 하나씩 찾아 업데이트하는 것이 아니라, 사용자 자신과 다른 친구들의 정보를 기반으로 친구를 추천해준다.

이음새 없는 경험의 유지: 클라우딩 서비스

클라우드(Cloud)의 의미는 컴퓨터 통신망이 구름과 같은 것에 싸여 안이 보이지 않고, 일반 이용자는 이 복잡한 내부를 굳이 알 필요도 없이 어디에서나 구름 속으로 손을 집어넣어 자기가 원하는 작업을 할 수 있다는 뜻이다. 이른바 동일한 체험을, 인터넷이 연결된 어디에서나 보장해주는 것이다. 회사에서 하던 작업을 그대로 외부에서도 할 수 있으며, 이동 중에 휴대전화로 작성한 메모는 집에서 노트북으로 사용할 수 있다. 웹에서 수정한 메일과 연락처 정보는 휴대전화에도 그대로 적용되며, MP3 플레이어에서 듣던 음악은 컴퓨터나 TV, 거실의 오디오를 통해서도 들을 수 있다. 이용자가 어디에서든 소셜 네트워크와 서비스, 단말기의 분화에 관계없이 이음새 없는 동일한 경험을 유지할 수 있으며 환경에 구애 받지 않고 자신이 하고자 하는 일에 집중할 수 있다.

공유 경제: 협력적 경쟁과 협력적 소비

소셜 네트워크와 실시간 기술들은 물물교환, 거래, 교환, 공유 활동을 가능하게 한다. 이러한 연결성은 '내 것이 네 것'이라는 경제를 만들고 있다. 교환 시장의 원조인 eBay, 시간제로 월 사용료를 내고 자동차를 빌리는 차량 공유 회사인 GoGet, 누구든지 소액 대출자가 되도록 대출을 원하는 누군가와 연결시켜주는 Zopa와 같은 소셜 대출 플랫폼까지 공유와 협력의 생산과 소비가 가능해지고 있다(Botsman, 2010).

④ 협력적 경쟁
'경쟁 속의 협력' 또는 '협력을 통한 경쟁'의 움직임을 표현한 용어. 협력을 뜻하는 'cooperation'과 경쟁을 뜻하는 'competition'의 합성어로 '상생'의 의미로 볼 수 있다.

협력적 경쟁

산업 간의 경계가 무너지는 초 경쟁 상황에서는 기술과 지식의 공유가 필요하다. 상대가 죽어야 내가 사는 제로섬(Zero-sum) 게임이 아니라 참여자 모두가 살아남는 플러스섬(Plus-sum)게임의 시대가 도래하였다. 근래 가장 주목할 만한 협력적 경쟁의 성공 사례는 구글 클러스터라는 열린 기업네트워크이다. 이것은 협력적 경쟁, 즉 협력적 경쟁④(Copetition)의 대표적 사례로서 예일대 배리 넬버프 교수와 하버드대 애덤 브랜든버거 교수가 제시해 현대 경영학에서 주목하고 있는 경쟁 속의 협력이다. 협력적 경쟁은 기업 간의 극단적 경쟁에서 초래되는 불확실성과 위험을 회피한다는 측면과 합작투자 등 기업 자원의 혼합을 통해 경쟁 가능성의 감소 및 자사에 유리한 방향으로 시장의 변화를 추구하기 위한 것이다. 협력적 경쟁은 다음 세 부분에서 이루어진다.

표 8-4. 컴퓨터 산업에서 기업 간 경쟁과 협력 관계

협력적 경쟁 관계	협력 분야	경쟁 분야
IBM	플랫패널 스크린(flat-panel screens) 연구 개발	노트북컴퓨터 판매
도시바(TOSHIBA)	플랫패널 스크린 생산	
SUN	마이크로프로세서 연구 개발	마이크로프로세서 생산 일본에서 워크스테이션 판매
후지쯔(FUJITSU)	SPAR 아키텍쳐 디자인	
HP	마이크로프로세서 연구 개발	마이크로프로세서 생산 일본에서 워크스테이션 판매
히타치(HITACHI)	기술 이전	
IBM	Power PC 아키텍쳐	PCVKSAO 및 운영 시스템
애플(APPLE)		
IBM	Power PC 아키텍쳐	마이크로프로세서 생산 및 판매
모토롤라(MOTOROLA)	마이크로 프로세서 연구 개발	

첫째, 가치 사슬 기능 분할로서 기능이나 업무 분야에서 기업 간 협력 · 경쟁하는 경우이다. 연구 개발, 조달, 생산, 마케팅, 유통 등의 가치 사슬상의 일부 분야에서 협력 관계를 맺지만 그 외의 분야에서는 상호 경쟁이 이루어지는 경우이다. 즉 기술 개발이나 부품 생산에서는 협력 관계를 유지하지만 공동으로 개발한 기술이나 공동 생산한 부품을 투입한 완제품의 판매에서는 경쟁 관계를 형성한다. 이 경우 협력을 통한 규모의 경제가 실현되고 원가가 절감되면서 새로운 부품 개발에 따른 비용 부담이 경감된다.

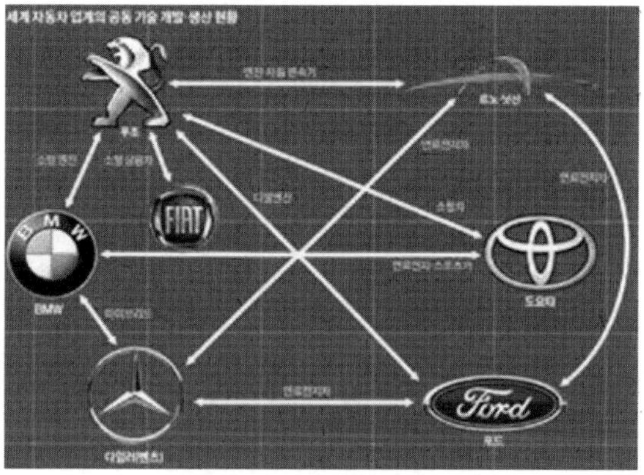

그림 8-3. 협력적 경쟁의 사례:
푸조 · BMW · 피아트 · 르노 · 도요타 · 포드 · 벤츠
* 출처: 김기범(2013)

둘째, 시장 분할에서의 기업 간 협력과 경쟁의 경우이다. 특정 지역이나 시장에 국한해서는 협력 관계에 있지만 여타 시장에서는 경쟁관계를 유지하는 것이다. 이는 특정 기업이 모든 지역의 고객들에게 최고의 제품과 서비스를 독점적으로 제공할 수 없기 때문에 현지의 기업과 협력을 하는 경우이다. 일본 도시바(Toshiba)의 경우, 미국 시장에서는 웨스팅하우스, AT&T, 유나이티드 테크놀러지와 협력하고 유럽 시장에서는 올리베티 및 지멘스와 협력하고 있다.

셋째, 제품이나 사업 분할에서의 기업 간 협력과 경쟁이 이루어지는 경우이다. 특정 제품이나 사업에 대하여 합작 공장을 설립하는 등의 협력을 하고 그외 사업 분야에서는 경쟁 관계를 이루게 된다.

'협력적 경쟁'에 가장 적극적인 업체는 푸조이다. 2011년 푸조의 모회사인 PSA는 전기차 공동 개발을 위해 BMW 그룹과 1억 유로 이상 투자해 합작사를 세웠다. 이곳의 연구 개발(R&D) 부서에서는 2015년 생산되는 차에 적용할 고압 배터리와 전기 모터, 발전기 등을 개발하고 공동 판매도 추진한다. PSA 그룹은 최대 라이벌인 르노와 유럽 포드와도 제품 공동 개발하였다. 푸조는 또 다른 계열사인 시트로앵과 일본의 도요타와 함께 소형차를 개발해 이름만 '도요타 아이고' '푸조 107' '시트로앵 C1' 등으로 다르게 붙여놓은 '세 쌍둥이' 모델을 각자 따로 판다('그림 8—3' 참고).

협력적 소비

협력적 소비[5](Collaborative Consumption)는 자신이 소유하고 있는 자산을 남들과 공유함으로써 새로운 가치를 창출하는 것이다. 즉 개인이 가진 물건을 혼자서 소유하기보다 나눔과 공유를 통해 합리적이고 현명한 소비를 한다는 의미이다. 네트워크 시대에는 서로가 네트워크로 하나가 되어 물리적이고, 공간적인 경계를 넘어서는 환경이 만들어진다. 따라서 나에게 필요 없어진 물건을 원하고 내가 필요한 물건을 가지고 있는 사람을 찾기가 아주 쉬워졌다. 이로 인해 소비의 행동 양식과 습관의 새로운 국면을 맞이하게 되었다. 한두 번 읽고 책장에서 20년 이상 있는 책, 한두 번 보면 가치를 상실하는 DVD, 사고 한두 번 정도 쓴 전동 드릴 등 소유만 했지 공구나 책장 혹은 박스 안에서 쉬고 있는 물건들을 효율적으로 사용할 수 있는 방안 탐색이 네트워크 사회의 소통과 결합하면서 협력적 소비 양식이 등장하게 되었다. 스왑 트레이딩(swap trading)처럼, A라는 사람이 가진 것과 C라는 사람이 원하는 것을 연결시키는 무한 장터가 인터넷 공간에 만들어진 것이다.

> **⑤ 협력적 소비**
> 제품을 사서 소유하지 않고 남들과 공유하는 방식으로 사용권을 보장받는 소비이다. 점차 과거의 소비 방식에 의문을 가지면서 나누고, 임대하고, 빌리고, 교환하는 새로운 공동체를 형성하고 있다.

이와 같은 협력적 소비의 특징은 첫째, 재분배 시장이라는 점이다. 재분배 시장은 스왑트리(Swaptree) 사이트처럼 중고 물품을 필요로 하지 않는 곳에서 중고 물품을 필요로 하는 누군가에게 이동시키는 것이다. 이것은 5R(Reduce, Reuse, Recycle, Repair, Redistribute)을 특징으로 한다. 제품의 생명 주기는 연장되고 친환경적 소비 환경이 만들어진다.

둘째, 협력적 생활방식이 등장한다는 점이다. 돈과 기술, 시간 같은 자원을 제공하고 공유하는 것이다. 협업(coworking), 카우치서핑(couchsurfing: 여행하고자 하는 곳의 현지인의 도움을 받아 무료 숙박 및 가이드까지 받을 수 있는, 여행자들을 위한 비영리 커뮤니티) 타임뱅크(timebanking: 특정한 서비스나 기술 등을 제공하고 그 시간만큼 다른 사람의 도움을 요청할 수 있는 일종의 서비스 교환 은행) 등이 일상화될 것이다. 대표적인 협력적 생활방식 중 하나는 랜드쉐어(land share)이다. 이 제도는 뒷마당에 여분의 땅을 가진 존슨 씨와 경작을 하고 싶어 하는 스미스 여사를 연결해줌으로써 함께 재배하는 발상이다.

셋째, 제품 서비스 시스템을 구축하는 것이다. 상품을 소유할 필요가 없이 효용에 대해 지불하는 방법이다. 이 방법은 높은 유휴 생산능력을 가지고 있는 것들에 특히나 효과적인데, 아기 용품이나 공구, 패션까지 다양하게 적용가능하다. 예컨대 파워 드릴과 같이 효용성은 높지만 자주 사용되

표 8-5. 협력적 소비 관련 사이트

협력적 소비 관련 서비스	특징	인터넷 주소
협력적 소비 생활 서비스	공유의 생활 네트워크	http://meshing.it
물물교환 공유 서비스	물건과 물건, 물건과 서비스, 서비스와 서비스 교환 가능	http://www.barterquest.com
자동차 공유 서비스	시드니, 멜버른, 브리스베인에서 운영하는 자동차 공유 서비스	http://www.goget.com.au
소셜 소액 대출 서비스	영국의 Peer to peer 대출 서비스	http://www.zopa.com
협력적 소비 어플 서비스	물품 정보 공유, 물품 &서비스 등록, 실시간 채팅 기능 지원	http://www.tradyo.com
국내 협력적 소비 어플 서비스	물품 정보 공유, 물품 & 서비스 등록, 위치 검색, 친구 보기 및 초대, 실시간 채팅 기능 지원	http://www.wisher.co.kr

⑥ 트라이슈머
기존 정보에 의존하지 않고 완제품을 직접 사용해보는 체험적 소비자를 일컫는다.

지 않는 제품을 대여해주고 소정의 대여료를 받는 경우이다(Botsman, 2010).

컨버전스 이용자: 트라이슈머와 트랜슈머

트라이슈머⑥(Trysumer)는 시도하다(Try)와 소비자(consumer)의 합성어로 간접정보에 의존하기보다는 새로운 서비스나 제품을 직접 경험하기를 원하는 체험적 소비자를 지칭하는 의미로서 새로운 소비 세력을 의미한다. 이들은 광고와 정보만으로 움직이지 않고 경험을 통해 구매를 하는 소비자이다. 이러한 트라이슈머를 위한 마케팅 사례는 나이키(Nike)의 '트라이얼 밴(Trial Van)' 프로그램[8]이다. 이 트라이얼 캠페인(Trial Campaign)은 달리기 문화와 함께 '나이키 휴먼 레이스' 이벤트로 확대된다. '나이키+'와 함께 새로운 러닝의 세계를 체험하세요'란 캠페인 슬로건이 트라이슈머의 브랜드 경험적 가치를 기대하게끔 만든다. 또한 게임 업계, 이동 통신, 포털 사이트에서도 정식 오픈 전에 트라이슈머에게 베타서비스를 경험하게 한다. 또한 애플사도 아이팟을 통해 소비자들이 브랜드 실체를 느끼고 만질 수 있도록 함으로써 인지도가 없는 아이폰에 대한 거부감을 상쇄시켰다. 즉 아이팟은 아이튠즈를 통한 음원 판매와 청취 경험을 제공하고 플랫폼의 편의성을 강화함으로써 고객 참여의 가능성을 증대시켰으며 소비자 경험을 제공하고 수익 창출 매커니즘을 연결한 사례이다. 또한 유비쿼터스 강화로 라이프 싱크가 가능하고 공유 경제로 소유의 개념을 벗어나 접속을 통해 순간 순간 자신이 원하는 것을 얻고자 하는 트랜슈머⑦(Transumer)가 등장하고 있다.

8 트라이얼 밴이 공원 등지에 나타나 일정 시간 동안 나이키 운동화를 빌려주고 소비자는 직접 마음에 드는 것을 골라 신고 원하는 만큼 달려볼 수 있도록 하는 프로그램.

트랜슈머는 교통과 소비자의 합성어로 이동하면서 소비를 하는 세대를 의미한다. 인터넷과 모바일 기술을 통해 이동 중 재화와 용역을 구입하는 소비자의 욕구를 반영하고 있다. 이렇게 이동 중 혹은 대기 중인 소비자의 소비 욕구를 충족시켜주기 위해 공항, 지하철 및 공공장소 등 유동인구가 많고 대기가 가능한 장소에 무료 전시장, 인터넷 카페, 독서 시설이 마련되기도 한다. 또한 모바일 기술과 결합하여 새로운 시장을 찾아내고 소비를 유도하고 있다.

> ⑦ **트랜슈머**
> 인터넷과 모바일 기술을 통해 이동 중 재화와 용역의 구입과 이용이 가능해진 기술적 진보의 결과물로서, 이동하면서 물건이나 서비스를 구매하는 사람들.

생각해볼 문제

1. 능동성과 상호작용성의 개념의 컨버전스 미디어 이용 사례를 찾고 융합 문화의 특징에 대해 정리해보자.
2. 해체와 모듈화, 개방과 공유, 투명성을 기본으로 한 플랫폼마이징을 적용한 미디어 콘텐츠 매시업 제작 사례를 찾고 기획과 스토리의 중요성을 논의해보자.
3. 항상 연결된 라이프싱킹 삶은 언제 어디에서든지 개인의 맥락 중심의 미디어 이용을 가능하게 한다. 이러한 동기화된 미디어 소비에 의해 만들어진 융합 문화는 어떠할지에 대해 논의해보자.
4. 소셜 네트워크와 실시간 기술에 의한 공유 경제를 적용한 사례를 찾고 공유 경제에서의 소유 개념이 어떻게 변화할지 생각해보자.
5. 보츠만(Botsman)의 테드(Ted) 스피치를 찾아서 듣고 협력적 소비에 대한 개념과 특징을 정리해보자.

3부

뉴미디어, 참여와 격차

9 인터넷과 시민 참여

장윤재(서울여자대학교 언론영상학부)

참여를 빼놓고는 민주주의를 논할 수 없다. 민주주의가 모든 시민의 직·간접적 참여를 통해 성립하는 정치 체계를 의미하기 때문이다. 그래서 우리는 어릴 때부터 참여가 얼마나 중요한지에 대해 배워왔다. 그런데 지역 공동체를 떠나서는 무엇인가를 배우고 생존하는 자체가 불가능했던 먼 과거에도 참여가 지금처럼 강조됐을까? 이웃이 긴밀하게 연결돼 서로에 대해 알고 있으며 서로의 문제에 개입하던 농경 사회에서는 참여를 애써 강조하지 않아도 모든 일상과 길흉사를 으레 공동체와 함께하고는 하였다. 하지만 지금 우리가 생각하는 참여는 다분히 불편하고 부담스러운 개념이다. 사회적인 문제의 상당수가 내 일상과는 거리가 있어 보이고, 참여를 위해서는 애써 시간과 노력을 들여야 하기 때문이다.

이런 변화는 미디어 발전사와 무관하지 않다. 책이나 잡지, 신문과 같은 인쇄 매체가 확산되면서 사람들의 관심 범위가 마을에서 벗어나 국가로 확장되었기 때문이다. 어느 나라와 교역을 시작했다거나 왕이 죽었다거나 하는 식의 '나'와 직접적인 관련은 적지만 그래도 '우리'의 문제라고 생각되는 것들이 늘어났다. 이런 현상은 산업화로 도시가 성장하면서 심화됐다. 멀리 있는 공동의 (것이라고 생각되는) 문제에 관심을 갖게 됐지만, 역설적이게도 이웃의 밥그릇 수는 나와 상관없는 문제가 됐다. 내 문제를 해결하는 데에도 이웃이 아닌 먼 타인의 힘을 빌리면 된다. 각 분야의 전문가에게 문제를 위임함으로써 이웃에게 의존할 때보다 더 정확한 정보를 얻고, 병을 더 잘 고치며, 더 세련된 서비스를 받을 수 있게 됐다.

이런 변화와 함께 과거에는 자연스럽고 필수불가결한 행위였던 참여가 부자연스럽고 의식적인 행위로 바뀌었다. 이웃과 서로 돕지 않아도 필요한 것을 얻을 수 있기 때문에 과거와 같은 형태의 참여는 불필요해졌다. 대신 우리는 자신과 관련된 여러 행위나 상황으로부터 소외되기 시작하였다. 더 나은 의료 서비스를 받는 대신 자신의 병에 대해 알지 못하고, 교사 없이 배울 줄 모르며, 직업 정치인에게 국가라는 상상의 공동체를 맡긴다. 의술을 구하다 우리의 몸과 건강에 대한 결정권을, 지식을 구하다 판단과 지성의 준거를, 주권을 위임하다 권력을 내어주는 모순이 생겨났다.

참여가 부자연스럽고 의식적인 행위로 변모하고 우리가 자신의 문제에서 소외돼가는 상황에서 인터넷의 등장은 의미심장한 것이었다. 소수의 전문가가 다수의 대중에게 메시지를 널리 흩뿌리는(broad-cast) 방식으로 소통이 이루어지는 신문이나 방송과 같은 매스미디어는 위임과 소외의 매커니즘을 반영하고 있다. 매스 커뮤니케이션 과정에서 소통은 전문가에게 위임되며 대중은 이 과정에서 소외돼 수동적인 수용자에 머물기 쉽다. 하지만 인터넷 공간에서는 개인과 개인, 전문가와 대중, 개인과 집단이 직접 연결되어 소통할 수 있다. 이런 직접적이고 양방향적인 상호작용을 통해 인터넷이 참여의 양상을 바꿀 수 있으리라는 기대가 생겨났다.

대안적 공론장[①]으로서의 인터넷

> ① 공론장(public sphere)
> 개인 및 집단이 공동의 이해에 대해 논의하여 (가능하다면) 결론을 도출하는 담론 공간이자 정치 참여와 여론 형성의 장.

선출한 대표에게 권력을 위임한 결과 시민 개개인이 정치 과정에서 소외되는 데 대한 우려와 논의는 꾸준히 있어 왔다. 이런 맥락에서 인터넷의 확산과 함께 정치 커뮤니케이션 연구자들이 가장 먼저 던진 질문은, 과연 인터넷이 대의제의 한계를 극복 또는 보완하고 민주주의 발전에 기여할 수 있을 것인가였다.

인터넷과 민주주의의 관계에 대한 초기 논의는 주로 인터넷의 기술적 속성을 바탕으로 전개됐다. 낙관적 입장에서는 낮은 비용과 손쉬운 접근, 쌍방향적이고 개방적인 커뮤니케이션 구조, 왜곡 없는 전달 가능성, 익명성, 시공간적 제약 극복 등과 같은 인터넷의 특성이 민주주의나 공동체에 긍정적인 요인으로 작용할 것이라고 기대하였다. 반대로 인터넷과 민주주의의 관계에 대한 부정적인 입장의 논자들은 디지털 격차, 커뮤니케이션 품질 및 지식의 저급화, 익명성, 공적 이슈에 대한 관심 감소, 상업화 등을 들어 우려를 표하였다.

낙관론자들이 제시하는 전망의 핵심적 근거는 대의민주제와 같은 제도적 요인이나 사회경제적 지위로 인해 정치 과정에서 배제되었던 계층에까지 접근권이 확장되리라는 점이다. 예컨대 달(Dahl, 1989)은 물리력, 경제력, 정보력과 같은 다양한 정치적 자원이 불균등하게 분배되어 정치적 불평등이 발생하는데, 인터넷이 이런 불평등을 감소시킴으로써 정치적 평등을 실현하고 민주주의에 기여할 것이라고 기대하였다. 그는 다양한 정치 자원 가운데서도 정보력이 핵심적인 요소이며, 새로운 커뮤니케이션 기술의 발달과 함께 정보에 대한 접근권이 확대되어 정치과정에서 배제되었던 계층의 정치 참여도 확대될 것이라고 전망하였다.

비슷한 맥락에서 달버그(Dahlberg, 2007)는 주변부 집단이 지배질서에 저

그림 9-1. 이집트 혁명을 표현한 만화

"(민주주의는) 인터넷에서 확산되는 바이러스입니다". 의자에 앉아 보고를 받고 있는 사람은 이집트 혁명의 결과로 퇴진한 무바라크 대통령이다. © Chappatte(2011)

항하는 급진적 민주주의의 장으로 인터넷을 이용할 수 있다고 보았다. 주변부 집단이 인터넷에 소통의 장을 마련함으로써 소외 집단이 아닌 대안공중으로 자리매김할 수 있다는 것이다. 뿐만 아니라 대안공중들이 서로간의 접점을 발견해 네트워크를 형성함으로써 더욱 강력한 주체로 발전할 수 있고, 지배 담론과 논쟁하며 주류 공론장에 진입할 수도 있다. 이처럼 주변부 집단이 정치과정에 참여하는 기회를 제공한다는 점에서, 그리고 이들이 네트워크를 통해 주류 공론장에 문제를 제기하는 기능을 담당할 수 있다는 점에서 인터넷이 민주주의에 기여할 수 있다.

그러나 인터넷이 정보에 대한 접근을 확장하기보다 오히려 불평등을 심화시킬 것이라는 디지털 격차(digital divide)에 대한 우려도 제기되었다.[1] 커뮤니케이션 기술의 발달과 함께 정보량이 급속도로 증가하는 것은 사실이지만, 경제, 문화, 사회적 지위의 차이로 인해 새로운 커뮤니케이션 기술에 대한 접근에 격차가 존재할 수 있기 때문이다. 이러한 격차로 인해 인터넷이 가져다주는 유익함 역시 모두가 누릴 수 있는 것은 아니다. 게다가 정보 부자와 빈자 사이의 차이가 점점 커져 경제, 정보, 문화의 전 영역에서 격차가 심화될 수 있다.

디지털 격차의 문제 외에, 공적 관심과 공적 커뮤니케이션의 감소 문제도 대두되었다. 일례로 킨(Keane, 1999)은 오늘날이 커뮤니케이션 풍부성(communicative abundance)의 시대이지만, 역설적이게도 커뮤니케이션 풍부성이 오히려 줄어들고 있다고 비판하였다. 인터넷을 통해 텍스트, 음성,

1 디지털 격차에 대해서는 11장에서 자세히 소개하고 있다.

이미지 등 다양한 형태의 메시지가 통합되고 다중 이용자 간 커뮤니케이션이 가능하며 그 범위도 매우 광범위하고 개방적이어서 커뮤니케이션은 그야말로 풍요로워질 수 있다. 하지만 커뮤니케이션 자원의 불균등한 분배, 커뮤니케이션 품질의 저하, 사적 이슈의 범람, 지식의 저급화 현상이 발생하여 커뮤니케이션의 질은 오히려 하락하게 된다는 것이 킨의 주장이다.

> ② 집단극화
> 비슷한 성향의 이용자들이 모여 상호작용하는 과정에서 의견이 처음보다 더 극단화되는 현상. 의견이 극화되면 외집단을 비하하거나 심각한 수준의 언어 폭력을 행사하는 등 일탈적인 행동으로 이어지기도 한다.

선스타인(Sunstein, 2004)도 인터넷의 여과(filtering) 혹은 개인화(personalization) 기능으로 인해 인터넷이 공동체와 민주주의 발전을 저해할 가능성이 있다고 우려하였다. 한 사회가 민주주의 사회로서 다원성을 확보하기 위해서는 사람들이 여러 타인, 여러 상황에 부딪히며 공동의 경험과 관심사를 축적해가야 한다. 그러나 인터넷은 사람들이 각자 관심 있는 주제나 관점만을 선별적으로 접할 수 있는 개인화된 매체이다. 선스타인은 이런 개인화된 매체 이용이 증가할수록 공론장이나 공적 공간의 중요성이 감소할 것이며, 결국 비슷한 의견을 가진 사람들끼리 모이게 됨으로써 집단극화②(group polarization)가 심화될 수 있다고 보았다. 그의 의견에 비추어 보면 인터넷은 대안적 공론장이기보다 개인이 듣고자 하는 목소리만이 공명하는 공간에 불과한지도 모른다.

어떤 민주주의인가: 온라인 정치의 다양한 모델

인터넷과 민주주의의 관계에 대한 여러 주장을 살펴보면 어떤 것도 전적으로 옳거나 틀리다고 말하기 어렵다. 사실 인터넷의 기술적 속성만을 중심에 두고 민주주의에 미치는 영향을 설명하는 데는 무리가 따른다. 인터넷이 정치 과정에서 담당하는 역할이나 그 영향은 인터넷의 속성에서만 비

③ 숙의(deliberation)
충분한 정보가 주어진 상태에서 다양한 대안을 신중하게 검토하여 (반드시는 아니지만 가능하다면) 결론에 도달하는 과정.

롯되는 것이 아니라 그것을 이용하는 사회적 맥락, 방식에 따라 달라지기 때문이다. 이런 관점에서 벤자민 바버(Barber, 2000/2001)는 어떤 민주주의에 어떤 기술을, 어떤 기술에 어떤 민주주의를 적용하는 것이 타당한가 하는 질문을 던졌다.[2] 사회적 맥락에 따라 인터넷이 다른 역할을 할 수 있다는 것이다.

민주주의 모델은 매우 다양하지만 대표적으로 직접민주주의, 대의민주주의, 숙의③민주주의를 들 수 있다. 직접민주주의에서는 모든 성원의 직접 참여를 전제로 한다. 지금도 정당, 학회 등 한 집단 내에서 모든 회원에게 발의, 결정권을 부여하는 방식으로 직접민주주의를 구현하기도 한다. 하지만 국가 규모에서는 전 국민의 직접 참여가 불가능하기 때문에 국민이 선출한 대표에게 주권을 위임하는 대의제를 채택한 나라가 많다. 그런데 대의제에서 대표성 문제나 정치 소외 등의 한계가 드러나자 시민들의 토론과 합의를 강조하는 숙의민주주의와 같은 대안적인 모델이 등장하였다. 이처럼 상이한 민주주의 모델에 인터넷이 동일하게 기능하리라고는 보기 어렵다.

예컨대 인터넷의 빠른 속도나 개인화라는 특징은 선거의 도구로 활용하는 데 적합하므로 대의제나 투표민주주의에는 유익하지만 심도 깊은 토론과 합의를 강조하는 숙의에는 적합하지 않다. 대신 인터넷의 직접 연결(point-to-point) 및 상호작용적 특징은 숙의민주주의에 긍정적으로 기능할 수 있다. 그런가 하면 인터넷을 통해서는 검열이나 게이트키퍼와 같은 매개체 없이 직접 커뮤니케이션이 가능한데, 이 때문에 자유로운 논의가 이루어질 수도 있고 비방이나 욕설이 난무할 수도 있으므로 숙의민주주의에 긍정적으로 작용할 수도, 부정적으로 작용할 수도 있다. 이처럼 한 사회에서 어떠한

2 "Which technology for which democracy? Which democracy for which technology?", Barber (2000/2001), p. 1.

표 9-1. 민주주의와 온라인 정치의 다양한 모델

대표적인 민주주의 모델	
직접 민주주의	시민들이 직접 정치에 참여하는 고전적인 민주주의 모델. 현재도 정당이나 개별 집단 등에서 부분적으로 실행.
대의 민주주의	시민이 선출한 대표에게 주권을 위임하는 간접민주주의 모델. 선거민주주의, 의회민주주의 등 다양한 하위 유형 존재.
숙의 민주주의	투표만이 아니라 시민들의 숙의와 합의를 통해 의사결정에 정당성을 부여하는 모델. 심의 민주주의라고도 부름.

온라인 정치 모델	
대의제 강화 모델	인터넷을 활용해 대의민주제 강화. 전자정부 프로젝트, 전자투표 등
대의제 보완 모델	대의제의 한계를 근본적으로 보완하는 정치 모델 제시. 공동체주의, 숙의모델 등
대안적 공론 영역	주변부 집단의 이해를 표출하고 네트워크를 통해 정치화, 주류화
자유 해방론	정보 탈집중화와 자유로운 흐름 주장(해커공동체)
포스트 모더니즘	담론적 실천 통해 근대적 정체성을 해체하고 자유로운 정체성을 구성하는 장

형태의 민주주의를 추구하는가에 따라 인터넷이 그 사회의 민주주의에 어떤 기능을 미치는지도 다르게 평가할 수 있다는 것이 바버의 주장이다.

그러면 인터넷 공간에서는 어떤 정치 모델을 구현할 수 있을까? 우선 인터넷을 대의제라는 현행 질서를 강화하는 수단으로 사용하려는 입장을 아울러 대의제 강화 모델로 분류할 수 있다. 이 관점에서는 대의민주제가 거대하고 복잡한 현대사회에서 민주주의를 실현할 수 있는 가장 현실적이고 효율적인 방법이라고 전제한다. 모든 시민이 직접 정치에 참여하는 것이 가능하지 않기 때문이다. 따라서 인터넷을 활용해 의견을 표명할 수 있는 개인의 자유와 권리를 최대한 보장하고 그 통로를 제공함으로써 대의제를 강화하고자 한다. 이 관점에서는 인터넷을 통한 민의 직접 전달, 시민의 정보 접근권 및 정치 역량 강화 등을 추구한다.

정부 차원에서 추진하는 프로젝트들은 대부분 대의제 강화 모델에 근거한 것이다. 정부 정책을 공개하고 관련 정보를 제공해 정치의 투명성을 확보하고 국민의 알 권리와 편의를 보장하려는 전자정부 프로젝트(e-government project), 전자투표를 통해 보다 많은 시민들이 정치에 직접 참여할 수 있도록 하려는 투표민주주의, 시민 상호 간이나 다른 정치가들에게 자신의 주장을 표현하고 전달할 수 있는 통로를 제공함으로써 시민들의 정치적 역량을 강화하려 하는 민중주의(populism) 등이 대의제 강화 모델의 대표적인 하위 유형들이다.

그러나 대의제 강화 모델은 결국 기존의 질서를 강화하고자 하는 수단일 뿐이며, 대의제가 가지고 있는 근본적인 문제를 해결해줄 수 없다는 비판도 존재한다. 대의제의 가장 큰 문제는 의회가 대표성을 상실하고 선거 외에는 시민의 정치 참여 기회가 줄어들어 결국 탈정치화된다는 점이다. 이는 일상의 정치 과정을 대표자들에게 위임하기 때문에 발생하는 문제로, 선거제도가 존재하는 한 피할 수 없다. 따라서 선거가 정치 권력과 정당성을 획득하는 핵심 기제로 존재하는 한, 대의제 강화 모델은 현재의 문제점을 개선하기는 쉽지 않다. 오히려 대의제를 강화함으로써 이런 문제를 심화시킬 수도 있다.

이에 따라 여러 연구자들이 대의제를 보다 근본적인 수준에서 보완할 수 있는 방안이 필요하다고 보고 대안적 온라인 정치 모델을 모색해왔다. 예를 들어 공동체주의(communitarian model)에서는 인터넷을 통해 공동체를 형성함으로써 공적 정신과 가치를 공유하고 시민 공동체를 유지, 발전시킬 수 있을 것으로 전망한다. 숙의 모델(deliberative model)에서는 인터넷이 시민들 간의 자유롭고 합리적인 토론을 가능케하는 장이 될 것으로 기대한다. 시민들이 인터넷을 통해 공개적이고 자유로우며 합리적인 토론을 수행할 수 있다면 여론 형성, 정치 참여 및 의사결정의 민주화 등에 기여할 수 있으리라는 것이다. 이러한 대안적 입장들은 대의제 강화 모델과 달리 결과보다는 과정, 개인보다는 공동체 혹은 집합적 수준의 정치 과정에 주목한다. 대의제 강화 모델들이 시민들과 국가 간의 수직적 관계에 초점을 두었다면, 대안 모델들은 시민–국가 간 관계보다 시민들 간의 수평적 관계에 초점을 둔다는 특징을 보인다.

그런가 하면 비판연구자들은 현행 제도를 강화하거나 보완하는 데서 한 걸음 더 나아가 현실 정치의 대안, 혹은 새로운 해석의 공간으로 인터넷을 이해하였다. 예를 들어 대안적 공론 영역, 혹은 인터넷을 통한 대안 공중의 활동을 지지하는 이들은 인터넷을 통해 주변부 집단이 이해를 표출하고 네트워크를 형성하며 정치화 또는 주류화를 꾀할 수 있을 것이라고 보았다. 이를 통해 기존 정치에서 배제되었던 집단의 정치 참여가 가능해질 것이라는 주장이다.

자유해방론은 이용자들의 무제한적이고 자유로운 접근과 사이버 공간에 대한 규제의 거부를 핵심 주장으로 하는, 주로 해커 공동체에서 발견할 수 있는 이념적인 모델이다. 이 관점은 사이버펑크(cyberpunk)라는 대항문화 운동의 흐름을 만들기도 하였다. 사이버펑크는 다국적 기업이 지배하는 정보 질서에 저항하며 자유로운 정보 생산과 교류를 추구하는 대항문화 운동이다. 이들은 정보의 탈집중화와 자유로운 흐름을 요구하며 해킹이나 자료의 불법 유통 등과 같은 일탈적인 행동을 벌이기도 한다.

한편 포스트모더니즘의 관점에서는 인터넷을 기존의 정치 모델으로 설명할 수 없는 공간으로 이해하고, 인터넷을 통해 이용자들이 근대적 정체성을 해체하고 새로운 정체성을 구성해가는 과정에 주목한다. 인터넷에서 나타나는 탈집중화, 주체구성의 민주화와 같은 특징들이 인터넷을 기존의 정치 모델으로 설명할 수 없게 한다는 것이다. 이 관점에서 보면 인터넷은 "정당성 요구를 표현하거나 비판적 이성을 현실화하기 위한 장소가 아니라, 자아 구성의 새로운 조합들을 표시해 놓기 위한 장소에 지나지 않는다" (Poster, 1999. 홍성구 옮김, 2001, 30쪽).

비판적 관점의 민주주의 모델들은 기존의 정치 질서에서 주변화된 계층의 정치적 실천에 의미를 부여하고, 나아가 이들을 정치 세력화하거나 주류

④ 웹
브라우저를 통해 하이퍼텍스트와 멀티미디어 이용을 용이하게 만든 인터넷의 한 유형.

⑤ 웹 2.0
팀 오라일리(Tim O'Reilly)가 2004년 〈Web 2.0 Conference〉에서 사용하며 널리 쓰이게 된 용어로, 참여, 개방, 공유를 특징으로 하는 2세대 웹.

담론에 포섭할 수 있는 가능성을 제시하였다. 그러나 인터넷이라는 기술 자체가 정치적 변화의 계기를 마련해줄 것이라는 기술의존적인 시각을 크게 벗어나지 못했고, 이념형 정치 모델로서 강력한 주장을 제기하고 있기는 하지만 그 주장을 뒷받침할 수 있는 이론적, 경험적 근거가 부족하다는 한계를 보인다.

웹 2.0과 새로운 형태의 정치 참여

지금까지 소개한 온라인 공론장 및 온라인 정치 관련 논의는 대개 1990년대 말에서 2000년대 초 사이, 인터넷과 웹[3](web, world wide web) 확산 초기의 상황을 바탕으로 제시된 이론적 전망이다. 하지만 2000년대 들어 웹 서비스는 세대가 바뀌었다고 표현할만큼 큰 변화를 겪었다. 처음에는 소수의 전문가가 웹 사이트를 통해 대중에게 텍스트와 간단한 이미지 위주의 콘텐츠를 배포했고, 대부분의 이용자들은 누군가가 만들어놓은 텍스트를 읽고는 하였다. 이 점에서 1세대 웹④은 매스미디어와 유사하다. 하지만 웹 2.0⑤(web 2.0) 및 소셜 미디어의 등장과 함께 이제 누구나 콘텐츠를 생산하고 공유할 수 있는 환경이 마련됐다.[4]

모두가 콘텐츠 생산과 공유의 주인공이 되면서 자연스럽게 인터넷 공간에는 '함께'와 '참여'의 문화가 성장하였다. 개인 홈페이지보다는 블로그와 커뮤니티 서비스가, 콘텐츠 제공형 서비스보다는 자신이 만든 콘텐츠를 공

3 인터넷은 컴퓨터 간의 네트워크를 가리키는 포괄적 개념이고, 웹(web, world wide web)은 브라우저를 통해 하이퍼텍스트와 멀티미디어 이용을 용이하게 만든 인터넷의 한 유형이다.

4 웹 2.0과 소셜 미디어의 개념 및 특징에 관해서는 7장에서 자세히 소개하고 있다.

유할 수 있는 플랫폼형 서비스가 각광받기 시작하였다. 양방향성과 상호작용성에 기반을 둔 참여 가능성이 인터넷의 대표적 특징으로 제시돼왔지만, 사실 이용자들은 이러한 인터넷의 강점을 웹 2.0에 이르러 본격적으로 누릴 수 있게 되었다. 이제 참여와 공유가 불가능한 서비스는 상상하기 어렵다. 특히, 2세대 웹의 대표주자 격인 소셜 미디어가 확산되면서 정치 참여에도 큰 변화가 나타났다.

인터넷, 소셜 미디어와 선거

민주주의의 꽃이라고 불리는 선거 문화도 미디어의 발전과 맞물려 변화해 왔다. 인터넷이 본격적으로 확산되기 전인 1997년의 제15대 대통령 선거에서 감각적인 TV 정치 광고가 주목받았다면, 2002년 제16대 대통령 선거는 인터넷 정치 시대를 열었다고 평가받는다. 이때 당선된 노무현 전 대통령은 자신의 홈페이지와 UCC를 적극적으로 활용했고, 그의 지지자들은 인터넷에 '노무현을 사랑하는 사람들(노사모)'[5]이라는 커뮤니티를 개설해 대대적인 인터넷 홍보에 나섰다. 이러한 온라인 활동이 노 전 대통령의 당선에 큰 기여를 했다고 평가되며, 노 전 대통령은 '세계 최초의 인터넷 대통령'으로도 불리기도 한다.

미국에서 2008년, 2012년에 연이어 당선된 오바마(Barak Obama) 대통령 역시 인터넷을 적극 활용하는 것으로 유명하다. 그는 유튜브(Youtube), 페이스북(Facebook), 텀블러(Tumblr)를 비롯해 주요 소셜 미디어 대부분을 이용하고 있다. 소셜 미디어를 통해 그의 정책뿐 아니라 일상적인 모습을 소개하며 세계의 관심을 모은다. 뿐만 아니라 지지자들이 소셜 미디어를 통해 오바마 대통령과 친구를 맺고, 그의 소식을 더 많은 사람들에게 전

5 http://www.nosamo.org

파하는 역할을 하고 있다. 이러한 소셜 미디어 활용이 오바마 대통령의 당선과 재선 전략의 중요 요소 가운데 하나였다.

이처럼 많은 정치인들이 선거운동 수단 및 유권자들과의 소통 채널로 인터넷을 활용하기 시작하면서 유권자들은 전보다 다양한 경로를 통해 정치 정보를 습득할 수 있게 되었다. 과거에는 신문이나 방송과 같은 매스미디어가 정치 정보 습득의 주된 경로였다. 그런데 이런 매체는 유사한 정보원, 기자실이나 보도자료와 같은 관습화된 취재 양식으로 인해 비슷한 관점과 내용의 뉴스를 생산하는 경우가 많다. 하지만 인터넷을 통해 시민들은 주류 미디어뿐 아니라 정치인, 정당, 시민단체 및 개인으로부터 더 다양한 공식 · 비공식적 정보를 접할 수 있다.

또, 선거에 유명인이나 주변인에 의한 사회적 영향력(social influence)이 커지고 있다. 사회적 영향력이란 사회적 관계를 통해 발생하는 정보 또는 규범적 차원의 영향을 가리킨다. 선거철이 되면 유명인들이 프리허그나 선물 증정 등의 이벤트를 열어 투표를 독려한다. 투표 당일에는 유명인을 비롯해 많은 시민들이 투표 참여를 증명하는 '인증샷'을 인터넷에 게시한다. 이러한 게시물에 노출되면 선거에 대한 관심이 커지는 것은 물론, 투표 참여가 바람직한 행동으로 받아들여져 투표에 참여할 가능성이 높아진다. 또, 좋아하는 연예인이나 지인의 견해에 동조해 정치적인 태도를 형성하거나 바꿀 수도 있다.

소셜 미디어와 민주화 운동

2011년 중동 각국에서 '아랍의 봄(The Arab Spring)'으로 불리는 민주화 운동이 연이었다. 아랍의 봄은 튀니지에서 시작됐다. 2010년 12월 17일, 노점을 운영하며 가족을 부양하던 26세의 튀니지 청년 모하메드 부지지

(Mohamed Bouazizi)가 부패한 경찰의 폭력적인 단속에 항의해 분신자살을 시도했고, 이듬해 1월 4일 사망하였다. 이 사건이 페이스북을 비롯한 소셜 미디어를 통해 확산되면서 반정부 시위로 이어졌고, 23년간 이어져온 튀니지 독재정권이 무너지는 결과를 가져왔다. 그리고 이 시위가 중동 전역으로 확산되었다.

그림 9–2. 이집트 혁명과 페이스북

이집트 혁명 당시 페이스북 이용자들은 관련 소식을 전할 때 '혁명의 날'인 1월 25일을 가리키는 #jan25 해시태그를 사용하였다. 한 시위 참여자가 이 해시태그를 적은 안내문을 들고 있다.

* 출처: Harvardpolitics.com

이집트 역시 무바라크 대통령이 무려 30년간 장기 집권하면서 독재의 폐해와 불만이 누적돼 있는 상황이었다. 이에 저항해 2011년 1월 25일 수도 카이로의 타흐리르 광장에서 시위가 벌어졌고, 시위가 점차 확산되어 결국 무바라크가 퇴진하게 되었다. 이집트 혁명에서도 소셜 미디어가 일익을 담당하였다. 2010년 여름에 경찰의 고문으로 한 청년이 사망한 사건과 관련해 와엘 고님(Wael Ghonim) 당시 구글 중동·북아프리카 지역 마케팅 담당 이사가 페이스북에 페이지를 개설해 이 사건을 알린 것이다. 와엘 고님이 1월 25일을 혁명의 날로 정하고 참여를 독려한 것이 민주화 운동의 전개에 중요한 계기가 되었다.

물론 아랍 민주화 운동이 진행되는 데 소셜 미디어가 핵심 원인이 되었다고 말할 수는 없다. 당시 아랍에서 소셜 미디어 사용 비율이 높지 않았고, 알자지라 등 전통적인 미디어와 구전 커뮤니케이션이 사건의 추이나 여론을 전하는 데 핵심적인 역할을 하였다. 그럼에도 많은 이들이 당시 소셜 미디어가 일종의 '방아쇠'와 같은 역할을 했다고 평가한다. 소셜 미디어 덕분에 민주화 운동이 폭발적으로, 그리고 중동 전역에서 연쇄적으로 전개되었고 전세계의 관심과 지지를 촉발했기 때문이다. 시민혁명이 연이었던 17~18세기 유럽에서 왕정을 철폐하고 민주주의가 발전하는 데 인쇄 매체의 공이 컸다면, 21세기 중동 지역의 민주화에 소셜 미디어가 적지 않은 공헌을 했다고 평가할 수 있다.

인터넷을 통한 정치 참여의 일상화

대의민주주의에서 정치 행위는 선출된 대표를 중심으로 하여 고도로 제도화돼 있다. 대부분의 정치 활동은 대표에게 위임돼 있고, 시민들은 선거에 한해 최소한의 권리를 행사할 수 있다. 직접 참여를 원하는 경우 출마, 정당 활동, 압력집단 활동 등이 가능하지만, 이를 위해서는 정립된 제도와 조직을 이용해야 하며 적극적인 당성(partisanship)도 요구된다. 미국의 퓨리서치센터(Pew Research Center, 2014)에서 사용하는 정치 참여 측정 문항을 통해 이러한 전통적인 참여 개념을 엿볼 수 있다.[6]

하지만 인터넷의 확산과 함께 정당이나 단체에 소속돼 있지 않더라도 개인의 필요와 상황에 따라 정치 과정에 개입할 수 있는 여건이 만들어졌다. 우선 정치 정보를 쉽고 다양하게 습득할 수 있게 됐다. 인터넷에는 이전보다 더 폭넓고 구체적인 정치 정보가 공개돼 있다. 평소에도 정부나 국회의 웹 사이트를 통해 정치인들의 활동을 확인할 수 있고, 선거철에는 입후보자들의 약력과 공약뿐 아니라, 전과, 재산 정보 및 과거 입법 활동 내역까지 매우 다양한 내용이 공개된다. 이러한 정보를 언론사나 여러 시민단체에서 목적에 맞게 분석, 가공해 제공하기도 한다.

사실상 불가능했던 정치인들과 상호작용도 가능해졌다. 정치인을 개인적으로 만나는 것은 쉬운 일이 아니다. 시민들은 정치 집회나 매스미디어를 통해서만 정치인을 만날 수 있었다. 두 경우 모두 시민은 대중의 일원으로

6 투표 참여, 공직자 접촉, 선거 운동 후원, 선거 운동 참석, 선거 운동원 활동

존재하며, 정치인은 무대나 화면 속에서 대중을 향해 연설한다. 대중은 그를 알지만 그는 대중을 알지 못한다. 하지만 이제 많은 유력 정치인이 소셜미디어 계정을 가지고 있으며, (설혹 소셜 미디어 담당 비서관이 따로 있더라도 표면상으로는) 직접 유권자들과 소통하려 한다. 비록 물리적인 대면은 아니지만, 이제 유권자들은 정치인에게 직접 질문하고 답을 들을 수 있게 됐다.

뿐만 아니라, 참여가 일상화되면서 시민이 새로운 형태의 정치적 자산으로 자리매김하게 되었다. 주권을 가진 시민이 현실적으로는 '한 표'에 불과하며 그 작은 권력조차 선거철에만 행사할 수 있다는 점이 대의민주제의 가장 큰 문제 가운데 하나이다. 정치인들은 4년, 또는 5년에 1번 찾아오는 선거철에만 유권자에게 봉사하며, 그 이외의 긴 시간 동안에는 유권자 위에 군림한다는 인식이 만연하다. 그런데 소셜 미디어를 통해 유권자들이 일상적으로 정치인과 소통하게 되면서 유권자들의 위상에 변화가 생겼다. 소셜 미디어 속에서 유권자들은 정치인의 유명세와 영향력을 보여주는 지표이자, 정치인을 24시간 지켜보는 감시의 눈이며, 정치인의 발언과 매력을 더 널리 전파해주는 전달자의 기능을 하고 있다.

그런가 하면 정치 참여는 점점 더 연성화되고 있다. 과거 정치 참여는 선거철에 투표를 통해 제한적으로 가능했고, 집회나 정당 활동, 선거캠프 참여와 같은 행위에는 상당한 노력과 적극성이 요구됐다. 그런데 이제 사람들은 책상에 혹은 소파에 앉아, 혹은 거리를 오가다 언제든 간단하게 자신의 정치적 입장이나 정치적 사안에 대한 의견을 제시할 수 있다. 온라인 서명에 참여하기도 하고, 정치인의 포스트에 대해 '좋아요'를 눌러 지지를 표명하기도 한다.

정치와 오락의 결합도 심화되고 있다. 정치를 오락의 소재로 이용하거나 오락적 포맷을 이용해 정치적인 내용을

> ⑥ **폴리테인먼트**
> 경마식 보도나 자극적인 선거 방송과 같이 정치적 내용을 오락적 양식으로 전달하는 경향, 또는 정치를 오락의 소재로 이용하는 경향.

전달하는 폴리테인먼트⑥(politainment) 현상은 방송에서 이미 나타난 것이지만, 인터넷, 특히 소셜 미디어의 확산과 함께 이 현상이 심화되었다. 정치인의 유세나 회견 가운데 벌어진 실수나 독특한 모습을 담은 동영상, 이런 모습을 영화 포스터 등 대중문화 콘텐츠와 합성해 풍자하는 글, 사진, 영상이 넘쳐난다. 인터넷을 통해 정치가 더 연성화, 오락화되면서 정치에 대한 흥미와 관련 정보가 늘어나는 측면도 있지만, 정치에 대한 냉소주의가 깊어지고 정치 과정이 지나치게 희화화되는 문제도 생겨난다.

일상화된 정치적 대화의 이점[7]

그렇다면 인터넷에서 정치인과 시민, 그리고 시민 상호 간에 정보와 의견을 교환하는 경험이 어떤 이점을 가져다줄까? 지금까지의 연구 결과를 살펴보면 인터넷에서 이루어지는 정치적 대화는 (1) 인지적 차원에서는 참여자의 정치 지식을 증가시키고 의견을 정교화하거나 때로 변화시킬 수 있고, (2) 태도 차원에서는 참여자의 정치 효능감을 증가시키고 관용과 대인 신뢰에 긍정적인 영향을 미치며, (3) 행동 차원에서는 정치 참여 및 정치 참여 의사를 높이는 것으로 알려져 있다.

인터넷에서 이루어지는 토론을 통해 다양한 견해와 합리적인 주장을 접하면 자신과 타인의 의견을 비교하고 성찰함으로써 정치적인 의견이 정교화되고 의견의 질이 높아지며, 정치적 지식 또한 증가한다. 대표적인 숙의 연구인 펜실베이니아대학교 전자대화 프로젝트(Electronic Dialogue 2000 project)와 스탠포드대학교 숙의 포럼 연구 결과를 보면, 온라인 숙의 경험이 이슈 관련 지식과 의견의 질을 높이는 것은 물론 의견에도 변화를 가져

---

7 이 부분은 장윤재(2010)의 박사학위 논문 「온라인 게시판 토론은 좋은 시민을 만드는가」에서 발췌 · 축약 · 보완한 내용이다.

온다는 결과가 제시됐다. 국내에서도 실험 연구를 통해 가상공간 내 정치 토론 참여 후 공적 사안에 대한 지식, 논리적 사고, 성찰성이 증가한다는 결과가 제시됐다(김유경, 2001).

태도 측면에서 온라인 토론 경험은 효능감 및 관용, 신뢰, 토론 규범 준수 등에 영향을 미친다. 일반적으로 효능감은 행위 의지를 예측하는 주요한 변인으로 알려져 있는데, 인터넷에서의 숙의 경험이 정치 효능감을 높이는 것은 물론(Min, 2007) 가상 공간에서의 읽기를 통해 토론 규범의 준수나 관용과 같은 개인의 태도에 긍정적인 효과를 기대할 수 있다(김은미 · 이준웅, 2006). 또 온라인 참여는 행동 차원, 즉 시민 영역 및 공식 영역에 대한 참여와도 밀접한 관계에 있다. 인터넷 공간의 가상 공론장에 참여하면 실생활에서의 참여도 증가하며(Weber & Bergman, 2003) 인터넷 토론 공간에 적극적으로 참여하는 사람일수록 정치 참여 의사도 더 높다(김은미 · 이준웅, 2006).

인터넷에서 정치적인 대화나 토론에 참여한다고 해서 왜 이런 긍정적인 효과가 발생할까? 지금까지 연구자들이 가장 주목한 부분은 바로 '차이의 경험'이다. 인터넷에서의 대화나 토론을 통해 긍정적인 효과가 생겨나는 것은 들은 인터넷 공간에서 다양한 견해에 노출되기 때문이라는 의미이다. 글을 읽거나 대화를 나누며 자신의 의견과는 다른 타인의 의견을 접하고 글을 쓰는 동안 반론에 대해 생각하는 과정이 대화나 토론의 참여자들에게 긍정적인 영향을 미친다는 것이다. 따라서 사람들이 인터넷을 통해 다양한 관점을 두루 접하고 충분한 정보를 얻을 수 있는 환경을 마련하는 것이 중요하다(장윤재, 2010).

하지만 차이를 어떤 방식으로 제시하는가도 문제다. 일반적으로 사람들은 자신과 반대되는 의견을 좋아하지 않는다. 따라서 차이에 부딪힐 때 이를 수용하기보다 저항할 가능성도 높다. 특히 인터넷과 같이 익명성이 높아 개인적 정체성이 잘 드러나지 않는 상황에서는 비슷한 의견을 가진 사람들끼리 집단 정체성을 형성하고 자신의 정당성이나 우월성을 주장하기 쉽다. 그 결과 온라인 대화가 합리적 의견 교환보다 적대적 언사나 상호 비방으로 점철될 수 있다. 따라서 인터넷에서의 대화와 토론을 통해 차이를 경험하게 하되, 이것이 내집단 편애와 집단 극화가 아닌 다양성에 대한 존중으로 이어질 수 있는 조건에 관심을 가져야 한다.

참여의 확장: 제도 정치에서 지식 · 정보 생산까지

정치 참여는 좁게는 입법, 사법, 행정 권력을 둘러싼 일련의 행위를 의미하지만 폭넓게는 사회적 권력을 쟁취하고 유지하기 위한 모든 활동을 가리킨다. 그리고 이 모든 과정에 지식 · 정보의 생산과 유통이 핵심적인 역할을 담당한다. 지식의 구조가 옳고 그름, 사회적으로 바람직한 것에 대한 판단과 의사결정의 기반이 되기 때문이다. 때문에 역사적으로 권력을 가진 자들은 지식 · 정보 생산과 유통 과정을 독점 또는 통제하고자 하였다.

이 관점에서 미디어 발전사는 민주화가 진전돼온 역사로도 볼 수 있다. 인류는 통치자만이 기록의 자원과 권리를 가졌던 비석과 같은 초기의 기록 매체, 지배층이 기록과 정보를 독점하던 필사 시대, 부르주아와 식자 시민이 지식을 생산하고 향유하던 인쇄 매체 시대를 거쳐 문맹 시민도 정보를 얻을 수 있는 매스미디어 시대를 지나왔다. 미디어는 이렇게 점점 더 많은 사람이 정보를 생산하고 더 많은 이에게 정보를 제공하는 방향으로 발전해왔다. 이는 통치자에서 귀족, 식자 시민, 문맹 시민으로 정치 권력이 확장돼온 역사와 일맥상통한다. 이처럼 지식 · 정보 생산과 유통의 범위는 정치 권력의 범위와 맞닿아 있다.

그렇다면 인터넷 시대의 지식 · 정보 권력은 누구에게 있는가? 그것이 누구인지 단언할 수는 없지만 한 가지 분명한 것은, 매스미디어 시대까지 지식 · 정보를 소비하는 데 그쳤던 대다수의 시민들이 이제는 지식 · 정보를 생산하는 주체가 되었다는 점이다. 웹 2.0과 소셜 미디어가 가져온 변화의 핵심은 정보 및 콘텐츠를 생산하고 배포할 수 있는 가능성이 모두에게 열린 것이다. 과거에는 소수가 독점하고 통제했던 지식 · 정보가 이제 모두의 손으로 넘어왔다.

인터넷 시대의 지식 · 정보생산 패러다임은 와인버거(Weinberger, 2011/2013)의 『지식의 미래Too big to know』에 잘 소개돼 있다. 이 책에서는 과거에 지식이 책이라는 매체의 특징과 한계에 묶여 있던 것처럼, 이제 인터넷이라는 새로운 매체로 인해 지식의 형태와 특징도 변화하고 있다고 설명한다. 와인버거는 다양한 사람들의 지식과 사고방식이 네트워크를 통해 연결되면서 새로운 형태의 지식 즉 '네트워크형 지식'이 확산된다고 주장하였다. 특정한 주제 영역에 대해 전문가들이 정교한 방법과 논증을 통해 확실하고 일관된 지식을 일방향적으로 전달했던 과거와 달리, 이제 무수한 개인의 참여와 정보 생산이 가능해지면서 사회정치적 담론을 생산, 주도하던 기존 전문가의 권위가 도전받게 되었다는 것이다.

이처럼 인터넷의 확산과 함께 좁게는 제도 정치에 대한 시민의 참여와 개입 가능성이 커진 것은 물론, 큰 틀에서는 누구나 지식 정보 생산과 확산 과정에 개입할 수 있게 되면서 참여의 저변도 확대되고 있다. 이런 변화의 예를 웹 서비스와 저널리즘에서 쉽게 찾아볼 수 있다.

위키와 큐레이션: 지식 · 정보 생산과 조직 과정 참여

웹 2.0과 함께 사람들은 지식 · 정보를 공동으로 생산, 수정, 업데이트할 뿐 아니라 배포까지 할 수 있게 되었다. 과거에는 지식 생산과정을 소수가 독점하고 있었다. 매스미디어 확산과 함께 정보 습득의 가능성은 모두에게 열렸지만, 지식의 생산과 배포는 그렇지 않았다. 일정한 교육을 받고 충분한 지식이나 자격을 갖춘 경우라야 출판사나 신문사, 방송사와 같은 미디어를 통해 지식 생산과 배포에 관여할 수 있었다. 따라서 매스미디어 시대에 지식·정보에 대한 접근성은 높아졌지만, 소수의 엘리트가 만들어내는 지식·정보의 틀을 벗어날 수 없었다.

하지만 이제는 많은 사람들이 지식·정보 생산에 참여하고 있다. 대표적인 예로 온라인 백과사전 위키피디아(Wikipedia)는 누구나 항목을 추가하고 내용을 작성할 수 있다. 끊임없이 새로운 항목이 더해지고 많은 사람들이 수정과 업데이트를 거듭하면서 전통적인 권위를 가졌던 브리태니커 백과사전(Encyclopædia Britannica)의 아성을 무너뜨렸다. 그리고 다양한 집단과 개인이 소셜 미디어 등 온라인 서비스를 통해 소식을 전하면서 전통적인 뉴스 미디어의 권위도 흔들리고 있다.

뿐만 아니라 자신이 직접 전문적인 콘텐츠를 생산하지 않더라도 관심 분야의 콘텐츠를 모아 타인에게 제공할 수 있다. 이를 큐레이션[⑦](curation)이라고 한다. 본래 큐레이션은 박물관이나 미술관에서 주제에 맞게 콘텐츠를 수집, 조직해 전시하는 일을 가리키는 용어이다. 그런데 이제 인터넷 분야에서도 큐레이션 서비스가 각광받고 있다. 핀터레스트(Pinterest)나 빙글(Vingle)이 대표적인 예이다. 이런 서비스를 통해 사람들은 자신의 관심사에 대해 인터넷에 흩어져 있는 다양한 자료를 모으고 자신의 콘텐츠를 더해 타인에게 제공한다. 자신의 관심사에 대해 남보다 더 많은 자료를 더 깊게 검토하고 이를 편집해 제공함으로써, 누구나 준전문가로 인정받을 수 있는 가능성이 열렸다.

⑦ 큐레이션
특정 주제나 관심사를 중심으로 정보를 수집, 분류해 전시 및 배포하는 과정. 보통 전시와 관련해 쓰이던 용어이나 최근에는 온라인 콘텐츠에 대해서도 사용한다.

크라우드소싱 저널리즘: 뉴스 생산과정 참여

크라우드소싱 저널리즘[⑧](crowdsourcing journalsim)은 2006년 〈Wired〉의 제프 하우(Jeff Howe)가 제시한 개념으로 군중(crowd)과 외부자원 활용(outsourcing)의 합성어이며, 말 그대로 대중으로부터 정보를 모아 뉴스를 생산하는 방식을 의미한다. 과거에도 취재를 위해 대중을 활용하곤 했지만 크라우드소싱 저널리즘은 보다 적극적으로 독자들에게 아이디어, 콘텐츠, 자료 및 정보 등을 요청하는 방식을 가리킨다. 유사하게, 특정한 저널리즘 프로젝트에 기부나 후원을 통해 자금을 조달하는 크라우드펀딩(crowdfunding)도 도입되고 있다.

⑧ **크라우드소싱 저널리즘**
군중(crowd)과 외부 자원 활용(outsourcing)의 합성어로 독자들에게 아이디어, 콘텐츠, 자료 및 정보 등을 요청하는 방식.
국내 최초의 크라우드소싱 저널리즘 프로젝트는 '전두환 재산찾기 프로젝트'이다. 한겨레는 2013년 5월 20일, 전두환 전 대통령의 미납 추징금 1672억원의 추징시효 만료를 앞두고 전 전 대통령의 숨은 재산을 찾아내기 위해 보유한 자료를 공개하고 시민들에게 추가 제보를 요청하였다. 9월 초까지 전자우편 및 SNS를 통해 총 140여 건의 제보를 받아 이 제보를 바탕으로 후속 기사를 내보냈다. 프로젝트에 대한 소개는 'http://www.hani.co.kr/arti/society/society_general/588134.html', 프로젝트의 성과에 대한 보도는 'http://www.hani.co.kr/arti/society/society_general/602937.html' 참조.

지금까지 뉴스 생산은 전문적인 언론인의 역량에 의존하였다. 기자들이 취재, 자료수집, 기사 작성과 배포의 전 과정을 담당해 기사의 완성도를 높이는 대신, 자료를 폭넓게 수집하지 못하거나 특정 관점에 치우치는 한계도 있었다. 이제 시민들이 정보원이나 인터뷰 대상자의 역할에서 한 걸음 더 나아가 취재의 아이디어, 자료, 재원 등을 제공함으로써 더 폭넓게 뉴스 생산과정에 참여하게 되었다. 과거 언론과 시민의 관계가 전달자와 수용자의 관계였다면 이제 뉴스 생산과정에 시민들이 보다 적극적으로 참여하며 협업과 공생의 관계로 거듭나게 됐다.

뉴스 공유와 데이터 저널리즘: 뉴스 확산 과정 참여와 생산양식 변화

점점 많은 사람들이 포털 사이트 및 소셜 미디어를 통해 뉴스를 접하고

⑨ 데이터 저널리즘
다양한 데이터를 분석, 조직, 시각화해 저널리즘의 가치를 높이는 방식. 최근에는 하이퍼링크, 멀티미디어, 동적 페이지 등을 이용해 시각적 효과를 높이는 방향으로 이루어진다.
가디언(the Guardian)의 'Reading the riots' 시리즈 기사가 데이터 저널리즘의 대표적인 사례로 자주 언급된다. 2011년 8월 영국 런던에서 일어난 폭동에 대해 트위터 자료를 심도 깊게 분석하고 시각적으로 제시해 호평받았고, 2012년 제1회 데이터 저널리즘 어워드(2012 Data Journalism Awards) 데이터 시각화/스토리텔링 부문 1위를 차지했다.

있다. 특히 소셜 미디어를 통해서는 지인들이 소개하는 뉴스나 주변인이 중요하게 생각하는 사안을 접할 수 있어 점점 뉴스 매체로서의 기능이 강조되고 있다. 기사에 대한 주목도와 관심을 높일 수 있고, 뉴스의 공유도 손쉽기 때문이다. 예전에는 뉴스를 읽거나 보는 것이 전부였고 따라서 뉴스 소비가 지극히 개인적인 행위였다면, 이제 누구나 뉴스를 재배포할 수 있게 되면서 함께 하는, 사회적인(social) 행위가 됐다.

공유를 통해 이용자들은 비록 뉴스를 직접 생산하거나 자신이 뉴스의 주인공이 되지는 못하지만 '이슈를 만들어내는' 경험을 하게 된다. 흥미로운 뉴스를 공유하면 타인에게서 추천이나 댓글과 같은 반응을 얻을 수 있기 때문에 이런 경험을 통해 뉴스 공유가 더 늘어나게 된다. 이처럼 공유를 통한 뉴스 확산이 늘어나면서 언론사들은 사람들이 읽고 반응하고 공유하기 쉬운 형태로 뉴스를 생산하려고 노력한다. 데이터 저널리즘⑨(data journalism)이 대표적인 예이다. 복잡한 자료나 사건의 추이를 사람들이 한눈에 알아볼 수 있는 방식으로 시각화하고 상호작용적인 방식으로 보여준다. 사람들의 미디어 이용이 변화하면서 저널리즘 역시 사건을 정확하게 보도하는 것뿐 아니라 어떻게 더 알기 쉽고 흥미롭게 전달할 것인가에 관심을 갖게 된 것이다.

웹 2.0과 소셜 미디어 이후의 참여

이처럼 웹 2.0과 소셜 미디어의 확산으로 좁은 의미의 정치 참여뿐 아니라 지식·정보의 생산과 유통에까지 변화가 일었다. 그런데 이제는 정치 참여 및 지식·정보 생산과 유통의 주체가 '모든 개인'을 넘어서 어디로 가고 있는지에 주목해야 하는 시점이다. 최근 인터넷은 웹의 시대를 넘어 사물인터넷(the Internet of Things) 시대로 진입하고 있다.[8] 우리가 정보를 생산하고 공유하는 데 사용하는 컴퓨터, 스마트폰, 태블릿을 비롯해 모든 크고 작은 기기들이 인터넷에 연결되어 데이터를 생산하고 교환하며 통신을 수행하게 된다. 사람과 사람 간의 소통에 사람과 기기 간의 소통, 여기에 기기 간의 소통이 덧붙게 된다. 개방과 공유, 참여의 특성을 가진 웹 2.0과 소셜 미디어 시대를 통해 정치 참여의 저변이 놀라울 만큼 확대되었다면, 이제 사물인터넷 시대의 시민 참여는 어떤 방식으로 변모하게 될까?

사람들이 일상에서 만들어내는 무수한 데이터가 자동으로 축적되어 빅데이터가 만들어지고, 사람이 직접 개입하지 않아도 기기들이 이를 분석해 또다른 콘텐츠를 만들어내며 사람과 상호작용하는 시대의 참여란 지금과는 또다른 모습일 것이다. 사물 인터넷을 참여의 기반을 한층 더 넓히는 계기로 삼게 될지, 과부하 상태를 넘어선 방대한 정보의 바다에 이미 지쳐가고 있는 개개인이 어쩌면 다시 전문가가 만들어주는 필터, 기계가 처리해주는 구조에 의존하게 될지 아직 예측하기 어렵다. 하지만 바버(Barber, 2000/2001)가 이야기했듯, 미디어나 기술의 속성이 우리의 미래를 온전히 말해주는 것은 아니다. 새로운 미디어로 인해 참여가 어떤 모습을 보이게 될 것인지는 역시, 우리의 손에 달려 있다.

---

8 사물인터넷과 빅데이터의 개념과 현황에 대해서는 4장에서 소개하고 있다.

생각해볼 문제

1. 초기 인터넷 연구자들은 기존 정치에서 소외되었던 주변 집단이 인터넷을 통해 대안 공중으로 부상할 수 있으리라고 주장하였다. 이런 집단의 예를 찾아보고, 이들이 인터넷을 통해 어떤 경험을 할 수 있을지 생각해보자.

2. 우리나라의 역사적, 사회적 맥락에 가장 적합하다고(혹은 필요하다고) 생각되는 정치 모델을 골라 보고 그 모델 안에서 인터넷이 어떤 역할을 할 수 있을지 생각해보자.

3. 인터넷을 통해 정치적 의견을 표명하는 유명인들에 대해 주변 친구들이 어떤 의견을 가지고 있는지 알아보자. 그리고 유명인의 정치적 행동이 어떤 사회적 영향을 가져올지에 대해 정리해보자.

4. 소셜 미디어 확산과 함께 정치 참여가 연성화되고 오락화되었다. 이러한 변화는 어떤 사회적 영향을 가져올까? 긍정적인 측면과 부정적인 측면을 비교, 정리해보자.

5. 인터넷이 우리나라의 민주주의가 발전하는 데 기여한 예와 오히려 해가 된 예를 자신의 경험 속에서 찾아보자.

10 디지털 윤리*

최은경(한양대학교 평화연구소)

디지털 정보화 사회에 살고 있는 현대인들에게 디지털 기술은 삶의 양식이자 문화 그 자체가 되었다. 그런데 디지털 기술과 정보화 사회라는 미래형 사회에 적응하며 살아가고 있는 우리 현대인들은 디지털 윤리에 대해 질문을 잘 하지 않는다. 디지털은 기술로서, 정보로서, 현대 삶의 필수 장치로서 존재하고 있다는 인식이 강하기 때문에, 추상적이고 방대한 디지털의 윤리를 논의하는 것은 평범한 접근 방식은 아닐 수도 있다. 하지만 흥미롭게도 우리는 디지털 기술 그 자체를 의미하거나, 혹은 디지털 기술과 같은 형식의 현상과 사물에 대해 '디지털'이라는 수식어를 흔히 사용한다. 예를 들면 디지털 기술을 삶의 양식으로 받아들이고 문화 그 자체로 확산시키고 있는 우리는 디지털 문화, 디지털 미디어, 디지털 정보, 디지털 자본, 디지털 세대, 디지털 저널리즘 같은 통념적 의미를 만들어가며 디지털 사회

* 이 글은 2013년도 정부재원(교육과학기술부 인문사회연구역량강화사업비)으로 한국연구재단의 지원을 통해 수행된 연구이다(과제번호: NRF-2013S1A3A2052725).

와 인간을 설명하고 있다. 이 장에서 논의하게 될 디지털 윤리에 대한 논의도 바로 여기 출발점을 두고 있다.

우리는 현대사회를 흔히 디지털 문화라고 부르고 있다. 즉 현대사회에서 기술이 어떤 위상을 가지고 어떤 기능을 수행하고 있는가 하는 관점에서 보면 디지털 기술의 발전은 한 사회의 정치적, 사회적, 경제적, 문화적 가치에 분명 영향을 미치고 있다. 그리고 그 안에서 인간의 행위와 그 행위의 결과물이 규칙과 규범을 넘어 복잡하게 작용하고 하고 있다. 예를 들면 우리는 디지털 기술의 발전으로 언제 어디서나 다양한 디지털 장비를 이용해 인터넷 서비스를 이용할 수 있게 되었다. 개인의 기호에 따라 정보를 검색하고 수집하며, 개인의 의견을 서로 주고받는 것은 이미 시공을 초월했고, 개인이 재구성하고 재활용할 수 있는 정보의 양은 무한 가능해졌다. 쉽게 말해 손끝의 터치 하나만으로 모든 것이 가능한 세상이 된 것이다. 그런데 아이러니하게도 디지털 정보사회의 개인은 보다 넓고 제한이 없는 자유를 얻은 듯하지만, 동시에 스스로의 자유와 권리를 보장받기 위해서는 사회 윤리와 규제를 따라야 한다는 조건부적 자유를 피할 수 없다. 디지털 생태계에 살고 있는 개인의 일상은 계속 확대되는 만큼 피할 수 없는 규칙이 점점 더 선명해지고 복잡해져서, 개인의 의무와 책임을 강조하고 있는 것이다. 이렇게 디지털 기술과 인간, 우리 사회가 상호 공존하며 나누어야 할 기본적 윤리 의식을 논의하기 위해서는 관련한 법적 기본 장치들이 무엇인가를 살펴볼 필요가 있다. 그리고 뉴미디어 이용자와 창조적 활동을 하는 주체의 윤리적 책임과 필요성에 대한 논의가 부재하다는 점을 진지하게 논의해야 할 것이다. 디지털 윤리에 대한 보편적, 일반적, 포괄적 논의가 절실히 요구되는 디지털 사회가 도래했음에도 불구하고, 뉴미디어 이용자와 창조적 활동을 하는 주체로서의 윤리적 책임과 필요성에 대한 논의가 소홀했다는 것은 모순이고 문제가 있다. 이에 디지털 사회에서 예상되는 포괄적이면서도 근본적인 윤리적 현안들이 무엇인가를 논의하는 것으로 디지털 윤리와 관련 법제의 기본적 탐구를 디지털 윤리에 대한 범위로 넓혀갈 것이다.

표현의 자유와 언론

우리 헌법 제21조 1항은 "모든 국민은 언론 · 출판의 자유와 집회 · 결사의 자유를 가진다."고 규정하고 있다. 사람들이 일반적으로 자기 사상과 의견이나 사실을 발표하고 전달하는 수단과 형식을 대부분 구두(언론)과 문자(출판)로 해왔기 때문에 이를 두고 언론 · 출판의 자유 또는 단순히 언론의 자유 조항이라고 부르고 있다. 하지만 인간이 자기 사상과 의견을 표명하는 수단과 형식은 단지 구두나 문자에 국한되지 않는다. 우리 헌법상 이 조항은 인간이 자신의 사상과 의견을 표현하는 방법으로 언론 · 출판 · 집회 · 결사를 대표적으로 들었을 뿐, 사상과 의견을 표현하는 모든 수단과 방법을 다 포괄하여 보장하는 것으로 이해하는 것이 통설이다. 따라서 이 조항은 표현의 자유(freedom of expression) 조항으로 부르는 것이 더 적합하다.

사실 서구 사회의 경우 표현의 자유는 인간이 태어나면서부터 부여받았던 생명권, 자유권, 재산권, 저항권 같은 기본권으로서 매체의 발달과 함께 그 가치가 지속적으로 전수되었다. 물론 표현의 자유가 지배자(지배 세력)에 의해 억제되고 통제되기도 하였다. 기원전 5세기경에는 그리스에서 분서가 있었고, 로마에서도 1세기 황제 비방 서적을 판매한 서적상을 십자가에 매달기도 하였다. 중세 시대에는 기독교에 대한 이단 서적이 탄압의 대상이 되기도 하였다. 그러다 15세기 인쇄술의 발명으로 대량 전달이 가능해지면서 피지배자들 사이에 자유주의 사상이 급속도로 확산되었고, 이로 인한 사회 변혁의 움직임이 세기를 넘어 지속적으로 확산되기 시작되었다.

당시 사회 변화를 두려워한 지배계급, 교회와 군주는 확산을 막기 위해 금서, 분서, 사전 검열 등의 수단으로 표현의 자유를 억압하였다. 피나는 투쟁이 전개된 결과 피지배계급은 표현의 자유를 쟁취할 수 있었다. 예를 들면 밀턴(Milton, 1644)은 『아레오파지티카Areopagitica』에서 국왕의 검열 제도를 격렬히 비판해, 영국의 검열 제도를 폐지하는 데 영향을 끼쳤다.

반면 영국 명예혁명(1688) 이후 1694년 출판면허제가 폐지되었고, 그 대신 언론 통제 수단으로 신문에 대한 과세와 '정치비방죄(seditious libel)'가 적용되었다. 이는 20세기 초반까지도 존재했다고 한다. 그리고 19세기 밀(Mill, 1859)은 『자유론On Liberty』에서 소수자의 권리를 강조했는데, 이는 이후 미국과 프랑스에도 영향을 주게 된다. 미국에서는 1776년 버지니아 권리장전 제12조, 1791년 수정 헌법 제1조 채택으로 표현의 자유가 헌법상 보호를 받았고, 프랑스에서는 1789년 인간과 시민의 권리선언 제11조에서 "사상 및 의견의 자유로운 전달은 인간의 가장 귀중한 권리의 하나다. 따라서 모든 시민은 자유롭게 말하고 저작하고 출판할 수 있다."고 선언하였다. 예컨대 18세기 시민혁명으로 성립된 근대적 의미의 표현의 자유는 자유주의 사상에 의한 시민혁명 과정에서 주권재민 · 국민주권 사상과 동등하게 여겨졌다. 산업화가 진행되면서 시민계급이 등장하였고, 이들은 자신의 인격적 실현과 사유재산 보호를 위한 원초적인 자유로서 표현의 자유를 추구하였다. 하지만 당시 표현의 자유는 단순히 국가로부터 간섭이나 제한을 받지 않는 소극적이고 방어적인 것이었기에 그 한계를 벗어나지 못하였다.

20세기에 들어오면서 표현의 자유에 대한 의미와 구조는 변화를 맞이하였다. 국가들이 사회복지를 지향하면서 그 기능이 확대되었고, 국민 생존의 질적 향상을 책임지기 위해 적극적으로 변화하면서 대규모의 중요한 정보를 생산 · 보유할 수 있게 된 것이다. 여기에 국가 정책과 수행을 적극적으로 접근 · 이용할 수 있는 국민이 부재하면서, 국가 시책이나 시정의 타당성을 검증하고 비판할 만한 의견을 형성하기조차 어려웠다. 또한 언론이 거대 기업화되면서 근본적인 표현의 자유의 주체인 국민들이 사회구조 중심에서 벗어나기 시작하였다. 즉 극소수 자본가에 의해 장악된 언론은 국민들의 여론 형성을 주도하기도 했고, 국민은 정보를 생산하고 발신하는 주체에서 멀어져 정보의 단순한 수령자로 전락해버렸다(김옥조, 2009, 5-11쪽).

결국 전통적 의미의 표현의 자유 개념은 모든 국민이 언론에 의한 여론 형성을 통해 국정에 대한 개인의 의사 · 의견 표명의 자유와 언론의 전달 · 전파의 자유가 개념상 분화되었고, 이것을 연결하기 위해 '국민의 알 권리'라는 개념이 등장하였다. 미디어(언론)는 국민의 알 권리에 봉사하기 위해 존재한다는 이념으로 발전한 것이다. 그런데 20세기 세계가 사상적으로 자유자본주의와 사회주의로 크게 나뉘면서, 표현의 자유도 현대 헌법이 보장하는 표현의 자유의 전형적 내용을 담고 있는 독일 바이마르 공화국의 자본주의형 헌법(1919년) 유형과 표현의 자유의 실질적 보장을 위한 제도적 장치, 즉 삼권분립이 결여되었던 소련의 사회주의형 헌법(1918년) 유형으로 양분되었다. 2차 대전 후 세계는 다시 동서 양대 진영으로 나뉘어졌고, 나름의 표현의 자유라는 조항을 두고 있으나, 이를 실제 보장할 수 있는 민주적 제도를 구비했는가에 따라 그 결과는 크게 차이가 나기 시작하였다. 결국 20세기에 와서야 표현의 자유에 대한 이론이 제도적 틀을 갖추었고, 중반 이후에는 개인의 의견 표명 자유와 언론의 보도 자유가 이론적으로 분화를 시작했으며, 20세기 후반 이후부터는 정보화 사회로 인해 발생하는 문제들이 집중적으로 논의된 것이다.

우리나라의 경우, 표현의 자유는 서구 사회와 같이 민주화 과정과 성숙의 기회를 갖기지 못한 것이 사실이다. 특히 20세기 정부의 억압과 영향력이 큰 언론의 독주가 심각하였다. 이는 일제강점기에서 해방된 이후, 미군정 시절과 한국전쟁 같은 비극적인 역사적 경험에서 기인한 것이기도 한데, 특히 1945년 해방 이후 1960년 4 · 19혁명과 1970년 이후 유신독재 체제, 1980년대 전두환 정권의 언론통폐합 때문에, 당시 주류 언론인 신문과 방송은 실질적인 국가의 통제 아래 있었다. 그러나 1987년 민주화 이후 제정된 헌법 제 21조 1항은 표현의 자유를 보장하고, 2항에서 언론 · 출판의 허가 · 검열을 금지하는 조항을 두고 있다. 3항은 통신 · 방송의 시설 기준과 신문의 기능을 보장하기 위한 필요한 사항을 법률로 정할 것을 명시하고 있으며, 4항은 언론 · 출판의 타인의 명예나 권리 또는 공중도덕이나 사회윤리에 대한 불가침 원칙을 천명하고 있다. 단, 표현의 자유에 대한 규제는 원칙적으로 위헌성이 추정된다. 때문에 위헌이 되지 않으려면 '필요불가결한 국가이익'이 있고, 그 목적만을 위해 '세밀하게 규정'되어야 하며, 이를 위한 수단도 필요한 최소한에 그쳐야 한다는 엄격한 기준을 갖추어야 한다.

오늘날 언론의 자유(표현의 자유)는 인간의 다른 모든 자유의 실질적 기초로 되어 있다. 표현의 자유가 모든 자유의 기초가 되기 위해서는 단순한 의사표현의 자유가 아니라 포괄적인 의사소통의 자유(freedom of communication)로 이해되어야 하는 것이다. 그리고 표현자의 의사 표현 및 전파의 자유, 수령자의 정보의 자유 내지 알 권리, 신문 · 방송 등 의사소통 매체의 자유 등을 포괄하는 개념이 수반되어야 한다. 한국에서 '언론의 자유'는 대체로 3가지를 의미한다. 첫째, 구두에 의한 표현의 자유(freedom of speech), 둘째 언론 기관의 보도의 자유(freedom of mass media), 셋째 모든 표현 행위의 자유(freedom of expression)이다.[1] 그런데 20세기를 넘어

1 근대화 이후 신문의 집중 현상으로 사상의 자유시장이 위협을 받자 신문사 내부에서 편집자의 신분이 불안정지면서 일정의 제도적 틀로서 편집자의 독립성이 보호받아야 한다는 논의가 시작됐다. 우리나라의 경우, '언론의 내적 자유'라는 개념이 국가, 정치, 사주 권력으로부터 편집권이 독립해야 한다는 경험을 하면서 편집권의 독립을 주장하고 있다. 하지만 아직까지 편집이나 편집권에 대한 법적 개념이 명확하지 않아서 법적 효력을 갖지 못하고 있다. 실제 사주의 권력은 편집국에 가장 직접적인 영향을 미칠 수 있다. 2013년 4월 29일 한국일보 기자들은 장재구 회장을 업무상 배임 등의 혐의로 검찰에 고발했는데, 회사측은 6월 15일 용역업체를 고용해 편집국 문을 폐쇄해버렸고, 법원은 한국일보 기자들이 낸 편집국 폐쇄 해제에 대한 가처분 신청 일부를 인용하였다. 결국 2014년 2월 법원은 장 회장에게 3년형을

진화한 언론의 전통적 형태와 가치가 21세기 디지털 기술의 혁명으로 빠르게 변화하면서 표현의 자유에 대한 기술적 가능성과 다양성이 다시 논란이 되고 있다. 예를 들면 언론의 생산 구조와 서비스 형태가 한정적이었던 20세기와 달리, 디지털 정보사회에서 인터넷 서비스만 존재하는 신문에 대해 가능한 법적 규제와 윤리적 논의는 무엇이 될 수 있는가 하는 것이다. 또한 인터넷의 보편화로 일반인들도 자신의 표현의 자유를 언론 매체에 의존하기보다는 방송과 통신, 인터넷 서비스가 융·복합된 매체나 소셜 네트워크 서비스(SNS) 등을 선호하고 있다. 그래서 알 권리의 대행이라는 명분으로 인정되어온 신문과 보도의 자유에 대한 이론적 재구성이 필요해진 것이다. 이러한 맥락에서, 인터넷 신문에 종사하는 언론인의 자유롭고 책임 있는 언론을 기대하는 국민들의 바람을 의식해 2011년 3월 23일 한국신문윤리위원회가 제정한 '인터넷신문윤리강령(The Korean Code of Ethics for Internet News)'은 시대적, 사회적 측면에서 의미가 큰 윤리적 실천의 노력이라 볼 수 있다.

알 권리와 정보 접근권의 모순적 관계

모든 현대 국가는 국민주권 원칙을 기본 원리로 삼고 있다. 국가의 모든 정치적 의사결정은 주권자인 국민의 직·간접적인 참여를 통해 가능하며 정당화되기 때문에, 주권자인 국민이 제대로 주권을 행사하기 위해서는 정확하고 많은 정보가 반드시 수반되어야 한다. 국민은 주권자로서 필요한 공적 정보 외에도 사회 구성원으로서 문화적 개체로 생활하기 위한 정보

선고했지만, 신문·방송사에서 이와 유사한 사례는 여전히 많다.

와 인격적 주체로서 각자 인간적 완성과 인격적 표현을 위한 정보도 필요하다. 이러한 정보와 지식에 마음대로 접근하고 취득할 수 있는 자유, 혹은 자유롭게 이의 공개와 제공을 요구할 수 있는 권리를 헌법상의 기본권으로 인정한 것이 바로 '알 권리'(right to know)이다. 알 권리는 독일을 제외하고 헌법에 명문으로 규정하고 있는 나라는 없지만, 국민주권원리, 표현의 자유, 인간의 존엄성과 행복추구권, 인간다운 생활권 등 다면적 근거를 두고 이해되고 있다.

알 권리에 대한 이론적 논의는 1945년 미국 AP 통신의 쿠퍼 국장이 '공중의 알 권리'라는 말을 처음 사용하면서, 2차 대전 이후 본격적으로 시작되었다. 알 권리는 정부가 비밀주의 경향을 심각하게 보이거나, 언론과 일반 국민 사이를 분리하면서 생성된 것이라 볼 수 있다. 예컨대 국민들의 정치적 의사 형성에 정부에 관한 정보 접근이 필수적인데도 정부의 비밀주의가 이를 가로막거나, 언론의 기업화·독점화로 국민들의 언론을 통한 표현의 기회가 차단되는 경우가 발생하면서 알 권리에 대한 요구가 대두되었다. 실제 1950년대 서구에서는 언론(보도)의 자유란 국민의 알 권리에 봉사하기 위해 존재한다고 주장되면서 언론은 지속적으로 열린 정부를 요구하였다. 미국에서 1966년 '정보자유법'(Freedom of Information Act)이 입법되면서, 정부의 공개성(openness)과 설명책임①(accountability)을 강조하였다. 이후 정부의 공개 의무에 대한 분위기는 세계 각국에 영향을 주기 시작하였다.

반면 국내에서 알 권리란 오랜 권위주의 시대에 비대해진 국가권력에 대항하기 위해 언론이 동원할 수 있는 명분 가운데 가장 효율적인 것이었다. 하지만 막상 알 권리가 실현되기 위한 실정법(특히 헌법)이 없었기 때문에, 정보의 입수는 많은 시간이 소요되고, 공개 대상에 많은 예외 조항을 두고 있어 알 권리가 실현되는 과정에서 언론의 역할이 컸다. 하지만 정부

① 설명책임
주권자인 국민으로부터 권력을 위탁받은 정부에 대해 국민에게는 그 활동에 대한 설명을 요구할 권리가 있고, 정부는 그 권리에 응해야만 한다.

와 언론은 알 권리의 기본 취지를 국민의 관점이 아닌 이해 당사자들의 관계에 따라 해석하고 시행하고 있다. 따라서 현재까지도 국민의 편에서 적극적으로 제도화되지 못하고, 언론이 대외적으로 언론(보도)의 자유를 내세울 때 쓰는 구호처럼 되어버렸다는 비판을 받기도 한다.

일반적으로 국민은 거대 권력에 대해 알 권리를 실현하고자 한다. 때문에 그 대상은 보통 국가 기관이거나 제4의 권력인 언론이 된다. 하지만 알 권리는 '국가기밀보호법'과 충돌할 수 있고, 언론은 신문법과 방송법에 의해 독자와 시청자에게 최소한의 공개를 할 뿐, 언론사 내부 고발이 알 권리라는 측면에서 법적 보호를 받는 것은 논의가 좀 더 필요한 시점이다.[2] 하지만 국민의 알 권리를 위해 표현의 자유를 주장하며 실천하고 있는 언론은 진실 보도와 윤리적 책임이라는 것이 반드시 전제되어야 한다. 그리고 사회생활과 자기통치에 필요하지 않은 과도한 스캔들, 인격권 침해, 허위 보도는 알 권리를 실현했다는 이유로 사회적, 윤리적 책임을 면제받을 수 없다. 언론이 알 권리의 주체를 결정할 수 없으며, 국민이나 정부의 대변 기관이 될 수도 없다. 언론은 전달자로서 혹은 발신자로서 제한적이고 객관적으로 국민의 알 권리에 봉사해야 하는 것이다.

그럼에도 불구하고 한국 사회에서 언론은 좀 다른 맥락에서 논란을 불러일으킬 때가 있다. 예를 들면 2014년 4월 16일 전라남도 진도군 조도면 부근 황해상에서 청해진 해운 소속의 인천발 제주행 국내선 여객선 세월호

---

2 국가기밀보호법은 1948년 12월 1일 제정된 국가보안법(제4조)에 따라 규정된 '국가기밀' 조항에서 시작하고 있다. 1958년 개정된 국가보안법은 정치, 경제, 사회, 문화, 군사 등 국가 방위상의 이익을 위하여 외국 정부와 적에게 비밀로 보관하고 유지할 것을 요하는 문서 · 도화 기타의 물건, 사실 또는 정보를 국가기밀이라고 정의하고 있으며, 제11조 1항과 2항에서 적을 이롭게 할 목적으로 국가 기밀을 탐지, 수집, 누설 등을 한 자에 대해서는 사형 또는 무기징역에 처한다고 규정하고 있다. 국가보안법은 1980년 신군부 시절에는 형법상의 간첩죄를 포함하여 처벌 행위의 유형을 확장했고, 1991년에는 국가보안법이 '군사상 기밀'과 '국가 기밀'로 내용을 구체화하여 개정됐다. 남북이 분단된 우리 현실에서는 국가보안법을 민감하게 논의하고 있다. 실제 통합진보당 전 국회의원 이석기도 내란 음모 사건 항소심 결심 공판에서 징역 20년, 자격정지 10년을 구형받았다[출처: 2014. 07. 28. 한겨레].

가 전복해 침몰하였다. 이 사고는 10여 명의 실종자를 포함해 사망자가 300여 명이나 되는 대형참사였다. 범정부 차원의 사고대책본부가 차려졌고, 세월호 특별법 제정이 국회에서 논의되기도 하였다. 대응 실태 조사를 한 감사원은 세월호 참사가 총체적 업무 태만과 비리 집약이라 정의했지만, 우리 사회는 진장 규명과 책임자 처벌에 대한 문제보다 '세월호 특별법' 제정을 두고 정치적, 사회적 갈등을 피할 수 없었다. 이러한 갈등은 언론도 예외는 아니었다. 예를 들면 세월호 사건 보도는 국민의 알 권리를 충족시켜야 한다. 하지만 사건을 보도하고 책임져야 하는 조직은 상황에 따라서 이해관계가 개입하면서 국민의 알 권리라는 명분에서 다시 불필요한 사회 갈등을 유발시킬 수 있다는 것이다.[3] 예컨대 KBS 보도국장과 관련된 이번 사건은 국민의 알 권리와 표현의 자유 그리고 이에 부합하기 위한 언론인이 양심적 내부 고발, 마지막으로 언론이 외부 권력으로부터 압력을 받게 되는 복잡한 현실을 적나라하게 드러내고 있다. 알 권리의 주체와 목적, 실현 과정에서의 윤리적 가치에 대한 충돌은 권력과 함께 늘 복합적으로 동시에 발생하고 있는 것이다.

명예훼손과 모욕죄의 진행형

명예란 사람의 가치에 대한 사회적 평가(social reputation)를 의미하는데,

3 전국언론노동조합 한국방송본부(새 노조)는 김시곤 한국방송(KBS) 보도국장이 사석에서 '세월호 사고는 300명이 한꺼번에 죽어서 많아 보이지만, 연간 교통사고로 죽는 사람 수를 생각하면 그리 많은 건 아니다'라는 취지의 발언을 했다고 주장하였다. 김 국장의 발언은 거의 모든 매체를 통해 보도되었고, 세월호 유가족들과 국민들은 청와대와 KBS가 있는 여의도에서 항의를 하였다. 그 결과 김 국장은 "보도의 독립성을 지키지 못한 것에 대해 책임을 지고 보도국장직을 사임한다."고 밝히며, 기자회견 끝에 길환영 현 KBS 사장의 퇴진을 주장하였다(2014. 5. 9. 한겨레). 세월호 보도의 문제점에 대한 책임을 지겠다면서 보직 사퇴의 뜻을 표명한 보도국장이 재임 기간 동안 청와대와 KBS 사장으로부터 보도와 관련된 외압을 받았다고 추가로 주장을 한 것이다(2014. 5. 16. KBS 뉴스).

개인의 명예권은 기본권 중의 기본권이기 때문에 헌법에서도 명시하고 있다. 명예는 인간에게 존재하는 도덕적 품위 · 성질, 육체적 · 정신적 상태에 있는 인간의 진실한 가치를 의미하는 '내적 명예', 세상 사람들의 판단에 의한 외부로부터의 평가와 그 사람에 대한 타인의 감상을 뜻하는, 이른바 평판, 명성, 인망, 성가 등 사회로부터 부여받는 '외적 명예', 자기 자신의 인격에 대한 가치판단 또는 자기 자신의 가치의식을 말하는 '명예 감정' 등으로 구분된다. 법에서 보호하는 명예는 외적 명예를 통설적으로 의미한다. 즉 타인의 명예권을 부당하게 침해하면 형사상으로 범죄로 취급되어 처벌되며 (형법 제307조), 민사상으로도 불법 행위에 대한 손해배상 책임을 물을 수 있다(민법 제750조, 751조). 전통적으로 영미 법계에서는 표현 방식에 따라 명예훼손을 구도에 의한 경우(slander)와 서면에 의한 경우(libel)로 나누었다. 매체가 발달하고 인터넷이 등장하면서 그 구분은 의미가 없어진 대신에 명예훼손의 목적과 사실 여부가 중요하게 판단되고 있다. 명예의 주체는 자연인은 물론이고 법인에 대해서도 인정이 되는데, 법인격이 없는 단체도 명예의 주체가 될 수 있다. 하지만 국가나 지방자치단체는 국민이 합의하여 권리를 위임한 단체이기 때문에, 국민의 표현 행위에 대한 명예훼손의 피해자가 될 수 없다고 본다.

또한 사자(死者)도 민 · 형사상 명예의 주체가 될 수 있다는 판례가 있다. 원칙적으로 죽음과 동시에 권리 주체가 소멸하기 때문에 직접적인 명예주체가 될 수 없지만, 형법 본래의 사명이 공공안녕의 질서 유지를 목적으로 하고 있기 때문이다. '언론중재법'[②](제5조의 2)도 사자에 대한 인격권 침해를 인정하고 있다. 그런데 형법 제308조는 사자에 대한 명예훼손은 허위 사실의 적시에 의한 경우만 인정하고 있다. 즉 명예훼손은 친고죄[③](親告罪)이므로 사자의 자손 또는

② **언론중재법**
2004년에 '언론중재 및 피해구제에 관한 법률'을 제정하면서 언론사 스스로 언론 피해를 자율적으로 예방하고 구제한다는 목적 아래 언론고충처리인제도를 설치하였다. 하지만 2009년 1월 국회는 언론고충처리인제도를 폐지하는 수정안을 통과시켰다.

③ **친고죄**
검사가 공소를 제기하는 데 피해자와 그 밖의 법률에 정한 사람의 고소를 필요로 하는 범죄를 말한다. 친고죄는 사자명예훼손죄, 모욕죄, 비밀침해죄, 저작권법 위반에 적용되고 있다.

친족이 있을 경우, 그들이 간접적인 주체로서 고소권자가 될 수 있다(형소법 제22조). 이 법은 또한 인물에 대한 역사적 평가를 자유롭게 할 수 있도록 배려하는 특징을 가지고 있다. 예를 들면 2006년 이승만 전 대통령의 양자 이인수 씨와 장택상 전 총리의 딸 병혜 씨는 같은 해 7월 KBS 대하드라마 〈서울 1945〉가 허위 사실로 고인들의 명예를 훼손했다며 제작자와 방송사를 상대로 민·형사 소송을 제기했다(2006. 11. 01. 중앙일보). 하지만 2010년 서울 고등법원은 고인에 대한 명예훼손이라고 고소를 했던 부분, 즉 여운형에 대한 암살 지시 부분에 대해 드라마상에는 이승만이 직접적으로 지시하는 장면이 나오지 않고, 이 드라마가 가상 인물들에 의한 허구적 이야기에 더 많은 비중을 둔다는 점을 종합해 드라마 피디와 작가에게 무죄를 확정했다(2010. 4. 29. 한겨레). 사자의 명예훼손 성립 여부를 파악하기 위해 역사 드라마가 역사적 인물의 허위 사실을 적시했는지 판단해야 하는 법원은 드라마의 제작 목적, 등장하는 역사적 인물이 이야기 중심인지 여부, 역사적 사실과 허구의 이야기가 드라마 안에서 차지하는 비중과 방식, 그리고 시청자 입장에서 그것이 실제 역사적 사실로 오해하지 않을 정도였는가 하는 판단을 종합적으로 고려한 것이다.

반면 명예훼손과 같이 사람의 명예에 대한 범죄로 '모욕'(ridicule, contempt, scorn)이 있다. 모욕죄는 형법 제311조에 의해 공연히 사람을 모욕하는 것으로 외적 명예보다 명예 감정에 초점을 두고 있다. 예를 들면 상대가 모욕감을 느끼는 언행이 여기에 해당되며, 명예훼손과 달리 반드시 구체적 사실을 적시할 필요가 없다. 뿐만 아니라 모욕죄는 사자에 대해서도 성립되지 않으며, 명예훼손과 달리 피해자의 고소 없이는 처벌할 수 없다.

그런데 최근 디지털 아카이브 기술이 발달하면서, 검색 사이트를 대상으로 벌어지는 사자에 대한 명예훼손 분쟁이 예상된다. 예를 들면 국내 제1의 포털 사이트 네이버가 2009년 디지털 뉴스 아카이브 서비스를 선보이면서 옛날 신문에 대한 접근권이 확대되었다. 네이버는 1920년대부터 1999년까지의 옛날 신문을 종이 신문 그대로 웹상에 구현하게 한 새로운 데이터베이스 서비스 기술 '디지타이징④(Digitizing)'을 소개하면서, 읽고 찾고 보관하기 쉬운 디지털 뉴스 아카이브를 개발한 것이다. 방대한 양의 데이터에 쉽게 접근할 수 있다는 측면에서는 상당히 고무적인 일이지만, 옛날 신문 속 오보와 명예훼손이라는 측면에서 보면, 명예회복을 위한 상이한 관점에서의 법적 분쟁도 피할 수 없기 때문이다. 사자의 명예훼손 소송 가능성이 인터넷이라는 공간에서 보다 가능해진 것이다. 1990년대 인터넷 서비스가 확산되면서, 온라인과 오프라인이라는 공간의 물리적 한계는 이미 뛰어넘은 지 오래이다. 그렇다면 온라인에서 명예훼손의 의미는 달라졌을까?

> **④ 디지타이징**
> 디지털 아카이브를 뜻하는 것으로, 국내에서는 네이버가 1920년대 종이 신문부터 최신 뉴스까지 웹상에서 모두 접근 가능하도록 만든 기술이기도 하다.

인터넷(사이버) 명예훼손은 사람을 비방할 목적으로 정보통신망을 통해 공공연하게 불리한 사실이나 거짓을 드러내 타인의 명예를 훼손하는 행위이다. 인터넷 명예훼손 피해자와 관련된 법령에는 정보통신망 이용촉진 및 정보보호 등에 관한 법률, 민법 등이 있다. 인터넷 명예훼손으로 권리가 침해된 경우 그 침해를 받은 자는 정보통신 서비스 제공자에게 침해 사실을 소명하여 그 정보의 삭제 또는 반박 내용의 게재를 요청할 수 있다. 정보통신 서비스 제공자는 경우에 따라 해당 정보에 대한 접근을 임시적으로 차단할 수 있다. 현재 방송통신심의위원회는 인터넷 명예훼손 관련 분쟁 조정을 담당하고 있으며, 특정한 이용자에 의한 정보의 게재나 유통으로 명예훼손 등 권리를 침해당하였다고 주장하는 자는 명예훼손 분쟁조정부에 해당 이용자의 정보 제공을 청구할 수 있다. 인터넷

그림 10-1. 네이버 옛날 신문 서비스 화면

* 출처: 네이버 뉴스라이브러리

⑤ 면책 사유/면책 요건
법적 책임을 면할 수 있는 이유와 조건들을 의미하며 보통 개인금융 파산시 면책 제도가 있다.

명예훼손의 피해자는 고소할 수 있으며 불법 행위를 저지른 자에게 손해배상을 청구할 수 있다. 사실 일상에서 온라인 공간의 참여와 이용이 늘어나면서, 인터넷 명예훼손 관련 소송도 늘고 있다. 예를 들면 최근 사내 전산망의 전자게시판에 다른 직원을 비방하는 글을 게재해 유죄 판결을 받는다거나, 온라인 게시판에서 타인의 명예를 훼손한 경우 정신적 피해에 대한 위자료를 지급하라는 손해배상 판결이 온라인 사용자들 사이에서 상식이 되었기 때문이다.

명예훼손의 면책 요건은 5가지로 정리된다. 첫째 진실의 공표, 둘째 공평한 논평과 비판의 공표, 셋째 공공의 이익을 위한 공표, 네 번째 공개된 기록의 공표 마지막, 동의에 의한 공표이다. 인터넷 공간이라는 특수성으로 인해 명예훼손을 판단하는 것이 더 복잡해진 듯 보이지만 사실 면책 요건⑤의 기준에서 보면 자료의 신구와는 상관없이 진실되고 공평하며 공익을 위한 것이라고 합의된 자료는 여전히 가치 있고 힘이 있다.

프라이버시와 초상권 보호의 한계

프라이버시 권리는 19세기 말 이후 미국에서 발전된 개념으로 처음에는 혼자 있을 권리 혹은 사생활이 함부로 공개되지 않을 권리라는 소극적 개념에서 출발하였다. 현재는 인격권을 기초로 자기에 관한 정보를 통제할 수 있는 권리라는 적극적인 개념으로 확대되었다. 우리나라는 1980년 헌법 제16조에서 "모든 국민은 사생활의 비밀과 자유를 침해받지 아니한다."라고 처음으로 명시했고 현재는 1987년 개정된 제17조에서 사생활의 비밀 · 자유 불가침권이 정의되고 있다. '사생활의 비밀'이란 부당한 공개로부터의 자유이며, '사생활의 자유'는 개인이 사생활을 영위할 수 있는 자유를 말한다. 따라서 사생활의 비밀과 자유를 침해받지 않을 권리를 프라이버시라고 한다.

프라이버시 권리는 일반적으로 '본인의 동의 없이 사생활에 관한 것이 공중에게 공개되지 않기를 바라는 인간의 자연적인 권리'로, 개인의 인격적 징표로 볼 수 있는 이름, 초상, 사사(private affairs), 명예나 신용이 공표되거나 이용되지 않아야 한다. 공중으로 하여금 개인을 오인하게 하는 공표는 프라이버시 침해로 볼 수 있다. 단, 공직에 있거나 사회적으로 공중의 관심 대상이 되는 사람은 프라이버시 침해에 대해 면책이 받아들여지고 있다. 다시 말해 사회적 지위와 관계 없이 매스미디어 또는 다른 방식을 통해 일반인과 일상적으로 자주 접촉하고 그에 따라 일반인에게 관심의 대상이 된다면 이를 공인이라 할 수 있다. 정치인, 고급 공무원, 교수, 법률가, 작가, 예술인, 경영인이 이에 해당하고, 주로 매스미디어에서 활동하는 운동선수, 연예인 등도 자발적 공인으로 분류된다. 그외 일반인의 관심 대상이 되는 범인, 조직 폭력배, 공개 수배 등의 타의적 공인이 있다.

보통 공인(공적 인물)은 사생활이 공개되더라도, 일반인에 비해 어느 정도 그 공표를 감수해야 한다고 받아들이고 있다. 실제 형법 제310조를 보면 표현의 자유와 공공의 이해와의 관계에서도 진실 보도의 경우 명예훼손의 면책 사유가 된다는 법리에 따라, 공인은 공공의 이익과 관련이 있으므로 사생활권이 어느 정도 제한된다는 것을 용인하고 있다. 공적 존재론은 공익이 개인의 가치에 우선하며 국민의 알 권리 또한 프라이버시에 우선한다는 법리에 근거하고 있기 때문이다. 덧붙인다면 영미법과 달리 대륙법계에서는 성명권이나 초상권 또는 퍼블리시티권⑥(공표권, right of publicity)이 별개의 권리로 논의되고 있지만, 국내에서는 퍼블리시티권에 대한 입장은 불분명한 반면, 언론의 프라이버시 침해가 사회적으로

> **⑥ 퍼블리시티권(공표권)**
> 사람의 초상이나 이름처럼 그 사람 자체를 가리키는 것을 광고나 상품 등에 상업적으로 이용해 경제적인 이득을 얻을 수 있는 권리. 최근 연예인들이 자신의 사진과 이름을 사용한 경우 손해배상 소송을 내는 경우가 늘고 있다.

문제가 되면서 프라이버시의 개념이 다시 논의되고 있다.

프라이버시의 개념은 현대사회로 오면서 자신에 대한 정보의 통제권, 자기 정보에 대한 접근 및 열람 청구권, 자기 정보의 정정 · 사용 중지 · 삭제 요구권, 이를 수용하지 않을 경우 불복 신청이나 손해배상 청구권을 포함하는 것으로, 적극적인 개인정보 자기결정권을 의미한다. 그러나 모순적이게도 디지털 정보사회에서 개인의 사적 정보는 너무도 쉽고 빠르게 확산되고 이용되곤 한다. 개인의 인격권이 쉽게 침해되는 것을 미리 방지하고 개인을 보호할 수 있는 법안은 현재 충분히 마련되어 있다. 예를 들면 국내 사생활 보호를 위한 기본적인 법조는 형법 제316조(비밀 침해), 317조(업무상 비밀 누설), 319조(주거 침입), 국회법 제146조(남의 사생활에 관한 발언 금지) 이외에도, 공공기관의 개인정보보호법(1994), 공공기관의 정보의 이용 및 보호에 관한 법률(1996), 금융실명제법, 예금자보호법, 신용정보의 이용 및 보호에 관한 법률, 컴퓨터프로그램보호법, 통신비밀보호법 제13조 등이 있다. 현재 한국 사회는 개인정보 보호를 위한 기본법 성격의 법제가 마련되지 않았다기보다는, 프라이버시가 알 권리나 표현의 자유 등과 같은 기본권과 대립할 경우 어떤 결정이 어떻게 필요한 것인가에 대한 논의가 부족한 것이 더 심각하다고 볼 수 있다.

표 10-1. 프라이버시권 개념의 변천

전통적 의미의 프라이버시 개념	현대적 의미의 프라이버시 개념
• 소극적 · 수동적 권리: 혼자 있을 자유, 사생활의 불공표	• 적극적 · 능동적 권리 : 자신에 대한 정보를 통제할 수 있는 권리
• 정보의 내용에 착안 (남에게 알려지고 싶지 않은 정보인가 여부)	• 정보의 수집 · 축적 · 이용 등 정보의 흐름(처리 과정)에 주목
• 언론기관 등에 대한 사권적 구제의 성격	• 행정기관 등의 정보 처리에 대한 공법적 권리 구제 성격
• 피해의 사후적 규제	• 권리 · 이익의 침해를 미연에 방지

* 출처: 김옥조(2009). 482쪽

디지털 미디어 기술의 발달로 데이터의 종류와 양, 배포 속도와 방법은 혁명적이라고 해도 과언이 아니다. 특히 문자 데이터를 주고받던 시기에서 소리, 영상, 입체가 실시간으로 전송되고 복제되는 시기에 이르렀다. 특히 사진과 동영상의 자유로운 개인 편집이 가능해지면서, 익명의 인터넷 사용자들은 누군가의 초상권을 의도적으로 혹은 무의식으로 침해하는 사례가 늘고 있고, 이를 둘러싼 논쟁도 프라이버시와 함께 주목을 받고 있다.

초상권이란 자기의 용모나 자태가 자신의 의사와 다르게 함부로 촬영·제작·이용·공표되지 않을 인격적 이익이나 권리를 말한다. 모든 사람은 자신만의 용모와 자태가 있고 이것은 인격적 이익을 갖고 있는데, 이것이 자기 명예나 신용 등과 관련 있을 경우에 바로 초상권이라고 부른다. 우리나라 초상권은 프라이버시의 일부로 보호받는 미국과 달리, 인격권의 일부로서 보호받고 있다. 동의 없이 사진을 찍어 게재하거나, 승낙의 범위를 벗어난 침해, 동의 없이 사진을 찍어 사건과 관련 없는 기사에 사용하는 사례가 대표적인 초상권 침해이다. 동의 없이 사진을 찍어 개재해 피소된 대표적인 사례는 1991년 11년 11일 〈뉴스위크Newsweek〉지가 '너무 빨리 부자가 되다'(Too Rich Too Soon)이라는 제목으로 한국의 과소비 풍조에 대해 비판적인 기사를 공표한 사건이다. 당시 기사에서는 이화여자대학교 정문 앞을 걸어 나오는 학생들 사진을 찍어 이를 천연색으로 삽입했는데, 사진 속 3명의 여학생들은 잡지사를 상대로 초상권 침해 및 명예훼손 소송을 하였다. 법원은 잡지사가 원고들에게 각 2,000만 원씩 지급하라고 판결을 내렸다(한병구, 2000, 298쪽). 그밖에도 시위 현장을 촬영하면서 마치 시위 가담자인 것처럼 공표한다든가 또는 텔레비전의 사회 고발 프로그램 등에서 사건과 관련이 없는 사람의 사진을 공표한다든가 하는 경우가 유사 판례에 속한다.

반면 사회적 관심사가 많은 사건의 주인공이나 공공의 관심사에 연루된 관계자가 공공의 장소에 있는 경우, 언론은 공공의 이해와 관계 있는 사실을 보도한다거나 오로지 공익을 위해 수단과 방법이 상당할 만했는지를 따져 위법성 사유를 얻기도 한다. 하지만 언론의 윤리적 측면과 공익, 개인의 프라이버시라는 가치가 충돌해 논란이 되는 사례가 늘고 있다. 예를 들면 대형 교통사고 같은 참사 현장의 생존자, 피해자 가족, 사건 조사 관계자, 자원봉사자 등 관련된 사람들이 언론이 과다 노출되면서, 프라이버시와 초상권 침해를 호소하기도 한다. 또한 범죄 보도에서는 범죄자의 인권과 국민의 알 권리가 충돌하기도 한다. 2009년 희대의 연쇄살인 피의자로 잡힌 강호순의 얼굴은 '인권 보호를 위한 경찰관 직무규칙'에 따라 모자이크와 마스크로 가려졌다가 죄질이 나쁘고 증거가 명백한 범죄자의 얼굴을 공개하자는 여론이 거세지면서 공개되기도 하였다. 범죄 보도는 사건과 무관한 가족들에 대한 2차 피해가 심각하기 때문에 신중히 다뤄져야 하지만, 소위 말하는 '국민정서법'⑦에 비출 때 갈등이 생기기도 한다.

개인 매체의 기술 발달로 이제는 누구나 손쉽게 촬영하고 편집해 인터넷에서 공유할 수 있게 되었다. 그러다 보니 전문 파파라치 못지않게 일반인들이 유명인의 사진을 합성하거나 패러디하는 경우도 온라인 커뮤니티에서 아주 쉽게 볼 수 있다. 온라인의 특성상 전 세계인들을 대상으로 빠르게 확산되기 때문에 초상권의 침해가 의심되는 일련의 활동들을 일일이 법으로 통제를 한다는 것도 쉽지 않다.

반면 공인의 초상권 침해와 표현의 자유권 사이 쟁점이 된 사례도 있다. 2011년 이탈리아계 글로벌 의류사업자 베네통(Benetton)이 자사 홈페이지에 '언헤이트(Unhate)'라는 주제의 광고를 공개하였다. 그런데 광고 속 모델은 세계 각국의 정상들로 이들을 합성한 사진이 공개된 것이다. 광고에서는 버락 오바마 미국 대통령과 후진타오 중국 국가 주석이 마주보며 입

⑦ 국민정서법
실정법(성문법)이 아닌 국민들이 보편적 가치 · 상식처럼 믿는 것. 즉 국민 정서라고 할 수 있는 국민정서법은 언론을 통해 전달되고 결국 정치권에도 의미 있는 영향을 미치는 경우가 있다.

맞춤을 하고 있고, 이명박 전 대통령도 북한의 김정일 최고 지도자와 같은 포즈를 취하고 있다. 베네통에 따르면 이번 광고 사진이 불편한 관계의 정치와 종교 지도자들 간의 입맞춤이 상징적으로 화해를 보여주는 것으로, 관용과 사랑이라는 메시지를 담기 위해 합성사진으로 광고를 만들었다고 한다. 하지만 교황 베네딕토 16세와 아흐메드 엘-타예브 이슬람교 사원 알-아즈하르 종교 지도자가 입맞춤을 하는 광고에 대해 바티칸은 바로 항의를 해 광고를 중단시켰고, 백악관에서도 대통령의 초상권이 상업적으로 이용되는 것을 반대하며 법적 대응을 하겠다고 즉각적으로 반응하였다. 그렇게 베네통의 '언헤이트' 광고는 큰 논란을 일으키고 중단됐지만, 여전히 인터넷에서는 그 광고 사진들의 검색이 가능하다. 그리고 공개적으로 세계 정상들의 사진을 합성한 이 사건 이후, 유사 패러디 합성 사진이 많이 탄생하고 있다.

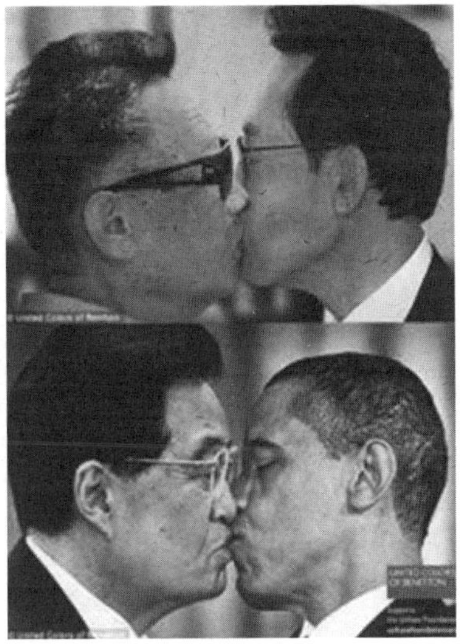

그림 10-1. 베네통 광고 사진

* 출처: 〈더 가디언The Guardian〉(2011. 11. 17)

최근 인터넷 검색 서비스와 SNS가 발전하면서 비전문가들이 특정인의 가족 관계, 주소, 얼굴 등 개인정보를 손쉽게 추적해 유포하는 사례가 있는데, 이를 네티즌 수사대의 '신상 털기'라고 부른다. 초기 네티즌들은 스스로 조직해 법이 처벌하지 못하거나, 언론이 추적하지 못하는 것을 파헤치고자 하였다. 하지만 이에 그치지 않고 전혀 관계 없는 사람이 신상 털기의 피해자가 되거나, 가해자의 무고한 가족과 주변 인물까지 피해를 보는 경우가 늘고 있다. 예를 들어 2013년 해외 출장을 가던 한 대기업 임원이 항공기 승무원에게 라면 맛을 트집 잡으며 폭력을 가한 사실이 밝혀지면서 인터넷에서는 그 임원이 어떤 회사의 누구인지, 어떤 직책을 맡고 어떤 일을 하는지, 그의 얼굴과 가족 사진, 학력과 사생활 같은 개인정보까지 공개되기도 하였다. 인터넷 누리꾼같이 감시하는 눈이 많아지면서, 인터넷 공간은 소통의 공간이기도 하지만, 서로를 감시하고 통제하는 곳이 되기도 한다. 즉 유명 정치인에게 성추행을 당했던 여성의 사진과 정보가 인터넷에서 떠돌면서, 인터넷 공간에서는 약자를 보호하기보다 오히려 가해자로 몰아붙였다. 결국 인터넷 속 사진과 정보가 거짓으로 판명났기는 했지만 누군가에게 지울 수 없는 상처를 주었던 것에 대해 아무도 책임지지 않아도 된다는 듯 무감각해 보이는 사회 현실은 더욱 문제가 아닐 수 없다.

'잊혀질 권리'의 재해석

잊혀질 권리[8](right to be forgotten)는 1995년 유럽연합이 개인정보 처리를 규정하는 유럽 정보보호지침(European Data Protection Directive 95/46EC)을 채택하면서 현재 국제인권법의 한 요소로 간주되고 있다. 잊혀질 권리는 개인 신상 정보, 의견적 가치 정보, 사실 회상적 가치 정보, 사실 자체적 가치 정보의 4가지 유형을 담고 있으며, 잊혀질 권리를 보장할 수 있는 다양한 기술이 개발 중이다. 그리고 2013년 3월 프랑스, 일본, 스위스, 미국, 국내에서는 잊혀질 권리에 대한 법률안을 발의하였다. 하지만 기술의 안정성과 상호 호환성, 개인정보 관리 시점, 개인정보 구분, 처리 범위 결정, 본인 확인 및 복원 서비스, 해킹 방지 및 사자와 구분된 정보 보호 등 규제의 실천에 현실적 한계를 가지고 있어, 국제사회의 협력과 공조를 얻기 힘들었다. 그러던 중 스페인 변호사 마리오 곤잘레스가 자신의 압류 주택이 경매에 넘어간다는 1998년 신문 기사가 여전히 검색을 통해 나온다고며 포털 사이트 구글을 상대로 낸 소송에서 2014년 5월 유럽사법재

> ⑧ 잊혀질 권리
> 1995년 유럽연합이 개인 정보 처리를 규정하며 정한 법률로, 유럽 사법재판소는 2014년 인터넷상에서 개인의 정보가 삭제될 권리를 인정하기도 하였다.

판소(the Court of Justice of the European Union: ECJ)가 '삭제' 판결을 내리며 '잊혀질 권리'를 인정하였다. 이는 인터넷상 정보에 대한 개인의 삭제 권리를 처음 인정한 사례로, 현재 인터넷 생태계의 절대 강자인 구글도 개인정보 침해 불만이 접수될 경우, 당위성을 따져 필요시 해당 콘텐츠를 검색 결과에서 삭제해야 한다.

현실적으로 이용자의 동의도 없이 무차별적으로 개인정보가 수집되고 이용되는 인터넷 공간에서 개인은 정보 보호 권리를 인정받지 못하는 현실에서 무력했으며, 저항 또한 불가능해 보였다. 따라서 비록 유럽 내 28개국에서만 유효한 판결이며, 인터넷에서 완전히 삭제될 수 있는 기술이 아직 개발되지 않았다는 한계에도 불구하고, 이 판결의 의미와 해석은 이미 전 세계에 고무적으로 확산되고 있다.

인터넷상에서 개인정보 이슈는 뜨거운 감자 중 하나이다. 인터넷과 디지털 기술의 발전은 시공을 초월해 빠르게 진행되고 있지만, 개인정보 보안에 대해서는 거대 사업자들을 상대로 나라마다 다르게 대응하고 있는 실정이다. 예를 들어 구글이 스트리트 뷰 지도 서비스를 준비하는 과정에서 불법으로 세계 각국의 개인정보를 무단 수집해 논란이 되었고, 이에 대해 이탈리아 정부는 구글 측에 총 100만 유로(약 14억 원)의 벌금을 부과했으며, 한국 정부도 같은 건으로 2억1230만 원의 벌금을 부과하였다. 페이스북 역시 이용자의 온라인 기록을 광고주들에게 허락 없이 제공하면서 이용자들과 소송전을 피할 수 없었는데, 이용자들의 점유가 절대적으로 높은 기업의 입장에서는 반가운 소식은 아닐 것이다. 특히 유럽의 경우, 검색엔진 시장의 92.86%를 미국의 구글이 점유하고 있다. 그 밖에 빙(미국), 야후(미국), 얀덱스(러시아)가 있지만 모두 합쳐 겨우 5.32%이다. 유럽인들이 가장 많이 쓰는 메일도 구글의 G메일이라는 점은 유럽 내 미국 인터넷 기업의 독점적 지위가 절대적이라는 현실을 그대로 반영하고 있다. 그러다 보니 인터넷사의 개인정보 문제는 단순히 기업과 개인 간의 문제라기보다 국가와 국가 간 정보 주권의 문제로 발전되고 있다. 유럽의 개인정보 보호 및 정보 주권 문제에 앞장서고 있는 독일은 미국에 민감할 수밖에 없다. 특히 미국 국가안보국(NSA)이 앙겔라 메르켈 총리의 도·감청을 했던 사건이 터지면서 범유럽 차원에서 디지털 보호 무역을 해서라도 미국의 정보 독주에 강력히 대응겠다는 의지를 보이기도 하였다. 현재 국내에서는 인터넷에 올라간 개인정보에 대해 당사자의 문제 제기가 있을 경우 해당 콘텐츠를 일단 보이지 않게 처리하는 일명 '블라인드 제도'가 정보통신망법에 따라 운영되고 있다. 하지만 이 규정은 구글이나 페이스북, 트위터 같은 외국계 서비스에는 적용되지 않는다(2014. 5. 17. 동아일보).

표현의 자유와 제한된 자유 사이의 논쟁적 이슈

인터넷 음란물, 실명제, 사이버 왕따

표현의 자유에서 제약이 되는 명백한 사례 중 하나가 음란성 표현으로, 이는 형법 제 243조와 244조에 의해 금지된다. 우리나라 판례에 의하면, 음란은 '보통인의 성욕을 자극하여 성적 흥분을 유발하고 정상적인 성적 수치심을 해하여 성적 도의관념에 반하는 것'이라 정의하고 있다. 하지만 음란의 개념은 시대에 따라 유동적이며, 사회 규범, 윤리, 종교같이 사회 통념에 따라 상대적으로 해석될 수 있다는 것이 법원의 입장이기도 하였다. 하지만 현실적으로 언론·출판은 공중도덕이나 사회윤리를 침해해서는 안 된다는 헌법 제21조 4항이 있는 한, 공공의 복리라는 다소 애매한 규정으로 표현의 자유를 규제할 수도 있다. 실제로 1990년대 중반 이후 연극, 소설, 영화 등이 음란성을 문제로 규제되야 하는가에 대해서 논란이 많았다. 시대에 따라 사회 통념은 변했고, 또 여전히 변하고 있다.

그런데 흥미롭게도 인터넷상에서도 음란죄는 좀 다르게 논의되고 있다. 디지털 장비 기술의 발전과 초고속 인터넷 서비스가 가능해지면서 음란물의 대량 유통이 가능해졌고, 정부는 '정보통신망이용촉진법'을 개정해 인터넷 정보등급제를 도입하고자 하였다. 이에 네티즌들은 표현의 자유가 위축될 것을 우려하며 격렬히 반대하였다. 하지만 2003년 음란물을 링크하는 것도 음란물을 전시하는 것이라는 판결 이후, 청소년을 보호하기 위해 인터넷에서 익명으로 음란, 폭력, 선정적 표현을 하는 것도 '청소년보호법'과 관련 법률에 의해 불법이라는 판정을 받게 되었다.[4] 인터넷에서 익명의 음란·폭력·선정성 표현이 범람하면서 청소년을 보호하기 위한 대책은 국내뿐만 아니라 해외에서도 중요한 이슈가 되고 있다. 예를 들면 온라인 콘텐츠에 등급제 도입은 실패했지만, 청소년보호법에 의해 청소년 유해매체물 표시제를 도입했고, 인터넷상에서 명예훼손, 프라이버시 침해 사례와 분쟁이 늘면서 인터넷 실명제가 도입됐으나 2012년 헌법재판소에서 위헌 판결을 받고 폐지됐다. 하지만 청소년들의 무분별적이고 죄의식 없는 듯한 악성 댓글은 명예를 훼손하고 프라이버시를 침해하는 경우가 많다. 그래서 일부 인터넷에서는 악성 댓글이 범람하고 있으며 이는 심각한 사회문제로 여겨지고 있다. 실제 10대들 중 48%가 악성 댓글을 작성해봤고, 73.8%는 인터넷을 통해 허위 사실을 유포해봤다고 응답할 만큼 10대들에게 인터넷 공간은 일상과 밀접하게 얽혀 있다(한국인터넷진흥원, 2012).

2014년 7월 29일 동아일보가 온라인 시장 조사 업체에서 모바일 검색 서

4 청소년보호법 제8조 1항, 10조에 따르면 청소년에게 성적 욕구를 자극하는 선정적이거나 음란한 매체물은 청소년 유해매체물로 결정해야 한다고 규정하고 있다. 그래서 음란성 문제로 청소년 유해매체물로 결정되면 이를 표시·포장해야 하고(제14~16조), 이를 청소년에게 판매·대여·배포하거나 시청·관람·이용에 제공해서는 안 된다(제17조 1항).

비스 업체별 음란물 검색 점유율을 분석한 결과, 구글이 91.2%, 네이버와 다음은 각각 8.6%, 0.2%였다. 국내 안드로이드 단말기 이용자 6만 명을 대상으로 '야동', '야설' 등의 키워드나 성인 전용 사이트를 어디서 검색했는지 조사한 결과이다. 사실 국내 모바일 검색 시장에서 구글의 점유율은 현재 9.1%로 상당히 낮다. 하지만 구글은 해외 사업자로 국내법을 적용받지 않기 때문에 네이버, 다음과 같이 청소년보호법에 따라 성인 인증 절차를 거치지 않아도 된다. 물론 구글은 자체 개발한 세이프 서치 기능을 가지고 있다고 하지만, 사실상 작동하지 않는다는 것이 드러난 셈이다. 결국 법적·제도적 장치가 닿지 않는 윤리적 영역이 바로 우리가 앞으로 진지하게 고민하고 논의해야 할 숙제이기도 하다.

사실 국내 형법은 전자적 정보(사이버 음란물)를 포함하는 것에 대해 하드 디스크나 서버 컴퓨터 같은 기록 장치 외에는 적용하는 데 해석에 차이가 있다. 대신 전기통신기본법, 정보통신망이용촉진법, 성폭력범죄처벌법 같은 특별법이 적용된다. 인터넷이 개인 일상의 일부로 보편화되고 난 이후 생겨난 법과 규제 조항들은 이밖에도 아주 구체적이다. 예를 들면 자기 홈페이지에 들어온 사람을 남의 음란 화상 홈페이지로 링크시켜주는 행위, 인터넷으로 불특정 다수에게 유상 또는 무상으로 음란 화상을 송신하는 행위, 스팸 메일 발송, 컴퓨터 바이러스 및 해킹, 컴퓨터 사기 같은 행위들은 현행 국내법으로 엄격히 다루어진다. 그러나 외국 서버에 접속하여 음란 표현물을 다운로드하는 행위는 현재 국내법을 적용할 수 없다.

한편 2013년 이탈리아 10대 소녀가 페이스북에서 시작된 사이버 왕따(Cyberbullying)에 시달리다 자살을 선택하였다. 국내에서도 학교 내 집단 따돌림이 SNS나 메신저를 통해 더욱 심각하게 진행되다 청소년들이 목숨을 끊는 사례가 있다. 상대를 비방하고, 모욕하고, 무시하며 심리적 고통을 주는 사이버 왕따는 성장기 예민한 청소년들이 인터넷에서 쉽게 경험할 수 있는 흔한 사건이 되었지만, 여전히 사이버 폭력을 처벌할 수 있는 규정은 모호하다. 다소 장기적이고 소극적인 듯하지만 청소년들이 올바른 인터넷 이용 문화를 만들 수 있도록 관련 교육을 지속적으로 수행할 가이드라인과 책임자 육성을 위한 논의가 절실하다.

저작권 침해와 보호의 모호한 경계, 빅데이터

표현의 자유와 저작권 보호 제도는 서로 상충적이면서 보완적이다. 표현의 자유는 법률에 의해 제한되지 않는 한 어떤 내용도 표현할 수 있으며, 저작권은 이러한 저마다의 저작물을 타인이 함부로 사용할 수 없도록 보호하며 창의성을 북돋을 수 있기 때문이다. 표현의 자유와 저작권 보호가 정보화 시대에 공존하는 방안으로서 언론이나 교육 목적으로 저작물의 이용을 허용하는 '공정 이용의 원칙⑨'(the fair use doctrine)이 거론된다. 반면 디지털 기술의 발달과 인터넷의 보급으로 표현의 자유에 대한 범위나 저작물이라는 개념에 대한 제고가 필요하다는 주장이 이를 규제해야 하는 입장과 첨예하게 대립하고 있다.

1994년 우리나라는 소프트웨어 불법 복제율 75%를 기록하였다. 이후 유례를 찾기 힘들 만큼 불법 복제율이 급격히 하락하면서 2011년에는 40%로 낮아졌다. 이는 2002년 50%에서 9년 연속 감소세를 보여주고 있기는 하지만 OECD 국가 평균인 25%와 비교할 때 여전히 높은 수치이다(김현숙, 2013). 우리 소프트웨어 산업과 콘텐츠 개발 및 정상 유통에 대한 신뢰가 그만큼 낮다는 것이다. 실제 2012년 한국저작권위원회가 청소년을 대상으로 정품 콘텐츠 구매율을 조사한 결과, 2010년의 61.9%에 비해 48.5%로 급격히 하락하였다. 특히 청소

> **⑨ 공정 이용의 원칙**
> 언론이나 교육 목적으로 저작물의 이용을 허용하자는 주장.

년들이 가장 적극적으로 저작권 침해를 하는 경우는 불법 음원 이용이었다. 스마트폰에 불법 음원 공유 애플리케이션을 설치하면 듣고 싶은 음원을 검색해 MP3로 다운받을 수 있고, 이는 개인용 컴퓨터에 저장할 수 있으며 친구들과 SNS로 공유할 수 있다. 실제 조사를 하며 인터뷰를 했던 청소년 중에는 이러한 불법 음원 이용을 물 마시는 것보다 더 쉬운 일이라고 표현하기도 하였다.

스마트폰을 이용한 저작권 침해 사례는 여기서 그치지 않는다. 동영상을 이용할 경우 다운로드보다는 불법 다시보기 사이트에서 스트리밍으로 보는 방법을 선호하는데, 한 편의 동영상을 여러 개로 쪼개서 봐야 하거나 외국어 자막이 여러 개 뜨기도 하는 불편함에도 불구하고 최신 드라마와 영화가 바로바로 업데이트되는 사이트를 즐겨 찾는다. 무료 영상 사이트인 유튜브에서도 최신 방송 프로그램이나 드라마를 쉽게 볼 수 있는데, 이들 영상은 다운로드할 수 있는 애플리케이션까지 있기 때문에 별도로 영상을 저장해 다른 디바이스에서 이용하거나, SNS를 통해 타인과 공유할 수 있다. 그밖에도 페북(페이스북)이나 카톡(카카오 톡)을 통해 클릭하면 바로 영상을 공유할 수 있는 링크를 주고받을 수 있다(2014. 2. 저작권위원회).

무엇보다 현실적으로 저작권 침해에 대한 정보와 교육이 부족하다. 스마트폰과 인터넷 사용에 익숙한 국내 초·중·고등학생의 저작권 의식을 조사한 바에 따르면, 저작권 의식지수는 2012년 71.7점에서 2013년 72.9점으로 약간 향상되었지만, 저작권 인식지수는 78.6점에서 75.3점으로 낮아졌다. 사실 청소년들이 음원을 불법 다운받고, 불법 사이트에서 다시보기를 즐겨하며 불법 콘텐츠를 무단으로 배포하는 이러한 행위는 청소년 개인의 문제라고만 생각하기 힘들다. 왜냐하면 현재 청소년들뿐만 아니라 일반인을 대상으로 합법적인 저작물을 판단할 수 있는 기준을 제시하고 이에 상응하는 저작권 관련 교육이 이루어지는 정도는 아직 걸음마 단계이기 때문이다.

2013년 미래창조과학부가 발표한 자료에 따르면, 국내 스마트폰 가입자 수는 약 3,700만이며, 스마트폰 보급률도 70%에 달한다. 국내 LTE 가입자 비율은 전 세계 1위이다. 한국이 세계에서 처음으로 스마트폰 포화 상태에 접근한 것이다. 우리나라는 유례 없이 스마트폰이 빠르게 보급된 국가이고, 우리 청소년들은 스마트폰과 인터넷 없는 세상을 경험한 적이 없는 세대이다. 이렇게 한국 사회라는 풍요로운 디지털 정보사회에 살고 있는 청소년들에게 소프트웨어 다운로드와 업로드, SNS을 이용한 자료 공유, 실시간으로 대용량 자료를 주고받으며 스트리밍으로 즐기는 디지털 문화는 이제 일상이 되었으며, 이들의 의식 구조에도 영향을 미치고 있다. 바로 이 점이 저작권 침해에 대해 죄의식 없이 일상화되어가는 현실적 문제를 좀 더 진지하게 논의해야 하는 이유이다. 현존하는 저작권법이라는 제도적 장치보다는 저작권 침해 이용자들에 대한 사회구조적 맥락을 이해하고 윤리적, 도적적 책임을 어떻게 확산시키며 함께 논의할 수 있는지 고민해야 한다.

빅데이터⑩란 데이터 형식이 다양하고 생성 속도가 매우 빨라 새로운 관리와 분석 방법이 필요한 대용량 데이터를 의미한다. 빅데이터의 분석 개념은 기존에도 존재했지만, 최근에는 빅데이터가 정보화 시대 환경, 경제, 산업, 인구, 재난 재해 등 불확실한 위험에 대처할 수 있는 가능성을 보여주면서 새롭게 주목을 받고 있다. 즉 과거와 달리 현재 우리는 모바일 기기와 다양한 IT 기기를 이용해 누구나 데이터를 생성하고 접근할 수 있으며, 이를 처리, 가공, 분석할 수 있게 됐다. 이를 통해 향후 인간 삶의 질을 향상하고 의미 있는 사회 가치 산업을 기대할 수 있게 된 것이다. 2013년 6월, 가트너가 720개 기업을 대상으로 빅데이터 관련 투자 현황 및 계획을 조사한 결과, 조사 대상 기업 중 64%(2012년 58%)가 현재 빅데이터 관련 투자를 진행했거나

⑩ 빅데이터
형식이 다양하고 생성 속도가 매우 빨라 새로운 관리와 분석 방법이 필요한 대용량 데이터.

할 계획이라고 한다. 글로벌 기업들을 지닌 미국, 영국, 일본 등 선진국의 경우, 정부가 주도적으로 빅데이터를 통해 조직의 전략 방향을 제시하는 등 데이터 경영과 성장을 돕고 있다(권명관, 2013. 12. 30.). 하지만 방대한 양의 개인정보가 유출되는 사건이 자주 발생하고, 이를 예방할 수 있는 혹은 처벌할 수 있는 실질적인 시스템은 여전히 취약한 상태이다. 결국 빅데이터를 어떻게 분석해 활용할 것인지도 중요하지만, 빅데이터를 얼마나 안전하게 보관하며 유익하게 사용할 것인지도 진지하게 논의해야 할 것이다.

한-미 자유무역협정 이후, 창조경제의 지적재산권

한국 경제 규모는 2008년 글로벌 금융위기 이후 세계 15위를 기록하고 있다. 25년 전만 해도 미국 무역대표부(United States Trade Representivie, USTR)에서 교역 대상국을 상대로 분석한 『스페셜 301조Special 301』 보고서에서 우선협상대상국으로 분류되었으나 한창 한-미 자유무역협정(Free Trade Agree-ment: FTA) 협상을 하던 2009년에 비로소 감시 대상국 리스트에서 벗어났다. 왜 우리는 지적재산권 감시대상국이라는 사실을 오명이라 여기며 벗어나고자 했을까? 미국은 통상법(Omnibus Act) 제182조에 근거해 매년 3월 31일 이전에 무역대표부가 '국가별 무역장벽보고서'를 작성한다. 이 보고서는 대통령, 상원 및 하원 관련 위원회에 제출된 후 30일 이내에 '스페셜 301조 보고서'로 작성되게 된다. 1989년 최초로 보고서가 발간된 이후, 우리나라가 이 보고서 결과를 예민하게 여기며 두려워했던 이유는, 수출입의 무역 의존도가 상당히 높은 우리 경제가 최근 미국 USTR의 통상 압력이 거세지면서 미국의 무역 대상국으로서 그에 맞는 위상과 조건을 갖추어야 한다는 부담이 컸기 때문이다.

사실 1995년 세계무역기구(World Trade Organization: WTO) 체제가 출범한 이래 무역관련지적재산권(Trade-Related Aspects of Intellectual Property Rights: TRIPs) 협정(Agreement)이 발효되면서 지적재산권은 상품, 서비스와 함께 3대 국제 교역의 하나가 되었다. 우리나라도 1995년 TRIPs 협정에 가입했고, 2004년 세계지적재산권기구(World Intellctual Property Organization, WIPO) 저작권 조약, 2008년 WIPO 실연음반 조약에 가입하였다. 그리고 2011년 한-EU 자유무역협정, 2012년 한-미 자유무역협정가 각각 발효되었다. 특히 2005년 미국 행정부가 한국을 자유무역협정 우선협상 대상국으로 선정한 이후, 국내에서는 한미 자유무역협정 4대 선결 조건[5]에 반대하는 광우병 및 스크린 쿼터 같은 논란들로 인해 협상부터 국회 본회의 통과, 발효까지 최장 기간에 걸쳐 미국과 자유무역협정를 맺었다. 2014년 가을 부산에서 ITU(International Telecommunication Union) 전권 회의를 개최하게 된 우리나라는 사실 2000년대 들어서면서 IT 강국이라는 명성을 얻으며 주목을 받았다. 하지만 지적재산권 보호가 미흡한 국가로 분류되면서 고품질, 고기술 제조업에 비해 세계적으로 인정을 받기 힘들었고, 글로벌 정보화 사회로 진입하는 데도 장애가 되었다. 결국 우리 국회는 2006년 저작물 등의 이용 환경 변화에 따른 저작인접권자 등의 권리를 국제 규범에 맞춰 보호하는 것으로 제14차 저작권법을 개정했고 이후 2009년 온라인상의 불법 복제를 근절하기 위해 온라인 서비스 제공자 및 불법 복제·전송자에 대한 규제를 강화하면서 미국의 지적재산권 감시대상국 분류에서 벗어났다. 그리고 지금의 저작권법은 한-미 자유무역협정의 국내 이행을 위해 2011년에 개정된 것이다(문화체육관광부, 2014).

이러한 변화를 기반으로 ICT 최강국으로서의 자부심을 경험한 우리 정부

5 2006년 미국 측이 요구한 4대 선결 조건은 미국산 쇠고기 수입 재개, 2009년까지 배출가스 강화 기준 철폐, 스크린 쿼터 축소, 약값 재평가 제도 철폐이다(2006. 7. 21. 연합뉴스).

표 10-2. '스페셜 301조' 각국 분류 내용

(2014년 5월 기준)

구분	대상국
우선협상대상국	없음
우선감시대상국 (Priority Watch List)	중국, 인도, 러시아, 알제리, 아르헨티나, 칠레, 인도네시아, 파키스탄, 태국, 베네수엘라(10개국)
감시대상국 (Watch List)	바베이도스, 벨라루스, 볼리비아, 브라질, 불가리아, 캐나다, 콜롬비아, 코스타리카, 도미니카공화국, 에콰도르, 이집트, 핀란드, 그리스, 과테말라, 자메이카, 쿠웨이트, 레바논, 멕시코, 파라과이, 페루, 루마니아, 타지키스탄, 트리니다드 토바고, 터키, 투르크메니스탄, 우즈베키스탄, 베트남(27개국)

* 출처: 미국무역대표부 USTR(2014. 7)

는 현재 창조경제를 국가의 차세대 성장 동력으로 천명하고 있다. 정부뿐만 아니라 디지털 환경에서 신한류를 꿈꾸고 있는 우리는 우리 영화와 드라마, 음원들이 불법으로 다운로드되고 유포되는 것을 원치 않는다. 여전히 불법 복제, 위조 상품 유통, 온라인 저작권 침해, 불법 소프트웨어 사용 등 일상에서 지재권 침해 사례가 사라지지 않고 있지만, 창조적 산업에 대한 경제력을 경험하고 있는 우리에게는 논란의 여지 없이 계속 걸어가야 할 외길이다. 국제 무역 시장에서 미국과 유럽연합이 주도하는 자유무역협정이 확산되면서, 선진국 수준의 지적재산권 보호 규정 강화는 이제 선택이 아닌 필수 조건이다.

현대인들은 명백히 드러나는 사회적 갈등과 분쟁을 법과 제도로 해결하는 일에 익숙하다. 그리고 국가 내 또는 국가 간 사회질서와 평화적 관계를 유지하기 위해 법과 제도는 더욱 정교해지고 세분화되어가고 있다. 현실과 가상 세계의 구별이 힘들어지는 디지털 정보사회에서도 이러한 현상은 진행 중이다. 하지만 법과 제도로 해결할 수 없는 문제들이 여전히 산재해 있는 만큼, 우리는 이러한 현안들에 관심을 갖고 진지하게 논의해나가야 할 것이다.

생각해볼 문제

1. 유럽사법재판소의 잊혀질 권리에 대한 판결 이후, 인터넷상의 사생활 보호와 표현의 자유가 대립하고 있다. 인터넷은 개방과 공유가 기본 정신이기 때문에 표현의 자유를 옹호하는 사람들이 있는가 하면, 감추고 싶은 과거가 공개되지 않도록 인터넷에서 자료가 삭제되어야 한다는 의견이 맞서게 된 것이다. 결국 인터넷 서비스 시장의 독점으로 개인의 사생활 보호와 표현의 자유라는 가치가 충돌하고 있다. 글로벌 기업의 폭주를 막을 수 있는 대응은 무엇이 있는지 다양한 차원에서 구체적으로 논의해보자.

2. 인터넷 실명제는 악성 댓글 등으로 인한 사회적 폐해 방지를 위해 2007년 7월 도입됐다가 2012년 9월 헌법재판소에서 위헌 판결이 나면서 사라졌다. 하지만 인터넷상의 악성 댓글은 대상을 막론하고 무작위로 양산되며 갈수록 심각해지고 있다. 헌법재판소의 위헌 결정에 대한 사회적 맥락을 논의하고, 악성 댓글 해결 방안을 고민해보자.

3. 한국 사회에서 국민정서법이 영향을 미친 실제 사례를 찾아보고, 국민정서법의 한계를 논의해보자.

4. 디지털 정보화 사회, 핵심 기술로 주목받는 빅데이터에서 야기될 수 있는 윤리적, 도덕적 분쟁에 대해 생각해보자.

5. 창조경제의 주요 산업으로 주목을 받는 신한류에 대해 한-미 자유무역협정 이후 변화된 지적재산권의 관점에서 어떤 대안이 가능한지 논의해보자.

11 디지털 격차와 디지털 소외자

양정애(한국언론진흥재단)

'격차' 개념의 역사적 형성과 진화

역사적으로 신문, 라디오, 텔레비전과 같은 주요 대중매체가 사회에 등장할 때마다 이들이 정보 불평등을 해소할 것이라는 기대와 전망이 학자들이나 정책결정자들 사이에서 고개를 들곤 하였다. 이러한 기대는 새로 등장한 미디어가 기존 매체들에 비해 발전된 정보 전달 기술을 지녔다는 사실에 근거하고 있다는 점에서 다분히 기술 결정론적이라 할 수 있다. 그런데 대중매체가 도입된 지 100년이 넘게 지났지만 시민들 간 정보 불평등의 문제는 오히려 악화되고 있다는 목소리가 힘을 얻고 있다. 즉, 새로운 매체의 도입 직후 일시적으로 들끓던 평등한 정보 분배에 대한 다소 이상적인 염원이나 기대가 시간이 지날수록 사실이 아님이 드러나면서 정보 불평등 심화를 우려하는 비판론이 점차 득세하는 패턴을 반복해온 것이다. 역설적이게도, 정보를 전달하는 매체와 관련 기술들은 하루가 다르게 발전해가고 있고 이를

① 지식 격차 이론
미디어로부터 정보 및 지식을 습득하는 속도와 깊이가 사회경제적 수준별로 다르다는 점에 근거해 미디어를 통해 정보가 사회에 확산되어 갈수록 사회경제적 지위가 높은 집단과 낮은 집단 간 정보/지식의 보유량 격차가 더 커진다고 예측하는 이론.

통해 충분한 정보들이 제공되고 있음에도 불구하고, 언제나 정보는 사회 구성원들 사이에서 불평등하게 분배되었다. 특히 정보가 가장 절실하게 필요한 계층에게 잘 전달되지 않는 문제가 반복적이고 지속적으로 관찰되어왔다.

사실 '지식 격차(knowledge gap)', '정보 격차(information gap)', '정보 불평등(information inequality/disparity)'과 같은 용어가 학계에서 본격적으로 회자되기 훨씬 전인 1940년대부터 정보 확산을 연구하던 학자들(예를 들어, Hyman & Sheatsley, 1947; Spitzer & Denzin, 1965 등) 사이에서는 대중매체를 통해 흘러나가는 정보가 특정 집단(보통 사회경제적 지위가 낮은 집단)에게 잘 전달되지 않는다는 문제가 논의된 바 있다. 이들은 이런 현상을 '만성적 무지(chronic know-nothings)', '무지 가설(know-nothing hypothesis)' 등으로 명명하였다. 이러한 사회적 차원의 정보 격차 문제에 관해 최초로 체계적 이론화를 시도한 것이 티치너와 그 동료들(Tichenor, Donohue, & Olien, 1970)인데, 이들은 자신들이 만든 이론을 '지식 격차'라 이름 붙였다.

지식 격차 이론①의 핵심은 다음의 지식 격차 가설에 매우 잘 요약되어 있다. "매스미디어가 제공하는 정보가 사회에 확산되어갈 때, 사회경제적 지위(SES, Socio-Economic Status)가 높은 집단이 낮은 집단에 비해 이러한 정보를 더 빨리 습득하는 경향이 있고, 따라서 이 두 집단 사이에서 지식의 격차는 감소하기보다는 오히려 증가한다"(Tichenor et al., 1970, p. 159). 사실 교육 수준으로 대표되는 사회경제적 지위,[1] 즉 SES가 높은 사람들이 지

1 사회경제적 지위는 몇 가지 하위 차원으로 구성되는 복합적인 개념이다. 보통 교육 수준 외에도 소득과 직업이 SES의 하위 개념으로 알려져 있다. 그런데 지식 격차 연구를 포함한 많은 경험적 연구에서는 통상적으로 교육 수준 하나만을 SES의 지표로 활용하는 경우가 흔하다. 이는 교육 수준이 소득 수준이나 직업 유형에 비해 계량화가 쉽고 무응답이 적기 때문이며, 무엇보다도 교육 수준과 SES의 상관관계가 매우 높다는 연구 결과들이 충분하여 측정이 용이한 교육 수준을 SES의 대표적 지표로 이용하는 데 문제의 소지가 없다고 받아들이기 때문이다.

위가 낮은 사람들에 비해 미디어로부터 습득한 정보가 더 많고 더 깊이 있는 것은 일견 당연한 일이라 할 수 있다. 따라서 지식 격차 가설을 검증할 때는 특정한 한 시점에서 교육 수준에 따른 정보 보유량의 차이를 보여주는 데 그쳐서는 안 되며, 시간이 지남에 따라, 즉 매스미디어로부터의 정보가 사회에 퍼져나감에 따라 두 집단 간 정보 습득 격차가 점차 벌어지는 것을 보여주어야 한다.

이론 창시자인 티치너 등은 이렇듯 SES에 따라 지식 격차가 확대되는 데는 다음과 같은 5가지 요인들이 기여한다고 밝힌 바 있다. 첫째, 교육을 더 많이 받은 사람들은 정보를 효율적이고 정교하게 처리하는 능력이 상대적으로 뛰어난데, 이는 교육 과정 자체에서 정보 처리와 관련된 학습 및 훈련 기회를 더 많이 가졌기 때문으로 볼 수 있다. 둘째, 공교육 과정 동안 그리고 뉴스 미디어 노출을 통해 고학력의 시민들은 공공사안에 대한 충분한 사전지식을 갖고 있게 마련이며, 이렇듯 이미 확보된 배경지식은 인지적인 노력을 적게 들이고도 관련된 다른 정보들을 효율적으로 처리하게 하는 동력이 된다는 것이다. 세 번째 요인은 교육 수준에 따라 차이나는 사회적 네트워크인데, 보통 SES가 높은 사람들이 상대적으로 더 나은 대인 관계망을 확보하고 있다는 점에서 이러한 지인들과의 공적 이슈에 대한 토론과 대화는 공공사안에 대한 추가적인 지식 습득으로 이어질 가능성이 높다. 넷째는 뉴스 매체를 이용할 때 교육 수준에 따라 선호하는 토픽 유형에 차이가 있다는 설명이다. 학력이 높은 사람들은 공적 이슈에 대한 관심이 상대적으로 높다는 점에서 공공사안을 다루고 있는 뉴스에 더 많이 노출할 가능성이 큰 반면, 저학력층의 경우 동일한 시간 동안 뉴스 매체를 이용하더라도 연예, 스포츠와 같은 오락적 정보들 위주로 소비하기 쉽다는 것이다. 마지막 요인은 주로 이용하고 의존하는 매체 유형의 차이로, 고학력층은 인쇄신문과 같이 정보를 더 풍부하고 깊이 있게 전달할 수 있는 뉴스 매체를

② 접근성
원래는 컴퓨터 소유, 인터넷 연결과 같은 하드웨어적 · 물리적 차원의 이용 가능성을 의미하는 개념이었으나, 디지털 격차를 다차원적으로 파악하는 학자들의 경우 이 접근성 자체를 정신적/동기적, 물질적, 활용능력적, 이용적 층위 등으로 구분해서 개념화하고 있다.

선호하는 반면, 저학력층은 텔레비전 뉴스처럼 제한된 양의 정보를 시청각적으로 전달하는 뉴스 매체를 주요 뉴스원으로 삼고 있는 경우가 많다는 설명이다.

여기서 주목할 만한 부분은 매스미디어 시대의 사회적 계층 간 정보 격차 확대를 체계화한 지식 격차 이론은 지식 격차 발생의 원인을 미디어에 대한 '접근성②(access)'에서 찾고 있지 않다는 사실이다. 앞서 살펴본 지식 격차 확대를 초래하는 요인들 중 어떤 것도 SES가 낮은 사람들이 미디어에 대한 접근이 제한되어 있기 때문에 SES가 높은 사람들에 비해 더 느리게 정보를 습득한다고 설명하지는 않는다. 미디어와 관련해서는 계층 간에 선호하는 매체 유형이 다르고, 또 동일 시간 뉴스 미디어를 이용하더라도 계층에 따라 선호하는 정보 유형이 다르기 때문이라고 밝히고 있을 뿐이다. 실제 매스미디어는 인터넷으로 대표되는 뉴미디어와는 달리, 매체에 대한 접근성 자체가 매우 핵심적인 특성인 미디어 유형이라고 보기는 어렵다. 이를테면 대표적인 매스미디어에 해당하는 텔레비전의 경우, 통상 가구 단위로 단말기 구입이 이루어지고, 한 번 수상기를 구입하고 나면 매체를 이용하는 데 드는 추가 비용이 거의 없으며,[2] 경제적 능력에 따라 구입할 수 있는 수상기의 가격대가 많이 차이 난다 하더라도 수상기 품질로 인해 이용 가능한 프로그램의 유형이 달라지는 것이 아니라는 점에 주목할 필요가 있다. 이에 비해 컴퓨터, 스마트폰, 태블릿 PC 등의 단말기를 이용해야 하는 인터넷의 경우, 단말기 구입 비용이 비교적 큰 편이고 개인 단위로 소유하고 있는 경우가 많다는 점에서 일단 기기를 보유하는 데서부터 계층 간 격차가 발생

2 우리나라는 대부분의 가구들이 유료방송에 가입해 있는데, 어떤 유료방송을 이용하고 있는지에 따라 접할 수 있는 프로그램의 종류나 구성에 큰 차이가 있는 것이 아니라는 점에서 유료방송 이용료를 결정적인 추가비용이라 보기는 어려울 것이다.

할 수 있다. 또한 단말기의 가격대, 이용하는 통신 요금제 등에 따라 인터넷 속도나 품질 등에서 차이가 나타날 여지가 다분하다. 이러한 맥락에서, 디지털 기술을 기반으로 한 뉴미디어 시대가 도래하면서 매체에 대한 접근성은 정보 격차 문제에서 핵심적인 화두로 부상하게 된 것이다.

> **③ 디지털 격차**
> 정보 격차 중에서도 디지털 미디어나 기술에 대한 접근 및 이용, 그 결과 나타나는 정보 보유 수준 등과 관련된 격차 문제를 일컫는 용어. 영어 그대로 '디지털 디바이드'로 쓰기도 하고, '정보 격차'로 번역하기도 한다.

지식 격차 이론은 매스미디어 시대가 지나고 뉴미디어 시대가 펼쳐진 현재까지도 인터넷, 스마트폰 등 각종 뉴미디어 및 그 기기들의 이용에 대해 검증이 진행되고 있다. 이와 같이 이 이론은 등장한 지 40년이 넘도록 꾸준히 연구되어온 대표적인 커뮤니케이션이론 중 하나로 자리매김했으며,[3] 디지털 미디어 시대의 정보 격차 문제, 즉 디지털 격차③(digital divide) 개념의 강력한 이론적 근거가 됨으로써 오늘날까지 많은 주목을 받고 있다.

디지털 격차 개념의 탄생과 성장

올해로 디지털 격차라는 용어가 등장한 지 만 20년이 되었다. 이 용어는 1993년 미국의 한 소비자 단체가 인터넷서비스공급자를 상대로 저소득층을 위한 부가 서비스를 요구하는 과정에서 최초 언급된 것으로 알려져 있다. 이후 미국 클린턴 행정부의 상무차관보 겸 기술보자관이었던 래

3 일찍이 이 이론을 두고 정보 습득 영역에서 벗어나 다른 커뮤니케이션 효과 차원들로 그 적용 영역을 확대하려는 시도 또한 이루어진 바 있다. 대표적으로, 이블랜드와 슈펠레(Eveland & Scheufele, 2000)는 지식 혹은 정보 습득이 참여의 형태로 이어질 수 있다는 이론적 논의와 연구 결과들을 근거로, 지식 습득에서 관찰되는 계층 간 격차가 시민 참여(civic participation)에서도 동일하게 나타날 수 있다고 보았다. 또한 신지와 모디(Shingi & Mody, 1976)의 경우, 지식 격차 이론의 종속 변인에 해당하는 지식을 모든 유형의 커뮤니케이션 효과(인지적, 행동적, 태도적 차원 등을 포괄하는)로 확장할 수 있다고 보고, 지식 격차를 '커뮤니케이션효과 격차(communication effects gap)'로 일반화할 것을 제안하였다.

리 어빙(Larry Irving)이 주축이 되어 상무성(National Telecommunication & Information Administration)에서 1995, 1998, 1999, 2000년, 이렇게 네 차례에 걸쳐 『네트워크를 통한 추락Falling Through the Net』이라는 제목의 보고서를 발간하면서 이 용어가 세간의 주목을 끌게 되었다. 각각 '미국 도시와 시골의 정보빈자에 대한 조사A Survey of the 'Have Nots' in Rural and Urban American'와 '디지털 격차에 대한 새로운 데이터New Data on the Digital Divide'라는 부제가 붙은 첫 두 보고서에서는 테크놀로지 접근성 측면에서 격차의 실태를 보여주는 내용이 주를 이루었다. 그 뒤 세 번째 보고서는 여기서 더 나아가 '디지털 격차 정의하기Defining the Digital Divide'라는 부제에서 드러나듯이 용어의 의미에 대한 명확한 정의를 내리려는 시도가 분명히 담겨 있다. 이 보고서에서 디지털 격차는 "새로운 테크놀로지에 대한 접근이 가능한 사람과 그렇지 않은 사람 사이의 격차"로 정의되어 있으며, 이러한 하드웨어 및 인프라에 대한 접근성을 중심에 둔 정의는 이후 많은 연구자들이나 정책결정자들이 디지털 격차를 파악하는 데 근간이 되었다고 할 수 있다. 부제가 '디지털 포용을 향해Towards Digital Inclusion'인 마지막 보고서(이 보고서에는 래리 어빙이 참여하지 않았음)에서도 앞서 발간된 세 보고서와 마찬가지로 컴퓨터나 인터넷에 대한 접근성 실태 조사 결과가 주요 내용이다. 그러나 이전과는 달리 가구가 아닌 '개인'을 분석 단위로 하는 조사 내용을 많이 포함시킴으로써 디지털 격차를 조금 더 미시적이고 엄밀하게 관찰하고자 하는 시도가 엿보인다.

이듬해인 2001년 OECD가 발간한 보고서 『디지털 격차 이해하기Understanding the Digital Divide』에서는 디지털 격차를 "정보와 커뮤니케이션 테크놀로지에 접근할 수 있는 기회, 그리고 다양한 활동을 위한 인터넷 이용 둘 다에서 사회경제적 수준이 다른 개인, 가정, 기업, 지역 간 격차"로 정의하였다. 이 보고서도 여전히 '접근성'을 중심에 두고 격차 문제를 다루고 있기는 하지만, 사회경제적 수준을 격차 발생의 핵심 요인으로 강조하고 있다는 점, 그리고 접근을 넘어 '이용'의 문제를 포함시키고 있다는 점에서 이전의 정의와는 차이를 보이고 있다.

한편, 하버드대학교 케네디스쿨의 과학/테크놀로지 정책 분야 교수였던 크레이그 스미스(Craig Smith)가 1999년에 창설한 비정부기구(NGO) '디지털 격차 기구(Digital Divide Institute)'의 정의 또한 주목할 만하다. 이 기구는 공식 홈페이지(www.digitaldivide.org)를 통해 디지털 격차의 핵심은 접근의 문제가 아니라, 디지털 테크놀로지로부터 "혜택"을 받는 사람과 그렇지 못한 사람 간의 격차를 의미한다고 분명히 밝히고 있다. 나아가, 단순히 정보빈자들에게 정보부자가 누리고 있는 동일한 테크놀로지를 제공한다고 해서 격차가 해소되는 것은 아니며, 부적절하고 의미 없는 접근은 오히려 격차를 확대시킬 수도 있다고 강조한 바 있다. 이 기구의 디지털 격차에 대한 정의는 정보 기술에 접근해 이를 제대로 활용하고 그 결과 혜택을 누릴 수 있는가에 초점을 두고 있다는 점에서, '접근'에서 '이용'을 넘어 '활용'의 영역으로까지 개념의 차원을 확장했다고 볼 수 있다.

학계에서는 디지털 격차에 대한 연구가 1990년대 말부터 등장했으며, 2000년대 들어서 본격적으로 이루어져왔다. 미국학자로는 피파 노리스(Pippa Norris), 벤자민 콤페인(Benjamin Compaine), 에스처 하지타이(Eszter Haggittai) 등이, 유럽학자로는 잔 반다이크(Jan van Dijk), 닐 셀윈(Niel Selwyn), 소니아 리빙스톤(Sonia Livingstone) 등이 대표적이라 할 만하다. 정부 및 민간 기관들이 그랬던 것처럼, 학자들 사이에서도 디지털 격차를 정의하는 방식, 또 그 현상을 바라보는 관점에 차이가 있었으며, 시간이 지남에 따라 중점을 두는 측면이 접근에서 이용, 그리고 활용으로 옮겨가는 양상 또한 유사하게 나타났다. 다음 절부터는 디지털 격차를 바라보는 서로 다른 시각들, 또 이와 관련해서 이 개념이 학술적으로는 어떻게 개념화 및 정의되어왔는지를 좀 더 자세히 소개하고자 한다.

디지털 격차를 바라보는 대립된 입장: 축소론과 확대론

디지털 격차를 바라보는 사회정치적 또 학문적 시각들은 크게 낙관적이고 긍정적인 입장에서 바라보는 '축소론'과 신중하고 비판적인 입장에서 파악하는 '확대론'으로 구분해볼 수 있다. 축소론을 지지하는 사람들은 미래학자로 잘 알려져 있는 엘빈 토플러(Alvin Toffler), 존 나이스빗(John Naisbitt)을 비롯해, 『디지털이다Being Digital』의 저자로 유명한 니콜라스 니그로폰테(Nicholas Negroponte), 『디지털 격차: 위기의 직면 혹은 신화의 창조?The Digital Divide: Facing a Crisis or Creating a Myth?』를 저술한 벤자민 콤페인 등이 있다. 신중론 혹은 확대론에 힘을 실어주고 있는 학자들로는 앞에서 언급했던 피파 노리스, 존 반다이크, 닐 셀윈, 에스처 하지타이 등을 들 수 있다. 서두에서도 밝혔듯이, 미디어사적으로 새로운 매체가 등장한 초기에는 이로 인해 정보 격차가 해소될 것이라는 시각이 지배적이었다가, 반대되는 증거들이 점차 축적됨에 따라 비판적인 시각이 득세하는 패턴을 반복해왔다. 디지털 미디어에서도 이러한 양상은 예외 없이 적용되었다. 즉, 초기에는 낙관론이 우세한 것처럼 보였지만, 시간이 지날수록 회의적인 입장이 더 설득력을 얻고 있는 것이다.

축소론자들은 보통 기술의 자연적 확산을 강조한다. 하나의 테크놀로지가 사회에 도입되어 구성원들에게 퍼져나가는 과정에서 초기에는 엘리트 집단, 고소득 집단, 여론 지도자와 같은 특정층에 의해 수용되는 특징이 있고 또 기술이 전 사회로 확산되는 데 이러한 조기 채택자들(early adopters)의 초반 역할이 매우 중요하다. 그러나 시간이 흐름에 따라 확산이 가속화되면서 결국 거의 대부분의 사람들이 테크놀로지를 채택하게 되는 포화 상태에 자연스럽게 이르게 된다는 것이다. 이들은 디지털 격차가 기술의 확산 과정에서 시한부로 나타나는 과도기적 현상이며, 시간이 지나면 자연스레 해결되는 문제일 뿐이라고 주장한다. 이러한 주장의 이론적 근거로 흔히 이용되는 것이 로저스(Rogers, 1995)의 혁신의 확산 이론에 등장하는 S자 곡선 모형이다. 로저스는 커뮤니케이션 테크놀로지를 비롯한 모든 유형의 혁신이 사회에 확산되어나갈 때 그것을 채택하는 각 개인의 혁신성 정도, 즉 어느 시점에서 혁신을 채택했는지에 따라 개혁자(innovator), 조기채택자, 조기 다수수용자(early majority), 후기 다수수용자(late majority), 지체자(laggard)의 범주 중 하나에 속하게 되며, 이러한 단계적 과정을 거쳐야만 혁신이 전 사회로 퍼져나갈 수 있다고 보았다. 축소론자들이 강조하듯이 디지털 미디어와 같은 혁신이 자연적 확산 과정을 통해 사회에 정착한다는 데는 크게 이견의 여지가 없을 것이다. 문제의 핵심은 디지털 테크놀로지가 지닌 고유한 특성을 간과했다는 점, 그리고 기술을 소유하고 그것에 접근할 수 있음을 곧 이용과 동일시했다는 데 있다.

대표적 신중론자 중 한 사람인 반다이크와 그의 동료 핵커(van Dijk & Hacker, 2003)는 디지털 격차의 현재 상태를 바라보고 해석하는 데 4가지의 입장이 단계적으로 등장했다고 보았다. 첫째는 디지털 격차의 존재 자체를 부정하는 입장, 둘째는 현재 격차 현상이 일부 나타나고 있다는 데는 동의하지만 곧 사라질 것이라고 보는 입장으로, 둘 다 앞에서 말한 축소론 혹은 낙관론에 해당된다. 그들에 따르면, 낙관론자들이 이러한 주장을 펼치는 근거로는 컴퓨터와 인터넷의 채택률과 이용률 증가가 이전의 다른 어떤 매체보다도 빠르다는 점과 이러한 디지털 기술에 연결되는데 드는 비용이 하루가 다르게 낮아지고 있다는 점 등이다. 반다이크와 핵커는 이러한 주장에 대해 디지털 테크놀로지가 지닌 특성을 무시한 단순한 시장논리라고 반박하였다. 즉, 기술의 비약적인 발전에 힘입어 오늘날 사용하고 있는 컴퓨터와 인터넷은 10년 전의 것과 비교해 기능이나 속도 면에서 비교가 불가능할 정도가 되었다는 것이다. 나아가 하드웨어와 소프트웨어의 복잡성이나 선택 옵션들이 여러 층위로 나뉘어 있다는 점 때문에, 컴퓨터를 보유하고 있고 인터넷 연결이 가능하다고 해서 모두가 동일한 수준의 혜택을 누리지는 못한다는 것이다. 또한 장비가 평균적으로 점차 저렴해지고 있는 것은 사실이지만, 간과하지 말아야 할 점은 컴퓨터가 다른 어떤 매체보다 업데이트가 빠르게 이루어지는 테크놀로지라는 점에서 가장 기능이 뛰어난 최신형을 사는 데 드는 비용은 거의 떨어지지 않는다는 사실이다. 또한 컴퓨터를 제대로 활용하기 위해서는 주변 장비나 소프트웨어를 구입하는 데 계속 비용이 들며 인터넷 서비스를 이용하는 데도 가입비와 매달 지불해야 하는 비용이 소요된다는 사실도 함께 강조하였다.

요컨대, 낙관론자들이 주장하는 것처럼 디지털 격차에 대해 하나의 테크놀로지를 지금 소유하느냐 아니면 나중에 소유하느냐 하는 선택 혹은 시간차의 문제로 접근하는 것은 뚜렷한 한계를 지닌다. S자 확산 곡선상의 조기 채택자들(보통 사회경제적 지위가 높은 사람들)은 상대적으로 더 많은 비용을 지불하고 남들보다 빨리 하나의 테크놀로지를 받아들이는 데 그치는 것이 아니다. 이들이 계속 업데이트되는 최신형 컴퓨터와 더 빠른 인터넷 서비스를 항상 먼저 누린다는 점에서, 하드웨어적 측면만 놓고 보더라도 격차는 줄어들기 어렵다.

반다이크와 핵커(2003)가 제시한 디지털 격차에 대한 세, 네 번째 입장은 확대론에 해당한다는 공통점이 있으나, 디지털 격차 문제를 원래부터 존재하던 격차의 연장선상에서 보는지 아닌지에 따라서 구분된다. 즉, 기존에 지속적으로 관찰되어온 사회구조적 차원의 여러 불평등 중 하나로서 디지털 격차를 파악하면서 이를 중심적인 불평등으로 보는 관점과, 어떤 격차는 증가하는 반면 다른 격차는 감소한다고 보는 차별화의 관점으로 구별되는 것이다. 반다이크와 핵커의 설명에 따르면, 전자의 입장은 주로 진보적이거나 좌파적인 정치 세력, 사회운동가, 비정부 기구 등이 채택하는 관점이다. 이들은 정보 불평등 문제가 점차 증가하고 있는 기존의 소득, 교육 수준, 직업, 사회계층, 인종, 성별 등에 따른 불평등에 하나의 층위를 추가하는 것에 불과하다고 보며, 정보 기기들이 저렴해지는 것은 일단 하드웨어에 대한 접근성을 높여놓고 이후에 서비스나 콘텐츠에 드는 비용을 높게 책정함으로써 이윤을 창출하려는 속임수라고 주장한다. 한 국가 안에서도 또 전 세계적으로도 여러 가지 불평등이 점차 확대되고 있다는 증거들이 꾸준히 축적되어왔고, 또 정보사회, 지식사회가 도래한 이후에도 과거의 불평등들이 사라지지 않고 있다는 점에서 반다이크와 핵커는 이러한 주장이 상당한 근거를 확보하고 있다고 보았다. 그러나 그들은 이 관점이 현재 발생하고 있는 변화의 중요성과 복잡성을 지나치게 축소해서 파악하고 있다고 지적하였다. 즉, 새로운 정보기술들을 이용하는 능력 및 실제 활용에서 야기되는 불평등의 문제는 이전에 존재한 적이 없는 새로운 유형의 불평등이라는 것이다. 현재의 정보사회 혹은 네트워크 사회에서는 과거의 불평등 중 일부는 사라지거나 완화되는 한편, 다른 새로운 형태의 불평등이 발생하고 확대될 가능성이 높다고 강조함으로써 타당성의 관점에서 마지막 관점에 힘을 실어주었다.

다차원적, 단계적, 위계적 접근

이상 살펴본 바와 같이, 디지털 격차를 파악하는 데 다분히 기술중심적이고 하드웨어 중심적인 초기의 낙관론은 점차 설득력을 잃어가고 있다. 오늘날에는 기술을 의미 있게 이용하고 적절히 활용하는 문제에 초점을 두는 입장이 널리 받아들여지고 있다. 즉, '접근'에서 '이용'으로 문제의 중심적 측면이 이동한 것이다. 그러나 디지털 기술을 충분히 활용해서 혜택을 얻기 위해서는 반드시 컴퓨터나 스마트폰과 같은 단말기와 인터넷 연결이 선행되어야 한다는 점, 그리고 이러한 가장 기초적인 수준에서의 접근성 또한 확보하지 못한 사람들이 여전히 많다는 점에서, 디지털 격차를 논하면서 하드웨어 소유나 접근을 빼놓는 것은 적절하지 않다고 할 수 있다. 결국, 이 디지털 격차라는 문제는 테크놀로지에 대한 접근에서 시작해 그것을 적절히 이용하는 것, 또 이를 활용해 혜택을 얻는 것까지 포함되는 다층위적인 개념이다. 따라서 이 개념을 정의하고 그 범위를 규정하는 데 어느 한 측면에만 주의를 기울이는 것은 바람직하지 않다고 볼 수 있다. 이러한 맥락에서, 여러 학자들은 디지털 격차를 다차원적 개념으로 파악하고, 이 개념이 어떠한 하위 차원들 혹은 단계들로 구성되어 있는지를 명확히 규명하려고 시도해왔다.

1단계와 2단계 격차

그중 첫 번째로, 디지털 격차를 1단계와 2단계로 구분해서 명명한 에스처 하지타이의 설명부터 소개하고자 한다. 하지타이(2002)는 이전까지의 디지털 격차 연구 대부분이 인터넷에 접근 가능한 사람과 그렇지 않은 사람이라는 소유자 대 비소유자의 이분법적 구도로 분석해왔다고 지적하며, 인터넷이 대부분의 사회 구성원들에게 확산된 상황에서 이렇듯 하드웨어에 대한 접근으로 격차 문제를 바라보는 것은 더 이상 의미가 없다고 역설하였다. 그에 따르면, 이제 중요한 것은 누가 인터넷을 이용하는가뿐만 아니라, 그것을 제대로 활용할 수 있는 온라인 능력(skill)의 수준이 어떠한가를 파악하는 일이며, 이러한 능력의 차이를 하드웨어 소유 격차와 구별하기 위해 '2단계 디지털 격차[④](2nd-level digital divide)'라 이름 붙였다. 또한 그는 온라인 능력은 인터넷을 자신에게 가장 이득이 되게끔, 또 특정한 목적을 위해 가장 유용하게끔 이용할 수 있는가를 나타내는 척도이며, 이러한 능력을 통해 정보를 찾아 활용함으로써 매체로부터 최대의 혜택을 누리게 된다고 설명한다. 결국 하지타이의 2단계 디지털 격차 개념은 기술의 '이용'과 그로부터 누리는 '혜택'의 측면을 모두 포괄한다고 볼 수 있다.

> **④ 2단계 디지털 격차**
> 디지털 격차를 다차원적으로 접근하는 학자들 중 에스처 하지타이가 제안한 개념으로, 1단계 격차에 해당하는 하드웨어 소유 및 접근과 구별하기 위해, 기술을 유용하게 활용할 수 있는 능력, 실질적인 활용의 차원을 이렇게 명명하였다.

접근의 4가지 유형

반다이크(1999, 2005)와 그의 동료 핵커(van Dijk & Hacker, 2003)는 디지털 격차의 핵심을 '접근'의 문제로 파악했으며, 접근 자체를 여러 층위가 있는 개념으로 정의하였다. 정보 격차를 연구하는 다른 학자들이 통상적으로 접근을 테크놀로지, 하드웨어의 물리적 이용 가능성을 의미하는 개념으로 보고, 디지털 격차를 접근 가능과 불가능의 이분법적 구도로 보는 것에 문제가 있다고 지적했던 것과는 달리, 이들은 애초에 접근 개념 자체를 물리적인 차원을 포함한 여러 수준으로 구별해서 개념화한 것이다. 반다이크는 접근을 총 4개의 유형으로 구분하고, 각 접근과 관련한 장애 요인들을 함께 제시하였다. 첫 번째는 '정신적 접근(mental access)' 혹은 '동기적 접근(motivational access)'으로서,[4] 관심 부족, 컴퓨터 불안증, 새로운 기술에

4 반다이크는 첫 번째 단계의 접근을 1999년에 발간한 저서에서는 '정신적 접근'으로, 2005년에 출판한 책에서는 '동기적 접근'으로 명명하였으나, 그 핵심적 내용은 대동소이하다. 다만 동기적 접근으로 용어를

매력을 못 느끼는 것에서 비롯되는 아주 기초적 수준의 디지털 경험 결핍이 접근을 가로막는 요인으로 제시되었다. 두 번째로 '물질적/물리적 접근(material/physical access)'의 장벽은 컴퓨터를 소유하지 않았거나 네트워크 연결을 확보하지 못한 것이 해당한다. 세 번째 '활용능력 접근(skill access)'의 경우 사용자 친화성이 충분히 확보되지 않았거나 교육 및 사회적 지원이 적절하지 않은 것이 원인으로 꼽혔다. 마지막으로, '이용 접근(usage access)'의 장애 요인으로는 기술을 의미 있게 사용할 기회가 부족한 것이 제시되었다.

결국 이 4가지 접근 유형 중 물질적 접근은 1단계 디지털 격차 요인이고, 정신적 혹은 동기적 접근의 경우 다음 단계로 나아가기 위한 일종의 선행 요인에 해당한다. 나머지 활용능력과 이용 접근은 하지타이가 정의한 2단계 디지털 격차에서 가장 중요하게 다루어진 요인들과 정확히 일치한다고 볼 수 있다. 그들은 특히 정신적 접근의 장벽은 고령자나 주부, 문맹, 실업자 등 일부 계층에게만 해당되는 한시적인 문제라는 인식 때문에 거의 고려되지 않았다고 지적하였다. 또한 디지털 활용 능력의 경우 기계를 작동시키고 하드웨어와 소프트웨어를 관리하는 기능에 한정해서 파악함으로써 컴퓨터와 네트워크 연결이 확보되면 곧 해결될 일시적 문제로 치부되기 십상이라고 덧붙였다. 나아가 이용에서 나타나는 차이는 현대사회에서 시민들과 소비자들의 자유로운 선택의 문제로 간주되어 사회 및 교육 정책에서 중요하게 다루어지지 않았다고 보았다. 반다이크는 디지털 기술에 대한 접근 문제가 처음 두 유형에서 나머지 두 유형으로 점차 이동하고 있으며, 설사 일부 학자들이 전망하듯이 정신적 접근과 물질적 접근 문제가 가까운 시일 내에 완전히 해결된다 하더라도 여전히 구조적으로 차이 나는 디지털

변경하면서 테크놀로지에 대한 자발적 비참여자(want-nots)에 조금 더 초점을 두었다는 점은 주목할 필요가 있다.

기술 활용 능력과 이용이 계속해서 격차를 야기할 것이라고 예측하였다. 그는 하지타이의 2단계 디지털 격차와 유사한 이러한 격차 문제를 '이용 격차⑤(usage gap)'라 명명하였다.

기술에 대한 '관여'

셀윈(2004) 역시 기존의 '접근'에 대한 정의, 즉 기술을 이용 가능한가 그렇지 않은가로 이분법적으로 구분하는 것은 매우 부적절하다고 지적하였다. 또한 이러한 물리적 접근 가능성에 기반을 둔 협소한 정의를 다층적이고 위계적인 형태로 재구성해야 한다고 역설하였다. 그에 따르면, 정보 기술의 맥락에서 접근 가능성을 논할 때는 아주 미묘한 부분까지 고려할 필요가 있다. 예를 들어, 온라인으로 동일한 정보에 접근하더라도 가정에서 개인용 컴퓨터로 접속할 때와 공공도서관에서 접근할 때는 프라이버시, 이용의 편의성 등 질적인 측면에서 같다고 볼 수 없다. 그럼에도 접근을 단순히 이용 가능성에 한정해서 파악하면 지역 도서관이나 공공 정보 센터 등에 컴퓨터와 인터넷 연결을 충분히 확보하기만 하면 디지털 격차는 저절로 사라지게 된다는 단순 논리의 오류에 빠지게 되는 것이다.

이러한 맥락에서 셀윈은 접근을 있고 없고의 이분법적인 구분 대신, 정도에 따라 구분되는 위계적이고 단계적인 개념으로 정의하고자 하였다. 그에 따르면 이러한 시도는 이전에도 있었다. 기기, 소프트웨어, 콘텐츠, 서비스, 사회 인프라, 거버넌스로 구성되는 '접근 스펙트럼(access rainbow)', 핵심(core) 접근, 주변적(peripheral) 접근, 비접근(non-access)으로 구분되는 '다양한 그늘막(various shade)' 개념 등이 이에 해당한다. 셀윈은 이렇듯 여러 수준의 접근이 곧 서로 다른 이용 양상으로

> **⑤ 이용 격차**
> 2단계 디지털 격차와 유사한 개념으로, 디지털 격차에 대해 다층위적으로 접근하는 학자인 반다이크가 디지털 기술 활용 능력 및 이용의 측면에서 나타나는 격차를 지칭하기 위해 제안하였다.

연결된다고 보았으며, 하지타이나 반다이크와 마찬가지로 기술에 대한 물리적 접근과 기술의 이용은 개념적으로 구별될 필요가 있다고 강조하였다. 더불어 정보기술의 의미 있는 이용을 '관여(engagement)'라 정의하였다. 그는 개인이 정보기술에 관여되는 정도는 사회적, 심리적, 경제적 이유, 무엇보다도 실용적 이유가 복합적으로 작용하는 결과물이며, 따라서 정보 기술에 관여된다는 것은 접근이나 소유보다는 정보 기술과 어떻게 관계를 맺는지, 그리고 정보기술에 접근해서 사회적 자원을 어떻게 잘 활용할 수 있는지에 관한 문제라고 파악하였다.

사회적 포용⑥과 소외

바르샤우어(Warschauer, 2004)도 물리적 측면에 중심을 둔 기존의 접근 개념에 대해 비판하였다. 정보 기술에 대한 의미 있는 접근은 물리적 자원뿐만 아니라 콘텐츠와 언어, 리터러시와 교육, 공동체와 제도적 구조 등의 기술적 · 인간적 · 사회적 자원을 모두 포괄한 총체적 환경 속에서 발생하기 때문에 이러한 요인들에 대한 고려가 반드시 이루어져야 한다고 보았다. 그는 여기서 더 나아가 디지털 격차라는 용어 자체가 사회를 양극으로 분할하는 것을 전제하고 있으며, 이러한 소유자 대 비소유자의 이원적 구분으로 인해 격차의 실태가 잘못 파악될 소지가 다분하다고 주장하였다. 이를테면, 미국에서 인종을 기준으로 격차를 파악할 때 흑인은 백인과 대비되는 정보빈자로 분류되는 것이 일반적이다. 하지만 흑인을 비롯한 다른 소수인종들도 실제로는 소득 수준에 따라서 매우 다양하게 분류될 수 있으며, 이분법적인 격차 개념으로는 소득 수준이 높아질수록 인종에 따른 차이가 거의 나타나지 않

> **⑥ 사회적 포용**
> 디지털 격차라는 용어 자체가 사회를 양극으로 분할하는 것을 전제로 하는 이분법적 개념이라고 보는 입장에서 제시한 대안적 개념으로, 경제적 자원, 고용, 보건, 교육, 주거, 여가 활동, 문화, 시민 관여 등과 관련된 여러 다양한 요인들을 고려해 개인, 가정, 지역 공동체가 사회에 온전히 참여할 수 있고 자신의 삶을 통제할 수 있는 정도.

는다는 사실을 제대로 밝혀낼 수 없다는 것이다.

이러한 맥락에서 바르샤우어는 이원적 구분, 또 그러한 격차를 결정하는 핵심적인 단일 요인에 대한 신화를 버리고, 대신 기술과 사회의 상호 의존적인 관계를 포괄해서 파악할 수 있는 대안적 개념이 필요하다고 보았다. 그 대안으로 사회적 포용(social inclusion)과 소외(exclusion)를 제시하였다. 그에 따르면, 이 개념은 경제적 자원, 고용, 보건, 교육, 주거, 여가 활동, 문화, 시민 관여 등과 관련된 다양한 요인들을 고려해 개인, 가정, 지역 공동체가 사회에 온전히 참여할 수 있고 자신의 삶을 통제할 수 있는 정도를 의미한다. 바르샤우어는 다음의 이유들을 근거로 사회적 포용과 정보화 시대는 서로에게 필요하고 중요한 상호 의존적인 개념이라고 기술하였다. 우선, 새로운 정보 기술을 활용해 새로운 지식에 접근하고 적응하며 또 그러한 지식을 생산할 수 있는 능력이 현재 시점에서 사회적 포용에 핵심적이라는 것이다. 동시에, 사회적 포용 개념은 정체성, 언어, 사회 참여, 공동체, 시민사회와 같은 이슈가 전면에 등장하는 오늘날 정보화 사회의 필수 요인들을 특히 잘 반영한다는 점이다.

디지털 격차 지수 구성을 위한 모형화

바질라이-나혼(Barzilai-Nahon, 2006) 또한 디지털 격차를 다차원적으로 구성되는 개념으로 파악한 학자이다. 이 개념을 경험적으로 측정하는 데 초점을 두고 많은 선행 연구들과 이론적 논의들을 검토한 후, 이를 바탕으로 여러 관련 요인들을 포함시켜 디지털 격차 지수 구성을 위한 포괄적인 모형('그림 11-1' 참조)을 제시한 바 있다. 이 모형에는 총 6개의 요인이 포함되어 있는데, 첫째 인프라 접근은 커뮤니케이션 채널과 용량, 1인당 컴퓨터/웹사이트/인터넷서비스공급자 개수, 인터넷서비스공급자 구성(공기업 및 사기업) 등을 의미하며, 둘째 (다른 지출 및 평균 소득 대비) 지불 능력은 물리적 층(인프라), 논리적(logical) 층(프로그램/애플리케이션 및 소프트웨어), 콘텐츠로 구성된다. 세 번째 요인인 이용은 빈도, 시간, 목적, 이용자의 활용 능력, 이용의 자율성이 포함되며, 네 번째 사회 · 정부적 제약 및 지원에는 교육, 적극적 보조, 지원/억제/무관심, 투자와 자금이라는 하위 요인이 있다. 다섯 번째 인구사회학적 변인으로는 사회경제적 지위, 성별, 연령, 교육 수준, 지리적 분산, 인종 다양성, 종교, 언어 등이 포함되며, 마지막으로 접근 가능성은 장애인 혹은 특별한 보호가 필요한 구성원들에 관한 요인이다.

바질라이는 방대한 관련 연구들을 검토해 위 6가지 요인들 간의 간접적 영향 관계 또한 모형에 제시하였는데, 구체적인 방향성은 '그림 11－1'에서 확인할 수 있다. 그는 이러한 이론적 관계들로 인해 디지털 격차를 측정할

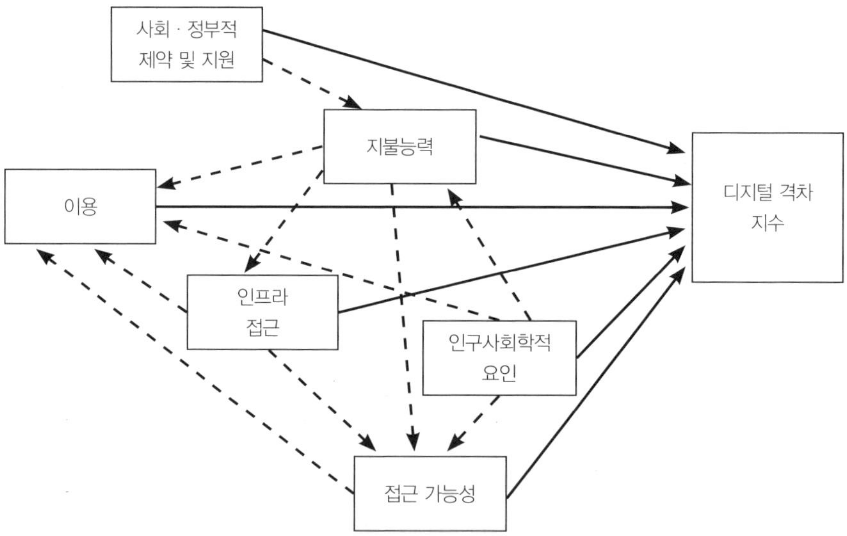

그림 11–1. 디지털 격차 지표들의 관계 모형화

* 출처: Barzilai–Nahon(2006), p. 273
* 실선은 직접적, 점선은 간접적 영향 관계

때는 모형에 포함된 각각의 요인들이 디지털 격차 지수에 미치는 직접적 영향뿐만 아니라 이 요인들 간의 상호 관계 또한 고려해서 포함시켜야 한다고 강조하였다. 예를 들어, 접근 가능성 요인은 디지털 격차 지수에 직접적으로 영향을 미치기도 하지만, 이용을 경유해 간접적으로도 영향을 미친다는 것이다.

이상 살펴본 디지털 격차에 대한 다차원적 · 단계적 · 위계적 접근들은 모두 테크놀로지를 이용자나 사회로부터 분리될 수 있는 가치 중립적인 것으로 보거나, 기술을 사회변화를 추동하는 근본적인 원인으로 파악하는 기술결정론을 경계한다는 공통점이 있다. 이러한 맥락에서 디지털 격차에 대한 다차원적 접근을 지지하는 학자들은 모두 이 개념을 하드웨어에 대한 물리적 접근 중심으로 파악하는 것에 대해 비판해왔다. 기술은 사회 속에 위치하는 것이며, 따라서 기술이 가져온 정보 접근, 이용, 활용, 혜택에서 나타나는 격차는 그러한 사회적 맥락 속에서 파악될 필요가 있다는 것이다. 단일 연구에서 앞서 제시한 모든 요인들을 다 포함시킬 수는 없다 하더라도, 디지털 격차를 연구하면서 적어도 컴퓨터 소유나 인터넷 접근성과 같은 하드웨어적 측면만 고려하는 단순한 시각에서 벗어나, 기술 활용 능력, 실제 이용 양상, 사회적 인프라, 정부 지원과 같은 여러 맥락적 요인들을 고려하는 것이 반드시 필요하다고 할 수 있겠다.

분석 수준별 층위: 지구적, 사회구조적, 개인적 격차

디지털 격차는 앞서 제시한 것과 같이 그 개념적 정의만 다차원적인 것이 아니라, 격차가 발생하고 관찰되는 수준 또한 여러 층위로 나누어볼 수 있다. 가장 거시적인 분석 수준(level of analysis)에서는 국가 간 혹은 대륙 간 차이를 의미하는 지구적 격차(global divide), 그 다음으로는 한 국가 안에서 사회계층과 같은 구조적 요인들을 기준으로 하는 사회적 격차(social divide), 가장 미시적인 차원으로서 개별 시민들 간에 존재하는 개인차(individual difference)를 살펴보는 개인 간 격차로 구분하는 것이 비교적 일반적이다. 흔히 디지털 격차에 대한 학문적·정책적 관심이 가장 많이 집중돼온 것은 바로 사회 수준에서 발생하는 격차라 할 수 있다. 지구적 차원의 격차 또한 여러 기구들에 의해 많은 자료 조사가 정기적으로 수행되어왔다는 점에서 충분한 경험적 데이터가 축적되어 있고, 또 꾸준한 관심이 기울여졌던 분야이다. 상대적으로 개인들 간에 존재하는 격차 문제는 반다이크가 지적했던 것처럼 시민이나 소비자의 선택에 관한 것이라고 간주되어 사회적으로 해결해야 할 문제가 아니라 그저 개인 간에 존재하는 우연하거나 단순한 차이에 불과하다고 여겨지기 일쑤였다.

지구적 격차⑦

그럼 먼저 가장 거시적인 차원의 국가 간 격차부터 조금 더 자세히 살펴보자. 한 국가 내에서 관찰되는 지역 간(좀 더 정확하게는 도농 간) 차이를 전 세계로 그 범위를 확장하면 결국 국가 발전의 수준에 따라, 즉 선진국과 개발도상국 사이에서 나타나는 차이에 해당된다고 할 수 있다. 특히 유럽과 북미, 동아시아가 위치하고 있는 지구 북쪽과 아프리카, 동남아, 남미가 포함되는 남쪽 간에 정보 기술 보유나 이용의 격차가 두드러진다는 사실에 근거해 지구적 디지털 격차는 '남북 격차(north-south divide)'라 불리기도 한다.

⑦ 지구적 격차
디지털 격차가 발생하고 관찰되는 수준들 중 가장 거시적인 차원에 해당되는 격차로, 국가 간 내지 대륙 간에 존재하는 디지털 격차를 일컫는 용어이다. 정보화 수준이 비교적 높은 지구의 북쪽과 상대적으로 낮은 남쪽의 차이를 지칭하는 '남북 격차' 또한 지구적 격차의 일종이라 할 수 있다.

지구적 차원에서의 디지털 격차에 관한 기초 데이터를 가

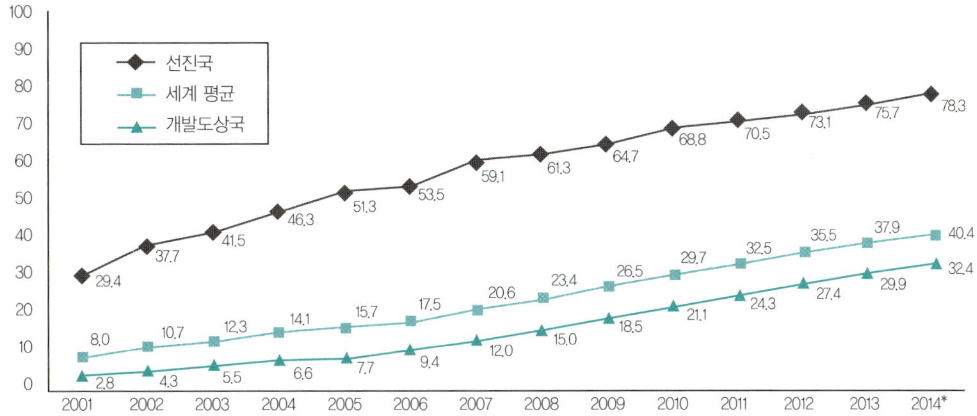

그림 11-2. 선진국과 개발도상국의 인구 100명당 인터넷 이용자 비교(2001~2014년)

* 출처: 한국정보화진흥원(2014. 3). 37쪽

* 2014년도는 추정치

장 방대하고 꾸준하게 제공하고 있는 기구는 다름 아닌 ITU(International Telecommunication Union, 국제전기통신연합)일 것이다. ITU는 국제연합(UN) 산하 전문기관으로서, 전기 통신의 질적 개선과 합리적 이용을 도모하고자 국가 간 협력을 이끌어내는 동시에, 통신 업무의 능률 향상과 보급 확대, 이용 증가를 위해 기술 발달과 운용의 효율성을 증진시키려는 목적에서 설립된 현존하는 가장 오래된 국제기구이다. ITU는 매년 전기 통신과 관련된 각종 조사 결과들을 발표하고 있는데, 유·무선 전화 가입자 수를 비롯해 유·무선 통신망 가입자 수, 개인 및 가구 단위의 컴퓨터 보유, 인터넷 접근성 및 이용 등의 항목이 포함된다. 그중 하드웨어에 대한 물리적 접근이 아닌 실질적인 이용에 초점을 둔 2단계 디지털 격차, 이용 격차 등과 관련성이 높다고 할 수 있는 인터넷 이용자 비율 데이터를 선진국과 개발도상국으로 나누어 세계 평균과 비교한 데이터 또한 제공하고 있다. '그림 11-2'는 이를 바탕으로 작성된 그래프이다. 2001년부터 2014년까지의 조사 결과를 살펴보면, 2000년대 중반까지는 선진국과 개발도상국 간 차이의 크기가 점차 확대되는 양상을 보이다가, 2006년 이후부터 10여 년 가까이 대략 45% 정도의 격차가 유지되는 경향이 나타나고 있다. 개발도상국의 인터넷 이용자 비율이 꾸준히 늘고 있긴 하지만 그 속도가 선진국을 따라잡지는 못하고 있는 것이다. 결국 인터넷 이용 여부 한 차원만 놓고 보더라도 전 세계의 지역 간 차이는 해소되기보다는 격차가 벌어진 상태 그대로 고착되는 양상으로 가고 있는 것으로 보인다.

사회적 격차

다음으로 한 국가 내에서 여러 가지 사회구조적 요인들을 기준으로 차이를 살펴보는 사회적 격차⑧의 경우, 성별, 연령, 소득 수준, 직업, 교육 수준, 지역(도농), 인종/민족 등이 주요 기준으로 연구되어왔다. 이러한 요인들 중 성별은 시간이 갈수록 격차가 줄어들고 있는 것으로 관찰되는 대표적인 변인이라 할 수 있다. 테크놀로지의 채택과 활용 기술, 또 의미 있는 이용 등 디지털 격차의 하위 차원들 모두에서 남성이 여성보다 여전히 앞서 있기는 하지만, 성별간 격차가 점점 줄어들고 있는 것이다. 연령을 기준으로도 아날로그와 디지털을 순차적으로 경험한 중간 세대인 1970년대생들이 기성세대로 접어들면서 앞으로 격차가 완화될 가능성이 높다고 전망할 수 있겠다.

> **⑧ 사회적 격차**
> 분석 수준별로 디지털 격차를 구분할 때, 가장 거시적 차원에 해당하는 지구적 격차와 미시적 차원인 개인 간 격차의 중간 수준에 해당한다. 한 국가 내에서 성별, 연령, 소득 수준, 직업, 교육 수준, 지역(도농), 인종/민족 등을 기준으로 파악되는 사회구조적 격차.

앞서 제시된 디지털 격차를 초래하는 여러 요인들을 기준으로 사회적 차원에서 격차 문제를 논할 때 가장 핵심이 되는 소외 계층으로는 저소득층(소득 기준), 노년층(연령 기준), 농어민(거주 지역 및 직업 기준), 대표적인 사회적 약자라 할 수 있는 장애인 등이 포함된다. '그림 11−3'은 한

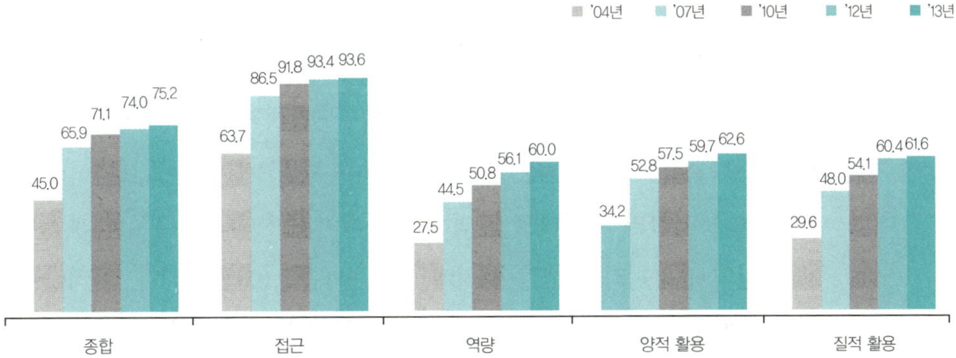

그림 11-3. 부문별 전체 국민 대비 소외 계층 정보화 수준(%)**

* 출처: 한국정보화진흥원(2014. 3). 37쪽

** 전체 국민의 정보화 수준을 100으로 가정할 때, 전체 국민 대비 소외 계층의 정보화 수준 비율

국정보화진흥원[5]에서 발간한 『2013 정보 격차 지수 및 실태조사』(2014년 3월) 보고서에 포함된 내용으로, 정보 격차를 구성하는 하위 부문별로 앞에서 언급한 소외 계층의 전체 국민 대비 정보화 수준을 나타내는 도표이다. 그림에서 확인할 수 있듯이, 소외 계층의 정보화 수준은 전체 국민과 비교했을 때 조사가 시작된 2004년 이래로 꾸준히 증가해왔으나, 최근 2년만 놓고 보면 증가 속도가 눈에 띄게 더뎌졌음을 확인할 수 있다. 또 한 가지 주목할 만한 부분은 정보 기기에 대한 접근 수준이 몇 년 전부터 이미 전체 국민 대비 90% 수준을 상회하고 있으나, 2단계 디지털 격차 혹은 이용 격차에 해당하는 역량 및 양적 · 질적 활용의 경우, 2013년 기준으로도 60%를 겨우 넘기는 수준이라는 사실이다. 이러한 결과는 앞으로 우리 사회에서 계층 간 디지털 격차를 해소하기 위한 노력이 기술에 대한 단순한 물리적 접근이 아닌 실질적인 이용에 방점을 두어야 함을 시사한다.

5 정보 문화를 조성하고 정보 격차를 해소하기 위한 목적에서 한국정보사회진흥원과 한국정보문화진흥원을 통합해 2009년 출범한 공공기관이다.

개인 간 격차

마지막으로 개인 간 격차의 경우, 앞선 두 거시적 수준에 비해 상대적으로 학문적 · 정책적 관심을 덜 받은 차원이다. 이는 개인차 요인이라는 것이 각자가 자신의 의지대로 선택하는 문제이지 사회적 · 정치적 개입이 필요한 영역이 아니라는 생각이 지배적이기 때문으로 풀이된다. 그러나 개인 간에 존재하는 격차가 우연에 의해 혹은 무작위적으로 발생하는 것이라기보다는 좀 더 근본적인 원인들로 인해 비롯되는 사회적 문제일 수 있다는 점에서 이런 식의 접근은 사회 문제를 개인 문제로 축소하는 환원론적인 오류를 범하고 있을 가능성이 다분하다.

이 문제와 관련해서 반다이크(2005)는 상당히 설득력 있는 접근과 분석을 내놓았다. 디지털 격차를 다차원적으로 파악한 대표적인 학자 중 한 사람인 반다이크는 현재의 격차 문제는 1단계에 해당하는 정보 기술의 '소유자(haves) 대 비소유자(have-nots)' 구도에서 '참여자(wants) 대 자발적 비참여자⑨(want-nots)'의 2단계 구도로 전환되고 있다고 보았다. 그에 따르면, 선진국 국민들 중에서도 상당수가(약 20% 수준) 컴퓨터나 인터넷 이용을 거부하고 있는 것이 현실이며, 이들이 자발적 비참여자의 대표적인 사례에 해당한다고 할 수 있다. 그는 비이용자 또는 비참여자들을 단일한 집단으로 취급해서는 안 된다고 강조하였다. 접근의 수준에 따라서 상시적 이용자에 비해 이용 수준이 낮은 간헐적 이용자(intermittent users), 과거 이용 경험이 있지만 중도에 포기했거나 이용의 양이 현저히 적은 탈락자(dropouts), 하드웨어에 접근할 수 있는 환경에 있으나 이용을 기피하는 순회피자(net evaders), 테크놀로지에 대한 접근 자체를 시도해본 적이 없는 완전한 비연결자(truly unconnected)로 구분하였다. 반다이크는 이러한 비참여의 동기들은 하나

> ⑨ **자발적 비참여자**
> 정보 기술에 접근하고 그것을 소유할 수 있는 여건이나 능력을 갖추었음에도 불구하고 이를 거부하거나 회피하는 사람들을 일컫는다.

로 풀어내기 어려울 만큼 복합적인 일련의 배경을 갖추고 있다고 보고, 단순하게는 관심이나 시간, 비용, 숙련된 기술의 부족에서부터, 기술 공포증, 컴퓨터 불안증, 자기효능감[6] 부족과 같은 복잡한 심리적 요인들이 관련되어 있다고 기술하였다. 앞에서 살펴보았듯이 그는 이러한 차원의 접근 문제를 '정신적 혹은 동기적' 접근으로 명명했으며, 하드웨어에 대한 물리적 접근보다 더 근본적으로 디지털 격차를 야기하는 원인으로 파악하였다. 우리나라와 같이 유무선 광대역 통신망과 컴퓨터, 스마트폰 등의 단말기 보급률이 거의 포화상태에 가까운 환경에서는 특히나 이러한 비참여자들, 그중에서도 자발적 비참여자들에 대한 관심과 그에 상응하는 정책적 대안이 더 중요하다 할 수 있을 것이다.

격차 해소 및 소외자에 대한 대응

디지털 격차는 이상 살펴본 것과 같이 여러 층위로 구성된 다차원적 현상이며, 또한 미시적인 개인차에서부터 전 지구적인 차원의 국가 간, 대륙 간 격차에 이르기까지 여러 수준에서 발생되는 현상이기도 하다. 디지털 미디어 시대의 이러한 정보 격차 문제에 대해 어떤 이들은 그 존재 자체를 부정하기도 하고 또 정보 기술이 전 사회로 확산되면 자연스럽게 해결될 한시적 문제로 보기도 한다. 디지털 격차를 문제적 현상으로 보느냐 그렇지 않느냐는 이 개념을 어떻게 정의할 것인가에 따라 좌우된다. 최근에는 기술에 대한 물리적 접근에서 벗어나 이용이나 활용, 혜택을 누리는 차원에 이르기까지 그 개념적 범위를 확장시켜서 보는 시각이 지배적이다. 이렇듯 좀 더 타당하고 구체적인 정의를 바탕으로 디지털 격차를 파악할 때만

6 어떤 일이나 과제를 수행할 수 있다는 스스로에 대한 믿음이나 기대. 3장에서 자세히 소개된다.

이 현상에 대해 정확히 진단할 수 있고, 이것이 사회적 · 국가적 · 지구적 차원에서 해결해야 할 '문제'임을 인식할 수 있으며, 나아가 여러 가지 정책적 노력들을 기울이는 계기가 될 수 있는 것이다.

우리나라는 정보 격차 해소에 관한 법률을 2001년 제정하고, 한국정보화진흥원을 설립해 정보화 추진과 더불어 정보 격차 문제를 전담하게 하고 있다. 이 법률은 1조에 "이 법은 저소득자 · 농어촌지역 주민 · 장애인 · 노령자 · 여성 등 경제적 · 지역적 · 신체적 또는 사회적 여건으로 인하여 생활에 필요한 정보통신서비스에 접근하거나 이용하기 어려운 자에 대하여 정보통신망에 대한 자유로운 접근과 이용을 보장함으로써 이들의 삶의 질을 향상하게 하고 균형있는 국민경제의 발전에 이바지함을 목적으로 한다"고 밝히고 있다. 세계적으로도 디지털 격차 해소를 위한 정책적 노력들이 정부 차원에서 이루어져왔다. 반다이크(2005)는 북미, 유럽, 동아시아, 제3세계의 각국 정부들이 디지털 격차 문제 해결을 위해 시행해온 정책 도구들을 정리해서 제시한 바 있다('표 11-1' 참조). 그는 자신이 정립한 단계적 디지털 격차 개념을 기준으로 크게 물리적 접근과 동기 · 활용 능력 및 이용 접근으로 구분하고, 전자에 관해서는 기술적 · 경제적 하위 차원으로, 후자에 대해서는 교육적 · 심리적 · 사회문화적 하위 차원으로 다시 세분화해서 분류하였다.

이 장은 실제로 이행된 정책들을 분석하거나 더 나은 정책적 대안을 제시하는 것이 아니라, 현상에 대한 정확한 이해와 진단을 위한 명확한 개념 정의와 문제 의식 정립에 초점을 맞춘 만큼, 디지털 격차 해소와 관련된 새로운 정책적 방편들을 제안하는 일은 이 장의 범위를 벗어난다. 다만, 여러 학자들이 주장한 바와 같이 디지털 격차 문제는 다른 사회적 불평등과 분리해서 독립적으로 발생하는 것이라기보다는, 기존의 정보 불평등을 비롯한 여러 가지 사회적 · 경제적 · 문화적 격차와 연계해서 나타나고 있기

표 11-1. 디지털 격차 해소를 위한 현재의 정책적 도구 분류

범주 구분		정책도구들
물리적 접근	기술적	일반적 기술 확산: 보편적 접근(혁신과 투자) 집중적 기술 확산: 공공적 접근(도서관 등의 공공 장소) 보편적 서비스(자금 지원과 규제를 통한 하드웨어 연결)
	경제적	소외 계층을 위한 보조금 지원
동기적, 활용능력 및 이용 접근	교육적	교육적 투자: 학교에 컴퓨터와 네트워크 제공, 컴퓨터 강좌 특별반 운영, 강사 훈련 및 커리큘럼 조정, 교육적 소프트웨어 개발
	심리적	정보 캠페인을 통한 인식 확산 시범사업 운영
	사회문화적	콘텐츠와 애플리케이션 개발

* 출처: van Dijk(2005), p. 192

에 더욱 문제가 된다는 점에 주목할 필요가 있다. 물론 개인적 수준의 디지털 격차를 소개하면서 살펴보았듯이, 자발적 비참여자는 계층과 관계없이 존재하고 있는 것이 사실이지만, 좀 더 거시적 수준의 격차는 이전부터 존재하던 사회적 불평등 및 격차의 연장선상에서 발생하고 있는 것이 현실이다. 이러한 맥락에서 디지털 격차 해소를 위해서는 그 문제 자체만을 분리해서 해결하려고 시도하기보다는 보편적인 복지의 확대라는 좀 더 거시적인 시각에서 추진하는 것이 바람직해 보인다.

생각해볼 문제

1. 디지털 격차(digital divide)는 정보 격차(information divide/gap)와 같은 개념인가? 같다면 어떻게 같고, 다르다면 어떤 점이 다른가?

2. 지식 격차 이론에서는 교육 수준으로 대표되는 사회경제적 지위가 지식 격차를 발생시키는 요인, 즉 독립 변인의 역할을 한다. 그런데 어떤 학자들은 사회경제적 지위라는 사회구조적·거시적 요인보다 개별 공공사안 이슈에 대해 가지고 있는 관심과 같이 개인적이고 미시적인 요인이 지식 격차 현상을 더 잘 설명할 수 있다고 주장해왔다. 이들의 주장은 타당한가?

3. 디지털 격차를 바라보는 확대론 또는 신중론의 입장은 크게 2가지로 구별해볼 수 있다. 첫째는 현재 발생하고 있는 격차 문제를 기존에 존재하던 여러 가지 사회구조적 불평등의 한 층위로 파악하려는 접근이다. 이에 비해 두 번째 입장은 새로운 정보 기술의 이용에서 드러나는 격차 문제가 이전에 존재한 적이 없는 전혀 새로운 불평등을 야기하기 때문에 어떤 부문의 격차는 증가하는 반면 다른 부문의 격차는 감소한다고 보는 차별화 관점이다. 둘 중 어떤 입장에 더 동의하며, 그 이유는 무엇인가?

4. 디지털 격차 개념이 등장한 초기에는 하드웨어에 대한 물리적 접근을 중심에 두는 입장이 지배적이었다. 그러나 점차 기술을 의미 있게 이용할 수 있는 능력 및 적절한 형태의 활용과 같은 부분에 초점을 둔 개념적 정의가 더 널리 받아들여지고 있다. 또한 우리나라의 경우 유·무선 광대역 통신망과 컴퓨터, 스마트폰 등의 단말기 보급률이 매우 높다. 그렇다면 테크놀로지에 대한 접근 차원은 앞으로 디지털 격차 문제를 고려하거나 연구하면서 비중을 두지 않아도 되는 문제일까?

5. 정보기술에 대한 접근과 이용을 하지 않는 비이용자들은 여러 층위가 있을 수 있다. 그중에는 자발적 비참여자, 즉 테크놀로지 이용을 통해 누릴 수 있는 혜택을 거부하거나 회피하는 사람들이 존재한다. 이러한 사람들의 구체적인 사례를 들어보자. 또한 이렇듯 참여를 꺼리는 것은 개인의 선택이므로 사회 차원의 대응이 필요하지 않다고 보는지, 아니면 필요하다고 보는지 자신의 생각을 말해보자.

12 디지털 리터러시

박주연(한국외국어대학교 미디어커뮤니케이션학부)

스마트 미디어의 일상화와 디지털 격차

개인 기반의 스마트 미디어 환경이 확산되면서 우리 사회에서 디지털 미디어의 영향력은 절대적이다. 디지털 미디어는 언제, 어디서나 자신을 표현하고, 참여하며, 사회와 소통하는 중요한 도구로 이해되고 있다. 정보 소비자였던 과거의 미디어 이용자와 달리 지금의 미디어 이용자는 콘텐츠의 전파와 생산과정에 적극적으로 개입하여 영향을 미치고 있다. 스마트 미디어의 일상화는 소통의 방식과 사회적 관계를 형성하고 유지하는 방식에도 영향을 미치고 있다. 미디어 소비의 차이가 초기에는 사회적, 경제적 지위 차이에 따른 미디어 접근의 차이와 관련되었다면, 이제는 활용되는 정보가 얼마나 유의미하게 사용되는지의 차이로 변화하고 있다. 스마트 미디어 환경이 일반화될수록 스마트 기기를 이용하여 언제 어디서나 정보에 접근하고, 이를 활용할 수 있는 사람과 그렇지 않은 사람 간에는 다양한 격차가 발생하게 된다.

디지털 미디어 환경에서 '격차(divide)'의 개념은 일반적으로 '접근'과 함께 '정보의 불평등한 이용'으로 이해될 수 있다. 인터넷이 보편화되고 이용자의 역할이 증대되는 뉴미디어 환경이 확대될수록 '미디어의 이용 능력(media competence)'이 디지털 격차의 중요 요소로 부각되고 있다. 왜냐하면 디지털 미디어 환경은 네트워크상에서 제공되는 디지털 콘텐츠를 누가 무엇을 어떻게 이용하는지에 따라 디지털 격차나 차이의 발생을 가중시킬 수 있기 때문이다. 반다이크와 해커(van Dijk & Hacker, 2003)는 뉴미디어를 '트렌드 확성기(trend amplifier)'로 정의하였는데, 이것은 사회에 존재하는 평등 혹은 불평등이 뉴미디어에 의해서 강화되는 것을 설명해준다.

① ICT
정보기술(Information Technology)과 통신기술(Communication Technology)이 합쳐진 단어로, 이 2개의 기술이 융합되어 정보를 수집, 생산, 가공, 보존, 전달, 활용하는 방법을 통칭하는 용어. 디지털 융합으로 상호 연관성이 높아진다는 의미.

스마트 미디어 환경이 일반화될수록 ICT[①](Information and Communication Technology) 기술에 접근하는 것뿐만 아니라 그 기술이 사용되는 맥락을 이해하고 활용하는 능력을 배우는 것이 중요하다. 디지털 환경에서 미디어 활용 능력의 차이는 훨씬 복합적인 방식으로 미디어에 대한 참여와 소외를 구분시키기 때문이다. ICT 환경에서 디지털 격차는 이제 경제적, 물리적 기반의 미디어 접근 및 이용 차원을 넘어서 미디어에 대한 적극적인 참여와 활용 능력 차원으로 그 의미가 확대되고 있다. 따라서 디지털 미디어가 확산될수록 디지털 문화에 참여하고 필요한 것을 제대로 이해하고 선택하는 능력을 향상시키는 '디지털 리터러시(digital literacy)'가 중요해지고 있다.

미디어 리터러시

전통적인 의미의 '리터러시(literacy)' 개념은 한 문화의 공유된 언어를 읽고, 쓸 줄 안다는 것을 의미한다. 일반적으로 미디어 리터러시는 다양한 형태의 미디어 메시지에 접근하고(access), 분석하고(analyze), 평가하며(evaluate), 커뮤니케이션하는(communicate) 능력으로 이해되고 있다(Hobbs, 2010).

초기 인쇄 매체에서 영상 매체로 전환하던 시기에는 문화 산업(Cultural Industries)의 정형화된 메시지에 대하여 방어 능력을 갖추게 하는 형태의 비판적 미디어 리터러시가 주요하였다. 1922년 영화의 출현으로 미국에서 '영상 교육(visual education)'이 처음 이슈화되었을 때부터 미디어 리터러시 교육은 증가하는 문화 산업으로 인해 쏟아져 나오는 자극적이고 부정적인 형태의 메시지에 대한 인지적 방어 능력을 키우는 것으로 이해되었다. 1970년대를 지나면서 미디어 리터러시 교육은 민주사회에서 시민의 책임과 민주적 권리를 습득하고, 시민의 비판적 시각을 키우는 교육으로 인정되었다. 오늘날 미디어 리터러시 교육은 정치, 경제, 교육, 예술 등의 영역에 따라 미디어 및 커뮤니케이션 기술과 관련된 다양한 맥락으로 확대되고 있다.

포터(Potter, 2010)는 미디어 리터러시에서 공통적으로 나타나는 의미를 4가지로 제시하고 있다. 먼저 미디어 리터러시는 대중매체가 개인에게 잠재적으로 부정적 효과를 미칠 수 있다는 넓은 가능성에 동의하고 있다. 둘째, 미디어 리터러시의 목적은 이러한 부정적인 효과로부터 이용자를 보호할 수 있도록 돕는 것이다. 셋째, 미디어 리터러시는 지속적으로 개발되고 교육되어야 하는데, 이용자의 리터러시 능력이 교육과 노력에 의해 획득되기 때문이다. 마지막으로 미디어 리터러시는 다양한 측면을 포함하고 있는데, 이는 미디어가 영향을 미치는 인지적, 행동적, 감정적, 심리적, 정신적, 도덕적 범위 이외에도 사회 및 문화 제도를 통해 사회 전반에 간접적 영향을 미치는 것을 말한다. 따라서 개인의 리터러시 능력 증가는 관계된 여러 영역에 걸쳐 함께 증가하게 된다.

미디어 환경 변화에 맞춰 리터러시 개념은 기존의 영상에 국한된 단일 언어를 이해하고 해석하는 차원을 넘어 미디어를 둘러싼 인간의 사회문화적 해석의 영역으로 확장되고 있다. 리터러시는 점차 여러 미디어 시스템을 가로질러 생각하고 아이디어를 표현하는 능력을 요구하고 있다. 나아가 새로운 미디어 환경에서 필요로 하는 기술적, 사회적, 인지적 기술을 표현하기 위한 종합적인 틀(framework)로도 설명되고 있다.

영국의 커뮤니케이션 정책기관 오프콤(Ofcom, 2004) 역시 이러한 맥락에서 미디어 리터러시를 정의하고 있다. 오프컴은 미디어 리터러시란 “다양한 맥락에서 미디어와 커뮤니케이션에 접근하고, 이해하고 창조할 수 있는 능력(the ability to access, understand and create communication in a variety of contexts)”이라고 규정하고 있다. 즉, ‘미디어에 접근(access)하고, 미디어를 이해(understand)하며, 창의적인 제작(create)을 할 수 있는 능력’을 말한다. 유럽집행위원회인 EC(European Commission, 2007) 역시 미디어 리터러시를 미디어에 접근(access)하는 능력, 미디어와 미디어 콘텐츠(이미지, 사운드, 텍스트)를 분석하고(analyze), 비판적으로 평가하는(evaluate) 능력, 다양한 상황에서 커뮤니케이션을 창의적으로 제작(produce)하는 능력으로 제시하며 같은 선상에서 미디어 리터러시를 정의하고 있다. EC는 기술적 차원, 해독과 이해, 생산능력이라는 3가지 요소를 가지고 새롭게 등장한 디지털 미디

그림 12-1. 디지털 리터러시 영역과 능력

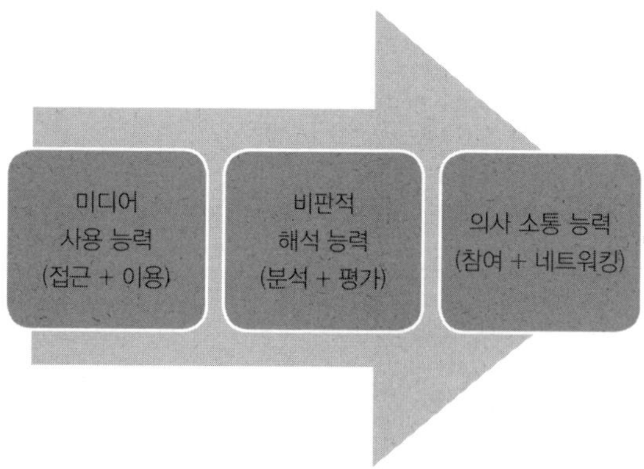

어가 '다중적인 지능(multiple intelligence)'를 요구하는 미디어임을 강조하면서 이에 따라 미디어 리터러시 영역 역시 확대되어야 한다고 보고 있다.

디지털 리터러시: 리터러시의 확장

디지털 리터러시는 디지털 텍스트를 읽고, 쓸 줄 아는 것을 의미한다. 예를 들어 소셜 네트워킹 사이트에 사진을 업로드하여 쓰는 능력을 갖추고, 하이퍼링크를 통해 웹사이트를 검색하고 정보를 찾음으로써 읽을 줄 알게 되는 것이다. 이런 의미에서 디지털 시대의 리터러시는 기능적 기술을 의미하지만, 이러한 기능적 기술들은 이용자가 미디어를 운영하고 커뮤니케이션할 수 있는 능력도 의미한다.

초기 디지털 리터러시의 정의는 컴퓨터가 전달하는 정보를 이해하는 능력과 다양한 포맷으로 정보를 통합하는 능력으로 해석되었다(Gilster, 1997). 컴퓨터와 인터넷 미디어를 기반으로 한 리터러시는 초기에 '정보 리터러시[②] (information literacy)', '사이버 리터러시[③](cyber literacy)', '뉴 리터러시[④](new literacy)' 등의 용어와 함께 사용되었다. 마찬가지로 '컴퓨터 리터러시'(조작 기술력), '지식 리터러시'(확보된 정보를 기반으로 지식을 창출하고 전달하는 정보 생산 능력) 등의 용어도 사용되었다.

이제 디지털 리터러시는 스마트폰, 태블릿 PC 등에 탑재된 다양한 기능을 활용하는 것은 물론, 디지털화된 정보를 선택 · 가공하여 필요한 지식으로 만드는 능력을 강조한다. 디지털 리터러시는 어떻게 기술과 미디어가 세상에 영향을

② 정보 리터러시
정보 생성, 처리, 분석, 검색, 활용 등의 능력 등 정보 획득과 재구성 능력에 초점을 맞춘 리터러시 개념. 오프콤(Ofcom, 2004)은 정보 리터러시를 현대 생활에서 요구되는 기술적이고 비판적인 정보 처리 기술과 관련된 리터러시 개념으로 설명한다.

③ 사이버 리터러시
컴퓨터 통신망을 뜻하는 사이버와 글을 읽고 해독하는 능력을 뜻하는 리터러시의 합성어. 온라인에서의 리터러시 능력을 의미하는 것으로 구락(Gurak, 2003)이 처음 제시한 개념.

④ 뉴 리터러시
랑크셔와 노블(Lankshear & Knobel, 2003)이 제시한 이 개념은 새로운 멀티텍스트에 대한 교육을 의미한다. 멀티텍스트를 둘러싼 새로운 영역, 즉 협동, 참여, 분산(dispersion), 전문 영역의 분배(distributed expertise)를 반영하는 리터러시 개념.

표 12-1. 유럽 시청자권익위원회(EAVI)의 디지털 리터러시 영역과 능력

리터러시 능력	내용
미디어 사용 능력	정보에 대한 접근과 이해 능력
정보의 비판적 해석 능력	필요한 정보 및 지식의 비판 해독 및 분석 능력, 문제 해결 능력
의사소통 능력	디지털 미디어를 통한 정보나 의견 생산 및 교환 능력, 사회 참여 능력

* 출처: EAVI(2009)

미치는지를 인지하고, 다른 사람들과 커뮤니케이션하고, 지식을 얻고, 이해하는 것이며, 또한 이것이 어떻게 사회에 영향을 미치는지를 이해하는 것이다. 디지털 리터러시 논의가 단순한 미디어 중심에서 이용자의 창의 능력으로 확장되면서 리터러시 능력은 개인 차원을 넘어 사회 · 문화적 공유와 확산의 영역까지 포함하고 있다.

한편, 유럽 시청자권익위원회(EAVI: European Association for Viewers Interests, 2009)는 디지털 리터러시를 정보에 대한 접근과 이용, 비판적 해석 능력 외에 네트워킹을 강조하는 이용자의 능동적 의사소통 능력을 확장하여 개념화하였다(EAVI, 2009). 즉 미디어 리터러시를 '정보 형태와 무관하게 다양한 미디어가 제공하는 메시지를 해석, 분석, 처리, 맥락화할 수 있는 개인의 능력'으로 정의하였다.

레이(Lei, 2010)는 특히 '의사소통능력'을 개인의 중요한 능력으로 강조하고, 이를 3가지 단계로 구분하였는데, '단순 접촉(simple contact)', '공동 목표 성취를 위한 협업(collaboration)', '네트워크를 구성하는(networking) 능력'이다. 이것은 다른 사람들과의 관계 유지뿐만 아니라 이용자의 정체성을 표현하고, 네트워크상의 다른 이용자들과 소통하며 협력하는 모든 능력을 포괄하는 것이다.

버킹햄(Buckingham, 2009)은 디지털 리터러시를 접근, 이해, 창의의 3가

지 차원으로 설명하고 있다. 주요 요소로 디지털 도구 활용 지식(knowledge of digital tools), 이를 맥락화할 수 있는 비판적 기술(critical skills), 자신의 정체성을 이해하고 다른 참여자들과 협력, 소통할 수 있는 사회적 인식(social awareness)을 제시하고 있다.

홉스(Hobbs, 2010)는 선행연구들이 개념화한 디지털 리터러시의 '접근(access)', '분석 및 평가(analyze and evaluate)', '창의(create)' 영역에 '성찰(reflect)'와 '행동(act)'의 구성 요소를 추가하고 있다. '성찰'은 자신의 커뮤니케이션 행위에 사회적 책임감과 윤리성을 적용하는 것을 말하고, '행동'은 지식을 공유하거나 문제를 해결하기 위해 개인적 또는 다른 사람들과 함께 일하고 공동체의 일원으로 참여하는 것을 의미한다. 홉스가 정의한 '성찰'과 '행동'의 능력은 리터러시가 사회 참여를 위한 필수적 능력임을 말해주고 있다.

디지털 리터러시 개념은 학자별로 강조하는 구성 요소와 명칭이 상이할 수 있으나, 달라진 미디어 환경을 반영되고, 사회문화적 영역이 포함된 개념으로 확대되고 있음을 공통적으로 발견할 수 있다. 확장된 디지털 리터러시는 '미디어 접근 능력', '미디어의 비판적 이해 능력', '창의적 표현 능력', '소통 능력', '성찰과 행동 능력' 등을 포함하고 있다. 디지털 리터러시는 디지털 미디어 환경에 효율적으로 사용할 수 있는 ICT 기술을 습득하는 수준을 넘어 지식 구성, 사고 방식, 사회 참여 등 이용자들의 삶 전반과 관련이 있음을 보여준다.

청소년과 디지털 문화

디지털 리터러시는 다양한 세대와 관련이 있지만 그중에서도 특히 청소년 세대와 밀접한 관련이 있다. 인터넷과 디지털 미디어로 인한 환경 변화는 지식 구성과 사고방식, 참여나 학습 등 청소년의 삶에 큰 변화를 가져왔다. 디지털 미디어를 통한 학습과 소통, 공동체 참여의 경험은 청소년의 일상이다. 디지털 미디어에 접근하고, 이를 이해하고 활용하는 능력은 청소년들에게 다양한 자기표현을 가능하게 하는 기회인 동시에, 네트워크 형성을 추구한다는 점에서 공동체 참여를 위한 필수적 역량이 되었다.

청소년들이 디지털 미디어를 통해 창조적이고 협동적인 활동을 하는 것은 사실이지만, 모두 균일한 역량을 가진 것은 아니다. 젠킨스(Jenkins, 2006)는 이러한 점을 강조하면서 청소년들이 디지털 문화를 겪으며 부딪치는 문제를 모두 스스로 해결할 수 있을 것이라는 자유방임적 입장에 대하여 3가지 문제점으로, 참여 격차(participation gap), 투명성 문제(transparency problem), 윤리적 도전(ethics challenge)을 지적하고 있다. 청소년들이 뉴미디어 기술에 접근하는 데 불평등한 조건은 디지털 격차를 발생시키고, 디지털 환경에서 청소년의 정보 선택 능력은 참여와 배제를 가르는 중요한 기준이 되어 결국 청소년의 참여 격차(participation gap)를 가져오게 된다는 것이다. 청소년들은 그들이 경험한 미디어를 그대로 따라서 행동하고, 배운 것을 그대로 표현하는 투영성 문제(transparency problem)를 갖고 있다. 또한 다양하고 복잡한 사회적 환경에 대처하기 위해 스스로 윤리적인 규범을 발전시켜야 하는 윤리적 도전(ethics challenge)의 문제도 갖고 있다. 이 3가지 문제는 디지털 리터러시 교육을 통해 해결되어야 한다.

영국에서 발간된 청소년의 인터넷 이용 지도서인 『바이런 보고서Byron review』(2008)는 사고가 두려워 수영장을 보내지 않기보다는 수영하는 방법을 바르게 가르치는 것이 적절하다는 비유를 들어 디지털 리터러시 교육의 필요성을 강조하였다. 디지털 미디어 이용이 다양한 범주의 사회적 영향과 관계가 있다는 것을 가정한다면, 청소년들에게 미디어 리터러시 능력을 향상시키는 교육은 중요할 수밖에 없다.

젠킨스는 미디어 이용자들이 적극적으로 미디어를 변형하고 공유하며 정보를 추구하는 현상을 가리켜 '컨버전스(convergence)'로 개념화하였다. 또한 이에 영향을 미치는 문화 전반을 '참여문화(participatory culture)'로 규정하고 있다. 참여문화는 "소속(affiliations), 표현(expressions), 집단적 문제해결(collective problem-solving), 배포(circulations)"의 개념에 핵심을 두고 있다. 다양한 미디어 도구를 통하여 새롭고 창의적인 형태로 자신을 표현하고, 협력적 상호작용으로 문제를 해결하는 순환 과정을 말한다. 참여문화의 중요한 영역인 표현(expressions)은 미디어의 생산 및 배포(circulations)와 밀접한 연관성을 보여주는데, 참여문화에 부응하지 못하는 이용자는 격차(gap)를 갖게 되고 퇴보할 수밖에 없다. 젠킨스는 참여적 문화 공간에서 활동할 수 있는 일련의 문화적 능력(a set of cultural competencies)과 사회적 기술(social skills)을 청소년들이 획득하는 것을 리터러시 능력으로 강조하고 있다.

참여문화의 일원이 되고, 참여문화의 수혜자가 되기 위해서는 다양한 디지털 리터러시 능력들이 교육될 필요가 있다. 각각의 사회적 기술들과 문화적 능력들은 네트워크 사회에서 새로운 공동체 참여를 가능하게 하고, 청소년들이 새로운 시뮬레이션 및 네트워킹을 활성화할 수 있게 한다. 이와 같은 리터러시 개념은 ICT의 도구적 활용 능력이라는 접근에서 벗어나 이용자의 즐거움, 미디어 경험, 미디어를 통한 정체성 확립 등 이용자 위주의 미디어 문화 및 미디어 환경에 대한 체험적 이해를 중요하게 평가하고 있다.

네트워킹, 멀티태스킹, 트랜스미디어 내비게이션, 집단지성

디지털 리터러시 핵심 능력에 대하여 젠킨스는 다음의 11가지 능력을 제시하고 있다. 제시한 리터러시 능력 가운데, 멀티태스킹, 네트워킹, 트랜스미디어 내비게이션, 집단지성, 판단력과 협상력 등은 핵심적인 디지털 리터러시 능력이라 할 수 있다.

다양한 집단과 미디어에 의해서 지식이 생산되는 디지털 세계에서는 네트워킹(networking) 능력이 중요한 사회적 기술이면서 동시에 문화적 능력이 될 수 있다. 네트워킹은 효과적인 정보의 검색뿐만 아니라 자신의 아이디어와 미디어 생산물을 확산시키는 데에도 중요하다. 청소년들이 네트워킹의 가치를 깨닫기 위해서는 네트워크가 어떻게 작동하는지를 이해할 필

표 12-2. 젠킨스의 디지털 리터러시 핵심 능력

리터러시 능력	내용
놀이(Play)	문제 해결의 방법으로 자신의 주변 환경을 이용해 실험할 수 있는 능력
시뮬레이션(Simulation)	실제 현실 세계의 역동적인 모델을 해석하고 구성할 수 있는 능력
수행(Performance)	새로운 발견과 즉시적 적응을 위해 가상의 대안적 정체성을 적용해볼 수 있는 능력
전용(Appropriation)	미디어 내용을 취사선택하여 의미 있는 방식으로 재조합할 수 있는 능력
멀티태스킹(Multitasking)	주변 환경을 살펴보고 특정 목적 기반의 중요 세부 사항에 집중하는 능력
분산된 인지(Distributed Cognition)	정신 능력을 확장시키는 도구로 유의미하게 상호작용하는 능력
집단지성(Collective Intelligence)	공동의 목표를 이루기 위해 다른 사람들과 지식을 모으고 서로의 지식을 비교하는 능력
판단력(Judgement)	다른 정보 출처의 신뢰성과 진실을 평가하는 능력
트랜스미디어 내비게이션 (Transmedia Navigation)	여러 모드를 통틀어 다양한 미디어의 이야기와 정보의 흐름을 파악하는 능력
네트워킹(Networking)	정보를 종합하고 다른 사람에게 확산 및 검색하는 능력
협상력(Negotiation)	다양한 커뮤니티를 넘나들며 다양한 관점을 식별하고 존중하며 대안적인 규범들을 이해하고 따를 수 있는 능력

* 출처: Jenkins(2006). p. 56 재구성

요가 있으며, 효율적인 네트워킹을 위한 도구 사용도 배워야 한다. 특히 청소년들은 가치 있는 정보를 알기 위해 전문적인 게이트키퍼에게 의지하기 쉬운데, 어떤 집단이 연관성 있는 자료를 가장 잘 알고 있는지, 다른 공동체의 지식과 동기에 어떻게 접근할 수 있을지 효과적으로 진입하는 능력을 학습하는 것도 필요하다.

멀티태스킹(multitasking)은 주변 환경을 살펴보고 특정 목적 기반의 다양한 세부 사항에 집중하는 능력을 말한다. 미디어 이용에서 주목(attention)은 중요한 인지적 능력이지만, 젊은 세대들은 소수 이슈에 주목하는 대신, 관련 정보의 흐름을 멀티태스킹 능력을 통해 읽고 반응하게 된다. 멀티태스킹은 지속적인 부분에 대한 주목이라 할 수 있다. 청소년들은 다양한 방향에서 수집된 정보와 구조들의 관계를 예측하는 것을 배우는 한편, 필요 없는 정보를 걸러내고 주변 환경의 세부적 사항에 주목하는 능력을 기를 필요가 있다.

다양한 미디어의 이야기와 정보의 흐름을 파악하는 리터러시 능력인 트랜스미디어 내비게이션(transmedia navigation)은 뉴미디어 지형에서 참여자들이 자신의 생각을 표현하는 길을 유의미하게 선택하는 것을 의미한다. 융합 시대에 이용자들은 정보를 새로운 형태로 종합하기 위해 다양한 정보원으로부터 온 정보들을 수집한다. 이때, 특정 이야기가 다른 미디어 환경으로 옮겨가면서 바뀌는 것을 이해하고, 다른 미디어의 관습을 고려하여 개별 미디어에 사용되는 도구를 활용할 수 있을 때, 다양한 방식의 트랜스미디어 내비게이션을 배울 수 있다. 청소년들은 본인에게 친근한 이야기나 정보가 다른 미디어와 문화권에 따라서 어떻게 달라지는지 검색하고, 새로운 상황에서 똑같이 순환되는 요소들을 찾는 방법을 리터러시 교육에서 훈련할 필요가 있다.

레비(Levy, 2000)는 모든 것을 다 아는 사람은 없지만 누구나 무엇인가는 알고 있기 때문에 완전한 지식은 인류 전체에 퍼져 있다는 관점에서 집단지성(collective intelligence)의 중요성을 강조하였다. 공동의 목표를 향해 다른 사람들과 지식을 모으고 다른 것과 비교하는 능력을 말하는 집단지성의 힘은 풀뿌리 공동체가 효율적인 결론을 제공할 수 있다는 논지를 의미하기도 한다. 집단지성 문화에서 의미 있는 참여자가 되기 위해서는 청소년들이 다양한 원천에서 오는 정보나 전통적인 게이트키핑에 의한 정보의 신뢰성을 파악하는 기술을 길러야 한다. 다양한 장소에서 같은 문제에 대해 관찰하고 조사한 자료를 모을 수 있을 때 집단지성의 요소들이 전략적으로 배치될 수 있으며, 이러한 지식 공동체는 개인이 해결할 수 있는 문제보다 복잡하고 큰 문제를 해결할 수 있게 된다.

디지털 미디어에 대한 기능적 능력 이외에 참여 기회의 부여와 새로운 디지털 문화를 향유할 수 있는 능력 개발은 중요하다. 따라서 디지털 리터러시의 핵심 능력으로 판단력(judgement)과 협상력(negotiation)은 중요하다. 집단지성을 성공적으로 사용한다고 하더라도 이 과정은 많은 오류를 가지고 있고 최종 결론의 등장 전까지는 잘못된 정보가 계속 수용될 수 있기 때문에 이에 대한 판단력이 필요하다. 이러한 이유에서 자신이 소비하는 정보의 질을 의심하고 스스로 비판적인 질문을 할 수 있는 능력을 배워야 하며, 정보의 질을 스스로 평가할 수 있는 판단력(judgement)을 길러야 한다. 사이버 공간에서는 누구나 글을 포스팅할 수 있기 때문에 전통적인 게이트키핑 조직과 지식 공동체의 정보에 대한 신뢰를 균형 있게 갖추는 능력이 판단력에서 강조되고 있다.

협상력(negotiation)은 2가지로 분류될 수 있는데, 서로 상충하는 관점을 조율하는 능력과 다양한 공동체를 중재하는 능력이다. 가장 의미 있는 중재는 협의와 조율에서 시작되는데, 이러한 중재는 윤리적인 규범에서 나올 수 있으며 청소년들은 경청하는 능력을 발전시킬 수 있다. 뉴미디어 환경에서 문화의 교류는 쉽지만, 특정한 문화를 생산하고 소비하는 개인들은 항상 모든 것을 받아들이지는 않는다. 사이버 커뮤니티 환경은 다양한 관점을 이해하고, 존중하며, 상충하는 의견을 협상하는 기술을 배우는 것을 어렵게 하고 있기 때문에 협상력(negotiation)은 중요하다. 예를 들어 위키피디아와 위키 뉴스와 같은 웹사이트 상단에 제공되는 'discussion(토론)' 탭은 미디어 이용자들의 협상력 개발에 유용하게 활용되고 있다.

젠킨스는 새로운 콘텐츠 기획력을 갖추는 '문화 능력' 함양의 교육으로서 디지털 리터러시를 강조하고 있다. 여기서 디지털 리터러시는 미디어의 활용 차원을 넘어 효율적으로 사회적 커뮤니케이션을 수행할 수 있는 능력을 키우는 것과 긴밀하게 연관되어 있다.

소셜 미디어 리터러시와 소셜 러닝

소셜 미디어는 '참여', '개방', '공유', '협업'의 특징을 기반으로 하고 있다. 이러한 특성을 기반으로 소셜 미디어는 이미 다양한 분야에 활용되며 이용자의 생활양식과 문화에 큰 변화를 초래하였고, 소셜커머스, 소셜 게임, 소셜 마케팅 등 결합의 영역은 더욱 확산되고 있다.

소셜 미디어의 등장 이후 제기된 '소셜 미디어 리터러시'는 과거의 리터러시와 달리 소셜 미디어가 만들어내는 '콘텐츠에 대한 비판적 분석과 소비, 참여와 공유

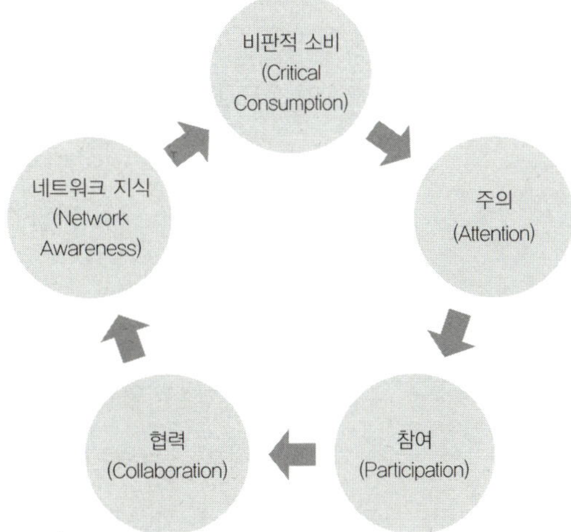

그림 12-2. 소셜 미디어 리터러시 요소

표 12-3. 라인골드의 소셜 미디어 리터러시 요소

리터러시 능력	내용
주의(Attention)	• 소셜 미디어 리터러시의 가장 기본적인 요소로 주의를 집중하는 방법을 배울 필요가 있음
참여(Participation)	• 소셜 미디어에 참여하면서 수동적 소비자가 아닌 활동적 시민이 될 수 있음
협력(Collaboration)	• 소셜 미디어는 협력할 수 있는 장을 열어주고, 소셜 미디어를 통해 사람들이 협력하며 공동으로 문제 해결이 가능함
네트워크 지식 (Network Awareness)	• 전 세계적으로 네트워크 형성이 가능해진 소셜 미디어 기술로 인해 관계의 수와 범위가 확장되면서, 네트워크화된 공간에서 평판과 호혜성이 중요함.
비판적 소비 (Critical Consumption)	• 무엇이 신뢰할 만하고 누가 신뢰할 만한지를 가려내는 능력을 의미함. 관계와 정보의 신뢰의 주체는 이용자 본인이며, 정보의 실재에 대해 끊임없이 조사해야 함.

* 출처: Rheingold(2010), p. 16 재구성

를 강조하고 있다. 특히 소셜 미디어를 통해 공유되는 '콘텐츠'와 이를 적극적으로 활용하고 확산하는 '이용자'에 집중하고 있다. 소셜 미디어가 '참여'와 '공유'를 기반으로 하고 있듯이, 소셜 미디어 리터러시는 소셜 네트워크 서비스를 통해서 인간과 인간의 교류 및 소통을 가능하게 하는 참여 문화 및 이들 간의 콘텐츠의 공유 능력을 중심으로 한다. 따라서 소셜 미디어 시대의 필요한 미디어 리터러시는 참여와 공유를 기반으로 하는 '소통 능력'에 대한 개념이 핵심이다.

라인골드(Rheingold, 2010)는 21세기 소셜 미디어 리터러시의 요소로 주의(Attention), 참여(Participation), 협력 (Collaboration), 네트워크 지식(Network Awareness), 비판적 소비(Critical Consumption) 등 5가지를 제시하고 있다.

또한 학습 영역에서도 소셜 미디어를 통해 학습하는 '소셜 러닝(social learning)' 모델도 활발하다. 소셜 러닝은 소셜 네트워크를 기반으로 사회적 환경에서의 교류과정을 통해 이루어지는 학습을 말한다. 즉 다른 사람과 공유하는 플랫폼과 네트워크를 기반으로 지식과 정보의 공유, 의견 교환을 통해 개인의 인지와 행동의 변화, 학습이 발생하는 것이다. 위키피디

아의 정의에 따르면, 소셜 러닝은 넓은 의미로 소셜 네트워크와 이 러닝(e-learning)이 결합하여 사회적 상호작용이 강화된 학습이다. 협업 활동을 통해 정보를 생산, 공유, 검색, 소비하며 학습하는 새로운 모델이다. 소셜의 효과가 학습으로 연결되는 현상이므로, 협업 도구를 지원하는 소셜 미디어가 소셜 러닝의 주요한 기반이 되며, 블로그, 페이스북, 유투브 등의 소셜 네트워크 미디어가 주요한 학습 플랫폼으로 활용된다.

이미 세계적인 미국의 비영리 재단이 개최하는 지식 컨퍼런스 TED(Technology, Entertainment, Design), 애플(Apple) 사의 아이튠즈 대학(iTunes University) 등이 온라인을 통해 수준 높은 강의를 제공하며 지식을 공유, 확산하는 현상은 소셜 러닝의 기초 모델이라 할 수 있다. 소셜 러닝은 맥락(context) 중심의 지식 강화, 네트워크를 통한 연결(connectivity)의 확장, 협업(collaboration)의 사회적 확산 등의 특징을 지니고 있기 때문에 소셜 러닝을 실현하기 위해서는 맥락(context), 연결(connectivity), 협업(collaboration) 등의 주요 요소를 습득하고, 이에 대한 리터러시 능력을 기르는 것이 필요하다. 소셜 러닝은 소셜 네트워크를 기반으로 이뤄지는 지적 협업과 성과, 집단지성에 공감하는 지식 프로슈머의 확산과 맞물려 지속적으로 성장할 것으로 전망된다.

리터러시 교육

디지털 리터러시의 향상을 위해서는 어떠한 미디어 교육이 행해져야 할 것인가? 젠킨스의 핵심 능력에서 나타난 것처럼 디지털 미디어 활용 기술과 협동, 네트워킹, 참여 등의 과정이 서로 접목되는 것이 필요하다.

디지털 리터러시 교육은 2가지 차원에서 이루어질 필요가 있는데, 첫째는 정보를 읽고 그 내용을 선별할 수 있는 분별력을 기르는 것이다. 둘째는 정보의 가치를 인지하고, 사회적으로 필요한 정보를 생산, 활용할 수 있는 능력을 길러주는 교육이다. 즉, 콘텐츠를 비판적으로 처리할 수 있는 능력과 기술을 통해 복잡하고 다양한 형태의 정보를 다각적으로 분석하고 활용할 수 있는 것을 의미한다. 이를 통해 사회적 현실을 인지하고, 이슈들이 논의되는 공론장의 흐름을 파악하며, 정보가 소통되고 소비되는 다양한 맥락을 이해하는 것이다. 이러한 리터러시 능력과 기술의 향상을 통해 윤리적 차원에서도 스스로 정보를 평가할 수 있도록 돕는 것이 디지털 리터러시 교육의 목표라고 할 수 있다.

리터러시 교육의 목표는 현실을 구성하는 데 있지 않고, 창조적이고 능동적인 커뮤니케이션 능력을 통해서 현실을 창조할 수 있는 능력을 완비하는 것이다(김양은, 2009). 즉, 미디어 교육의 목표는 개인이 일상에서 겪을 수 있는 여러 가지 상황 등을 극복해낼 수 있는 사회적이고 문화적인 행동 능력 향상에 기초가 될 수 있는 이용 능력을 키우는 것이다. 미디어 콘텐츠를 비판적으로 수용하고 창의적으로 제작하는 과정을 통해 관련된 문제를 파악하고, 배양된 능력을 통해 일상생활에 적용하고 문제를 해결하는 수단과 방법을 찾는 것이다. 즉, 미디어 수용 영역은 비판적 사고 능력의 향상과 관련이 있고, 제작 영역은 창의적인 사고 능력의 개발과 관련이 있으며, 활용 영역은 문제 해결 능력의 증대와 관련이 있다.

디지털 기반의 콘텐츠 소비에 대한 리터러시 교육을 효율적으로 달성하기 위해서는 다양한 요소를 복합적으로 설계할 필요가 있다. 앞에서 제시한 다양한 능력과 기술들은 독립적이기도 하지만, 실질적으로 서로 영향을 미치는 요소라고 할 수 있다. 어떤 특정 능력이나 기술만을 향상시키는 것은 전반적인 리터러시를 성취하는 데 제한적인 효과를 가져올 수 있기 때문에 복합적인 구성이 필요하다. 리터러시 교육은 미디어를 비판적으로 해독하는 것만이 아니라 개인의 커뮤니케이션 능력을 향상시켜 주변 환경과의 소통을 가능하게 하는 영역으로 확장되었다. 따라서 이용자의 미디어 이용 능력의 촉진과 미디어 생산 능력 촉진을 동시에 필요로 한다.

디지털 리터러시 교육에서는 사회적 네트워킹의 측면을 고려해야 한다. 디지털 미디어 인터페이스와 사용자 간의 상호작용, 그 상호작용에서 사용자가 만들어내는 의미 작용에 관심을 가져야 한다. 디지털 미디어를 통해 유통되는 다양한 정보를 효율적으로 처리할 수 있는 능력을 향상시키기 위해서는 무엇보다도 기존 리터러시 교육과는 다른 접근이 요구된다. 디지털 미디어 생태계에서는 다양한 형태의 콘텐츠를 수용하고 활용할 줄 아는 능력을 필요로 하므로 이전의 콘텐츠 이용과 차별화된 능력을 향상시키는 것이 중요하다. 특히 정보 소비에 능동적이고 적극적인 태도를 형성하도록 하는 것이 중요한데, 정보 처리에 대한 관여도를 높이기 위해서는 정보에 대한 사회적 가치를 판단할 수 있는 교육이 필요하다.

예를 들어 독일에서는 디지털 미디어 능력을 촉진하고 창의적 미디어 제작 능력을 함양하기 위해 다양한 디지털 리터러시 교육 프로그램들이 운영되고 있다. 어린이 및 청소년들의 스마트 미디어 능력 촉진을 위한 프로그램과 별도로, 교사 및 부모를 대상으로 한 리터러시 프로그램들의 종류도 인터넷(Internet-ABC), 클릭세이프(Klicksafe), 유포트(Juuuport), 플림모(FLIMMO) 등 대상과 목적에 따라 다양하다. 예를 들어 인터넷-ABC(Internet-ABC)는 인터넷 리터러시 교육 프로젝트로, 5~12세 연령 어린이를 대상으로 한 인터넷 이용과 콘텐츠 창의 방법을 교육하고 있다. 지도를 위한 교사 및 부모 대상 프로그램을 별도로 진행하고 있으며, 온라인 포털(www.internet-abc.de)을 통해 관련 자료를 제공하고 있다. 클릭세이프(www.klicksafe.de)는 10대 청소년들을 대상으로 인터넷 및 소셜 미디어 이용 시 필요한 지식과 능력을 갖출 수 있는 리터러시 교육 프로그램을 제

그림 12-3. 독일 디지털 리터러시 교육 사례

* 출처: www.internet-abc.de

공한다. 특히 중독, 사이버 모빙(cyber-mobbing), 저작권 침해, 사이버 폭력 등 부정적인 측면을 예방하는 데 초점을 두고 있다.

디지털 미디어 환경은 다양한 측면에서 정보와 관련된 리터러시 적용 사례를 제공하고 있다. 가드윈(Godwin, 2009)은 웹 2.0 기반의 기술이 리터러시 교육에 활용될 수 있다고 제시하고 있다. 이용자들이 핵심어를 기반으로 관련 주제를 검색하여 태그를 달 때, 태그와 이미 검토된 핵심어 사이의 비교가 생산되고, 도서관들이 이와 같은 태그 피처들을 유용하게 활용할 수 있다는 것이다. 이를 통해 '라이브러리 2.0(Library 2.0)'이라는 개념도 등장하였다. 이용자들이 라이브러리 서비스에 참여하여 피드백을 제공하고, 라이브러리 블로그나 목록 태그에 의견과 해석을 명시함으로써 라이브러리의 서비스는 끊임없이 평가되고 개선되어진다. 중요한 것은 개방적, 상호작용적, 협력적, 참여적인 문화를 기반으로 누구나 참여할 수 있는 조건이 유지되는 것이다. 소셜 네트워킹 서비스와 웹 2.0 기술로 인해 도서관들은 이용자들에게 효과적으로 자신의 정보를 찾고, 이를 위해 서로 커뮤니케이션할 수 있는 방법을 제공할 수 있게 되었다(Peltier-Davis, 2009).

스마트 미디어 시대의 디지털 리터러시 전망

스마트 미디어 환경에서는 디지털 격차가 기존의 인터넷 이용 격차와는 달리 다면적이고 복합적으로 발생한다. 특히 미디어는 특정한 사회문화적, 제도적 맥락에서 이루어지기 때문에 미디어에 대한 판단력을 갖추고 사용을 조절할 수 있게 해주는 리터러시 교육은 더욱 중요하다. 디지털 미디어를 이해하고 소비하는 과정은 사회와의 소통 과정인 동시에, 문화를 형성하는 과정이므로 이에 대한 능력을 획득하는 것은 필수적이다. 스마트 미디어 시대에 요구되는 미디어 이용 능력은 문제 해결 능력, 비판적 해독 및 분석 능력, 정보 생산 능력, 협업, 공유, 정보 확산, 인간관계 유지 및 확대 등 다양하다.

스마트 미디어 환경은 커뮤니케이션 기회의 확대로 정보 공유와 상호작용의 기반에서 새로운 역량을 키우는 '디지털 리터러시'를 강조하고 있다. 디지털 환경에서 미디어 제작과 커뮤니티 참여자로 증가하는 청소년 세대의 리터러시 능력은 핵심이다. 또한 참여자, 의사 소통자 또는 다른 사람들에게 영향을 미치는 사람으로서 내려야 하는 윤리적인 선택을 미디어 활용에서 사려 깊게 할 수 있도록 독려해주는 것은 중요하다.

디지털 미디어 리터러시에 대한 접근은 단편적인 능력 향상을 위한 것이 아니라, 미디어에 대한 리터러시를 전면적으로 새롭게 고려하는 패러다임의 전환으로 보아야 할 것이다. 뉴미디어 지형에서 청소년들을 적극적인 참여자로 키우기 위해서는 리터러시를 확장하는 교육이 필요하다. 스마트 미디어 환경에서 이용자는 콘텐츠 생산자이기 때문에 디지털 리터러시의 핵심 개념은 이들이 콘텐츠를 생산할 수 있도록 접근성을 향상하고, 미디어 활용과 콘텐츠 생산과정에서 창의력, 협업, 타협 등의 이용자 태도를 고양할 수 있는 방향으로 발전하여야 한다. 스마트 미디어의 출현과 같은 빠른

그림 12-4. 독일 디지털 리터러시 교육 어린이 및 부모 · 교사 대상 포털 홈페이지

* 출처: www.internet-abc.de

변화의 시대에 청소년들은 이러한 미디어의 영향에 저항할 수 있는 힘, 윤리적인 규범, 합리적인 소비자, 비판적 시각이 필요하다. 따라서 새로운 디지털 미디어 환경에 노출되어 있는 청소년에게 디지털 리터러시 방안을 제시할 필요가 있으며, 다양한 맥락을 아우르는 통합적 미디어 리터러시도 중요하다.

디지털 리터러시 교육이 궁극적으로 공헌하는 영역은 '민주주의에 대한 참여'와 '적극적인 시민의식', '지식경제에 대한 능력 제고' 등을 제시할 수 있다(Livingstone, 2008). 시장경제 사회에서 정보는 복잡하고 간접적인 형태로 흩어져 있으므로, 이에 대한 능력을 키우고 소비자로서 바른 선택을 할 수 있도록 돕는 리터러시 교육도 중요하다. 또한 디지털 리터러시를 통해 지속적으로 비판적인 문화 표현 기술을 학습하여 개인의 능력과 사회적 구조 형성에 공헌할 수 있다. 리티러시 교육을 통해서 문화 생산력의 증가뿐만 아니라 점진적으로는 정치적 평가나 판단 능력도 확대될 수 있다.

스마트 미디어 환경에서 청소년 및 시민의 디지털 리터러시 제고를 위해서는 리터러시 교육의 제도화 노력이 필요하다. 사회적, 문화적 미디어 활용 능력을 높이기 위해서는 다양한 디지털 미디어의 접근과 활용을 위한 프로그램 제공뿐만 아니라 미디어 사용에 따른 피로감 또는 중독에 대한 예방과 처방도 모색되어야 한다. 중요한 것은 어린이들의 디지털 리터러시 교육이 가정과 유치원, 학교에서 바르게 습관화될 수 있도록 교사와 부모를 위한 리터러시 교육 및 상담의 장을 만드는 것이다. 다양한 디지털 미디어 이용과 참여에서 나타날 수 있는 혜택과 문제점이 가정과 학교로부터 자연스럽게 인식된다면, 장기적으로 가정의 디지털 세이프키핑(Digital Safekeeping)이 실현 가능할 것이다. 또한 ICT 기술 환경에서 확산되고 있는 저작권, 개인정보 보호 등에 관한 자기결정권 보장과 책임성 강화를 위해 산업과 시장이 협력하는 기술적 · 제도적 정책도 필요하다.

생각해볼 문제

1. 스마트 미디어 시대에 디지털 리터러시가 왜 사회적으로 점점 중요해지고 있는지를 생각해보자.
2. 디지털 표현에 익숙한 세대와 그렇지 않은 세대 간의 디지털 격차는 어떠한 방식으로 존재하게 될지 토론해보자.
3. 청소년에 대한 디지털 리터러시 교육이 어떤 이유에서 중요한지 생각해보자.
4. 멀티태스킹, 집단지성, 네트워킹, 판단력 등의 리터러시 능력과 관계되는 실제 디지털 리터러시 사례들을 토론해보자.
5. 디지털 리터러시의 능력 향상을 위해서 향후 더 강조될 부분은 무엇이 있을지 생각해보자.

참고 문헌

1장 미디어 이론의 재적용과 확장

김선호(2013). 대화에서 시선공유로: 커뮤니케이션 관점에서 미디어 효과 다시보기. 〈커뮤니케이션이론〉. 9(4). 59-99.

미래부(2013). 〈창조경제 시대의 방송산업발전 종합계획〉. 미래부.

이재현(2013). 〈뉴미디어 이론〉. 서울: 커뮤니케이션북스.

정용찬(2014). TV 시청 중 매체 동시 이용 행태. 〈KISDI STAT 14-04〉. 7-15. 정보통신정책연구원.

Beniger, J. R. (1986). *The Control revolution: Technological and economic origins of the information society*. Cambridge, MA: Harvard University Press.

Bolter, J. D. & Grusin, R. (1999). *Remediation: Understanding new media*. Cambridge, MA: The MIT PRESS. 이재현 옮김(2006). 〈재매개: 뉴미디어의 계보학〉. 서울: 커뮤니케이션북스.

Chaffee, S. H. & Metzger M. J. (2001). The end of mass communication?. *Mass Media & Society*, 4(4), 365-379.

Fidler, R. (1997). *Mediamorphosis: Understanding new media*. California: Pine Forge Press. 조용철 옮김(1999). 〈미디어모포시스-뉴미디어의 이해〉. 서울: 커뮤니케이션북스.

Hilbert, M. (2012). How much information is there in the "Information Society"?, *Significance*, 9(4), 8-12.

Kang, H., Bae, K., Zhang, S., & Sundar, S. S. (2011). Source cues in online news: Is the proximate source more powerful than distal sources?, *Journalism & Mass Communication Quarterly*, 88(4), 719-736.

Severin, W. J. & Tankard J. W. (2001). *Communication Theories: Origins, Methods and Uses in the Mass Media*. New York: Addison Wesley Longman. 박천일 외 옮김(2005). 〈커뮤니케이션 이론: 연구방법과 이론의 활용〉. 서울: 나남.

Sundar, S. S. (2004). Theorizing interactivity's effects. *The Information Society*, 20(5), 387-391.

Sundar, S. S., & Nass, C. (2001). Conceptualizing sources in online news. *Journal of Communication*, 51(1), 52-72.

Reeves, B. & Nass, C. (1996). *The Media Equation: How People Treat Computers, Television, and New Media Like Real People and Places*. CSLI. 김정현 · 조성민 옮김(2001). 〈미디어 방정식: 컴퓨터, 텔레비전, 뉴미디어를 실제 사람과 장소처럼 다루는 방법〉. 서울: 커뮤니케이션북스.

Walther J. B., Carr C., Choi S. W., DeAndrea D., Kim J., Tong S. T., Heide, B. (2010). Interaction of Interpersonal, Peer, and Media Influence Sources Online: A Research Agenda for Technology Convergence. In Zizi Papacharissi(Ed.), *A Networked Self: Identity, Community, and Culture on Social Network Sites*(17-38). Routledge.

2장 네트워크 사회, 네트워크화된 공중, 집단지성

김용학 · 박세웅 · 전소영(2006). 온라인 사회 연결망의 구조분석: 싸이월드 일촌 연결망을 중심으로, 〈정보화정책〉. 13권. 167-185.

김용학 · 하재경(2008). 〈네트워크 사회의 빛과 그늘〉. 서울: 박영사.

김은미 · 이동후 · 임영호 · 정일권(2011). 〈SNS 혁명의 신화와 실제〉. 서울: 나남.

윤영민(2012). 소셜미디어와 행정환경의 변화. 〈한국지역정보화학회지〉. 15(2), 19-35.

최은경 · 연보영(2012). 소셜 네트워크 시대의 사회자본, 〈소셜미디어연구〉. 한국방송학회 방송과 수용자연구회 엮음. 서울: 커뮤니케이션북스.

IBM 기업가치연구소(2012). 〈집단지성(Collective Intelligence): 대중의 힘 활용〉. 한국IBM Global Business Services.

Boyd, d. (2011). Social network sites as networked publics: Affordance, dynamics, and implications. In Z. Papacharissi(Ed.), *A Networked Self: Identity, Community, and Culture on Social Network Sites*(pp.39-58). New York: Routledge.

Burt, R. S. (2001). Structural holes versus network closure as social capital. In N. Lin, K. Cook and R. S. Burt: Social Capital: *Theory and Research. Sociology and Economics: Controversy and Integration series*(pp.31-56). New York: Aldine de Gruyter.

Carr, N. (2010). *The Shallow*. 최지향 옮김(2011). 〈생각하지 않는 사람들〉. 서울: 청림출판.

Castells, M. (1996). *The Rise of the Network Society. The Information Age: Economy, Society and Culture*, Vol. 1. Oxford: Blackwell.

Castells, M. (2004). *The Network Society: A Cross-Cultural Perspective*. 박행웅 옮김(2009). 〈네트워크 사회: 비교문화 관점〉. 서울: 한울

Ellison, N. B., Lampe, C., Steinfield, C. & Vitak, J. (2011). With a little help from my friends: how social network sites affect social capital processes. In Z. Papacharissi(Ed.), *A Networked Self: Identity, Community, andi Culture on Social Network Sites*(pp.124-145). New York: Routledge.

Giddens, A. (2006). *Sociology*. 김미숙 외 옮김(2006). 〈현대 사회학〉. 서울: 을유문화사.

Granovetter, M.(1973). The strength of weak ties. *American Journal of Sociology*, *78*(6), 1360-1380.

Kozinets, R. V., Hemetsberger, A., & Schau, H. J. (2008). The wisdom of consumer crowds: Collective innovation in the age of networked marketing. *Journal of Marketing*, *28*(4).

Lee, K. (2014). How collective intelligence emerges; Knowledge creation process in Wikipedia from microsopic viewpoint. In *Proceedings of the 2014 International Working Conference on Advanced Visual Interfaces*(pp.373-374). ACM.

Levy, P. (1994). *L'intelligence collective*. 권수경 옮김(2002). 〈집단지성〉. 서울: 문학과지성사.

Rainie, L & Wellman, B. (2012). *Networked: The New Social Operating System*. Massachusetts: The MIT Press.

Turkle, S. (2012). Connected, but alone? Talk Video(http://www.ted.com/speakers/sherry_turkle).

van Dijk, J. (1991). *The Network Society*. 배현석 옮김(2002). 〈네트워크 사회〉. 서울: 커뮤니케이션북스.

Wellman, B., Quan-Haase, A., Boase, J., Chen, W., Hampton, K., Díaz, I., & Miyata, K. (2003). The Social Affordances of the Internet for Networked Individualism. *Journal of Computer-Mediated Communication*, *8*(3).

Wood, J. (2011). *Communication Mosaics*. MA: Wadsworth.

3장 뉴미디어와 인간 심리

나은영(2010). 〈미디어 심리학〉. 서울: 한나래.

이성식 · 전신현(2009). 〈사이버공간의 사회심리학〉. 서울: 집문당.

정용찬(2013). 스마트세대 20대의 미디어 이용 행태. 〈KISDI STAT Report 13-05〉. 정보통신정책연구원.

Asch, S. E. (1951). Effects of group pressure on the modification and distortion of judgments. In H. Guetzkow(Ed.), *Groups, leadership and men*(pp.177-190). Pittsburgh, PA:Carnegie Press.

Bandura, A. (2001). Social cognitive theory of mass communication, *Media Psychology*, *3*, 265-299.

Bandura, A. (2009). Social cognitive theory of mass communication. In J. Bryant &M. B. Oliver(Eds.), *Media effects: Advances in theory and research* (2nd ed., pp.94-124). Mahwah, NJ: Lawrence Erlbaum.

Goffman, E. (1956). *Presentation of self in everyday life*. University of Edinbergh(http://monoskop.org/images/1/19/Goffman_Erving_The_Presentation_of_Self_in_Everyday_Life.pdf).

Gardner, H. (1983). *Frames of Mind: The Theory of Multiple Intelligences*. New York: Basic Books.

Hofstede, G. (1984). The cultural relativity of the quality of life concept, *Academy of Management Review*, *9*(3), 389-398.

Mead, G. H. (2009)(Reprinted). *Mind, self, and society: From the standpoint of a social behaviorist*. C. W. Morris(Ed.). University of Chicago Press: Chicago, IL.

Nadkami, A., & Hofmann, S. G. (2012). Why do people use Facebook? *Personality and individual differences*, *52*(3), 243-249.

Mehdizadeh, S. (2010). Self-presentation 2.0: Narcissism and self-esteem of Facebook. *Cyberpsychology, Behavior, and Social Networking*. *13*(4), 357-364.

Nicholas, C. (2010). *The shallows*. 최지향 옮김(2011). 〈생각하지 않는 사람들〉. 서울: 청림출판.

Rogers, C. (1980). *A way of being*. Houghton Mifflin: Boston.

Stanovich, K. (2001). *How to think smart about psychology*(6th Ed.). 신현정 옮김(2003). 〈심리학의 오해〉. 서울: 혜안.

Zhao, S., Grasmuck, S., & Martin, J. (2008). Identity construction on Facebook: Digital empowerment in anchored relationships. *Computer in Human Behavior*, *24*, 1816-1836.

4장 컴퓨터와 인간의 만남

김선정 · 김태용(2012). SNS 콘텐츠의 감성이 사용자의 감정 상태에 미치는 영향: 페이스북 뉴스피드를 중심으로, 〈사이버커뮤니케이션 학보〉, 29(1), 5-47.

김진우(2012). 〈Hunan Computer Interaction 개론〉. 서울: 안그라픽스.

신동희(2013). 〈휴머니타스 테크놀로지〉. 서울: 커뮤니케이션북스.

이옥기(2011). 3D영상에 대한 매체별 수용자 경험에 관한 연구. 〈언론과학연구〉, 11(1), 330-371.

이현지 · 정동훈(2012). 스마트폰 게임센서에 따른 상호작용성과 플로우, 태도 그리고 이용의도에 관한 연구. 〈한국방송학보〉. 26(1), 126-166.

정회경 · 오창희(2014). 〈실감미디어〉. 서울: 커뮤니케이션북스.

Berger, C. R., Roloff, M. E., & Roskos-Ewoldsen, D. R. (2010). *The Handbook of Communication Science*(2nd ed.). London: SAGE.

Bhatt, G. (2004). Bringing virtual reality for commercial Web sites. *Human Computer Studies*, *60*(1), 1-15.

Boyd, D. (2010). Social Network sites as Networked Publics: Affordances, Dynamics, and Implications, In Z. Papacharissi(Ed.). *A. Networked Self: Identity, Community, and Culture on Social Network sites*(pp.39-58). New York: Routledge.

Chesbrough, H. (2011). *Open Services Innovation: Rethinking Your Business to Grow and Compete in a New Era*, San Francisco: Jossey-Bass.

Gibson, J. J. (1979). *The ecological approach to visual perception*, Boston: Houghton Mifflin.

Gilmore, J. H. & Pine II, B. J. (2002). Differentiating hospitality operations via experience. *Cornell Hotel and Restaurant Administration Quarterly*, 43(3).

Kelley, T. & Kelley, D. (2013). *Creative Confidence: Unleashing the Creative Potential Within Us All*, New York: Crown Business.

Lombard, M., & Ditton, T. B. (1997). At the Heart of It All: The Concept of Presence. *Journal of Computer-Mediated Communication*, 3(2).

McMillan, S. J., (2002). Exploring Models of Interactivity from Multiple Research Traditions: Users, Documents, and Systems. In L. A. Lievrouw & S. Livingstone(Eds.). *Handbook of New Media*(pp.162-182). London: SAGE.

Nass, C. & Yen, C. (2010). *The Man Who Lied to His Laptop: What We Can Learn About Ourselves from Our Machines*. New York: Penguin Group.

Norman, D. A. (1988). *The Psychology of Everyday Things*. New York: Basic Books.

______ (2003). *Emotional Design*. New York: Basic Books.

______ (2013). *The Design of Everyday Things: Revised and Expanded Edition*. New York: Basic Books.

Oviatt, S. (2012). Multimodal Interfaces. In J. A. Jacko(Ed.). *Human-Computer Interaction*

Handbook: Fundamentals, Evolving Technologies and Emerging Applications(3rd ed.) (pp.405~430). New York: CRC Press.

Pine II, B. J. & Gilmore, J. H. (1998). Welcome to the experience economy. *Harvard Business Review*, 76(4).

Reeves, B. & Nass, C. (1996). *The Media Equation: How People Treat Computers, Television, and New Media Like Real People and Places*. The Center for the Study of Language and Information Publications.

Steuer, J. (1992). Defining Virtual Reality: Dimensions Determining Telepresence. *Journal of Communication*, 42(4), 73-93.

5장 미디어 산업의 구조, 행위, 성과

박병선(2014a). 글로벌 SNS 이용현황과 시사점. 〈방송통신정책〉, 26권 2호(통권 570호), 22-34.

______(2014b). 글로벌 미디어그룹의 뉴미디어 전략 동향－동영상－방송 서비스를 중심으로. 〈방송통신정책〉, 26권 12호(통권 580호), 27-38.

박유리.김민식.이기훈(2011). 〈스마트기기 이용행태 실증분석〉. 정보통신정책연구원.

송민정 · 이화진 · 최명호(2010). 스마트TV 서비스 혁신에 따른 시장 전망: 파괴적 혁신(Disruptive Innovation) 이론을 근간으로. 〈정보와 통신〉. 27권 12호, 35-43.

이기훈(2011). 주요 글로벌 IT 대기업의 최근 M&A 동향과 의의. 〈방송통신정책〉, 23권 15호, 61-89.

정용찬(2014. 6). 스마트세대 20대의 직업별 매체 이용 행태. KISDI. 정보통신정책연구원.

정인숙(2007). 〈방송정책이론과 방법론〉. 서울: 커뮤니케이션북스.

______(2010). 글로벌 콘텐츠기업에 대한 전략적 접근 및 지원방안. 〈Content + Future〉, 2010년 가을호.

______(2013). 새 정부의 진흥정책이 유료방송시장에 미치는 영향- 중점관리효과와 경로의존성 개념을 중심으로. 〈KBS방송문화연구〉, 25(1), 75-108.

정책연구본부 융합정책연구부(2013). 2013년 글로벌 플랫폼 사업자 전략… Apple, Google,

Amazon을 중심으로. 〈동향과 전망: 방송 · 통신 · 전파〉, 통권 제58호, 28-42.

조영신(2011). Neflix, 훌루, 그리고 가입자이탈(Cord Cutting) : 창구화이론을 중심으로. 〈전파방송통신저널〉, 1월호.

최계영 외(2012). ICT 패러다임 변화와 중장기 정책과제. 〈KISDI Premium Report〉. 정보통신정책연구원.

클레이튼 M. 크리스텐슨 지음. 이진원 옮김(2009). 〈혁신기업의 딜레마〉. 서울: 세종서적.

한은영(2013). 소셜 미디어와 TV의 만남: 소셜 TV 현황 및 방송사들의 전략. 〈정보통신방송정책〉, 25권 8호(통권553호), 1-22.

Boyd, D. (2011). Social Networked Sites as Networked Publics-Affordances, Dynamics, and Implications. Papacharissi, Z. (ed.). *A Networked Self : Identity, Community, and Culture on Social Network Sites*. Routledge, pp.39-58.

Fransman, M. (2010). *The New ICT Ecosystem: Implications for Policy and Regulation*. Cambridge University Press.

Puopolo, S. et al (2011). The future of television : Sweeping change at breakneck speed 10 reasons you won't recognize your television in the not-too-distant future. Cisco Internet Business Solutions Group(http://www.iptvmagazine.com/IPTVMagazine_Article_The_Future_of_Television.html).

"구글, 애플, MS, 페이스북의 수익구조 비교": 모비즌(2014. 7. 14. http://www.mobizen.pe.kr/1319).

"글로벌 SNS 이용 현황과 성장추이": 디지털타임스(2014. 4. 14.).

"美 대법, "인터넷TV 에어리오는 불법" ……지상파 방송사 손들어 줘": 전자신문(2014. 6. 26).

"방송계의 이단아 '에어리오', 60년 TV판도를 바꾸다" : etnews(2014. 4. 28. http://www.etnews.com/20140428000028).

6장 뉴미디어와 콘텐츠 소비

닐슨코리아(2013). 새로운 미디어 시대 시청률 조사 과정(내부 자료).

______(2014. 1). 2014년 미디어 이용행태 변화와 전망

봉연근(2013). N-스크린 시대 통합 시청률 전망과 제언. 〈방송문화〉 8월호, 24-27.

이재현 (2005). 인터넷, 전통적 미디어, 그리고 생활시간패턴: 시간 재할당 가설의 제안. 〈한국언론학보〉, 49(2), 224-255.

_____(2006). 모바일 미디어와 모바일 콘텐츠: 멀티플랫포밍 이론의 구성과 적용. 〈방송문화연구〉, 18(2), 285-317.

정책연구본부 방송통신연구부(2013). TV 시청 행태의 변화에 따른 시청률 측정 방식의 진화 양상. 〈동향과 전망: 방송 · 통신 · 전파〉, 통권 제63호(2013. 06).

최윤정(2014). 소셜 뷰잉(social viewing) 방송시청 현황 분석과 향후 변화에 대한 전망. 사이버커뮤니케이션학회 & 방송문화진흥회 공동기획세미나 발표문「소셜 뷰잉(social viewing)의 잠재적 경제 가치와 사회적 의미의 탐색」.

Davis, F. D. (1989). Perceived usefulness, perceived ease of use, and user acceptance of information technology. *MIS Quarterly*, *13*(3), 319-340.

Hartmann, T. (2009). *Media Choice: A Theoretical and Empirical Overview*. New York: Routledge

Jessica T. R. (2012). *The Social TV Phenomenon: New Technologies Look to Enhance Television' Role as an Enabler of Social Interaction*(torrezriley.com/projects/researchpaper/SocialTVpaper.pdf).

Katz, E., Blumler, J. G., & Gurevitch, M. (1974). Utilization of mass communication by the individual. In J. G. Blumler & E. Katz(Eds.), *The uses of mass communication: Current perspectives on gratification research*(pp.19-32). Berverly Hills, CA: Sage.

McComb, M. E. (1972). Mass media in the marketplace. *Journalism Monographs*, *24*, 1-104.

Owen. B. M. & S. S. Wildman (1992). *Video Economics*, Cambrige, MA: Harvard University Press.

Ram, S. (1987). A model of innovation resistance. *Advances in Consumer Research*, *14*(1), 208-212.

Rogers, E. M. (1995). *Diffusion of innovations* (4th Edition). New York 7 The Free Press.

Ulin, Jeffrey. (2010). *The Business of Media Distribution*. UK: Focal Press.

Altas Review(2010. 5). 올드미디어들의 SNS 끌어안기. 104-113.

"인터넷으로 방송 보는 젊은 층 美 OTT업체 넷플릭스 급성장": 전자신문(2014. 7. 15. 027면).

"빗장 풀린 '크롬캐스트' 특별한 기능 뭔가 보니……": 디지털타임즈(2014. 7. 14. 정윤희).

"Binge-watching: How the hungry habit is transforming TV": Amy Kuperinsky(May 25, 2014. http://www.nj.com/entertainment/index.ssf/2014/05/beau_willimon_house_of_cards_binge_watching.html).

"Marathon viewing is forcing showrunners to evolve": Variety(June 19, 2014. Bob Verin, http://variety.com/2014/tv/awards/binge-viewing-is-forcing-showrunners-to-evolve-120122).

"Post-Water-Cooler TV: How to Make a TV Drama in the Twitter Age": New york Times(August 9. 2013. Lorne Manly).

www.Wikipedia.com

http://www.nielsensocial.com/nielsentwittertvratings/weekly/#dialog-popup

7장 소셜 미디어와 새로운 서비스

김동윤(2009). 사회자본의 개념화에 대한 탐색적 접근: 정치 숙의 및 시민적 자질과의 관련성을 중심으로. 〈언론과학연구〉. 9(4), 38-64.

김상현 (2010). 소셜미디어를 활용한 성공한 마케팅 전략에 대한 연구. 〈마케팅〉. 44(3), 31-37.

나종연(2007). 사용확산모형을 적용한 소비자의 온라인 소셜 네트워크 활용에 대한 연구. 〈소비자학연구〉. 21(2), 443-472.

이수범 · 김동우(2012). 소셜미디어의 정치적 이용이 유권자들의 정치참여의도에 미치는 영향 연구. 홍보학연구. 16(1), 78-111.

정일권(2012). SNS를 통한 정치참여. 한국언론학회 엮음. 〈정치적 소통과 SNS〉. 107-132.

최민재 · 양승찬(2009). 〈인터넷 소셜 미디어와 저널리즘〉. 서울: 한국언론재단.

최영균(2010). 마케팅 툴로서 소셜미디어의 실제와 전략. 〈마케팅〉. 44(8), 31-37.

Barnes, S. B. (2002). *Computer-mediated communication: Human-to-human communication across the internet*. Boston: Allyn & Bacon.

Boyd, D. (2004). Friendster and publicly articulated social networks. *Proceedings of ACM Conference on Human Factors in Computing Systems*(pp.1279-1282). New York: ACM Press.

Boyd, D., & Ellison, N. B. (2007). Social network sites: Definition, history, and scholarship. *Journal of Computer Mediated Communication*, 13(1), 210-230.

Carr, N. (1992). *The shallows: What the internet is doing to our brains*. New York: W.W. Nortion.

Davis, J. (2010). Architecture of the personal interactive homepage: constructing the self through MySpace. *New media and society*, 12(7), 1103-1119.

Diakopoulos, N., & Shamma, D. (2010). Characterizing debate performance via aggregated twitter sentiment. I Proceeding of 28th International Conference of Human Factors in Computering System.

Goffman, E. (1959). *The presentation of self in every life*. New York: Douvleday Anchor.

Jansen, B., Zhang, M., Sobel, K., & Chowdury, A. (2009). Twitter power: Tweets as electronic word of mouth. *Journal of the American Society for Information Science and Technology*, 60911, 2169-2188.

Kaplan, A. M., & Haenlein, M. (2010). Users of the world, unite! The challenges and opportunities of social media. *Business Horizon*, 53(1), 59-68.

Levy, P. (1997). *Collective intelligence: Mankind's emerging world in cyberspace*. Cambridge, MA: Perseus Books.

Park, H., & Lee, Y. (2009). A mixed text analysis of user comments in a portal site: BBK gate in the 2007 presidential election of South Korea. *Journal of the Korean Data Analysis Society*, 11(2), 731-744.

Pew Internet (2011). *Social networking sites and our lives*. Pew Internet & American Life Project.

______ (2012). *Social networking*. Pew Internet & American Life Project.

Putnam, R. (2000). *Bowling alone: The collapse and revival of American community*. New York: Simon and Schuster.

Ravindran, T., Kuan, A., & Lian, D(2014). Antecedent and effects of social network fatigue. *Journal of the Association for Information Science and Technology*.

Redbridge Marketing (2008). *Social network marketing: The Basics*.

Safko, L., & Brake, D. K. (2009). *The social media bible: Tactics, tools, and strategies for business success*. John Wiley & Sons.

8장 컨버전스 콘텐츠, 컨버전스 이용자 문화

민병현 · 김미경 · 이민규(2013).이용자 주도 매쉬업 콘텐츠에 대한 연구 -이용자 개혁성과 콘텐츠 특성을 중심으로. 〈미디어와 공연예술연구〉, (8)3.

박근서(2010). 비디오게임 플레이어들의 문화적 실천에 관한 연구. 한국언론정보학회 가을철 정기 학술대회. 한국언론정보학회.

정명애 · 이용준 외 미래 IT 융합기술 연구위원회(2010). 〈시장 · 고객 중심의 IT 융합기술 미래 플래닝〉. ETRI 융합기술미래기술연구부 기술경제연구부.

김기범(2013). 핵심 부품 공동 개발 · 제작까지 '적과의 동침' 세계 자동차 산업 '코피티션(Coopetition · 협력형 경쟁)' 시대, 〈중앙선데이〉, 제337호(http://sunday.joins.com/article/view.asp?aid=31244).

류한석(2013년 7월 9일). 아두이노, 상상력을 실현하는 플랫폼. 〈주간경향〉 제1033호(2014년 7월 7일).

유인오 · 신동윤(2011). 동기화된 삶을 만드는 모바일 환경. 〈동아비즈니스리뷰〉. 75호(http://www.dongabiz.com/ASP/HanaPB/article_view.php?category_id=6102&atno=1103011401&chap_no=1).

______(2012). 플랫포마이징: 해체와 모듈화의 미학. 〈동아비즈니스리뷰〉. 107호(http://www.dongabiz.com/TrendnIssue/IndustryTechnology/article_content.php?atno=1102026801&chap_no=1).

Botsman Rachel (2010). The case for collaborative consumption, Dec 2010. Retrieved july 15, 2014(http://www.ted.com/talks/rachel_botsman_the_case_for_collaborative_consumption/transcript#t-661000).

Chan-Olmsted, S. (1998). Mergers, acquisitions, and convergence: the strategic alliance of broadcasting, cable television, and telephone services, *Journal of Media Economics*, *11*(3), 33-46.

Chambers, T., & H. Howard (2005), The economics of media consolidation, pp.363-386, in A.B. Albarran, S.M. Chan-Olmsted and M. Wirth(eds.) *Handbook of media management and economics*. Mahwah, NJ: Lawrence Erbaum.

Hirst, M. and J. Harrison (2007) *Communication and New Media: from broadcast to narrowcast*. London: Oxford University Press.

Wolf & McQuitty (2011). Understanding the Do-It-Yourself Consumer: DIY Motivation and Outcomes. *Academy of Marketing Science Review*.

Jenkins, Henry (2006). *Convergence Culture: Where Old and New Media Collide*(p.308). New York: New York University Press.

Harries, Dan. Watching the Internet. *The New Media Book*. Ed. Dan Harries. London: BFI, 2002. 171-182.

Lee, J. (2000), Interactivity: A new approach, Presented at annual conference of the AEJMC, AZ: Pheonix.

Liu. Y. (2003). Developing a scale to measure the interactivity of websites. *Journal of Advertising Research*, *43*(2), 207-216.

McMillan, S.J. and Hwang, J.-S. (2002). Measures of Perceived Interactivity: An Exploration of the Role of Direction of Communication, User Control, and Time in Shaping Perceptions of Interactivity. *Journal of Advertising*, *31*(3), 41-54.

Massey, B. L., & Levy, M. R. (1999). Interactivity, online journalism, and English-language web newspapers in Asia. *Journalism & Mass Communication Quarterly*, *76*(1), 138-151.

Salen,K and Zimmerman, E (2003). *Rules of Play: Game Design Fundamentals*. Massachusetts: The MIT Press.

Sotamaa, Olli et al. (2005). The Role of Players in Game Design: A Methodological Perspective in Proceedings of the 6th DAC Conference (1. -3. 12. 2005). IT University of Copenhagen, Copenhagen, 2005, 34-42.

Szuprowicz, B. O (1995). *Multimedia Networking*. New York: McGraw-Hill Companies.

9장 인터넷과 시민 참여

김유경(2001). 「가상공간에서의 정치적 숙의: 가상공간내 정치토론이 의견의 질과 여론과정에 대한 지각, 그리고 정치적 참여의사에 미치는 영향」. 서울대학교 박사학위논문.

김은미 · 이준웅(2006). 읽기의 재발견: 인터넷 토론 공간에서 커뮤니케이션의 효과. 〈한국언론학보〉, 50(4), 65-94.

이준웅 · 김은미 · 문태준(2005). 숙의 민주주의를 위한 커뮤니케이션의 구조적, 규제적 조건과 인터넷 토론의 양과 질: 제17대 총선 관련 인터넷 게시판 토론을 대상으로. 〈한국언론학보〉, 49(1), 29-56.

장윤재(2010). 「온라인 게시판 토론은 좋은 시민을 만드는가? 읽기, 쓰기, 의견 다양성이 이슈 및 반대론자에 대한 태도에 미치는 영향」. 서울대학교 박사학위논문.

홍성구(2001). 인터넷시대의 민주주의: 이론적 전망과 주요쟁점. 〈커뮤니케이션과학〉, 18호, 21-38.

Barber, B. R. (2000/2001). Which technology for which democracy? Which democracy for which technology? *International Journal of Communications Law and Policy*, *6*, Retrieved June 5, 2008(http://www.ciaonet.org/olj/ijclp/ijclp_6/ijclp_6e.pdf).

Dahl, R. A. (1989). *Democracy and its critics*. New Haven: Yale University Press.

Dahlberg, L. (2007). The internet, deliberative democracy, and power: Radicalizing the public sphere. *International Journal of Media and Cultural Politics*, *3*(1), 47-64.

Keane, J. (1999). Public life in the era of communicative abundance. *Canadian Journal of Communication*, *24*(2), 165-178.

Min, S.-J. (2007). Online vs Face-to-face deliberation. Effects on civic engagement. *Journal of Computer-Mediated Communication*, *12*, 1369-1387.

Pew Research Center(2014. 6. 12). *Political engagement and activism*. Retrieved July 15, 2014(http://www.people-press.org/2014/06/12/section-5-political-engagement-and-activism/).

Sunstein, C. R. (2004). Democracy and filtering. *Communications of the ACM*, *47*(12), 57-59.

Weber, L. M. & Bergman, J. (2003). Who participates and why? An analysis of citizens on the internet and the mass public. *Social Science Computer Review*, *21*(1), 26-42.

Weinberger, D. (2011). *Too big to know: Rethinking knowledge now that the facts aren' t the facts, experts are everywhere, and the smartest person in the room is the room*. 이진원 옮김(2013), 〈지식의 미래〉. 서울: 리더스북.

10장 디지털 윤리

강승구(1999). 〈미디어비평과 미디어 윤리〉. 서울: 한나래.

김우룡(2000). 〈미디어 윤리〉. 서울: 나남.

김옥조(2009). 〈미디어법〉. 서울: 커뮤니케이션북스.

김명전(2010). 〈미디어법〉. 서울: 박영사.

빅토어 마이어 쇤베르거 지음. 구본권 옮김(2011). 〈잊혀질 권리(Delete)〉. 서울: 지식의 날개.

빅토어 마이어 쇤베르거 · 케네스 쿠키어(2013). 이지연 옮김. 〈빅 데이터가 만드는 세상〉. 파주: 21세기북스.

이재진(2013). 〈미디어 윤리〉. 서울: 커뮤니케이션북스.

이재진 · 이정기(2011). 〈표현, 언론 그리고 집회결사의 자유〉. 서울: 한양대학교출판부.

필립 패터슨 · 리 윌킨스(2013). 장하용 옮김. 〈미디어윤리의 이론과 실제〉. 서울: 한울.

한병구(2000). 〈언론과 윤리법제〉. 서울: 서울대학교출판부.

권명관(2013). 2014년 국내 IT 시장 전망, 성숙기로 접어든 모바일 시대, IT dongA, 2013.12.30 (http://it.donga.com/16968).

김현숙(2012). 국내 소프트웨어 불법복제의 실태와 개선방안. 저작권보호센터(http://www.

cleancopyright.or.kr/information/issue/view.php?issue_seq=13).

문화체육관광부. 저작권의 모든 것(http://www.mcst.go.kr/web/s_policy/copyright/knowledge/know01.jsp).

저작권위원회(2014. 2). 기획특집: '스마트하게 늘어나는 청소년 저작권 침해. 〈저작권위원회〉 14-16.

"검찰, 이석기 의원 항소심에서도 징역 20년 구형. 사회로부터 격리가 필요하다": 뉴스몰(2014. 7. 28. 김영수, htttp://www.newsmall.kr/news/articleView.html?idxno=3376).

"김시곤 KBS 보도국장, 세월호 참사에 잇따른 망언": 미디어뉴스(2014. 5. 6., 김수정, http://www.mediaus.co.kr/news/articleView.html?idxno=41700).

"당신도 예외는 아니다……무시무시한 신상 털기 공포": 뉴시스(2011. 6. 18., 류난영, http://news.naver.com/main/read.nhn?mode=LSD&mid=sec&sid1=102&oid=003&aid=0003916517).

"신상 털기로 본 한국의 인터넷 문화": KISO 저널(2013. 6. 28., 최항섭, http://journal.kiso.or.kr/?p=2831).

"야동 천국 Google": 동아일보(2014. 7. 30, 서동일).

"인터넷 실명제 폐지 1년… 악성 댓글 '범람'": SkyICT(2013. 9. 13., 조만규).

11장 디지털 격차와 디지털 소외자

한국정보화진흥원(2014. 3.). 〈정보격차 지수 및 실태조사〉 NIA VI-RER-13084, 국가승인통계 제12017호(http://www.itstat.go.kr/pub/pubList.it?pub_code=7).

Barzilai-Nahon, K. (2006). Gaps and bits: Conceptualizing measurements for digital divide/s. *The Information Society*, *22*, 269-278.

Eveland, W. P., Jr., & Scheufele, D. A. (2000). Connecting news media use with gaps in knowledge and participation. *Political Communication*, *17*(3), 215-237.

Hargittai, E. (2002). Second-level digital divide: Differences in people's online skills. *First Monday*, *7*(4)(http://firstmonday.org/issues/issue7_4/hargittai/index.html).

Hyman, H. H., & Sheatsley, P. B. (1947). Some reasons why information campaigns fail.

Public Opinion Quarterly, *11*, 412-423.

Rogers, E. (1995). *Diffusion of innovations*. New York: Free Press.

Selwyn, N. (2004). Reconsidering political and popular understandings of the digital divide. *New Media & Society*, *6*(3), 341-362.

Shingi, P., & Mody, B. (1976). The communication gap effect. *Communication Research*, *3*, 171-191.

Spitzer, S. P., & Denzin, N. K. (1965). Levels of knowledge in an emergent crisis. *Social Forces*, *44*, 234-237.

Tichenor, P. J., Donohue, G. A., & Olien, C. N. (1970). Mass media flow and differential growth in knowledge. *Public Opinion Quarterly*, *34*, 159-170.

van Dijk, J. (1999). *The network society: Social aspects of new media*. Thousand Oaks, CA: Sage.

______ (2005). *The deepening divide: Inequality in the information society*. Thousand Oaks, CA: Sage.

van Dijk, J., & Hacker, K. (2003). The digital divide as a complex and dynamic phenomenon. *The Information Society*, *19*(4), 315-326.

Warschauer, M. (2004). *Technology and social inclusion: Rethinking the digital divide*. Cambridge, Mass.: MIT Press.

12장 디지털 리터러시

김양은(2009). 〈디지털 시대의 미디어 리터러시〉. 서울: 커뮤니케이션북스.

Buckingham, D. (2009). Beyond Technology: Rethinking learning in the age of digital culture. In Jan Pettersen(Ed.), *Youth Media Democracy*, Perspectives on new media literacy(37-43). Dublin Institute of Technology.

Gilster, P. (1997). *Digital Literacy*. 김정래 옮김(1999). 『디지털 리터러시』. 서울: 해냄.

Godwin, P. (2009). Information literacy and Web 2.0: is it just hype? *Electronic Library and*

Information Systems, *43*(3), 264-274.

Gurak, L. (2003). *Cyberliteracy: navigating the internet with awareness*. New Haven: CT Yale University Press.

Lankshear, C., & Knobel, M. (2003). *New literacies: changing knowledge and classroom learning*. Buckingham: Open UP.

Lei, J. (2009). Quantity versus Quality: A New Approach to Examine the Relationship between Technology Use and Student Outcomes. *British Journal of Educational Technology*, *41*(3), 455-472.

Levy, P. (2000). *Collective Intelligence: Man' Emerging World in Cyberspace*. New York: Perseus.

Livingstone, S. (2009). *Children and the Internet*. Cambridge, UK: Polity Press.

Peltier-Davis, C. (2009). Web 2.0, Library 2.0, Library User 2.0, Librarian 2.0: Innovative services. *Computers in Libraries*, *29*(10), 16-21.

Potter, W. J. (2010). The State of Media Literacy. *Journal of Broadcasting & Electronic Media*, *54*(4), 675-696.

van Dijk, J. & Hacker, K. (2003). The Digital Divide as a Complex and Dynamic Phenomenon, *The Information Society*, *19*(4), 315-326.

Byron Review (2008). "Safer Children in a Digital World", The Report of the Byron Review (www.dcsf.gov.uk/byronreview).

EAVI(European Association for Viewers Interests) (2009). "Study on Assessment Criteria for Media Literacy Levels" (http://www.eavi.eu/joomla/what-we-do/researchpublications/70-study-on-assessment-levels-of-ml-in-europe).

Hobbs, R. (2010). "Digital and Media Literacy: A Plan of Action", A White Paper on the Digital and Media Literacy Recommendations of the Knight Commission on the Information Needs of Communities in a Democracy(http://www.knightcomm.org/wp-content/uploads/2010/12/Digital_and_Media_Literacy_A_Plan_of_Action.pdf).

Jenkins, H. (2006). "Confronting the Challenges of Participatory Culture: Media Education for the 21st Century", MacArthur Foundation(http://www.digitallearning.macfound.org/atf/cf/%7B7E45C7E0-A3E0-4B89-AC9CE807E1B0AE4E%7D/JENKINS_WHITE_PAPER.PDF).

Office of Communication (2004). *Media literacy: Information about Ofcom's media literacy activities*(http://stakeholders.ofcom.org.uk/market-data-research/media-literacy/about/whatis).

Rheingold, H. (2010). Attention and Other 21st century Social Media Literacies. *The Information Society*, *19*(4), 315-326.

저자 소개

조수선

대진대학교 신문방송학과 부교수로 재직 중이다. 중앙대학교 신문방송학과를 졸업하고 미국 미시건주립대학교에서 석사학위(telecommunication)를, 앨러배마대학교에서 박사학위(mass communication)를 받았다.

「국내 뮤직비디오에 나타난 성역할 고정관념」(2014), 「방송언어정보의 시각적 전달양상에 관한 연구」(2012), 「미디어 영역에서의 소셜 네트워크 서비스 연구동향 분석」(2012, 공저), 「SNS 미디어 이용자의 프라이버시 인식 및 행태에 관한 연구」(2010) 등의 논문을 발표했다. 주요 관심 및 연구 분야는 뉴미디어 콘텐츠와 수용자, 커뮤니케이션 효과, 미디어 교육 등이 있다.

이숙정

중앙대학교 미디어커뮤니케이션학부 부교수로 재직 중이다. 연세대학교 영어영문학과를 졸업하고 동 대학원에서 석사학위를, 미국 텍사스주립대학교에서 석사 · 박사학위(커뮤니케이션학, Radio-TV-Film)를 받았다.

「교육 수준에 따른 정치참여 격차: 뉴스미디어, 사회적 연결망, 정치적 대화를 중심으로」(2013), 「Parental Restrictive Mediation of Children's Internet Use: For What and For Whom?」(2013), 「Balancing Participation and Risks in Children's Internet Use: The Role of Internet Literacy and Parental Mediation」

(2012) 등의 논문을 발표했다. 주요 관심 및 연구 분야는 뉴미디어의 이용과 효과, 미디어와 사회적 참여 및 격차 문제, 어린이의 미디어 이용과 중재 방식 등이다.

이미나

숙명여자대학교 미디어학부 조교수로 재직 중이다. 고려대학교 신문방송학과를 졸업하고 동 대학원에서 석사학위를 받았다. 미국 앨라배마대학교에서 석사학위(Telecommunication)와 박사학위(Communication and Information Sciences)를 받았으며 동 대학교에서 심리학과 석사·박사 통합 과정을 수료했다.

「언론인의 외상성 사건 경험과 심리적 외상에 관한 연구: 세월호 참사 취재 기자를 대상으로」(2014), 「이견추구성향, 사전 지식, 미디어 이용이 기사 읽기의 정보처리 과정에 미치는 효과: 인지적 복합성을 중심으로」(2013), 「The impact of subtitles on comprehension of narrative film」(2013) 등의 논문을 발표했다. 주요 관심 및 연구 분야는 미디어 심리, 인터넷/SNS 등이다.

정회경

뉴미디어융합교육대학원인 한독미디어대학원(KGIT) 뉴미디어학부 교수로 재직 중이다. 이화여자대학교 경제학과를 졸업하고 동 대학원에서 석사학위를, 성균관대학교에서 박사학위(언론학)를 받았다. 영국 런던대학교 골드스미스에서 박사후과정을 거쳤다.

「An Analysis of Policy Issues on 3D Immersive Broadcasting in Korea」(2013), 「국내 미디어 선도기업 경영전략 분석」(2013), 「An Exploratory Study on the Impact of 4D Concert of K-POP and the Korean Wave」(2013) 등의 논문을 발표했으며, 『실감미디어』(2014, 공저), 『미디어경영경제』(2013), 『소셜미디어연구』(2012, 공저), 『미디어정책론』(2010, 공저) 등의 저서가 있다. 주요 관심 및 연구 분야는 미디어 융합 산업의 진화와 수용자 복지, 뉴미디어 경영 이슈 등이다.

정인숙

가천대학교 언론영상광고학과 교수로 재직 중이다. 한국외국어대학교 신문방송학과를 졸업하고 고려대학교에서 석사학위(언론학)를, 한국외국어대학교에서 박사학위(언론학)를 받았다.

「PP 산업의 고용창출효과와 정책적 함의」(2014), 「스마트TV의 규제 근거와 법적 지위에 대한 연구」(2013), 「국내 디지털전환 시범사업성과에 대한 거버넌스적 접근의 함의」(2011), 「IPTV 도입과정에 대한 지대추구론적 분석」(2009) 등의 논문을 발표했으며, 『방송산업과 정책의 이해』(2009), 『방송정책이론과 방법론』(2007), 『커뮤니케이션 핵심 이론』(2005, 공저) 등의 저서가 있다. 주요 관심 및 연구 분야는 뉴미디어 정책과 미디어 산업구조 및 동향 등이다.

김숙

한국콘텐츠진흥원에서 산업정보팀 책임연구원으로 재직 중이다. 전남대학교 경제학과를 졸업하고 이화여자대학교에서 석사 · 박사학위(언론학)를 받았다.

「비선형 매체 등장에 따른 방송드라마의 창구화 통합 모형: 수요와 공급이 창구화 행위에 미치는 영향을 중심으로」(2012), 「드라마 특성에 따른 선형매체와 비선형매체에서의 이용성과에 관한 연구」(2012), 「드라마 시청률에 영향을 미치는 요인에 관한 연구: 외주 제작 드라마의 생산 요소들을 중심으로」(2010) 등의 논문을 발표했으며, 『영상콘텐츠경제경영론』(2014, 공저) 등의 저서가 있다. 주요 관심 및 연구 분야는 미디어 시장의 '콘텐츠－사업자－이용자' 3요소와 관련한 이슈 등이다.

김유정

수원대학교 언론정보학과 교수로 재직 중이다. 이화여자대학교 사회학과를 졸업하고 연세대학교에서 석사학위(Communication)를, 미국 플로리다주립대학교에서 박사학위(Communication, New Media)를 받았다.

「소셜 네트워크 서비스 이용에 대한 비교연구」(2013), 「미디어 영역에서의 소셜 네트워크 서비스 연구동향 분석」(2012), 「소셜네트워크에 대한 이용과 충족연구」(2011) 등의 논문을 발표했으며, 『뉴미디어 방송편성』(2014) 등의 저서가 있다. 주요 관심 및 연구 분야는 뉴미디어와 미디어 효과 등이다.

김미경

청운대학교 미디어커뮤니케이션학과 부교수로 재직 중이다. 경기대학교 국어국문학과를 졸업하고 중앙대학교에서 석사 · 박사학위(신문방송학)를 받았다. 미국 노스텍사스대학교에서 RTVF학과, 저널 오브 미디어 이코노믹스 편집실(Journal of Media Economics)에서 박사후과정을 이수했다.
「이용자 주도 매쉬업 콘텐츠에 대한 연구」(2013, 공저), 「스마트 미디어 이용자 특성과 디바이드에 대한 연구」(2013), 「디지털 컨버전스 환경에서 미디어 이용자의 위상 변화와 정책 방향에 대한 연구」(2012), 「Old Wine in New Bottles: Social Media, Shared Awareness and Political Power」(2012) 등의 논문을 발표했으며, 『소셜미디어연구』(2012, 공저), 『방송의 미래와 전략 2017』 (2008, 공저), 『디지털 마니아와 포비아』(2007, 공저) 등의 저서가 있다. 주요 관심 및 연구 분야는 미디어 수용자, 미디어 콘텐츠, 미디어 산업과 정책 연구 등이다.

장윤재

서울여자대학교 언론영상학부 조교수로 재직 중이다. 서울대학교 언론정보학과를 졸업하고 동 대학원에서 석사 · 박사학위(언론정보학)를 받았다.
「소셜 데이터 분석을 위한 자료 수집 및 표집 방안 비교」(2014, 공저), 「무엇이 차이를 거부하게 만드는가」(2013), 「사회적 압력에 따른 유선전화와 이동전화 조사의 응답 차이」(2012, 공저), 「온라인에서 논거 제시 및 예절 준수 메시지가 대학생의 이견 수용에 미치는 영향」(2012, 공저) 등의 논문을 발표했다. 주요 관심 및 연구 분야는 미디어 이용과 사회인지, 온라인 미디어 이용과 시민성, 웹 · 모바일 기반 연구 방법 등이다.

최은경

한양대학교 평화연구소 연구교수로 재직 중이다. 성공회대학교 신문방송학과를 졸업하고, 영국 런던대학교 골드스미스에서 석사학위(Television Journalism)를, 영국 러프버러대학교에서 박사학위(Communication of Political Economy)를 받았다.
『사실적 텔레비전과 방송 편성문화』(2014), 『글로벌 미디어와 문화 경계』(2014), 『소셜미디어연구』(2012, 공저) 등의 저서가 있다. 주요 관심 및 연구 분야는 텔레비전 저널리즘, 미디어 정치 · 경제학, 미디어 법제와 윤리, 방송콘텐츠와 글로벌 미디어 정책 등이다.

양정애

한국언론진흥재단 선임연구위원으로 재직 중이다. 한국외국어대학교 영어과를 졸업하고, 서울대학교에서 석사학위(언론정보학)를, 미국 인디애나대학교에서 박사학위(Mass Communication)를 받았다.

「At the Intersection of the Digital Divide and the Knowledge Gap: Do Knowledge Acquisition Domains and Measures Matter?」(2014), 「Political Knowledge Gaps among News Consumers with Different News Media Repertoires across Multiple Platforms」(2014), 「Knowledge Acquisition Gaps: A Comparison of Print versus Online News Sources」(2011), 「크로스플랫폼 뉴스소비 유형에 따른 커뮤니케이션 효과 격차: 정치지식, 정치효능감, 정치대화를 중심으로」(2013) 등의 논문을 발표했다. 주요 관심 및 연구 분야는 지식/정보 격차, (뉴스)미디어 이용 및 효과, 매개된 설득커뮤니케이션 과정 및 효과 등이다.

박주연

한국외국어대학교 미디어커뮤니케이션학부 교수로 재직 중이다. 한국외국어대학교 독어과를 졸업하고, 독일 베를린자유대학교에서 석사 · 박사학위((Media and Communication Studies)를 받았다.

「진행자–청취자 직접 상호작용에 의해 제작된 라디오 프로그램 연구」(2014), 「TV 포맷의 유형화 탐색」(2012), 「트위터 이용자 연결망 구조분석」(2012), 「미디어 산업의 패러다임 변화에 따른 미디어 공급자와 이용자의 변화」(2011) 등의 논문을 발표했으며, 『소셜미디어연구』(2012, 공저), 『모바일 2.0: 모바일 콘텐츠의 공급과 소비』(2008, 공저), 『미디어 다양성』(2007, 공저) 등의 저서가 있다. 주요 관심 및 연구 분야는 미디어 콘텐츠, 미디어 산업 및 정책 영역 등이다.

뉴미디어
뉴커뮤니케이션

펴낸날 초판 1쇄 2014년 10월 31일
4쇄 2021년 12월 21일
지은이 조수선 · 이숙정 · 이미나 · 정회경 · 정인숙 · 김숙 · 김유정 · 김미경 · 장윤재 · 최은경 · 양정애 · 박주연
펴낸이 이승아
펴낸곳 이화여자대학교출판문화원
주소 서울특별시 서대문구 이화여대길 52(우 03760)
등록 1954년 7월 6일 제9-61호
전화 02) 3277-2965(편집), 02) 362-6076(마케팅)
팩스 02) 312-4312
전자우편 press@ewha.ac.kr
홈페이지 www.ewhapress.com
책임편집 이정원
디자인 정혜진
찍은곳 한영문화사

ISBN 979-11-85909-07-3 93300

값 22,000원

* 잘못된 책은 구입처에서 바꾸어 드립니다.

이 도서의 국립중앙도서관 출판예정도서목록(CIP)은 서지정보유통지원시스템 홈페이지(http://seoji.nl.go.kr)와
국가자료공동목록시스템(http://www.nl.go.kr/kolisnet)에서 이용하실 수 있습니다. (CIP제어번호 : CIP2014030169)